本报告受安徽省质量品牌促进会“安徽省品牌资源调

毓杰人才专项与新引进教师科研启动基金资助

安徽省品牌资源调查报告

（2018—2019）

周　云　刘心德◎主　编

龚孝燕　廉世彬　何兴安◎副主编

SURVEY REPORT ON BRAND RESOURCES IN

ANHUI PROVINCE

（2018—2019）

图书在版编目（CIP）数据

安徽省品牌资源调查报告. 2018—2019 / 周云等主编. -- 北京：企业管理出版社，2019. 12
ISBN 978 - 7 - 5164 - 2071 - 3

Ⅰ. ①安… Ⅱ. ①周… Ⅲ. ①品牌 - 调查报告 - 安徽 - 2018 - 2019 Ⅳ. ①F279. 275. 4

中国版本图书馆 CIP 数据核字（2019）第 269646 号

书　　名： 安徽省品牌资源调查报告（2018—2019）
作　　者： 周云　等
选题策划： 周灵均
责任编辑： 周灵均
书　　号： ISBN 978 - 7 - 5164 - 2071 - 3
出版发行： 企业管理出版社
地　　址： 北京市海淀区紫竹院南路 17 号　　邮编：100048
网　　址： http：//www. emph. cn
电　　话： 编辑部（010）68456991　发行部（010）68701073
电子信箱： emph003@ sina. cn
印　　刷： 北京虎彩文化传播有限公司
经　　销： 新华书店
规　　格： 170 毫米 ×240 毫米　　16 开本　　26. 5 印张　　450 千字
版　　次： 2019 年 12 月第 1 版　　2019 年 12 月第 1 次印刷
定　　价： 128. 00 元

安徽省品牌资源调查报告（2018—2019）

编委会

序

经济全球化是当代世界经济的重要特征之一，品牌作为市场经济的产物，也随之成为企业乃至国家核心竞争力的表现，代表着国家的信誉和形象。品牌建设是实现消费结构不断升级、适应把握引领新常态、提高经济发展质量和效益的重要抓手。

习近平总书记在2014年提出的“三个转变”指明了提升经济发展质量效益的前进方向和实现路径，廓清了建设质量强国的宏大目标和具体要求。各级政府充分发挥品牌带动作用，大力实施品牌发展战略，推动全社会加强品牌建设。

近年来，安徽的品牌建设取得了一定成效，但仍滞后于经济发展，对经济的引领作用有待进一步提升。

发展和促进安徽的品牌建设，应该首先开展品牌资源现状的研究分析，为寻找安徽品牌建设路径提供遵循。安徽省质量品牌促进会联合北方工业大学，开展安徽品牌资源与发展趋势研究，这一大型社会实践和学术研究活动，正是应有之义。

《安徽省品牌资源调查报告2018—2019》，是建立在安徽品牌资源数据基础上，依据《基于品牌质量指标体系的品牌评价标准》，运用品牌质量评估体系，对129个安徽品牌的质量状况进行定量分析，形成了对安徽品牌整体发展状况的具体分析结论，并提出了建设性意见。

研究报告的出版，旨在为未来安徽企业品牌建设提供一定的参考依据，为政府部门制定安徽品牌政策提供决策参考。

首都经济贸易大学　祝合良教授

2019 年 9 月

前　言

《安徽省品牌资源调查报告 2018—2019》及相关调研活动是由安徽省质量品牌促进会与北方工业大学经济管理学院合作，对安徽省品牌资源进行的一次全面、系统的普查。本报告选用品牌定量分析理论作为研究方法，对共计 129 个安徽省品牌进行大规模样本调研，获取有效问卷 2.8 万份。其中面向全国调研 51 个品牌，安徽省内选择合肥及马鞍山两个地区调研 78 个品牌。

调研的品牌中多数为地理标志产品品牌，共计 72 个，其次为中华老字号品牌，共计 25 个，其余各行业品牌共计 32 个。报告按照从国内调研品牌和安徽省内调研品牌两大分类，依影响力由大至小的次序进行深入分析。

本报告共包含三大部分的内容，各部分的内容以及它们之间的逻辑关系如下：

第一部分，包括第一、二、三章的全部内容，详细介绍本报告立项背景、使用的方法体系、数据采集的过程以及参数。这部分是本研究报告的基础部分，是本报告所持的学术立场，所选用的方法、评估框架和思路的总介绍，也是此次研究所要达到的研究目的、研究程度、研究成果的总介绍。

此外，第三章还详细介绍了数据来源的细节，从调研对象的选择开始，到调研问卷设计、样本点选择、调研活动的实施以及最后的调研总结，以全过程的阐述保证了数据来源的可靠性，以及问卷质量及样本的有效性。

第二部分，为第四章的内容，对安徽省的品牌资源做出总体评价，以及数据深入挖掘后，对产业发展趋势的预测和分析，是本报告的核心部分，也是该项目的研究结论。

第三部分，为第五章的内容，是对10个行业、129个品牌的个案分析，是基于品牌定量分析理论体系对调研对象的数据进行分析的部分。本部分首先对调研数据进行初步整理统计，然后依据理论体系进行分析，是本报告结论的数据基础部分。

本报告受安徽省质量品牌促进会的资金支持，由北方工业大学经济管理学院牵头，与合作单位紧密协作、共同完成，得到了调研区域当地政府和协会的大力支持。共选调成都、长沙、吉林、合肥、厦门、赣州、呼伦贝尔、南宁、马鞍山9个城市，覆盖全国城市或地区的所有等级。

本报告对安徽省品牌资源的整体状况评价具有代表性，可以用于企业的品牌决策分析，以及相关管理部门的参考依据。在调研和撰写过程中得到了安徽省质量品牌促进会刘心德秘书长及工作人员的大力支持，在此表示感谢。

本项目从立项至完成用时6个月，不足之处在所难免，欢迎广大读者指正并联系我们，共同研究，一起进步。

课题组

2019年9月

目录

第一部分　报告总论篇 …………………………………… 1

第一章　报告概述 …………………………………… 3

第一节　研究背景和意义 …………………………… 3

一、《安徽省品牌资源调查报告（2018—2019）》的立项背景 …………………………………… 3

二、《安徽省品牌资源调查报告（2018—2019）》的研究意义 …………………………………… 3

第二节　有关概念 …………………………………… 4

一、安徽省品牌资源的概念 ………………………… 4

二、调研对象 ………………………………………… 4

三、报告结构 ………………………………………… 5

第二章　本报告的理论基础 ……………………… 7

第一节　质量的概念与品牌质量的内涵 ……………… 8

一、质量的概念 ……………………………………… 8

二、品牌质量的内涵 ………………………………… 8

第二节　基于品牌信息本论的品牌质量的评价体系框架 ………………………………… 10

一、量的指标选择与有效域的解释 ………………… 10

二、质的指标选择与有效域的解释 ………………… 12

三、评估框架与基本步骤 …… 13
四、理论依据 …… 14
五、评估参数 …… 18
第三章　数据收集过程 …… 23
第一节　调研准备 …… 23
一、调研对象的选择 …… 23
二、调研问卷设计 …… 23
三、样本点选择 …… 24
第二节　数据收集的实施 …… 24
一、调研周期和阶段 …… 24
二、调研地的现场操作流程（现场调查） …… 24
三、调研数据质量保证的技术措施 …… 25

第二部分　总体评价篇 …… 27
第四章　安徽品牌发展的总体评价 …… 29
第一节　面向全国调研的品牌各项指标汇总、排序及解读 …… 29
一、指标汇总 …… 29
二、各项指标的排序及初步解读 …… 31
第二节　面向安徽省内调研的品牌各项指标汇总、排序及解读 …… 34
一、指标汇总 …… 34
二、各项指标的排序及初步解读 …… 38
第三节　共性问题及解读 …… 41
一、基础指标的共性问题解读 …… 41
二、地理标志产品品牌的共性问题解读 …… 42
三、中华老字号品牌的共性问题解读 …… 44

四、其他品类品牌的共性问题解读 …………………………… 44

第三部分　个案分析篇 …………………………………………… 47
第五章　全国调研品牌的个案分析 ……………………………… 49
第一节　白酒行业品牌资源分析 ………………………………… 49
一、口子 …………………………………………………………… 49
二、迎驾酒 ………………………………………………………… 53
三、颍州 …………………………………………………………… 57
四、三河米酒 ……………………………………………………… 60
五、运漕酒 ………………………………………………………… 63
六、五城米酒 ……………………………………………………… 65
七、明绿御酒 ……………………………………………………… 68
八、南丰黄酒 ……………………………………………………… 70
九、古井 …………………………………………………………… 72
十、宣酒 …………………………………………………………… 76
十一、明光酒 ……………………………………………………… 80
十二、双轮池 ……………………………………………………… 84
十三、高炉家酒 …………………………………………………… 87
十四、皖酒 ………………………………………………………… 90
十五、文王 ………………………………………………………… 93
十六、沙河酒 ……………………………………………………… 95
十七、临水酒 ……………………………………………………… 98
第二节　食品行业品牌资源分析 ………………………………… 100
十八、采石矶 ……………………………………………………… 100
十九、胡玉美 ……………………………………………………… 103
二十、叫花鸡 ……………………………………………………… 106
二十一、柏兆记 …………………………………………………… 109

二十二、张顺兴号 …… 112
二十三、公和堂 …… 114
二十四、麦陇香 …… 117
二十五、八公山豆腐 …… 119
二十六、符离集烧鸡 …… 123
二十七、怀宁贡糕 …… 126
二十八、宁国笋干 …… 129
二十九、丰乐酱干 …… 131
三十、五城茶干 …… 134
三十一、宣城木榨油 …… 136
三十二、临涣酱包瓜 …… 139
三十三、洽洽 …… 141
三十四、燕之坊 …… 144
三十五、真心 …… 148
三十六、味甲天 …… 151
三十七、同福碗粥 …… 153
三十八、皖王面粉 …… 157
三十九、正宇 …… 160
第三节　餐饮行业品牌资源分析 …… 163
四十、同庆楼 …… 163
四十一、耿福兴 …… 167
四十二、聚红盛 …… 169
四十三、老乡鸡 …… 172
四十四、梦都 …… 175
四十五、金色王朝 …… 178
四十六、四季春 …… 181

第四节　文化用品行业品牌资源分析 …………………………… 183
四十七、红星 ………………………………………………… 183
四十八、李廷珪 ……………………………………………… 186
四十九、徽州胡开文 ………………………………………… 189
五十、艺粟斋 ………………………………………………… 191
五十一、宣纸 ………………………………………………… 193
五十二、徽墨 ………………………………………………… 196
五十三、歙砚 ………………………………………………… 199
五十四、岳西桑皮纸 ………………………………………… 201
第五节　茶叶行业品牌资源分析 ………………………………… 204
五十五、谢正安 ……………………………………………… 204
五十六、徽六 ………………………………………………… 207
五十七、猴坑 ………………………………………………… 210
五十八、黄山毛峰 …………………………………………… 213
五十九、太平猴魁 …………………………………………… 216
六十、霍山黄芽 ……………………………………………… 219
六十一、石台富硒茶 ………………………………………… 222
六十二、六安瓜片 …………………………………………… 225
六十三、黄山白茶 …………………………………………… 227
六十四、霍山黄大茶 ………………………………………… 230
六十五、岳西翠兰 …………………………………………… 232
六十六、安茶 ………………………………………………… 235
六十七、含眉绿茶 …………………………………………… 237
六十八、松萝茶 ……………………………………………… 240
六十九、大方茶 ……………………………………………… 242
七十、龙池香尖茶 …………………………………………… 245
七十一、太平 ………………………………………………… 247

七十二、天方 …………………………………………………………… 250
第六节　中医药行业品牌资源分析 ………………………………… 253
七十三、寿春堂 ……………………………………………………… 253
七十四、余良卿 ……………………………………………………… 256
七十五、吴鲁衡 ……………………………………………………… 258
七十六、老余昌 ……………………………………………………… 261
七十七、霍山石斛 …………………………………………………… 263
七十八、滁菊 ………………………………………………………… 266
七十九、亳白芍 ……………………………………………………… 268
八十、黄山贡菊 ……………………………………………………… 271
八十一、霍山灵芝 …………………………………………………… 274
八十二、九华黄精 …………………………………………………… 276
八十三、来安花红 …………………………………………………… 278
八十四、凤丹 ………………………………………………………… 281
第七节　农产品品牌资源分析 ……………………………………… 283
八十五、砀山酥梨 …………………………………………………… 283
八十六、宁国山核桃 ………………………………………………… 287
八十七、怀远石榴 …………………………………………………… 289
八十八、三潭枇杷 …………………………………………………… 292
八十九、西山焦枣 …………………………………………………… 295
九十、天柱山瓜蒌籽 ………………………………………………… 298
九十一、舒城小兰花 ………………………………………………… 300
九十二、石臼湖螃蟹 ………………………………………………… 303
九十三、铜陵白姜 …………………………………………………… 306
九十四、和县黄金瓜 ………………………………………………… 308
九十五、金寨猕猴桃 ………………………………………………… 311
九十六、萧县葡萄 …………………………………………………… 313

九十七、明光绿豆 …… 315
九十八、黄湖大闸蟹 …… 318
九十九、涡阳苔干 …… 320
一百、天华谷尖 …… 323
一百零一、岳西黑猪 …… 325
一百零二、女山湖大闸蟹 …… 328
一百零三、黄陂湖大闸蟹 …… 330
一百零四、岳西茭白 …… 332
一百零五、枞阳媒鸭 …… 335
一百零六、沱湖螃蟹 …… 337
一百零七、潘集酥瓜 …… 340
一百零八、塔山石榴 …… 342
一百零九、大路口山芋 …… 345
一百一十、白莲坡贡米 …… 347
一百一十一、漫水河百合 …… 349
一百一十二、段园葡萄 …… 352
一百一十三、李兴桔梗 …… 354
一百一十四、稼仙 …… 356
第八节　手工艺品牌资源分析 …… 360
一百一十五、舒席 …… 360
一百一十六、霍邱柳编 …… 362
一百一十七、黄岗柳编 …… 365
一百一十八、万安罗盘 …… 367
第九节　汽车行业品牌资源分析 …… 370
一百一十九、奇瑞 …… 370
一百二十、江淮 …… 373
一百二十一、安凯 …… 376

第十节　其他品牌资源分析 …… 380
一百二十二、方特 …… 380
一百二十三、百大 …… 383
一百二十四、金商都 …… 387
一百二十五、黄山卷烟 …… 389
一百二十六、天柱山 …… 392
一百二十七、马钢 …… 395
一百二十八、灵璧石 …… 399
一百二十九、铜冠 …… 402

结束语 …… 405

第一部分　报告总论篇

第一章　报告概述

第一节　研究背景和意义

一、《安徽省品牌资源调查报告（2018—2019）》的立项背景

品牌建设是拉动自主创新、实现市场价值、促进创新驱动发展的重要切入点，是推动市场和资源集中、促进经济调整升级的关键举措，是助推安徽经济发展的强大动力。

自2013年中国推动大规模品牌建设以来，品牌对地区的重要性越发凸显出来。但发展和促进安徽省的品牌建设，首先应该做好品牌资源的普查和调研，在此基础上才能继续调整思路、改变产业结构，而后才能创新出符合安徽的发展模式，才能应对来自新产业、新技术的冲击，才能融入新时代的发展洪流。

基于此，由安徽省质量品牌促进会立项，开展“安徽省品牌资源调研项目（2018）”的研究活动，目的就是要摸清安徽省的品牌资源究竟有多少，有什么，它们处于什么样的发展水平阶段。《安徽省品牌资源调查报告（2018—2019）》是这一项目的结题报告，是旨在为安徽品牌和企业寻找发展道路或创新模式的大型学术与社会实践活动。

二、《安徽省品牌资源调查报告（2018—2019）》的研究意义

《安徽省品牌资源调查报告（2018—2019）》通过对上百个安徽品牌在国内市场发展状况的研究，形成对安徽品牌整体发展状况的具体分析结论，从而能对安徽品牌的经营企业现状和前景，以及安徽品牌资源的整体状况进行分析，为未来安徽企业的发展、品牌的发展提供一定的参考依据。

本报告建立在对安徽品牌的数据基础上，调研了省内129个知名品牌，

通过《基于品牌质量指标体系的品牌评价标准》的品牌质量评估体系，形成了对这129个知名品牌的质量状况的定量分析，有利于安徽企业在未来品牌塑造及发展中能够更为稳定地前进，能在前景展望中高瞻远瞩，获得持久的发展，并促进提高安徽企业的品牌管理水平。

第二节　有关概念

一、安徽省品牌资源的概念

安徽品牌特指在安徽省内注册的企业，其经营总部及主要生产部门、品牌管理部门设在安徽省内，其拥有的注册商标在长期经营中获得了较高的知名度、美誉度后，形成的品牌。

这些品牌是安徽经济的宝贵资源，共同形成了省内外消费者对安徽省生产经营的印象，为安徽省赢得了商誉，共同形成了安徽省品牌资源的概念。

本报告是安徽省第一次进行的品牌资源调查，选取调研对象略宽松，对个别虽然总部在省外，或商标注册地在省外，但主要经营地在安徽的企业，产品产地长期标注安徽，大部分省外消费者认知为安徽原产地的品牌，也一并进行了调研。（未标注）

二、调研对象

本次调研选择的调研对象是各地推荐的地理标志、老字号和企业品牌，涉及白酒、农产品、食品等10个行业，名单及所属行业如下：

（1）白酒品牌：口子、迎驾酒、颍州、三河米酒、运漕酒、五城米酒、明绿御酒、南丰黄酒、古井、宣酒、明光酒、双轮池、高炉家酒、皖酒、文王、沙河酒、临水酒。

（2）食品品牌：采石矶、胡玉美、叫花鸡、柏兆记、张顺兴号、公和堂、麦陇香、八公山豆腐、符离集烧鸡、怀宁贡糕、宁国笋干、丰乐酱干、五城茶干、宣城木榨油、临涣酱包瓜、洽洽、燕之坊、真心、味甲天、同福碗粥、皖王面粉、正宇。

（3）餐饮品牌：同庆楼、耿福兴、聚红盛、老乡鸡、梦都、金色王朝、四季春。

（4）文化用品品牌：红星、李廷珪、徽州胡开文、艺粟斋、宣纸、徽墨、歙砚、岳西桑皮纸。

（5）茶叶品牌：谢正安、徽六、猴坑、黄山毛峰、太平猴魁、霍山黄芽、石台富硒茶、六安瓜片、黄山白茶、霍山黄大茶、岳西翠兰、安茶、含眉绿茶、松萝茶、大方茶、龙池香尖茶、太平、天方。

（6）中医药品牌：寿春堂、余良卿、吴鲁衡、老余昌、霍山石斛、滁菊、亳白芍、黄山贡菊、霍山灵芝、九华黄精、来安花红、凤丹。

（7）农产品品牌：砀山酥梨、宁国山核桃、怀远石榴、三潭枇杷、西山焦枣、天柱山瓜篓籽、舒城小兰花、石臼湖螃蟹、铜陵白姜、和县黄金瓜、金寨猕猴桃、萧县葡萄、明光绿豆、黄湖大闸蟹、涡阳苔干、天华谷尖、岳西黑猪、女山湖大闸蟹、黄陂湖大闸蟹、岳西茭白、枞阳媒鸭、沱湖螃蟹、潘集酥瓜、塔山石榴、大路口山芋、白莲坡贡米、漫水河百合、段园葡萄、李兴桔梗、稼仙。

（8）手工艺品牌：舒席、霍邱柳编、黄岗柳编、万安罗盘。

（9）汽车品牌：奇瑞、江淮、安凯。

（10）其他品牌：方特、百大、金商都、黄山卷烟、天柱山、马钢、灵璧石、铜冠。

三、报告结构

本次调研涉及的品牌类型和行业众多，按照影响力分为全国性品牌与区域品牌，有百年以上的中华老字号，也有发展不过十几年的新品牌。企业属性也比较复杂，有的品牌属于国有企业，有的品牌属于民营企业，还有少数属于自愿连锁性质的品牌。

在这些品牌当中，地理标志和老字号是中国商业文明的瑰宝，所属行业在国内都是市场化程度较高的行业，行业内没有垄断型企业，干扰因素少，适合品牌的发展，集中产生了一批优秀的自主品牌。

本报告的结构如下：

首先，按照全国与区域对品牌进行了划分，对51个品牌进行了全国调研，对78个品牌进行了安徽省内调研。据此对安徽省品牌资源整体进行了系统评述。

其次，在分步分析中，将品牌分为地理标志、老字号和其他品牌三种类型进行，并据此进行了归类分析。

最后，个案品牌按照所属行业分成10个行业进行归类，以行业特定参数逐个进行分析。

第二章 本报告的理论基础

本报告的调查研究所依据的应用理论是《基于品牌质量指标体系的品牌评价标准》的品牌评估体系，包括了对品牌影响力、成长性和发展质量等多重评价指标，是一套前沿的品牌定量分析理论和诊断技术。

该指标体系基本思想为量价法原理，从品牌的本质属性开始，确定品牌的度量单位，然后对品牌质量指标逐一进行量化设计，并将所有指标都转换为品牌量的度量；在对任何一个品牌进行度量时都依据这一基本思路，对该品牌在此指标体系下进行每一个指标的度量，然后依据上述方法将确定的指标转换为品牌量，最终形成品牌的质量值。该体系使用四个参系数，确定四项基础指标及 3 组质量指标，涉及品牌经营中的消费者与潜在消费者。每个指标都是可以量化和易于得到的，具有可操作性和易于实现的优点。

《基于品牌质量指标体系的品牌评价标准》在实践中主要运用于两个方面：其一，用于品牌管理工作，因为它是对品牌质量的精确度量，其中的量化指标和对品牌量的度量会随时反映出品牌管理工作中的某个措施或政策的效果，因而能够依据这一指标体系校正品牌管理工作和决策。其二，应用在品牌交易过程中作为品牌交易价格的参考依据，尽管决定价格的原因主要是供需关系，但价格不会完全背离价值，该体系所依据的《基于品牌质量指标体系的品牌评价标准》的品牌质量评估体系是对品牌量的精确度量方法，加之行业平均价格之后就可以转化为品牌资产的评估，所度量的结果就是品牌价值，它是价格的依据。

此外，使用《基于品牌质量指标体系的品牌评价标准》品牌质量评估体系的每个指标都在品牌的度量中有确切的位置和换算方式，从最终得出的品牌质量数据中，可以很容易地分析出一个品牌存在的优势和问题，通过对品牌的深入了解还可以寻找到这些问题形成的原因。

该体系的指标只适用于一般意义上的品牌，不涉及有关形象、文化、传统等问题。只要是泛指的、经营工具使用的品牌无形资产均可使用该体系确定其质量。

第一节　质量的概念与品牌质量的内涵

一、质量的概念

品牌是个有质有量的事物，对它的评估不能离开质量的含义。此处的质量不仅符合一般质量的含义，而且还是一种大质量的概念。

质量，在《质量管理体系——基础和术语 ISO9000：2008》的解释是，一组固有特性满足要求的程度，反映主体满足明确和隐含需要能力的特性总和。其中，狭义的质量通常指产品、工程和服务质量。由团体或企业的局部组织（如检验部/质管部）负责，可以通过标准、规范、程序来审核（或检验）其符合程度是否符合要求，控制相对容易。控制重点在设计、制造、施工、安装调试、验收等环节。广义的质量指除产品、工程、服务质量外，已扩展到过程、体系和组织全部，并延伸到全员个人技能、个人与部门工作质量、创新能力、团体精神，还包含了专业技术、财务效益、经营状况、管理思想与管理水平、行为模式与准则、法律制度与道德规范等因素。将质量问题上升为经营战略层面，可直接影响企业的可持续发展问题。质量控制不容易量化，控制难度更大，广义质量的提高在于管理。

大质量已经远远超出原有广义质量的内涵，逐步扩大为流程质量、环境质量、经济运行质量、经济增长质量、教育质量、生活质量和企业社会责任等质量管理范畴。

二、品牌质量的内涵

品牌质量意指品牌的发展不仅依靠品牌量的积累，更重要的是品牌能够持续、健康地发展，不会盲目地追求一些简单的指标，是一个成熟的品牌的含义。

品牌质量的根本内涵可以简化为如下三个方面：其一，与品牌美誉度有关的赞誉进行自我传播的形成。其二，与品牌忠诚度有关的品牌信息时效性趋稳。其三，与品牌内部忠诚度有关的自传播形成。

1. 品牌质量形成的标志之一（与品牌美誉度有关的赞誉进行自我传播的形成）

品牌的形成是以自传播形成为标志的，因此一个品牌的美誉度是有最低要求的。在品牌信息量度量框架中，美誉度的位置很重要，只是美誉度所决定的自我传播能力不是品牌信息量的增加，而是信息量的质量的改变。

可以说，美誉度的发生是品牌信息质的改变，一旦达到一定数量的美誉度，品牌的质量会明显改变，在品牌多镒信息曲线中表现为拐点的出现，标志着有相当部分的信息接收者成为自传播信息源。

因此，在品牌质量的内涵中，首先是与品牌美誉度有关的赞誉进行自我传播的形成。

2. 品牌质量形成的标志之二（与品牌忠诚度有关的品牌信息时效性趋稳）

时效性是品牌作为信息本质的一个重要体现，也是信息质量的集中体现，质量有差异的品牌信息在时效性上的差异最为明显；而品牌忠诚度是品牌信息时效性中的一个指标，在品牌度量框架中，对品牌忠诚度的度量是基于其对品牌信息衰减系数的影响。

品牌多镒信息曲线的稳定性来自两个方面：一是重复信息的不断强化过程，二是忠诚度对其衰减的阻滞作用。不断地强化信息是经营的必要，可以增加信息的量，但不会改变信息的质；而品牌信息的质量在时效性中能够体现出来的就是忠诚度的指标了。它对品牌的意义是既有质又有量的影响。因此，在品牌质量的内涵中，不可或缺地要包括与品牌忠诚度有关的品牌信息时效性趋稳问题。

3. 品牌质量形成的标志之三（与内部员工忠诚度有关的品牌自传播形成）

内部员工的忠诚度和消费者忠诚度不是一回事，内部员工本身也是消费者，之所以重要，是因为他们最有可能成为品牌自传播的信息源，而受到的影响也比一般消费者多。因此，内部员工的忠诚度对品牌的作用类似于消费者的美誉度问题，也是对品牌质量起作用的指标。所以在品牌质量的内涵中，需要有与内部忠诚度有关的品牌自传播能力的部分。

第二节　基于品牌信息本论的品牌质量的评价体系框架

一、量的指标选择与有效域的解释

基于品牌量的度量理论，在品牌质量的度量体系框架中，选择由知名度和认知度确定的品牌信息量，以及由内部员工对品牌的认知程度共同确定的品牌信息量作为基本量，再根据延伸方式的不同，在特定的位置加上联想度确定的品牌信息增量，这样就完成了品牌信息量的度量。

这一过程对任何一个品牌都是适用的，所计算出的结果即为品牌信息的量，品牌对消费者影响力的差异皆可归因为品牌量的差异，但这些指标所度量出来的量却不是越高越好，它需要质量指标与之相配合，共同作用达到品牌效果的最优。

以品牌知名度为例，通过大规模的广告或其他手段很容易收效，能够对目标人群达到5%以上知名的品牌即可成为知名商标，但即使达到90%以上极高知名的商标也不一定能称之为品牌，还需要品牌质的指标的获得。

品牌量的度量指标在特定阶段是有明显有效域存在的，这些有效域会因行业的不同有所不同，通过对现有品牌的实证分析，基本上可以确定一般阈值的范围和评价标准，有关量的阈值和标准参见如下范例：某行业品牌知名度的有效阈值表。如表2－1所示。

表2－1　某行业品牌知名度的有效阈值表

知名度	[0，5%]	(5%，16.5%]	(16.5%，37.5%]	(37.5%，64%]	(64%，90%]	(90%，100%]
品牌发展状况	仅仅是依靠营销获取的少许知名度，此时的商标几乎没有影响力	此时的商标视为有一定的知名度，俗称“名牌”，商标对消费者开始有影响，商品成为营销工具	此时的商标具有了良好的消费者知晓基础，开始出现深度认知，这一阶段知名度的增加是伴随认知度增长的	此时的商标具有了稳定的影响力，逐渐成为有效的经营工具，具有了一定程度的联想度，使品牌延伸成为可能	此时的商标具有了充分的消费者知晓基础，达到一定认知后即可产生自我传播现象，是美誉度产生的基础	商标获得了极高的知名度。成为大众熟知的商标。品牌信息的衰减系数因忠诚度的形成而开始减小

从表中可以看出，该行业的商标在获取知名度的过程中要经历 5 个关键点：第一个关键点是知名度达到 5%。长期处于 5% 知名度之下的企业，应该是没有为获得企业知名度做过专门的努力，之所以有一点知名度，基本上来自营销过程中消费者对产品有体验而自然获取的知晓，这一知名度几乎没有影响力，甚至都不能成为营销使用的工具。企业的营销依然依靠渠道、产品、价格等非品牌的营销工具。当知名度突破了 5% 之后，商标的意义开始发生变化，处在 5% ~16. 5% 的商标一般不会自然获得，显然企业为了获取知名度做了努力。企业在获取了此间的知名度后即可称之为"名牌"，这时具有一定知名度的"名牌"就对营销起了一定的作用，商标成为一项营销工具了。第二个关键点是 16. 5%。当商标的知名度突破了 16. 5% 之后，商标开始出现大范围的消费者认知，有相当一部分消费者对产品和企业以及品牌内涵等信息有了较深的理解和认知，可以说此时的商标具有了良好的消费者知晓基础，开始出现深度认知，这一阶段知名度的增加是伴随认知度增长的。第三个关键点是 37. 5%。此时的商标具有了稳定的影响力，逐渐成为有效的经营工具，其品牌强度具有了一定程度的联想度，使品牌延伸成为可能。第四个关键点是 64%。达到 64% 以上的商标可以称之为高知名度的商标，具有了充分的消费者认知和联想的基础，会产生自我传播现象，消费者之间的口碑传播密度增大，这是美誉度大范围形成的关键时期。此时品牌具有的知名度已经饱和，以维持知名度为主，管理的重心应放在促进美誉度的形成和发展上，如长期没有出现信息量陡增的拐点，说明企业在品牌发展策略上有方向性的问题。第五个关键点是 90%。达到 90% 以上的商标获得了极高的知名度，成为大众熟知的商标。此时的品牌多镒信息的衰减规律会有所改变，品牌信息的衰减系数因忠诚度的形成而开始减小，品牌信息的投放时间间隔可以逐步放大，广告等品牌活动的密度可以逐步减小。

阈值的关键点取决于两个方面：其一，根据行业的不同，其中的有效域关键点的选择有所不同。上例只适用于特定的某行业，其他行业具体值会有所调整。其二，按照品牌具有的信息量规模不同使用的阈值表也不同。表 2 -1 只是适用于 100 万比特以下的中小品牌，对其他规模的品牌并不适用。

此外，每个行业中还有品牌认知度的有效阈值表、内部员工对品牌的认知程度有效阈值表、品牌联想度的有效域值表，经过对照比较分析某个特定品牌的信息量，可以推知该品牌信息量的状况以及调整措施。

二、质的指标选择与有效域的解释

基于品牌量的度量理论，在品牌质量的度量体系框架中，选择美誉度和内部员工忠诚度确定的品牌自传播指标及由消费者忠诚度影响的品牌时效性指标作为品牌质的度量指标。

对于两个信息量相同的品牌而言，其质量也不一定相同，即使同一品牌，也可能会出现量不变而质发生改变的时候，通过品牌信息质的指标有效阈值表对照，可以分析出品牌质量的变化和发展的程度。如下列举某行业与内部员工忠诚度有关的 $N=\left[\frac{S_1}{\bar{S}}\right]^{\frac{X_2}{S_1}}$ 指标的有效阈值表阐述品牌质量的比照分析过程。如表 2－2 所示。

表 2－2　某行业与内部员工忠诚度有关的指标

N 阈值	[0，1)	1	(1，6.18)	[6.18，＋∞)
品牌发展状况	在此阈值中的品牌，品牌对内部的作用开始出现。还未达到行业的平均水平，调低了品牌均价	N＝1 时，意味着企业内部员工对所在企业的品牌认知达到了行业的平均水平，该品牌单位价格等于行业的均价	N 取值在（1，6.18）时，企业内部员工的忠诚度超过了行业内其他企业的平均水平，员工出现较高忠诚度	N 值超过 6.18 后，品牌对内部的影响已达到相当高的程度，品牌文化形成，企业具有了相对稳定的凝聚力

使用说明：该表是对照表，用于衡量该行业内且信息量达到1000 万比特以上的品牌。

N 值有三个关键点：其一，N＝0 时，品牌对内部员工基本上无影响。N 取值在（0，1）之间时，品牌对内部的作用开始出现，但还未达到行业的平均水平，它的作用是对品牌单位价格进行调整，但调整方向是调低。其二，N＝1 时，N 值为 1 时意味着企业内部员工对所在企业的品牌认知达到了行业的平均水平，该品牌单位价格等于行业的均价。超过 1 之后，企业内部员工的忠诚度超过了行业内其他企业的平均水平，员工出现较高忠诚度，员工自传播现象显著。其三，N＝6.18 时，这是该行业企业管理水平的拐点位置。超过 6.18 时，企业的品牌管理水平明显优于同行业企业，品牌管理融入企业文化，对员工有很强的凝聚力。

上例阈值的关键点取决于三个方面：其一，根据行业的不同，其中的有效域关键点的选择有所不同。上例只适用于特定的某行业，其他行业具体值会有所调整。其二，按照品牌具有的信息量规模不同使用的阈值表也不同。上表只是适用于1000万比特以上的具有较强议价能力的品牌，对其微小规模的品牌或是特定类型的品牌并不适用。其三，该阈值适合2000人以上的企业，不适合小企业。

此外，每个行业中还有品牌美誉度和议价能力的有效阈值表、品牌自传播指标有效阈值表、消费者忠诚度影响的品牌时效性指标有效阈值表，经过对照比较分析某个特定品牌的信息量，可以推知该品牌信息质量的状况以及调整措施。

三、评估框架与基本步骤

（一）评估框架

本次调研与评估框架以《基于品牌质量指标体系的品牌评价标准》对品牌作用分析的框架为依据，按照简化方法对每个品牌的数据都进行了初步定量分析。

每个品牌的分析由五个层次组成：

第一个层次是各个品牌的基础数据统计。基础数据包括了一个品牌在各个城市的知名度、认知度、美誉度和忠诚度，通过样本分层统计，计算得到该品牌在全国的各项指标水平以及目标消费者的知名、认知、美誉和忠诚水平。

第二个层次是将基础数据按照品牌信息的要求转换成品牌的量。从品牌信息本质的角度，确切地计算出每个品牌所具有的信息量，这部分是本报告的核心部分，并按照全国品牌和区域品牌的消费者数量分别计算。

第三个层次是对每个品牌的信息量和基础数据进行定量分析。本次报告选用了两组指标：其一是品牌信息质量比值，用于分析品牌所包含的总信息量中质与量的关系，是分析品牌质量状况的基本比值；其二是品牌信息稳定性指标，用于分析品牌信息的有效间隔期及抗风险能力。最后，综合上述各组指标的分析，对品牌的质量状况进行诊断，可以从众多的指标中发现某些品牌潜在的风险，能否进行跨行业的延伸，以及适用的策略类型，等等。

第四个层次是按照地理标志、老字号及其他品牌的分类进行整体分析。这些品牌是安徽省重要的品牌资源，有广泛的代表性。

第五个层次是对安徽省品牌资源状况做一完整评析。

（二）基本步骤

本次调研的整个步骤分为六个阶段：

第一阶段，准备阶段，包括关键问题的定义，确定调研对象和调研区域，调研行程安排，设计标准问卷，以及报告提纲。

第二阶段，试调研与正式调研实施，包括100份样本的试调，问卷调整，正式调研。

第三阶段，样本鉴别与数据整理，包括原始数据的鉴别和录入，补充调研。

第四阶段，试算与方法调整，包括对数据进行统计处理，应用评估方法进行试算，方法的调整。

第五阶段，正式计算与自论证期，包括对数据的信息挖掘，各项指标的计算，综合评价，以及对结论的论证。

第六阶段，报告的撰写与外围专家论证，包括在评估基础上的报告撰写工作，邀请行业专家对报告内容的审校、修改和定稿。

四、理论依据

（一）评价总模型

$$Q_E = [S \times Z\ (R_{max} - 1)\ \times \bar{R} \times Z \times S] \times N_Z^{\frac{\alpha - \bar{\alpha}}{\bar{\alpha}}}$$

S～消费者人群总数

Z～品牌知名度

R_{max}～一个消费者完全知道一个品牌所要传播的信息量的极值

$\bar{R}$～品牌平均认知度

α～品牌美誉度，[-1，1]

$\bar{\alpha}$～一个行业的平均美誉度，[0，1]

N_2 ~ 调整系数（指数函数中的底数）

（二）评估阈值与关键点

品牌信息质量的评估参考阈值与关键点参照，如表 2－3 所示。

表 2－3 品牌信息质量的评估参考阈值与关键点参照

<table>
<tr><th>品牌</th><th>度量位置</th><th>分类</th><th>参数或函数</th><th colspan="2">计量公式</th><th>参考阈值与关键点</th></tr>
<tr><td rowspan="9">质量</td><td rowspan="3">自传播能力</td><td rowspan="2">消费者与潜在消费者</td><td>品牌美誉度</td><td>$\alpha_1 = \frac{x}{s_x} + \eta \frac{y}{s_y}$</td><td rowspan="2">$\mu = N_Z^{\frac{\alpha_1 - \bar{\alpha}}{\bar{\alpha}}}$</td><td rowspan="2">略</td></tr>
<tr><td>品牌议价能力</td><td>$\beta_1 = \frac{\bar{\gamma} - \gamma}{1 - \bar{\gamma}}$</td></tr>
<tr><td>内部员工</td><td>员工忠诚度</td><td>$\alpha_2 = \frac{x_2}{S_1} \quad \beta_2 = \frac{S_1}{\bar{S}}$</td><td>$N = \beta_2^{\alpha 2}$</td><td>[0，1)
(1，6.18)
[6.18，+∞)</td></tr>
<tr><td rowspan="2">时效性</td><td>品牌自然信息衰减</td><td>多镒信息自然衰减函数</td><td>$T\left[N\left(\frac{x}{s_x} + \eta \frac{y}{s_y}, \frac{\bar{t}}{t_i}\right)\right]$</td><td rowspan="2">$T_L = T\left[\begin{array}{l} N\left(\frac{x}{s_x} + \eta \frac{y}{s_y}, \frac{\bar{t}}{t_i}\right) \\ -F\left(a, \frac{1}{b}\right) \end{array}\right]$</td><td>略</td></tr>
<tr><td>阻滞</td><td>品牌忠诚度</td><td>$F\left(a, \frac{1}{b}\right)$</td><td>[－1，1]</td></tr>
<tr><td rowspan="3">基本量</td><td rowspan="2">消费者与潜在消费者</td><td>知名度</td><td>$Z = \sum_{i=1}^{n} q_i \times Z_i$</td><td>$M_1 = S \times Z$</td><td>[0，5%]
(5%，16.5%]
(16.5%，37.5%]
(37.5%，64%]
(64%，90%]
(90%，100%]</td></tr>
<tr><td>认知度</td><td>$\bar{R} \frac{1}{n} \sum_{i=1}^{n} x_{ir} \%$</td><td>$M_2 = (R_{max} - 1) \times \bar{R} \times Z \times S$</td><td>略</td></tr>
<tr><td>内部员工</td><td>认知程度</td><td>$M_{Z0} = S_N \times Z_0 \times H_{(x)}$
$M_{R0} = (R_{max} - 1) \times R_{R0} \times Z_0 \times S_N$</td><td>$M_0 = S_N \times Z_0 + (R_{max} - 1) \times R_{R0} \times Z_0 \times S_N$</td><td>略</td></tr>
<tr><td>增量</td><td>品牌联想</td><td>延伸能力</td><td>$э = F(O_y, Z_j)$</td><td>$J = (S + \Delta s) \times (Z) + (1 + з)^{1 + y_i} (R_{max} - 1) \times r \times m \times s$</td><td>略</td></tr>
</table>

（三）按照问卷设计的指标计算公式

本段落对调研数据进行汇总，此处对数据计算和统计方法做简要说明。

1. 知名度计算

（1）调研表第一列选“是”的人数除以有效问卷总数，得：全市人口平均知名度。

（2）从调研表中筛选出目标消费者，第一列选“是”的数目除以目标消费者问卷总数，得：目标消费者人群平均知名度。

2. 认知度计算

（1）【（调研表第一列选择知道的人数－第三列选择购买一次的人数－第三列选择购买两次的人数）×0.3＋（调研表第三列选择购买一次的人数＋第三列选择购买两次的人数）×0.7】÷有效问卷数，得：全市人口平均认知度。

（2）从调研表筛选出目标消费者，（目标消费者在第二列选择正确的人数×0.5＋调研表第三列填写正确的人数×1）÷目标消费者总数，得：目标消费者人群平均认知度。

3. 美誉度计算

（1）（调研表第四列选择一直购买的人数＋第四列选择他人推荐的人数）÷（调研表第三列选择购买一次的人数＋第三列选择购买两次的人数），得：全市人口平均美誉度。

（2）从调研表筛选出目标消费者，（目标消费者调研表第四列选择一直购买的人数＋第四列选择他人推荐的人数）÷（调研表第三列选择购买一次的人数＋第三列选择购买两次的人数），得：目标人群平均美誉度。

4. 忠诚度计算

（1）当消费者由于习惯爱好选择一直购买时，

调研表第四列选择一直购买的人数÷（第四列选择一直购买的人数＋第四列选择广告的人数＋第四列选择他人推荐的人数＋第四列偶然购买的人数），得 a；

当消费者由于他人推荐选择购买时，

（调研表第五列选择向别人推荐过的人数＋第五列选择经常向别人推

荐的人数）÷（调研表第三列选择购买一次的人数 + 第三列选择购买两次的人数），得 b；

a + b 得：全市人口平均忠诚度。

（2）从调研表筛选出目标消费者。

当消费者由于习惯爱好选择一直购买时，

（调研表第四列选择一直购买的人数 ÷（第四列选择一直购买的人数 + 第四列选择广告的人数 + 第四列选择他人推荐的人数 + 第四列偶然购买的人数），得 a；

当消费者由于他人推荐选择购买时，

（调研表第五列选择向别人推荐过的人数 + 第五列选择经常向别人推荐的人数）÷（调研表第三列选择购买一次的人数 + 第三列选择购买两次的人数），得 b；

a + b 得：目标消费者人群平均忠诚度。

5. 品牌信息量估值

（1）β 的计算：

$$\beta_{全市人口} = \frac{全市人口平均美誉度 - 行业平均美誉度}{行业平均美誉度}$$

$$\beta_{目标消费者} = \frac{目标消费者平均美誉度 - 行业平均美誉度}{行业平均美誉度}$$

（2）与美誉度有关的价格调整系数 μ 的计算：

$\mu_{全市人口} = N_z^{\beta_{全市人口}}$

$\mu_{目标消费者} = N_z^{\beta_{目标消费者}}$

6. 目标人群总数估计

以深圳市歌力思的目标人群计算为例，深圳市人口为 1035.79 万人，女性占 48.74%，共计 504.8 万人。歌莉娅品牌的目标消费者定位在年龄 25 ~ 40 岁的年轻女性，由全国人口年龄分布表里求和得出全国 25 ~ 40 岁的女性人口数为 29 515.89 万人，再乘以深圳女性人口在全国女性人口所占的比重，得到目标消费者人口为 231 万人。

7. 品牌信息总量估值

（1）调研城市全市人口品牌信息总量估值：

（全市总人口数 × 全市人口平均知名度 + 全市总人口数 × 全市人口平

均知名度 × 全市人口平均认知度 × Rmax） × μ 全市人口

（2）调研城市某品牌目标人群的品牌信息量估值：

（目标消费者总数 × 目标消费者平均知名度 + 目标消费者总数 × 目标消费者平均知名度 × 目标消费者平均认知度） × μ 目标消费者

五、评估参数

（一）第一组品牌信息质量评估组

1. 品牌信息总量 QE

品牌信息总量是通过对消费者和潜在消费者及企业内部员工进行大面积调研获得数据后，依据上述总模型计算而得，是品牌信息度量的综合数据之一。

2. 信息基本量 J

品牌信息基本量包括对消费者和潜在消费者及企业内部员工对品牌的知名度和认知度的调研和计算。由知名度和认知度所决定的信息基本量的度量是精确度量，参见《品牌信息本论》的计算方法，对样本点进行分层调研和统计，并由此推算的品牌信息基本量，是品牌质量的基础数据之一。

3. 品牌信息基本量的贡献率 θ

品牌信息基本量的贡献率是品牌信息基本量和品牌总的信息量的比值。具体计算公式如下：

$$品牌信息基本量的贡献率 = \frac{品牌信息基本量}{品牌信息总量} \times 100\%$$

即

$$\theta = \frac{J}{Q_E} \times 100\%$$

这一比值的含义是品牌信息的基本量占品牌信息总量的比重，表现为品牌所能取得的作用有多少是依靠基础信息取得。该值越小表示基本量在整个品牌信息作用中所占比重越小，品牌越不依赖知名度和认知度，所以该值越小越好。

4. 品牌信息质的贡献率 ϕ

$$品牌信息质的贡献率 = \frac{品牌信息总量 - 品牌信息基本量 - 品牌信息延伸增量}{品牌信息总量} \times 100\%$$

即

$$\phi = \frac{Q_E - J - Y}{Q_E} \times 100\%$$

该值由品牌信息总量中去掉基本量和延伸增量部分所求的品牌的质所带来的品牌信息量，与品牌信息总量的比值构成，表达了品牌的质在品牌信息的作用中所占的比重，是品牌发展质量的最重要的指标。

5. 品牌信息质量比值 λ

理论上，品牌信息质的贡献率应该接近品牌量的贡献率，品牌信息质量比值大于 1 时，该品牌称为有一定影响力的品牌。

$$品牌信息质量比值 = \frac{品牌信息质的贡献率}{品牌信息基本量的贡献率 + 品牌信息延伸增量的贡献率}$$

即

$$\lambda = \frac{\varphi}{\theta + \eta}$$

该值是品牌信息质的贡献率与量的贡献率的比值，表示出品牌信息的质量比关系。

分析：品牌信息基本量贡献率和品牌信息质量贡献率的和是 100%，二者的比值是品牌信息质量比 λ，λ 取值理论在 $(-\frac{1}{N_Z}, +\infty)$，实践中根据行业的 R_{max} 水平和美誉度水平，一般处在 $(-\frac{1}{N_Z}, R_{maxNZ})$，即品牌起步时美誉度为 0，即使有知名度或由销售自然产生的美誉度，此时的 λ 取值 $-\frac{1}{N_Z}$。λ 取值在 $(-\frac{1}{N_Z}, 0)$ 时，意味着品牌有一些美誉度，品牌质量有所好转，但品牌质量状况仍低于该行业的平均水平，λ 大于 0 的品牌意味着该品牌的信息质量状况好于行业。λ 在大于 0 之后可以说这个品牌具有了相当数量的自传播现象。

品牌信息质量比值是判定品牌质量高低的指标，该指标的最有参考阈值区间如下：

大于 1，是具有奢侈品的特征，其针对小众人群。

0.4 ~1，该区间多数反映出该品牌质有余而量不足的状况，这时就需要企业加大自己品牌的宣传力度，提高品牌信息的量，使得品牌质、量均衡发展。

0.3～0.4，在该区间的品牌质量最优。如果能够具有较大的品牌信息总量，目标消费者在知名度和认知度上与全国知名度和认知度有显著的优势，各项指标间的比例恰当，则该品牌的质量结构最为理想。

0.15～0.3，该区间的品牌质量属于优良水平。

0.07～0.15，该区间的品牌质量属于良好水平。

0.03～0.07，该区间的品牌质量一般，有待加强。

小于0.03的品牌质量不太高，仅仅略高于行业所有品牌发展的平均水平。

（二）第二组品牌信息平均值评估组

1. 全国人口平均信息量 ω

$$全国人口平均信息量=\frac{品牌信息总量}{全国人口总数}$$

即

$$\omega=\frac{Q_E}{G}$$

该值是通过品牌信息的总量对全国人口总数的平均求得，意指国内每一个人平均保有的该品牌信息量。

2. 目标消费者平均信息量 ω_1

$$目标人群平均信息量=\frac{目标人群信息总量}{目标人群总数}$$

即

$$\omega_1=\frac{Q_E'}{G_1}$$

该值是通过品牌信息的总量对目标消费者总数的平均求得，意指每一个目标消费者平均保有的该品牌信息量。

3. 品牌原产地人口平均信息量 ω_2

$$品牌原产地人口平均信息量=\frac{品牌原产地信息总量}{品牌原产地人口总数}$$

即

$$\omega_2=\frac{Q_E'}{G_2}$$

该值是通过品牌信息的总量对该品牌原产地人口总数的平均求得，意指原产地每一个消费者平均保有的该品牌信息量。

4. 地域品牌特征

理论上，全国人均信息量≤原产地人口平均信息量，即 $\omega \leqslant \omega_1$，原产地人口平均信息量远远大于全国人均信息量时，该品牌称为地域品牌。

5. 专业品牌特征

理论上，全国人均信息量≤目标人群平均信息量，即目标人群平均信息量远远大于全国人均信息量时，该品牌称为专业品牌。

阈的说明：

一般情况下，全国人均信息量≤目标人群平均信息量，即 $\omega \leqslant \omega_2$，在品牌发展过程中，某些品牌因品牌信息传播的内容和渠道导致在有些阶段发生全国人均信息量大于目标消费者平均信息量的情况，这种情况下$\frac{\omega_1}{\omega}$比值会小于1，当目标人群平均信息量大于全国人均信息量该行业质量比 λ 的倒数（$\frac{1}{\lambda}$）倍以上时，该品牌称为专业品牌。

品牌信息均值比是反映品牌的经营范围的指标。参考阈值如下：

>7.449，说明该企业经营的产品专业化程度高，高度专业化更容易赢得口碑，但不易于品牌的延伸。

1 ~7.449，该区间属专营经营，专门经营某大类产品的品牌。

0 ~1，该区间的企业属于大众化经营。

（三）第三组品牌信息的稳定性评估组

1. 品牌衰减系数 Γ

$$\text{品牌衰减系数}\ \Gamma = \frac{1}{T\left[N\left(\frac{x}{s_x} + \eta\frac{y}{s_y},\ \frac{\bar{t}}{t_i}\right)\right]}$$

该系数依据《品牌信息本论》中有关时效性研究的方法，由衰减实验测定，表示一个品牌信息的自然衰减规律，是在停止所有品牌信息活动之后，品牌信息衰减至零的规律的参数，是品牌质量的重要指标之一。

2. 品牌信息的衰减速率 γ

$$品牌信息的衰减速率 = \left[\frac{1}{品牌衰减系数 - 品牌忠诚度}\right]^t$$

即

$$\gamma = \left[\frac{1}{\Gamma - L}\right]^t$$

品牌信息的衰减速率是在品牌信息的自然衰减以及品牌信息对消费者发生的重复作用的基础上形成的品牌多镒信息，在品牌忠诚度的作用下，综合而成的结果。该值形象地反映了品牌信息的多镒曲线规律。

3. 品牌信息有效期 t 和品牌信息最优间隔期

由品牌信息的衰减速率推算得到的品牌信息有效期，是指在停止了所有品牌工作后，品牌信息自然衰减稳定于基本量所能持续的时间周期。

$$t = \frac{\log_2（品牌信息的衰减速率）}{\log_2（品牌衰减系数 - 品牌忠诚度）}（品牌信息基本量 \rightarrow 0）$$

即

$$t = \frac{\log_2 \gamma}{\log_2（\Gamma - L）}$$

4. 品牌稳定性指标

品牌稳定性分析的目的，是要对品牌信息质量对自然衰减的抵抗能力、应对环境变化或不可抗力危机的能力进行评估。企业面对的经营环境是具有高度经营风险的环境，品牌的作用之一就是能够为企业增加抗风险的能力，这需要品牌具有相对高的稳定性。

品牌稳定性指标就是用于描述品牌这一性状的指标。是个 0 ~ 100 的自然数，通过品牌衰减系数以 2 为底的指数运算，减 1 去整，再乘以 100 获得的指标。

这一指标分为 5 个评估区间，小于 1 的品牌基本上不具备稳定性。

>15，极强稳定性

7. 49 ~ 15，强稳定性

3 ~ 7. 49，一般稳定性

1 ~ 3，弱稳定性

<1，极弱稳定性

第三章　数据收集过程

本次调研的数据收集环节按照标准步骤进行，从问卷设计开始，安排调查样本点，数据收集方法确定、现场操作、问卷整理与鉴别，数据录入与统计，得到基础数据，然后使用辅助计算软件进行计算得出评价指标，并进行相应的检验。

第一节　调研准备

一、调研对象的选择

首先，项目组接受安徽省质量品牌促进会的推荐，对有一定经营业绩品牌的安徽企业进行初步考量，然后在此基础上进行品牌的选择，确定被调研的品牌。

其次，调研地点选择位于消费者随机出现的各大型商场超市，此处出现的消费者分步随机、消费范围广泛且消费能力具有代表性。

二、调研问卷设计

调研问卷设计抬头为基本信息，需填入调研地点、消费者性别。消费者的年龄段分布如下：男性，18～25 岁、26～35 岁、36～45 岁及 45 岁以上；女性，20 岁以下，21～30 岁、31～40 岁、41～50 岁、51～60 岁及 60 岁以上。

问卷设计内容包括了对一个品牌知晓与否、认知程度、是否具有自传播，以及重复购买等问题。该问卷属于用于定量分析的问卷设计，其问题应是封闭问题，故选择“是否”选择类型、阶梯选择类型和单项选择类型三类问题。消费者的答案可选范围确定。

问卷分为三组，第一组问卷是面上调研问卷，涵盖本次调研的所有品牌，设计选填项为 8 项，设计为 4 个一级评价指标的度量。

三、样本点选择

调研样本选取地按照城市认可数目的级别类型进行分层取样。共选调成都、长沙、吉林、合肥、厦门、赣州、呼伦贝尔、南宁、马鞍山 9 个城市或地区，覆盖全国所有人口级别类型的地区，如表 3 –1 所示。

表 3 –1　调研城市人口及类型汇总表

人口级别	代表城市类型（万人）	人口数（万人）	调研城市
Ⅰ	1200 以上	11116.43	成都
Ⅱ	800 ~ 1200	21953.01	赣州
Ⅲ	600 ~ 800	20067.57	长沙、南宁
Ⅳ	500 ~ 600	15938.44	合肥
Ⅴ	300 ~ 500	36143.83	吉林、厦门
Ⅵ	300 以下	27125.44	呼伦贝尔、马鞍山

第二节　数据收集的实施

一、调研周期和阶段

本次数据收集任务的实施从 2018 年 3 月 25 日开始，至 2018 年 5 月 15 日结束，共计 51 天。调研分为两个阶段：3 月 25—31 日，在北京进行试调，调整问卷设计后，启动正式调研；从 4 月 6 日至 5 月 15 日完成，按照合肥、马鞍山、成都、长沙、吉林、厦门、赣州、呼伦贝尔、南宁的顺序依次进行。

二、调研地的现场操作流程（现场调查）

调研地的现场操作流程如下：

（1）首先与要进行调研的目标商场的负责人取得联系，得到商场的允许，确定桌椅摆放区域；

（2）摆放桌椅、易拉宝等宣传工具；

（3）按照标准购买发放给填写问卷消费者的礼品；

（4）开始采取自愿的方式进行调研；

（5）现场指导消费者正确填写，保证有效问卷的回收率。

三、调研数据质量保证的技术措施

（一）问卷设计有针对性

本次调研问卷根据《基于品牌信息本论的品牌质量评估体系》中“品牌五度”的内容，结合安徽品牌的发展情况和特点，有针对性和代表性地选择问题，以获得准确的数据，并按照由易到难的原则排列，以保证所得信息的实效性。

（二）调研地点选择具有全面性和代表性

本次调研地区涉及华北地区、华中地区、华南地区、西南地区、华东地区、东北地区，涉及全国各地区，范围广，具有全面性。

所调研城市涵盖全国各级城市，调研样本具有代表性。

调研地的选择有百货商场、超市、社区、街道等，涉及不同生活情况、消费类别的消费者。

（三）调研对象选择有全面性

调研过程中，项目组成员按比例要求选择了各年龄段、各层收入群体，不同工作性质，男性和女性进行问卷的填写，保证了调研对象的多样性，防止调研信息不全和缺失。

（四）问卷填写信息真实性和完整性

对每一位问卷填写者仔细说明填写内容、要求、方法等，对于消费者不理解的内容及时做出解释；问卷收回时检查确认填写信息的情况，确保信息的完整性和有效性；问卷收回时检查确认填写信息的情况，确保信息的完整性和有效性，大部分问卷于现场填写，对于消费者在填写过程中出现的问题及时指出并完善；少部分带走填写后交回的问卷，检查无问题后收回，未符合要求者对问卷进行补充填写后再收回。消费者填写一页问卷平均用时 4 ~5 分钟。

（五）问卷整理

按样本要求设计好录入表格，完成后的问卷及时交回项目部，在对问卷进行归类后，由录入人员按要求对数据进行录入，得出最终计算所需数据信息。

本次问卷调研工作严格按计划、有步骤地进行，问卷设计科学，调研方法合理，调研人员认真负责，样本涉及全面，消费者配合程度高，所获得的数据质量较高。

第二部分　总体评价篇

第四章　安徽品牌发展的总体评价

第一节　面向全国调研的品牌各项指标汇总、排序及解读

一、指标汇总

本次面向全国调研的安徽品牌共计51个，其中地理标志产品17个，中华老字号10个，其他行业品牌24个。指标汇总包括了三个部分指标的汇总情况：首先，本报告依据调研数据对51个品牌在国内9个级别城市的知名度、认知度、美誉度、忠诚度进行了精确的测算，并合并计算出全国平均水平；其次，运用品牌信息量计量模型计算出每一个品牌包含的信息总量，这也是品牌影响力的表现；最后，是按照品牌质量体系的指标组对所有调研品牌的质量比进行的汇总，用于对品牌发展质量进行评价。另外，为了比较方便，增加了最后一列——品牌价值和影响力的比例关系，是以品牌信息总量最大的品牌为标准指数1的时候，其他品牌的价值和影响力与之相较的比例关系。可以理解为，假设规模最大的品牌影响力为1，其余品牌影响力与之的比例。全国调研的51个品牌的指标汇总，如表4－1所示。

表4－1　全国调研的51个品牌的指标汇总

序号	品牌名称	知名度（%）	认知度（%）	美誉度（%）	忠诚度（%）	信息总量（万比特）	品牌信息质量比值	品牌价值和影响力的比例关系
1	洽洽	39.38	13.75	17.63	1.74	165983.01	1.117	1.000
2	黄山毛峰	29.18	18.47	12.46	1.29	142976.59	1.102	0.861
3	古井	45.60	9.93	9.20	1.10	96450.99	0.172	0.581
4	奇瑞	37.58	12.76	8.17	0.69	87230.66	0.249	0.526
5	燕之坊	21.42	8.48	9.91	0.69	86625.58	1.330	0.522
6	方特	32.44	11.34	11.61	1.31	70239.39	0.182	0.423

续表

序号	品牌名称	知名度（%）	认知度（%）	美誉度（%）	忠诚度（%）	信息总量（万比特）	品牌信息质量比值	品牌价值和影响力的比例关系
7	老乡鸡	21.53	8.50	12.24	1.32	66903.09	0.652	0.403
8	砀山酥梨	21.29	12.04	11.93	0.98	66764.07	0.559	0.402
9	宁国山核桃	19.10	10.40	9.70	1.73	65027.08	0.862	0.392
10	口子	33.64	6.06	9.38	1.59	63284.90	0.163	0.381
11	太平猴魁	23.29	6.23	8.23	2.10	61645.18	0.789	0.371
12	八公山豆腐	19.04	9.82	11.03	1.81	61478.83	0.794	0.370
13	黄山卷烟	28.32	10.27	12.28	1.02	59983.72	0.187	0.361
14	宣酒	20.54	7.70	13.03	1.25	52091.49	0.495	0.314
15	百大	16.09	7.78	12.49	0.44	47357.78	0.760	0.285
16	江淮 JAC	20.79	7.86	5.77	1.21	46861.23	0.363	0.282
17	马钢	17.05	6.03	10.34	0.44	43420.03	0.615	0.262
18	迎驾酒	17.76	4.51	6.22	1.02	39215.75	0.431	0.236
19	符离集烧鸡	10.26	5.65	11.25	1.28	38520.83	1.349	0.232
20	明光	15.26	3.04	10.00	2.98	37291.01	0.661	0.225
21	天柱山	18.14	5.98	11.57	2.70	35570.43	0.232	0.214
22	安凯	12.79	5.46	8.58	0.29	34510.74	0.738	0.208
23	真心	11.73	4.30	10.56	1.37	34192.23	0.902	0.206
24	梦都	12.23	3.20	9.08	2.25	30627.50	0.719	0.185
25	采石矶	15.10	3.44	11.38	0.45	29686.48	0.330	0.179
26	同庆楼	11.16	3.73	11.13	3.07	29350.70	0.677	0.177
27	霍山黄芽	10.94	5.49	9.36	1.55	28323.57	0.595	0.171
28	怀远石榴	11.70	3.24	12.54	1.41	25063.71	0.420	0.151
29	红星	15.56	2.86	8.53	1.10	24686.09	0.093	0.149
30	太平	10.42	2.70	10.49	0.43	22092.22	0.442	0.133
31	石台富硒茶	8.12	3.63	8.88	0.79	19904.93	0.611	0.120

续表

序号	品牌名称	知名度（%）	认知度（%）	美誉度（%）	忠诚度（%）	信息总量（万比特）	品牌信息质量比值	品牌价值和影响力的比例关系
32	霍山石斛	10. 48	5. 20	10. 89	1. 16	19750. 06	0. 211	0. 119
33	双轮池	10. 04	2. 53	11. 55	1. 47	17437. 69	0. 201	0. 105
34	徽墨	8. 59	5. 16	7. 78	0. 44	15491. 76	0. 160	0. 093
35	三潭枇杷	6. 33	1. 56	6. 11	0. 62	13556. 23	0. 531	0. 082
36	灵璧石	8. 48	2. 64	10. 09	0. 16	13523. 98	0. 106	0. 081
37	滁菊	7. 88	3. 24	9. 87	3. 35	12549. 94	0. 085	0. 076
38	金色王朝	7. 56	1. 83	8. 96	0. 62	11918. 10	0. 092	0. 072
39	天方	6. 74	1. 42	7. 48	2. 00	11812. 86	0. 251	0. 071
40	亳白芍	6. 30	2. 64	6. 00	0. 53	11055. 12	0. 181	0. 067
41	歙砚	6. 63	2. 66	4. 42	0. 18	10820. 53	0. 131	0. 065
42	皖王	5. 29	1. 69	7. 32	0. 25	10601. 01	0. 426	0. 064
43	西山焦枣	5. 32	3. 25	7. 38	2. 38	10168. 30	0. 290	0. 061
44	稼仙	4. 39	0. 99	10. 97	1. 38	9841. 55	0. 635	0. 059
45	金商都	6. 24	1. 97	7. 17	0. 67	9767. 41	0. 108	0. 059
46	谢正安	3. 05	0. 85	11. 02	3. 55	8915. 85	1. 133	0. 054
47	徽六	3. 76	1. 28	6. 19	1. 87	8523. 01	0. 627	0. 051
48	同福有机	3. 96	1. 14	7. 09	0. 00	7751. 47	0. 421	0. 047
49	耿福兴	4. 48	1. 08	4. 01	1. 19	6871. 06	0. 101	0. 041
50	铜冠	2. 73	0. 75	3. 90	0. 00	4759. 93	0. 287	0. 029
51	颍州	2. 85	0. 69	12. 33	3. 68	4348. 24	0. 126	0. 026
平均值		14. 19	5. 06	9. 33	1. 27	36392. 17	0. 480	-

二、各项指标的排序及初步解读

（一）规模分段解读

本次全国调研的 51 个安徽品牌都是属于较有影响力的品牌，但从 51 个品牌的排序来看，它们之间的差距还是比较大的。通过信息量规模的计算，可以将它们之间的影响力做一精确的比较。

本次调研中没有出现超大规模的品牌，显示安徽省还没有出现在全国具有极强影响力的品牌，且品牌多以中小品牌为主。在51个品牌中信息总量超过大规模标准（7.884亿比特）的品牌有5个，中等规模标准（2.178亿～7.884亿比特）的品牌共有25个，小规模标准（0.66亿～2.178亿比特）的品牌共有19个，另有2个为微小规模（0.66亿比特以下）的品牌。以下按照其在国内信息总量的规模（或称对消费者的影响力）大小，将这四个类型做一简单分析。

第一类品牌是大规模品牌，信息总量超过7.884亿比特。其中休闲食品类的洽洽品牌排名第一，规模为16.5983亿比特；第二是“中国十大名茶”之一的地理标志产品——黄山毛峰，规模为14.2975亿比特；第三为白酒品牌古井，规模达到9.645亿比特；第四为制造业中的汽车品牌奇瑞，规模为8.723亿比特。尽管奇瑞在年销量上要远远高于前三个品牌，但就品牌在消费者中的影响力而言，洽洽、黄山毛峰、古井还是要高于奇瑞，特别是普通消费者对这三个品牌的知晓程度还是高于奇瑞；由于这几个品牌分属不同行业，品牌产品的单位价格也不相等，品牌资产在本报告中未做比较，但它们的品牌影响力的排序及它们之间品牌量的比例关系是确切的。排名第五的也是食品行业的燕之坊品牌，前五品牌中有四个为与人们生活息息相关的品牌，充分说明了品牌的影响力大小主要取决于品牌产品与消费者的日常需要的关联性；而这五个品牌也成为了本次调研中超过大规模标准的安徽品牌，是具有较大全国影响力的安徽品牌的代表。

第二类品牌是中等规模的品牌，包括第6位的方特到第30位的太平品牌（国内中等规模品牌的下限是2.178亿比特）。该类品牌虽然具备了一定的全国影响力，但多是具有明显区域特点的品牌，在安徽省内有相当大的影响力，在全国的影响力远不及品牌所在地。此类品牌总共有25个，接近全国调研品牌的一半，体现了安徽区域品牌多，而对全国影响力不强的整体状况，从另一个角度看，也说明安徽的品牌资源非常丰富。

第三类品牌是小规模品牌，包括第31位的地理标志产品石台富硒茶至49位的中华老字号耿福兴品牌（国内小规模品牌的下限是0.66亿比特）。这类品牌有一部分属于区域品牌，也有一部分虽然是全国品牌，但影响力很小。

第四类品牌是微小规模品牌，包括制造业中的铜冠和中华老字号白酒品牌颍州，信息总量低于0.66亿比特。这类品牌的各项基础指标还很低，基本上未达到有效标准，是典型的区域品牌或没有直接面对消费者的工业品牌，于全国范围而言，甚至不能称之为真正意义上的全国“品牌”。

（二）基础指标的解读

基础指标里包括了知名度、认知度、美誉度、忠诚度四个对品牌进行描述的指标序列，本次报告对各个调研对象进行了精确的测算，并合并计算出全国平均水平，在全国调研表中分别列出了各个品牌的全国消费者的平均知名度、平均认知度、平均美誉度和平均忠诚度。最后一行计算了被调研品牌的基础指标的均值，供分析参考用。

在本次全国调研的51个品牌中，有45个品牌的知名度高于5%的有效下限，说明这些品牌都获得了有效的知名度，各厂商为获取品牌知名度都付出了一定的努力，品牌对营销起了一定的作用，但没有品牌知名度特别突出的品牌，没有出现在全国的知名度超过64%的高知名度标准的品牌，这是没有出现大规模的全国影响力的品牌的主要原因。另外，还有7个品牌的知名度低于5%的有效标准，在全国还不具备知名度，没有人为传播的痕迹，基本属于自然传播而成。从知名度与认知度的均值来看，绝大部分品牌的认知度低于知名度的一半，厂商的品牌传播未达到相应的效果，缺乏有效的消费者品牌认知。品牌美誉度高于认知度，说明消费者对于品牌的认知有效转化为了品牌的自传播，但由于认知度偏低，美誉度的获得并不仅来自消费者对品牌产品的深度体验，还和与品牌无关的其他营销渠道如促销等有关。本次调研的大部分品牌的忠诚度都不高，未能形成充分的重复购买率，消费习惯和偏好不明显，其原因可能与产品特性、消费者对品牌的了解程度、消费者消费习惯的改变以及本次调研中忠诚度的统计方法变更等有关系。

（三）品牌信息总量汇总说明

从全国调研汇总表可以看出，本次全国调研的安徽品牌的均值是3.639亿比特，均值处于中等规模水平。有20个品牌高于这一均值，而多达31个品牌的信息总量是在这一均值之下，说明本次调研的品牌以中小规模品牌居多，对消费者影响较大的品牌数目还比较少，而且品牌影响力小于洽洽影响力 10% 的品牌数多达 20 个，显示品牌规模的两极化趋势比较明显，品牌强弱分明。

（四）品牌质量比值指标的解读

品牌质量意指品牌的发展不仅依靠品牌量的积累，更重要的是品牌能够持续、健康地发展。品牌质量比值即品牌美誉度所形成的质的贡献在信息总量中的比重，与品牌知名度、认知度所形成的品牌信息基本量的贡献在信息总量中的比重之间的比例关系。从全国调研汇总表可以看出，所有品牌的质量比均值为 0.48，整体发展质量处于良好水平，这主要得益于各品牌较好的美誉度所形成的品牌信息质的贡献较高；而整体来看各品牌的知名度和认知度偏低了，使品牌质和量的贡献处于比较平衡和合理的状态。

第二节　面向安徽省内调研的品牌各项指标汇总、排序及解读

一、指标汇总

本次在安徽省内调研的品牌共计 78 个，其中地理标志产品品牌 55 个，中华老字号品牌 15 个，其他行业品牌 8 个。各品牌的各项指标汇总，如表 4－2 所示。

表 4－2　省内调研的 78 个品牌的各项指标汇总

序号	品牌名称	知名度（%）	认知度（%）	美誉度（%）	忠诚度（%）	信息总量（万比特）	品牌信息质量比值	品牌价值和影响力的比例关系
1	六安瓜片	65.25	27.51	17.28	2.09	15405.48	0.536	1.000
2	三河米酒	41.70	13.53	16.49	3.70	11917.68	1.792	0.774
3	高炉家酒	54.96	22.42	15.98	1.60	10751.18	0.802	0.698
4	黄山贡菊	53.89	23.87	16.58	2.39	10371.12	0.607	0.673
5	宣纸	58.73	17.94	13.53	2.29	10302.66	0.819	0.669
6	皖酒	60.88	12.36	13.76	1.77	8859.96	0.687	0.575

续表

序号	品牌名称	知名度（%）	认知度（%）	美誉度（%）	忠诚度（%）	信息总量（万比特）	品牌信息质量比值	品牌价值和影响力的比例关系
7	黄山白茶	45.42	19.83	12.64	0.93	8395.66	0.432	0.545
8	怀宁贡糕	32.53	14.53	15.99	2.94	8395.46	1.625	0.545
9	胡玉美	42.95	13.05	12.91	2.21	8362.75	1.113	0.543
10	叫花鸡	45.55	14.44	13.08	0.26	7212.61	0.742	0.468
11	天柱山瓜蒌籽	38.85	5.12	17.05	2.25	6269.54	1.276	0.407
12	舒城小兰花	26.30	8.05	16.83	0.49	5449.10	1.261	0.354
13	宁国笋干	34.31	10.47	11.92	2.75	4783.04	0.696	0.310
14	丰乐酱干	17.38	7.13	25.30	3.34	4597.53	2.253	0.298
15	石臼湖螃蟹	36.61	4.89	15.95	3.41	4500.85	0.624	0.292
16	运漕酒	31.55	9.74	10.41	4.51	3463.44	0.345	0.225
17	文王	28.64	6.91	9.55	1.26	3463.44	0.566	0.225
18	铜陵白姜	23.37	12.82	14.85	1.88	3461.68	0.692	0.225
19	柏兆记	19.97	4.27	12.18	2.27	3315.79	1.205	0.215
20	和县黄金瓜	24.28	10.79	14.50	0.58	3177.80	0.422	0.206
21	金寨猕猴桃	23.92	10.27	14.95	0.89	3160.35	0.537	0.205
22	萧县葡萄	23.86	12.51	8.58	0.38	3083.08	0.439	0.200
23	明光绿豆	22.45	6.94	9.97	2.19	2858.50	0.693	0.186
24	沙河酒	25.10	5.52	11.10	1.73	2830.98	0.575	0.184
25	舒席	9.43	4.96	19.56	0.00	2790.05	3.021	0.181
26	霍山黄大茶	21.46	9.51	10.98	2.44	2435.11	0.359	0.158
27	岳西翠兰	19.14	5.65	12.11	4.16	2272.33	0.556	0.148
28	安茶	16.80	3.68	14.21	0.00	2213.71	0.919	0.144
29	五城茶干	14.83	6.74	13.89	0.55	2192.97	0.827	0.142
30	黄湖大闸蟹	16.67	6.75	12.82	0.00	2189.24	0.754	0.142

续表

序号	品牌名称	知名度（%）	认知度（%）	美誉度（%）	忠诚度（%）	信息总量（%）	品牌信息质量比值	品牌价值和影响力的比例关系
31	猴坑	19.05	7.48	6.08	1.53	2088.87	0.380	0.136
32	霍山灵芝	21.94	9.68	9.85	0.82	2081.76	0.198	0.135
33	宣城木榨油	21.23	11.61	7.88	2.31	2029.15	0.121	0.132
34	四季春	22.54	5.80	6.69	1.80	1950.05	0.071	0.127
35	涡阳苔干	15.80	8.05	12.94	5.79	1937.40	0.544	0.126
36	霍邱柳编	14.76	6.19	10.98	1.21	1719.48	0.615	0.112
37	天华谷尖	6.82	3.08	24.04	2.36	1598.25	2.487	0.104
38	岳西黑猪	16.15	7.35	7.57	1.68	1580.44	0.256	0.103
39	女山湖大闸蟹	10.89	2.88	15.52	1.40	1427.88	0.991	0.093
40	岳西茭白	13.48	6.19	8.62	0.72	1328.73	0.328	0.086
41	黄陂湖大闸蟹	14.03	5.54	8.46	1.26	1310.85	0.304	0.085
42	枞阳媒鸭	8.04	3.70	14.64	0.00	1180.14	1.175	0.077
43	岳西桑皮纸	10.70	5.54	10.28	6.97	1176.40	0.527	0.076
44	五城米酒	9.82	2.68	15.42	2.49	1130.63	0.766	0.073
45	沱湖螃蟹	10.76	2.27	14.21	3.24	1098.46	0.588	0.071
46	九华黄精	12.31	5.21	8.67	0.00	985.39	0.145	0.064
47	寿春堂	11.20	2.53	9.69	4.26	878.25	0.206	0.057
48	张顺兴号	6.86	2.35	9.32	0.93	859.90	0.866	0.056
49	潘集酥瓜	8.22	4.26	15.87	0.00	836.92	0.415	0.054
50	塔山石榴	6.84	3.07	14.39	1.49	736.74	0.601	0.048
51	大路口山芋	6.81	3.51	10.36	1.21	731.89	0.582	0.048
52	含眉绿茶	8.25	3.74	7.48	0.00	714.14	0.246	0.046
53	公和堂	7.50	2.14	5.48	1.83	689.21	0.402	0.045
54	松萝茶	4.83	1.97	18.70	0.00	640.88	1.062	0.042

续表

序号	品牌名称	知名度（%）	认知度（%）	美誉度（%）	忠诚度（%）	信息总量（万比特）	品牌信息质量比值	品牌价值和影响力的比例关系
55	来安花红	6.61	2.81	11.62	3.73	602.10	0.367	0.039
56	李廷珪牌	6.26	1.82	8.62	0.00	566.73	0.437	0.037
57	明绿御酒	6.29	3.26	9.35	0.00	553.37	0.312	0.036
58	麦陇香	4.37	1.03	15.52	0.00	552.06	1.050	0.036
59	白莲坡贡米	6.80	2.64	6.89	0.00	540.17	0.216	0.035
60	黄岗柳编	6.69	2.73	4.53	0.00	495.42	0.135	0.032
61	南丰黄酒	5.35	2.09	6.63	0.00	476.47	0.384	0.031
62	临水酒	6.59	2.39	6.24	0.00	473.64	0.112	0.031
63	漫水河百合	5.74	2.14	16.61	0.00	457.58	0.234	0.030
64	大方茶	7.69	3.07	3.91	2.12	450.07	-0.129	0.029
65	段园葡萄	5.50	2.21	7.78	5.42	419.27	0.167	0.027
66	龙池香尖	9.10	3.67	0.00	0.00	414.33	-0.353	0.027
67	风丹	4.18	1.89	7.37	0.00	413.38	0.559	0.027
68	胡开文	5.67	1.58	4.48	0.00	402.56	0.134	0.026
69	味甲天	5.71	1.55	7.71	0.00	400.25	0.116	0.026
70	艺粟斋	3.67	0.69	6.71	7.89	346.51	0.547	0.022
71	万安罗盘	4.66	1.80	7.40	2.80	342.87	0.172	0.022
72	吴鲁衡	3.02	1.35	14.28	0.00	334.57	0.791	0.022
73	余良卿	4.98	1.08	3.44	0.00	306.75	0.001	0.020
74	临涣酱包瓜	3.99	1.68	7.46	0.00	301.61	0.196	0.020
75	老余昌	3.70	0.98	6.39	0.00	266.66	0.179	0.017
76	李兴桔梗	3.67	1.46	9.94	0.00	244.33	0.064	0.016
77	聚红盛	2.74	0.93	17.01	0.00	213.27	0.250	0.014
78	正宇	2.73	0.68	0.00	0.00	121.63	-0.266	0.008
平均值		17.84	6.34	11.38	1.55	2678.08	0.599	-

二、各项指标的排序及初步解读

（一）规模分段解读

本次省内调研的78个安徽品牌绝大多数都是不具备全国影响力，但在安徽省内具有一定影响力的品牌。由于这78个品牌没有进行全国范围内的调研，仅在安徽省内进行了品牌影响力的调研，为了方便比较，调研组将品牌信息总量的全国标准按全国人口（13.23亿人，2015年数据）与安徽省人口（5935万人，2016年的数据）的比例，即22.3进行了折算，计算出安徽省内品牌信息规模的标准，以此判断品牌在安徽省内的影响力。根据计算，在78个品牌中信息总量超过超大规模标准（8907万比特）的品牌有5个，大规模标准（3535万~8907万比特）的品牌共10个，中等规模标准（977万~3535万比特）的品牌共有31个，小规模标准（296万~977万比特）的品牌共有28个，另有4个为微小规模（296万比特以下）的品牌。从78个品牌的排序来看，超过大规模品牌标准的仅15个品牌，而中小微品牌多达63个，占调研品牌的大多数。显示即使在安徽省内，调研的很多品牌的影响力都还很小，具有全省影响力的省域品牌偏少，大多数还是属于市域甚至县域品牌，影响力仅局限于一市或一县，品牌产品还没有打开安徽省的市场，全国市场更是无从谈起。从排名来看，影响力的两极分化现象十分严重，最后一名的影响力不及头名的1%，差距巨大，品牌发展呈现不平衡的状态。以下按照78个品牌在安徽省内信息总量的规模（或称对消费者的影响力）大小做一简单分析。

第一类品牌是超大规模品牌（8907万比特以上）。其中位列“中国十大名茶”之一的国家地理标志产品——六安瓜片高居第一位，规模为1.5405亿比特，省内影响力非常大；第二、第三为白酒品牌三河米酒和高炉家酒，规模分别达到1.1917亿比特和1.0751亿比特，由于调研城市数据的不同，使两个品牌在各项指标差距较大的情况下出现了影响力相近的结果，从两个品牌的单独数据分析看，三河米酒的影响力比较集中，省内的区域特征更明显，而高炉家酒的省内影响力相对比较平均；第四为黄山贡菊，为中医药行业品牌，规模为1.0371亿比特；第五为地理标志产品、历史悠久的宣纸，规模为1.302亿比特。前五品牌的省内信息规模都超过了1亿比特，属于省内影响力极强的品牌，在省内广为人知。前五品牌中，有四个属于较早获得国家地理标志产品称号的品牌，分别为六安瓜片、三河米酒、黄山贡菊和宣纸，充分说明了“国家地理标志产品”称号对区域品牌特别是农产品区域品牌的强大促进作用；而这五个品牌也成为了本次调研中超过超大规模标准的安徽省内品牌，虽然本次调研没有获得五个品牌的全国调研数据，但仅从省内数据来看，也是安徽品牌的代表，是众多安徽品牌中的佼佼者。

第二类品牌是大规模品牌（3535万~8907万比特）。包括第6位的白酒品牌皖酒到第15位的地理标志产品——石臼湖螃蟹。此类品牌在安徽省内也具有较强的影响力，品牌传播范围较大，知名度基本上在30%以上，也拥有较好的消费者口碑。在安徽省内有一定的区域特征，但不太明显，属于省内影响力比较均衡的品牌，在全国应该具有一定的知名度，影响力开始形成。

第三类品牌是中等规模的品牌（977万~3535万比特）。包括第16位的地理标志产品、白酒品牌运漕酒到第46位的地理标志产品——九华黄精。该类品牌具备了一定的省内影响力，但多是具有明显区域特点的品牌，在各自的市内有较大的影响力，在省内其他地区的影响力远不及品牌所在地，基本上属于一个市域品牌。此类品牌总共31个，省内知名度在10%~30%，省内的传播范围还不广，但大多具有良好的消费者口碑。

第四类品牌是小规模品牌（296万~977万比特）。包括第47位的中华老字号寿春堂至第74位的地理标志产品——临涣酱包瓜，共计28个。这类品牌的省内知名度基本上在5%~10%，传播范围还很小，还不具备省内的影响力，大部分在所属地有一定的影响力，但还较小，基本上属于县域或市域品牌，影响范围小，影响力还非常有限。

第五类品牌是微小规模品牌（296万比特以下）。此类品牌共4个，包括中华老字号老余昌和聚红盛、地理标志产品李兴桔梗及食品企业正宇。这类品牌在省内获得的各项基础指标还很低，基本上未达到有效标准，在省内品牌所在地的影响力还非常小。

（二）基础指标的解读

基础指标里包括了知名度、认知度、美誉度、忠诚度四个对品牌进行描述的指标序列，本次报告对各个调研对象进行了精确的测算，并合并计算出在安徽省的平均水平，在安徽省内调研表中分别列出了各个品牌的省内平均知名度、平均认知度、平均美誉度和平均忠诚度，供分析参考用。

在本次省内调研的 78 个品牌中，仅有六安瓜片的省内知名度高于 64% 的高知名度标准，另外皖酒的知名度达到 60%，其余品牌的省内知名度均低于 60%，具有大范围省内传播的品牌还有限。虽然有 66 个品牌的知名度超过了 5% 的知名度有效标准，开始形成品牌的传播范围和影响力，但影响力均不高；5% ~30% 知名度的品牌占据了大多数，且还有 12 个品牌的知名度低于 5% 的有效标准，在省内几乎没有传播和影响力，显示即使在省内，知名的品牌也还不多。从知名度与认知度的均值来看，绝大部分品牌的认知度低于知名度的一半，厂商的品牌传播未达到相应的效果，缺乏有效的消费者品牌认知。大多数品牌在省内获得了较高的品牌美誉度，显示品牌产品在省内的口碑是不错的，获得了消费者的认可；而品牌美誉度高于认知度，说明消费者对于品牌的认知有效转化为了品牌的自传播，但由于认知度偏低，美誉度的获得并不仅来自消费者对品牌产品的深度体验，还和与品牌无关的其他营销渠道如促销等有关。本次调研的大部分品牌的忠诚度都不高，消费者的重复购买率低，消费习惯和偏好不明显，原因可能是来自多方面的，在全国调研品牌里已有分析。

（三）品牌信息总量汇总说明

省内调研汇总表反映，78 个品牌的信息总量均值为 2678 万比特，属于中等规模的水平，但仅有 25 个品牌高于这一均值，而多达 53 个品牌的信息总量是在这一均值之下，品牌影响力的两极分化现象比较明显。调研的众多品牌中在安徽省内属于中小规模的品牌占大多数，对消费者影响较大的品牌数目还比较少，在一定程度上反映了安徽品牌多而不强的特点。

（四）品牌质量比值指标的解读

从省内调研汇总表可以看出，所有品牌的质量比均值为 0.599，整体发展质量处于良好水平，但略呈现“质有余而量不足”的情况。主要原因为在调研中获得的大部分品牌的美誉度较高，平均达到 11.38%，由此所形成的品牌信息质的贡献较高，而整体来看各品牌的知名度和认知度偏低了，平均仅为 17.84% 和 6.34%，尤其是认知度和美誉度的比例关系不协调（二者是数值相近为理想），使品牌知名度和认知度所形成的品牌信息基本量的贡献较低，品牌略呈现“质高量低”的质量发展不平均状态。

第三节　共性问题及解读

本次调研的安徽省品牌共计 129 个，其中面向全国调研的品牌 51 个，安徽省内调研的品牌 78 个。各品牌的调研基础数据及指标解读已在上两节进行了陈述，但不管是全国调研还是省内调研的品牌均体现出一些共性的问题，以下一一进行陈述。

一、基础指标的共性问题解读

（一）多数品牌认知度不足且与知名度的比例关系不协调

认知度是考察消费者对品牌的主要产品、行销行业、LOGO 辨识和企业价值观等内涵信息认知程度的指标。一般来说，认知度处于知名度的一半以上，品牌在传播上具有有效传播的途径或容易被消费者认知的内容，说明品牌的传播是有效的。从调研获得的数据看，大多数品牌的认知度仅为知名度的 1/3 左右，比例关系并不理想，即使在安徽本地调研的多数品牌的认知度也不高，说明品牌在传播途径或内容上存在一些问题，使得消费者不能对品牌有深度的了解，消费者还是没有能够充分地认知品牌内涵。较低的认知度水平并不能加深消费者对品牌的印象，即使是一个知名度很高、消费者耳熟能详的品牌，如果认知度偏低的话，消费者对品牌的印象也会随着时间的推移而慢慢变淡，甚至遗忘。

（二）美誉度与忠诚度之间的比例关系不协调

本次调研的品牌出现了大量“美誉度和忠诚度不协调”的问题，两项指标的不协调导致品牌在营销中的作用不能完全发挥出来，或是品牌产品的销售并不是依靠品牌本身的作用，而是其他的营销手段如促销。在调研中，绝大部分安徽品牌的美誉度是不错的，但多数品牌都出现了忠诚度偏低的问题，这是依靠消费者口碑传播的优质品牌获得消费者的多次重复购买、培养消费习惯的障碍，消费者对品牌非常认可，却没有形成应有的重复购买率，导致品牌的影响力对营销并不能起到应有的促进作用。

（三）忠诚度普遍不高的问题比较突出

品牌忠诚度标志着消费者偏好和消费习惯的产生并趋于成熟。因此，即使在有销售的情况下，品牌忠诚度也可以为零，这种情况是普遍存在的。本次调研中发现大部分品牌的美誉度和忠诚度间存在比例不协调的问题，主要原因在于品牌的忠诚度普遍偏低，如全国调研品牌的平均忠诚度仅为 1.27%，安徽调研品牌的平均忠诚度仅为 1.55%，但这并不意味着各品牌的销售额在下降，只反映消费者的重复购买率低，没有形成明显的消费者偏好和消费习惯。原因可能有以下几个方面：一是与部分产品的特性有关。如制造业、冶金行业等与普通消费者的日常生活关系不大，销售对象也不是普通的消费者，自然无法获得有效的重复购买率。二是与部分行业品牌过多，竞争激烈，消费者的可选择性大有关，如地理标志产品中的茶叶、水果以及白酒行业等，消费者拥有充分的选择性，可以说大部分品牌的影响力是在不断减弱的，大部分品牌很难维持原有的消费者忠诚。三是消费者消费心理和消费需求的变化。随着人民生活水平的提高，消费者的消费需求越来越多元化，对同一产品在数个品牌中随意切换，已成为当下的消费方式，再加上电商带来的物美价廉的购物体验，使消费者对同一品牌的重复购买行为逐步减少。四是与调研中中小品牌居多，知名度和认知度偏低有关。消费者在购买产品时，可能并没有关注产品的品牌，或者品牌并不著名没有给消费者留下深刻的印象，导致消费者的多次重复购买行为被自动忽略，以致无法在调研中获得有效的忠诚度数据。

二、地理标志产品品牌的共性问题解读

安徽省地理环境条件优越，地理标志产品资源丰富。随着安徽省不断加大对地理标志产品品牌的申报、支持和保护力度，获得国家地理标志产品称号的品牌逐年增多。截至 2018 年 3 月，安徽省共有 78 个国家地理标志保护产品，其中农产品国家地理标志 62 个，主要涵盖蔬菜瓜果、茶叶、水产品、中草药材等类别，其他行业 16 个，主要为文化产业类。经过多年的发展，安徽省国家地理标志产品的经济效益、社会效益、品牌效应逐年

提升，年销售收入持续增长，对于促进安徽地方经济发展起到了重要的拉动作用，也产生了一批在国内具有重要影响力的地理标志产品品牌。如由中国品牌建设促进会等单位联合组织评价的“2018 年中国品牌价值评价信息”在上海发布，安徽省的太平猴魁茶、宣纸、霍山黄芽、霍山石斛 4 个产品入选地理标志区域品牌价值评价类别。其中，太平猴魁茶品牌价值达 236. 51 亿元，宣纸品牌价值达 178. 34 亿元，霍山黄芽品牌价值达 70. 56 亿元，霍山石斛品牌价值达 55. 37 亿元。

本次调研的地理标志产品品牌共计 72 个，其中全国调研品牌 17 个，安徽省内调研品牌 55 个，已占全部安徽国家地理标志产品品牌的大部分。在全国比较具有影响力的地理标志产品品牌有黄山毛峰、砀山酥梨、宁国山核桃、太平猴魁、八公山豆腐、符离集烧鸡等，省内调研中影响力最大的有六安瓜片、三河米酒、黄山贡菊、宣纸、黄山白茶等。安徽作为我国著名的产茶之乡，拥有国内最多的著名茶叶品牌，如作为“中国十大名茶”的黄山毛峰、六安瓜片，以及非常著名的太平猴魁、黄山白茶等，享誉国内外，这些品牌排名地理标志产品的前列。作为著名水果品牌的砀山酥梨、怀远石榴等在国内也比较有名，较具影响力。砀山酥梨早在明万历、清乾隆时就被列为贡品，誉满四海，在 1985 年时就被评为全国名特水果。宣纸等文化品牌则闪耀着中华民族五千年灿烂文明的光辉，凭借独特的文化基因和属性，成为安徽走向世界的靓丽名片。

从这些地理标志产品的产生和发展过程可以看出，每个地理标志产品均有多个著名企业品牌与之共同发展，在企业品牌的推广和营销下使地理标志的影响力不断扩大。如黄山毛峰的松萝山、奇松牌、黄山牌、谢裕大等。以这些为代表的地理标志农产品，不仅销售农产品这一初级产品，还通过当地的这些龙头企业品牌进行深加工，加工类产品基本实现产业化生产、市场化销售，产品市场知名度高，取得了可观的经济效益。加上历史及文化的原因，才形成了这些地理标志产品如今的规模和影响力水平。

安徽省现已获批的地理标志产品品牌数量虽已达到一定的规模，但具有高知名度、高品牌价值及社会影响力大的品牌数量还较少。在调研的 72 个地理标志产品品牌中，通过调研数据可以发现，大多数还是属于小规模品牌，传播范围不广，知名度不高，影响力有限。原因是多方面的，主要有以下几个原因：一是不少地理标志产品是在最近几年内获得批准认证的，时间比较短，还未被大众所熟知，如2018年新获批的萧县葡萄、明光绿豆、舒席等。二是大多数地理标志产品特别是农产品类地理标志的开发程度相对较低，加工企业基础薄弱、发展缓慢，缺乏龙头企业的带动，主要以初加工的形式进行产品销售，产品市场规模小、知名度低，经济效益不高，影响力不足。三是重视申报，忽视后续开发使用和管理的问题比较突出，包括产品的宣传推广与维护、产品质量的维持及产业化建设等问题没有得到有效的重视。

三、中华老字号品牌的共性问题解读

百年品牌中华老字号，拥有深厚的历史文化底蕴，或经营方法独到，或技艺精湛超群。根据2006年商务部发布的关于认定第一批“中华老字号”的通知，安徽省入选第一批老字号的品牌有红星、口子、胡开文、同庆楼、胡玉美、耿福兴、寿春堂和余良卿号等，这些老字号企业具有悠久的历史，所蕴含的不仅仅是商业价值，其中所包含的民族精神、历史文化这些无形价值更是其他商业品牌所不具备的。这些老字号凭借良好的信誉和形象，历经百年而不衰，并且在当今社会也能够顺利发展，不仅在国内深得民心，不少品牌在海外也深受欢迎。

本次调研的中华老字号品牌共计25个，包括了安徽全部的中华老字号品牌，其中全国调研品牌10个，安徽省内调研品牌15个。在全国比较具有影响力的中华老字号有口子、迎驾酒、采石矶、同庆楼等，但均仅为中等规模品牌标准，没有在国内影响力较大的大规模及以上的老字号品牌；省内调研中影响力较大的有胡玉美、叫花鸡、柏兆记、猴坑等，在国内的影响力还不足。与调研的另外两个类别——国家地理标志产品品牌和其他行业品类品牌相比，安徽省中华老字号品牌无论是在知名度等基础指标的平均值，还是在信息总量平均值的比较上均偏低，显示在同行业竞争激烈、经济环境不景气的背景下，安徽省中华老字号品牌的发展并不尽如人意，大多企业品牌意识薄弱，经营规模较小且经济效益较差，老字号品牌保护任重而道远。

四、其他品类品牌的共性问题解读

安徽省近年来持续加大品牌培育、推广和保护力度，安徽省有关部门注重强化质量品牌意识，不断培育壮大安徽发展的新优势，坚持以实施商标品牌战略为抓手，推进改革创新，加强政策引导，推动安徽省经济转型升级发展。围绕《中国制造 2025 安徽篇》，安徽大力实施质量品牌升级工程，扎实开展“增品种、提品质、创品牌”活动，推动经济社会发展全面迈向“质量时代”，在品牌建设方面取得了可喜的成绩。

本次调研的安徽其他品类品牌共计 32 个，其中全国调研品牌 24 个，安徽省内调研品牌 8 个，均为安徽省比较著名、比较具有影响力的品牌。调研的品牌分属制造业（奇瑞、江淮、安凯、红星等）、白酒（宣酒、迎驾酒、明光酒、皖酒等）、食品（洽洽、真心、燕之坊等）、旅游（黄山、天柱山、方特）、服务（百大、老乡鸡、金色王朝等）、茶叶（徽六、天方、谢正安等）等行业。

安徽在全国比较具有影响力的其他品类品牌有洽洽、古井、奇瑞、燕之坊，超过大规模品牌标准，在国内具有较强的品牌影响力，但没有出现超大规模品牌；省内调研中影响力较大的有高炉家酒、皖酒、文王、沙河酒，均为白酒类品牌，在国内均属于小规模的白酒企业，国内的影响力还不足。从调研数据可以看出，不管是全国调研还是省内调研，影响力排行前列的安徽品牌中，较具有科技含量及行业价值的品牌仅有奇瑞一家，充分说明了奇瑞作为著名汽车制造企业是安徽省制造业龙头企业和安徽省代表企业的重要地位，但也从侧面反映了安徽省在国内较具影响力的大型品牌企业还十分缺乏。在全国调研的 25 个品牌中，大规模品牌仅 4 个，中等规模品牌 13 个，小规模品牌 7 个，微小规模品牌 1 个；中小规模品牌占大多数，体现出“多而不强”的特点。通过单个品牌的分析可以发现，部分安徽品牌还面临着“重销量轻品牌”、缺乏核心价值、缺乏品牌整合等问题。还需要借助市场的力量，发挥好政府的引导作用，进行科学的品牌规划和整合，做大、做强安徽品牌。

第三部分　个案分析篇

第五章　全国调研品牌的个案分析

第一节　白酒行业品牌资源分析

一、口子

1. 品牌简介

安徽口子酒业股份有限公司是以生产国优名酒而著称的国家酿酒重点骨干企业。企业营业执照核准的经营范围是生产、制造和销售白酒及玻璃制品。公司先后荣获国家和省市多项殊荣。2003 年通过了 ISO9001 和 ISO14001 质量环境兼容管理体系认证，五年口子窖酒通过了国家级产品质量认证；2005 年通过了 HACCP 管理体系认证，荣膺“中国白酒经济效益十佳企业”；2006 年被中华人民共和国商务部（以下简称商务部）首批认定为中华老字号；2009 年被国家标准化管理委员会批准为中国白酒标准化技术委员会兼香型白酒分技术委员会秘书处承担单位。

公司拥有口子窖、老口子、口子坊、口子美酒等系列品牌产品，主导产品口子窖酒以其独特的风格和卓越的品质得到了社会各界的高度赞同。2002 年被认定为国家地理标志保护产品，2003 年荣获中国白酒典型风格金杯奖，2005 年被商务部等联合评定为全国首届三绿工程畅销白酒品牌，2006 年通过纯粮固态发酵白酒标志认定，2015 年入编《中国地理标志产品大典》。

2. 基础数据与指标结构分析

口子品牌的信息总量为 6. 3284 亿比特，属于中等规模品牌。品牌的各项指标在全国各地区分布有一定的差异，品牌还具有一定的区域特征，但品牌的传播范围较大，是一个面向全国发展的全国性品牌，在全国具有较大的影响力。

其知名度的全国平均值为 33. 64%，属于具有大范围消费者认知的品牌，开始具有稳定的影响力；品牌知名度对认知度的转化基础较好，品牌对营销已经发挥了较为明显的作用。知名度在各地的分布中，与品牌所在地同省份的合肥和马鞍山的知名度分别达到了58.86%和66.54%，品牌的影响力最大，传播效果最好，品牌在安徽省内还是被广大消费者所熟知的；而在其他地区的知名度则比较平均，范围在16%～34%，总体差距不大。这符合一个品牌传播的基本规律，先在品牌所在区域形成较大影响力，然后再向全国蔓延。虽然品牌在全国形成了较高的知名度，具备了良好的认知度转化基础，但并没有转化成现实的消费者认知，其全国平均认知度仅为6.06%，认知度仅为知名度的1/5不足，远远低于0.5的理想比值下限，显示出品牌信息传播的效率还需提高，品牌信息内涵的传播不足。但该品牌在各地均获得了有效认知，其品牌内涵还是被相当一部分人群所知晓。

品牌的美誉度全国指标也一般，全国平均为9.38%，获得了一定的消费者口碑，但绝对值并不高。从地区上看，安徽省内的合肥和马鞍山地区的消费者美誉度较高，尤其是在合肥获得了22.57%的美誉度，省内消费者对品牌是比较喜爱和认可的；但是在非安徽城市，品牌的口碑则比较一般，部分地区如南宁甚至出现了口碑为0的情况，消费者对品牌的认可度还较低。其美誉度与认知度的比例关系属于理想范围，美誉度略高于认知度，消费者认知向口碑的转化比较充分，品牌美誉度有比较充分的消费者的深度体验，品牌对营销还是能够起到一定的支撑作用。口子品牌的忠诚度指标明显偏低，全国指标仅为1.59%，口碑向消费者的重复购买不足。忠诚度低并非意味着销售不好，只反映消费者重复购买率低，有可能是商家在渠道、价格等方面营销运作出现了问题，未能契合消费者的利益诉求。口子品牌的基础数据，如表5－1所示。

表5－1　口子品牌的基础数据

序号	调研城市	知名度（%）	认知度（%）	美誉度（%）	忠诚度（%）	品牌信息量估值（万比特）
1	长沙	20.19	4.23	9.30	2.33	2902.79
2	合肥	58.86	10.96	22.57	1.65	13541.86

续表

序号	调研城市	知名度（%）	认知度（%）	美誉度（%）	忠诚度（%）	品牌信息量估值（万比特）
3	吉林	20.17	3.78	11.46	2.08	4656.26
4	厦门	33.24	6.03	7.38	0.00	8446.05
5	呼伦贝尔	51.23	8.76	9.57	1.60	13652.76
6	马鞍山	66.54	9.88	13.76	1.69	9332.06
7	赣州	20.17	4.45	6.38	2.13	5990.68
8	成都	17.93	3.16	0.00	0.00	2713.33
9	南宁	16.85	2.51	0.00	3.33	2049.10
总计	全国	33.64	6.06	9.38	1.59	63284.895

该品牌的全国指标结构中，知名度较高而其他各项指标均明显偏低了，这会导致品牌在质量发展方面出现一定的问题，即品牌空有名气，但消费者的购买不足，这会影响品牌口碑和忠诚客户的形成（如图 5－1 所示）。品牌所在地（以合肥的数据为参考）的指标结构则明显优于全国平均水平，知名度和美誉度较高，品牌对营销的作用也较大，但缺点在于认

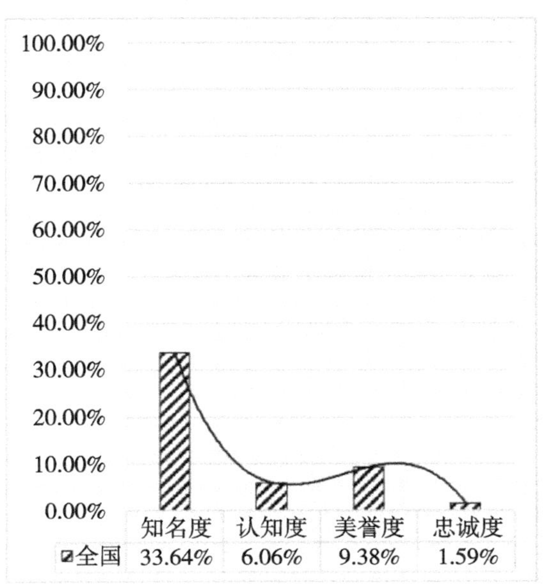

图 5－1　口子品牌在全国的指标结构

知度和忠诚度偏低了，指标间的比例关系不太协调，尤其是消费者的重复购买率低，品牌在营销中的作用没有切实地转化为厂商的实际收益。如图5－2所示。

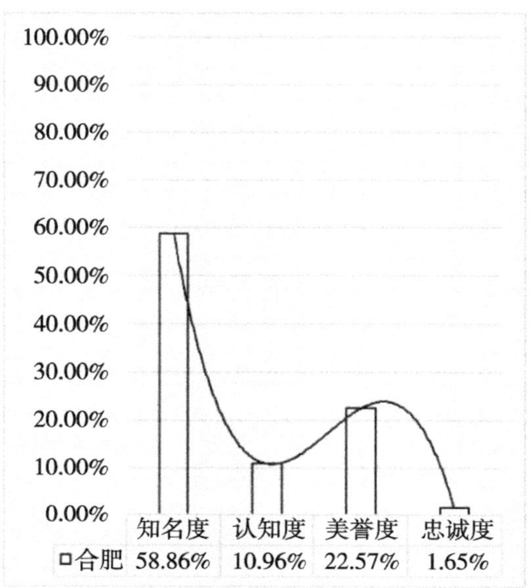

图5－2　口子品牌在合肥的指标结构

3. 品牌质量分析

口子的品牌质量比值为0.163，质量发展处于良好水平，显示厂商的企业经营和品牌运作水平良好。全国基础指标中，品牌的知名度较高而其余指标均偏低了，由此导致品牌信息总量中，知名度所形成的量的贡献高于美誉度所形成的质的贡献，主要原因在于其美誉度在各地体现出较明显的差距，在部分地区的数据为0，从而影响了美誉度的成长。在下一阶段厂商品牌营销的重点还应放在消费者对品牌产品和服务体验的改善上。口子品牌的质量比计算，如表5－2所示。

表5－2　口子品牌的质量比计算

品牌	品牌信息基本量的贡献率	品牌信息质的贡献率	品牌信息质量比值
口子	85.97%	14.03%	0.163

4. 品牌信息的稳定性分析

口子的品牌稳定性指数为3.31，品牌的稳定性一般，品牌信息的有效间隔期较短，品牌的维护成本较高，抵抗风险的能力不强。该品牌应该是处在过渡期，结合基础指标和品牌进入市场的时间看，品牌已经形成了一定规模的量，在全国具有了比较稳定的影响力，应该是完成了成长期到成熟期的过渡，正处于稳定性回稳阶段，其品牌质量良好，还具有一定的成长性。口子品牌的稳定性计算，如表5-3所示。

表5-3　口子品牌的稳定性计算

品牌	N（E）函数值	品牌衰减系数	品牌信息的衰减速率	品牌稳定性指数
口子	21.33	0.0469	0.0331	3.3054

5. 综合分析

由上述综合分析，该品牌是一个处于成熟期、品牌质量良好的全国性中等规模品牌。建议厂商继续以提高美誉度为目标，增加品牌自我传播的能力，同时关注品牌信息量的变化，提高品牌信息维护的频率，加大品牌宣传和推广的力度，防止品牌信息的自然衰减。

二、迎驾酒

1. 品牌简介

安徽迎驾酒业股份有限公司是迎驾集团的核心企业，是国家级绿色工厂中唯一的酒类企业，是全国酿酒骨干企业。公司坐落于首批国家级生态保护与建设示范区、“中国好水”优秀水源地、中国天然氧吧、中国竹子之乡——安徽省霍山县。迎驾品牌源自公元前106年，汉武帝南巡至今霍山一带，官民到城西槽坊村附近的水陆码头恭迎圣驾，“迎驾贡酒”和“迎驾”品牌由此得名，传承至今已2100多年。迎驾贡酒依托大别山自然保护区内的无污染山涧泉水，以中温包包曲为糖化发酵剂，运用多粮型传统工艺和现代科技手段精心酿造而成。公司拥有大型优质曲酒生产基地，年产原酒3万吨，白酒储存能力20万吨。现有生态洞藏、迎驾金银星、百年迎驾、迎驾古坊等多个系列产品。迎驾贡酒先后获得国家地理标志保护产品、中华老字号等殊荣，迎驾酒传统酿造技艺被列入非物质文化遗产名录。

2. 基础数据与指标结构分析

迎驾酒品牌的总信息量为3.9215亿比特，属于中等规模品牌。从各地的指标看，有非常明显的地区差异，安徽省两个调研城市合肥和马鞍山的数据均明显高于全国其他地区，品牌的影响力主要来自安徽省内，是一个区域特征明显的品牌。

迎驾酒品牌的知名度为17.76%，刚刚超过知名品牌的标准（16.5%），具备了大范围消费者认知的基础，品牌开始对营销发挥一定的作用，成为有效的营销工具。知名度在各地区的差异非常明显：在安徽省内的合肥和马鞍山的知名度数据分别达到了68.35%和66.67%，均超过了64%的高知名度标准，显示品牌在安徽省的影响非常大，品牌传播的效果非常理想；而在全国其他地区的知名度则非常一般，大多数属于刚超过5%的地区，显示品牌有个别传播活动，但知晓的人群还很小，在长沙、成都甚至没有达到有效标准，知名度属于自然传播形成。这显示了品牌还具有非常明显的地域特征。迎驾酒品牌的认知度指标较低，全国仅为4.51%，而且认知度主要来自合肥和马鞍山地区，在其他地区均没有达到2.5%的有效标准，安徽省外的消费者对品牌的认知是非常不充分的。其认知度与知名度的比值为0.25，远低于理想比值的下限0.5，显示其品牌传播的效率还不够高，品牌内涵的传播是不到位的。

该品牌的美誉度并不突出，全国平均为6.22%，品牌获得了一部分消费者的认可和口碑。美誉度在各地区的指标也不突出，除合肥外均没有超过10%，而且在长沙、成都等知名度较低地区甚至没有获得美誉度数据，由于这些地区消费者对品牌不熟悉，没有形成对品牌产品的有效购买，也没有形成对品牌的口碑。这显示了在安徽以外的地区，品牌产品的销量一般。品牌的忠诚度指标明显偏低了，全国仅为1.02%，且在大部分地区都没有获得品牌忠诚度，其口碑向消费者重复购买的转换并不充分，品牌在营销中的作用没有完全发挥出来。迎驾酒品牌的基础数据，如表5－4所示。

表 5－4　迎驾酒品牌的基础数据

序号	调研城市	知名度（%）	认知度（%）	美誉度（%）	忠诚度（%）	品牌信息量估值（万比特）
1	长沙	2.54	0.72	0.00	0.00	348.00
2	合肥	68.35	18.58	14.15	2.57	20089.79
3	吉林	5.75	1.58	8.20	4.92	1265.11
4	厦门	5.21	1.30	5.13	0.00	1156.14
5	呼伦贝尔	8.28	1.18	7.46	0.00	1771.22
6	马鞍山	66.67	15.43	7.87	0.56	11230.35
7	赣州	7.99	2.14	5.26	0.00	2219.85
8	成都	2.42	0.91	0.00	0.00	338.47
9	南宁	6.86	2.01	3.85	0.00	796.82
总计	全国	17.76	4.51	6.22	1.02	39215.7535

在该品牌的全国结构中，比较明显的问题是认知度和忠诚度偏低了，美誉度也不高，品牌在营销中的作用并不明显（如图 5－3 所示）。品牌所在地（以合肥的数据为参考）的各项指标明显优于全国平均水平，显示了

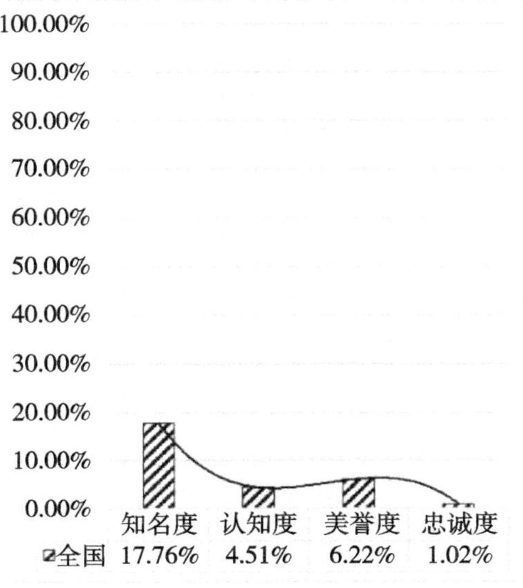

图 5－3　迎驾酒品牌在全国的指标结构

品牌还具有非常明显的区域特征；而指标结构中，知名度明显偏高而其余指标略显偏低了，消费者对品牌耳熟能详，但对品牌产品的购买较少，品牌口碑与影响力是不匹配的。如图5－4所示。

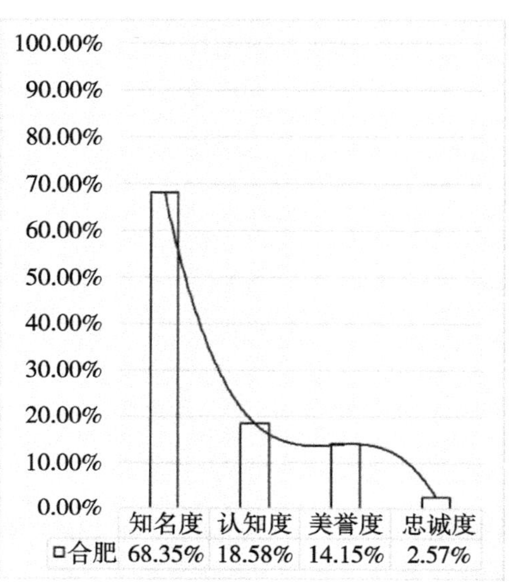

图5－4　迎驾酒品牌在合肥的指标结构

3. 品牌质量分析

迎驾酒的品牌质量比值为0.431，略高于最优比值的上限（0.4），品牌发展质量优良，显示厂商的企业经营和品牌运作处于优良水平。虽然品牌的美誉度指标并不突出，但与品牌知名度和认知度是相互映衬的，其品牌信息总量中质与量的发展是比较均衡的。在今后的品牌运作中，如能使各项指标获得同步提升，则品牌质量比能向最优区间移动。迎驾酒品牌的质量比计算，如表5－5所示。

表5－5　迎驾酒品牌的质量比计算

品牌	品牌信息基本量的贡献率	品牌信息质的贡献率	品牌信息质量比值
迎驾酒	69.86%	30.14%	0.431

4. 品牌信息的稳定性分析

迎驾酒品牌的稳定性指数为2.18，属于弱稳定性的品牌。这一稳定性显示品牌信息的衰减速率较快，还需要高频次的品牌信息维护。从基础数据和质量比可以看出，该品牌的影响力主要来自安徽省内，在其他地区的影响力还非常小，品牌的稳定性很弱，长此以往，如果其影响力不能维系，品牌信息会面临较快的衰减，从现有情况来看，品牌如果不能扩大在其他地区的影响力，会面临较大的衰退风险。迎驾酒品牌的稳定性计算，如表5－6所示。

表5－6　迎驾酒品牌的稳定性计算

品牌	N（E）函数值	品牌衰减系数	品牌信息的衰减速率	品牌稳定性指数
迎驾酒	32.16	0.0311	0.0218	2.1797

5. 综合分析

综上所述，从现有数据看迎驾酒是一个处于成长期后期向成熟早期过渡的品牌，品牌覆盖范围还不够大，全国影响力还比较小，虽然品牌发展质量较好，但稳定性偏弱，有衰退的风险。

三、颍州

1. 品牌简介

颍州品牌隶属于安徽金种子酒业股份有限公司（以下简称金种子酒业），是金种子集团的控股子公司，前身为阜阳县酒厂，始建于1949年7月，金种子股票于1998年在上交所上市。

金种子酒业始终坚持打造中国白酒实力品牌。现有“金种子”“醉三秋”“和泰”“种子”“颍州”五大白酒品牌，“颍州佳酿”被商务部认定为中华老字号。

2. 基础数据与指标结构分析

颍州品牌的总信息量为4348万比特，属于微小规模品牌。基础指标中，各地区的大部分指标均偏低，地区差异不明显，其全国影响力并未形成。

基础指标中，比较突出的优点是品牌获得了较高的美誉度，但其余指标均不高。知名度指标方面，全国平均为2.85%，没有达到有效标准（5%），属于自然传播形成，知名度还很微弱。其全国知名度还不高，品牌对营销起的作用也不大。从地区层面看，各地的知名度都不高，总体差距不大，而且仅同属安徽省的合肥和马鞍山地区的知名度超过了5%的有效标准，在其余地区如厦门、呼伦贝尔、吉林等知名度数据均未达到有效标准，其全国的影响力并未形成。认知度指标方面，全国仅为0.69%，还很微弱，而且各地区的认知度都没有达到有效范围（2.5%以上），这也是由于其知名度不高，并不具备大范围消费者认知的基础。

在知名度和认知度较低的情况下，该品牌获得了较高的美誉度，全国达到了12.33%，获得了相当一部分消费者的认可和喜爱。但观察其美誉度指标可以看出，在地区上是有比较明显的差异的，主要来自长沙、厦门、吉林等地美誉度的支撑，说明其品牌营销策略在地区上是有差异的；而且这样的美誉度是在较低的知名度和认知度条件下获得的，与品牌本身的关系不大，更多的是通过其他途径如促销等获得。这种在小范围内获得的良好口碑尚不足以形成品牌自传播的能力，也很难获得消费者的重复购买。该品牌仅在吉林、赣州获得了忠诚度的调研数据，良好的口碑并没有转化为消费者的忠诚，原因还是消费者对品牌的了解不充分，虽然厂商依靠促销等销售手段临时获得了消费者的好评和赞誉，但这种赞誉由于消费者缺乏对品牌内涵的了解并不会持久，也不会形成消费者的忠诚。颍州品牌的基础数据，如表5－7所示。

表5－7　颍州品牌的基础数据

序号	调研城市	知名度（%）	认知度（%）	美誉度（%）	忠诚度（%）	品牌信息量估值（万比特）
1	长沙	1.30	0.41	33.33	0.00	151.82
2	合肥	7.04	1.66	16.67	0.00	1281.95
3	吉林	3.18	0.82	23.53	11.76	606.26
4	厦门	1.06	0.36	25.00	0.00	196.01
5	呼伦贝尔	2.45	0.29	0.00	0.00	536.80
6	马鞍山	5.98	1.85	13.33	0.00	659.14
7	赣州	2.25	0.36	0.00	12.50	611.48
8	成都	0.49	0.32	0.00	0.00	66.62
9	南宁	2.09	0.58	0.00	0.00	238.15
总计	全国	2.85	0.69	12.33	3.68	4348.2372

该品牌的全国指标结构与品牌所在地（以合肥的数据为参考）近似，差别不大，可以明显地看出美誉度相对较高而出现的指标间不协调的比例关系，虽然获得了一定的口碑但不是品牌本身带来的，也很难获得消费者忠诚。颍州品牌在全国的指标结构与在合肥的指标结构，如图5－5、图5－6所示。

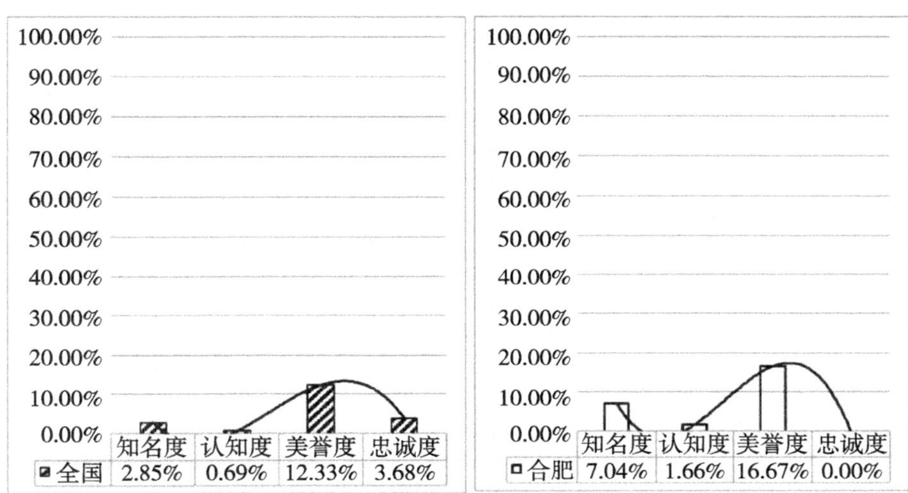

图5－5　颍州品牌在全国的指标结构　图5－6　颍州品牌在合肥的指标结构

3. 品牌质量分析

颍州品牌的信息质量比值为0.126，品牌发展质量处于良好水平，企业的经营管理和品牌营销也处于良好的状况。但由于品牌的各项指标偏低，尤其是知名度和认知度并未达到有效标准，因此这一质量比值并不具有参考性。颍州品牌的质量比计算，如表5－8所示。

表5－8　颍州品牌的质量比计算

品牌	品牌信息基本量的贡献率	品牌信息质的贡献率	品牌信息质量比值
颍州	88.79%	11.21%	0.126

4. 品牌信息的稳定性分析

颍州的品牌稳定性指数为4.38，品牌的稳定性一般，品牌信息的有效间隔期较短，品牌的维护成本较高，抵抗风险的能力不强。结合品牌基础指标，指标值还偏低，品牌的发展还很不充分，品牌稳定性也未形成，但其进入市场的时间已不短，在白酒这个具有地方保护行为的行业，品牌想要扩大影响力难度很大。颍州品牌的稳定性计算，如表5-9所示。

表5-9　颍州品牌的稳定性计算

品牌	N（E）函数值	品牌衰减系数	品牌信息的衰减速率	品牌稳定性指数
颍州	16.22	0.0618	0.0438	4.3757

5. 综合分析

综上所述，颍州品牌是一个品牌发展质量良好的微小规模品牌，其全国的影响力还没有形成。品牌的美誉度指标虽然较高，也使品牌形成了良好的质量比值，但美誉度在各地是存在较大差异的，少数地区的良好口碑并不能代表全国的平均水平；而且品牌的知名度和认知度都未达到有效标准，在品牌的宣传和推广方面厂商还有较长的路要走。

四、三河米酒

1. 品牌简介

三河米酒，安徽省肥西县特产，中国国家地理标志产品。三河米酒其色泽橙红清亮；味鲜美、醇厚、柔和、爽口，口味绵长。2014年7月，三河米酒成功获批“国家地理标志保护产品”。

2. 基础数据与指标结构分析

三河米酒的总信息量为1.1917亿比特，在安徽属于超大规模品牌。本次调研安排在品牌所在地合肥进行，从调研中合肥获得的数据看，均远高于马鞍山地区，品牌形成了强大的影响力，但主要集中于合肥地区，是一个具有明显区域特征的品牌。

该品牌的安徽省平均知名度达到了41.7%，具有了较高的知名度，品牌在安徽省具有了稳定的影响力，成为有效的营销工具，并且具备了大范围消费者认知和联想的基础，自我传播现象开始显现。从地区数据看，差距比较明显，在合肥地区超过了75%，品牌的影响力非常大，接近饱和状态，品牌被大部分当地的消费者所知晓；而在马鞍山的知名度仅为14.17%，知晓范围还仅限于少部分消费者。其省内的影响力是很不均衡的。与较高的知名度相比，品牌的认知度稍显偏低了，从合肥和马鞍山的数据看，认知度的高低和知名度高低基本上呈正相关关系，认知度为知名度的1/3左右，而认知度要达到知名度的一半左右才算理想，显示品牌信息内容在传播过程中的效率是偏低的，消费者虽然对品牌比较熟悉，但对品牌内涵的认知还不够充分。

与认知度相比，其美誉度指标则比较合理，安徽省平均为16.49%，获得了较好的消费者口碑。从地区数据看，差距也很明显，在合肥的美誉度高达26.28%，消费者的口碑非常理想，是个深受当地消费者喜爱的品牌；而在马鞍山的美誉度则并不高。在所在地市场，品牌投入了大量的营销力量。品牌的美誉度与认知度相差不大，说明消费者对品牌的认知较充分地转化为对品牌的赞誉，美誉度主要来自消费者对品牌产品的体验。三河米酒的忠诚度指标稍显偏低了，良好的口碑未能充分向消费者的重复购买率转换，消费者的消费偏好开始形成但还未达到理想状态。三河米酒在安徽调研的基础数据，如表5－10所示。

表5－10　三河米酒在安徽调研的基础数据

序号	区域	代表城市级别人口数（万人）	知名度（%）	认知度（%）	美誉度（%）	忠诚度（%）	信息总量（万比特）
1	合肥	2656.3	75.69	22.97	26.28	4.74	11208.75
2	马鞍山	3279.2	14.17	5.88	8.57	2.86	708.93
总计	安徽	5935.5	41.70	13.53	16.49	3.70	11917.68

该品牌的指标结构近似于次优结构，知名度较高，认知度略低于知名度的一半，美誉度与认知度相近，整体来看前三者的结构关系是比较合理的，品牌在营销中的作用已比较突出，但品牌的忠诚度偏低了，消费者的重复购买率不足，厂商为知名度和口碑付出的努力并没有为品牌带来实际的回报。三河米酒在安徽省的指标结构，如图5－7所示。

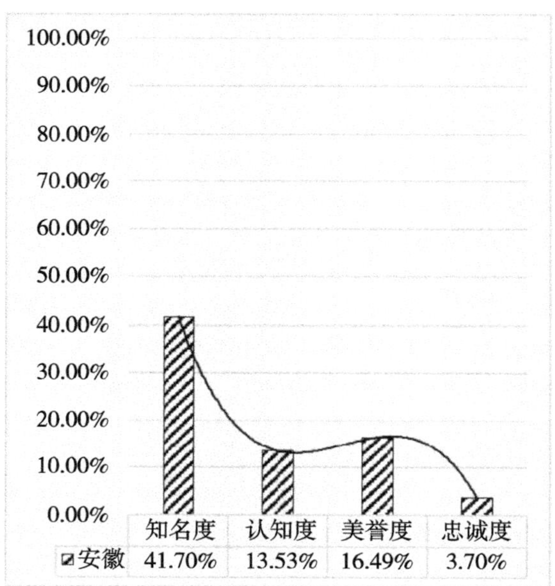

图 5－7　三河米酒在安徽省的指标结构

3. 品牌质量分析

三河米酒信息质量比为 1. 792，品牌发展质量良好，但出现了比较明显的“质有余而量不足”的状况。出现这一质量比值的原因是在同行业中，该品牌的美誉度是较高的，而与美誉度相比，其知名度和认知度且尤其是认知度偏低了，信息总量中由知名度与认知度带来的基本量的贡献不足，量的发展还不够，还需要企业继续扩大品牌宣传，且尤其要宣传品牌的内涵，提高品牌传播的效率。三河米酒的质量比计算，如表 5－11 所示。

表 5－11　三河米酒的质量比计算

品牌	品牌信息基本量的贡献率	品牌信息质的贡献率	品牌信息质量比值
三河米酒	35. 81%	64. 19%	1. 792

4. 综合分析

由上述分析可知，三河米酒是具有较强安徽省内影响力的超大规模品牌，但品牌的区域特征还比较明显，影响力呈现不均衡的状态，由此也造成了品牌质与量发展不均衡的状态，量的积累还不够，但其品牌发展质量是良好的，还具有一定的成长性。

五、运漕酒

1. 品牌简介

安徽省运酒厂集团有限公司始建于中华人民共和国成立初期，坐落于中国江淮名酒带上的千年古镇——含山县运漕镇。占地面积20万平方米，拥有现代化的白酒生产线、实验室和化验室，具备年产白酒3万吨的生产能力和1万吨散酒库容处理设备，是皖中及沿江两岸最大的酿酒厂家。

公司主打产品为运酒系列、古漕运系列、打工皇帝系列等。以高粱、大米、糯米、小麦、玉米为原料，依托独特的自然生态条件，以固态发酵，混蒸混烧等古法工艺及高温堆积法的引用，以及现代科技手段，成就了运酒香气馥郁、入口绵甜、酒体丰满细腻的鲜明风格。运酒先后获得“优质白酒精品”“中国公认名牌产品”“消费者喜爱的白酒”等殊荣，素有“含山小茅台”之称。2016年，马鞍山市含山县的运漕酒（运酒）列入“国家地理标志保护产品”。

2. 基础数据与指标结构分析

运漕酒的信息总量为3463.44万比特，在安徽省内属于大规模品牌。品牌的各项指标在安徽省调研地区的分布较为均衡，差距不明显，品牌传播范围较大，是一个省域品牌。

其知名度的安徽省平均值为31.55%，属于具有大范围消费者认知的品牌，具有稳定的影响力，品牌知名度对认知度的转化基础较好。知名度在两个调研地的差距不明显，在马鞍山地区的知名度更高，达到了37.65%，在合肥的知名度也达到了24.03%的较高水平，品牌开始在省内形成较强的影响力，在部分消费者中已具备了较高的名气，是一个面向全省发展的品牌。从品牌的指标结构关系来看，品牌的认知度指标偏低了。虽然在安徽省形成了较高的知名度，具备了良好的认知度转化基础，但并没有转化成现实的消费者认知，其安徽省平均认知度为9.74%，认知度与知名度的比例为0.31，低于0.5的理想比值下限，显示出品牌信息传播的效率还需提高，品牌信息内涵的传播不足。但该品牌在各地均获得了有效认知，其品牌内涵还是被相当一部分人群所知晓的。

品牌的美誉度安徽省指标较为合理，达到了10.41%，从地区上看，差距也不明显，两地的消费者的口碑均尚可，消费者对品牌的产品是比较认可的，品牌具备了基本的自传播能力和大规模营销的基础。其美誉度与认知度的比例关系属于理想范围，美誉度略高于认知度，消费者认知向口碑的转化比较充分，品牌美誉度有比较充分的消费者的深度体验，品牌对营销还是能够起到一定的支撑作用的。运漕酒获得了不错的忠诚度指标，且在两地的忠诚度指标接近，良好的口碑转化成了一定的消费者的重复购买，但转化还不充分，获得了一部分的忠诚客户，固定消费习惯正在形成。运漕酒在安徽调研的基础数据，如表 5 - 12 所示。

表 5 - 12　运漕酒在安徽调研的基础数据

序号	区域	代表城市级别人口数（万人）	知名度（%）	认知度（%）	美誉度（%）	忠诚度（%）	信息总量（万比特）
1	合肥	2656.3	24.03	7.20	12.64	3.45	1239.85
2	马鞍山	3279.2	37.65	11.80	8.60	5.38	2223.59
总计	安徽	5935.5	31.55	9.74	10.41	4.51	3463.44

该品牌的安徽省指标结构近似于次优品牌结构，认知度不及知名度的一半，美誉度略高于认知度，有良好的消费者口碑，也获得了一定的消费

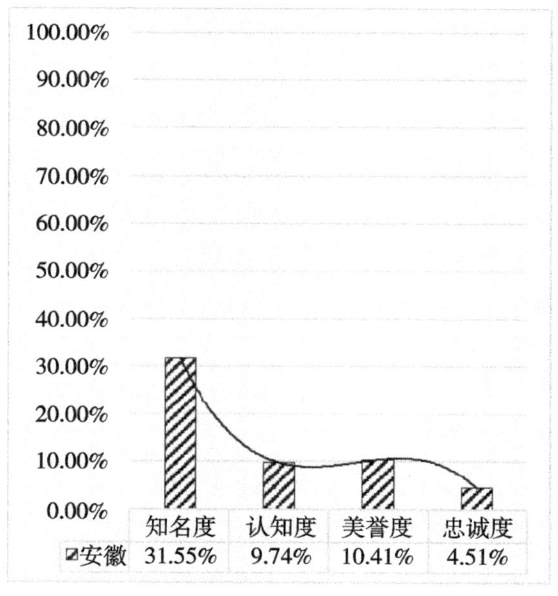

图 5 - 8　运漕酒在安徽省的指标结构

者的重复购买，品牌在营销中的作用比较突出，也使厂商获得了实际收益。运漕酒在安徽省的指标结构，如图 5－8 所示。

3. 品牌质量分析

运漕酒的品牌质量比值为 0.345，处于最优比值的区间，其发展质量是优良的，显示厂商的企业经营和品牌运作处于优良水平。该品牌基础指标中，前三项指标的比例还算合理，信息总量中美誉度所形成的质的贡献与知名度和认知度所形成的量的贡献是相匹配的，品牌质与量的发展处于比较均衡的状态。运漕酒的质量比计算，如表 5－13 所示。

表 5－13　运漕酒的质量比计算

品牌	品牌信息基本量的贡献率	品牌信息质的贡献率	品牌信息质量比值
运漕酒	74.37%	25.63%	0.345

4. 综合分析

由上述综合分析，该品牌在安徽省是一个品牌质量优良的大规模品牌，在省内形成了一定的影响力。品牌的口碑良好，也获得了不错的忠诚度数据，消费者的固定消费习惯正在形成。建议厂商关注品牌信息量的变化，继续加大品牌宣传和推广的力度，防止品牌的自然衰减速率，并继续以提高美誉度为目标，增加品牌自我传播的能力。

六、五城米酒

1. 品牌简介

五城米酒，安徽省休宁县特产，中国国家地理标志产品。五城米酒外观橙黄色至琥珀色，清澈透明，有光泽。具有五城米酒独特的自然的醇香，无异味。口感柔和醇厚，酒体丰满、鲜爽。酒体协调，具有米酒的独特风格。2014 年 7 月，五城米酒成功获批“国家地理标志保护产品”。

2. 基础数据与指标结构分析

五城米酒的总信息量为 1130.63 万比特，属于安徽省内的中等规模品牌。从各地的调研数据可以看出，各项指标在地区上的差异不明显，但指标值还不高，其在安徽省的影响力还较小。

品牌的安徽省平均知名度为 9.82%，超过有效标准（5%），表明品牌在安徽省较小范围具有品牌传播，影响力还较小，品牌对营销发挥的作用也不大。从地区层面看，在合肥和马鞍山的知名度数据均不高且比较接近，地区差异不明显，均属于品牌小范围传播的地区。品牌的认知度指标也不高，安徽省仅为2.68%，刚达到有效范围（2.5%以上），其品牌内涵的传播是不足的，主要原因还是其知名度较低，品牌传播的范围不广，并不具备大范围的消费者认知的基础。安徽省大部分的消费者对品牌及品牌所代表的意义是不清楚的。

五城米酒获得了较高的美誉度指标，安徽省平均达到了15.42%，消费者口碑良好，且在合肥和马鞍山的美誉度差距也不明显，都属于消费者口碑评价良好的地区，其品牌营销策略在省内是比较一致的。从美誉度与认知度的关系看，美誉度远高于认知度，说明美誉度并不是来自认知度的支撑，不是由消费者在对品牌产品进行深度检验后所形成的赞誉，美誉度的获得与品牌本身的关系不大。与品牌无关的途径获得的口碑尚不足以形成品牌自传播的能力，更不足以形成固定消费者人群和重复购买行为，而这也影响了品牌忠诚度的形成。该品牌的忠诚度为2.49%，但仅在合肥获得，在马鞍山甚至出现了忠诚度为0的情况，消费者的重复购买率还很低。五城米酒在安徽调研的基础数据，如表5－14所示。

表5－14　五城米酒在安徽调研的基础数据

序号	区域	代表城市级别人口数（万人）	知名度（%）	认知度（%）	美誉度（%）	忠诚度（%）	信息总量（万比特）
1	合肥	2656.3	9.94	2.97	13.89	5.56	478.84
2	马鞍山	3279.2	9.72	2.45	16.67	0.00	651.79
总计	安徽	5935.5	9.82	2.68	15.42	2.49	1130.63

该品牌的安徽省指标结构中，认知度和忠诚度明显偏低了，美誉度虽然很高但基本上与品牌本身的关系不大，各指标间的结构基本上都是失衡的，品牌在营销中的作用还很小。五城米酒在安徽省的指标结构，如图5－9所示。

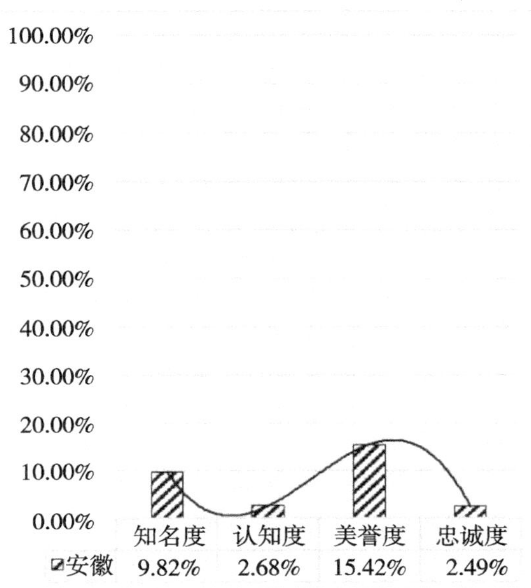

图 5－9　五城米酒在安徽省的指标结构

3. 品牌质量分析

五城米酒的品牌质量比值为 0.766，出现了比较明显的“质有余而量不足”的情况。在品牌的各项指标中，获得了高于其他指标的美誉度，质的贡献是高于知名度和认知度所形成的品牌量的贡献的。下一步厂商需要以提高品牌的知名度和认知度为目的开展品牌宣传活动，扩大品牌的影响，形成与品牌口碑相匹配的影响力水平。五城米酒的质量比计算，如表 5－15 所示。

表 5－15　五城米酒的质量比计算

品牌	品牌信息基本量的贡献率	品牌信息质的贡献率	品牌信息质量比值
五城米酒	56.62%	43.38%	0.766

4. 综合分析

五城米酒是一个在安徽省内影响力还较小的中等规模品牌，品牌的区域特征不明显，传播的范围还不大。品牌获得了良好的消费者口碑，且出现了“质高而量轻”的质与量发展不均衡的情况。建议厂商需要以提高品牌的知名度和认知度为目的开展品牌宣传活动，扩大品牌的影响，形成与品牌口碑相匹配的影响力水平。

七、明绿御酒

1. 品牌简介

明绿御酒是安徽省滁州市明光市的特产。明绿御酒的主要原料为驰名中外的明光绿豆，沿用南宋以来独有的酿造工艺和全手工酿造技术酿制而成，其酿制工艺方法获国家发明专利。明绿御酒被认定为“中国国家地理标志产品”。明绿御酒产品年产量达800吨，年销售额15 000万元。

2. 基础数据与指标结构分析

明绿御酒的总信息量为553.37万比特，属于省内的小规模品牌。基础指标中，安徽省各地区指标接近均值，地区差异不明显，但各指标值明显偏低了，属于在省内影响力还很小的品牌。

知名度指标方面，安徽省平均为6.29%，刚超过有效标准（5%），这一指标显示，明绿御酒已不仅仅是一个“商标”的概念，已经具备了作为“品牌”的条件，开始对营销发挥一定的作用，但还不会太明显。从地区层面看，各地的知名度都不太高，差异不明显，在合肥和马鞍山均属于小范围传播的品牌，在省内消费者中的影响力还不强。品牌的认知度指标很低，安徽省平均为3.26%，刚达到有效范围（2.5%以上），开始有一部分消费者对品牌的内涵进行深入的了解。认知度是反映品牌信息传播深度的指标，只有超过2.5%才能认为消费者对于品牌信息有效了解。品牌的美誉度指标安徽省为9.35%，高于认知度，获得了一定的消费者口碑，而且地区的差异也不明显，合肥和马鞍山的数据均接近均值，是个全省策略一致的品牌。品牌的忠诚度在调研中为0，并没有发现品牌的固定消费客户，消费者的消费偏好并不明显。明绿御酒在安徽调研的基础数据，如表5-16所示。

表5-16　明绿御酒在安徽调研的基础数据

序号	区域	代表城市级别人口数（万人）	知名度（%）	认知度（%）	美誉度（%）	忠诚度（%）	信息总量（万比特）
1	合肥	2656.3	8.56	4.19	9.68	0.00	347.94
2	马鞍山	3279.2	4.45	2.51	9.09	0.00	205.43
总计	安徽	5935.5	6.29	3.26	9.35	0.00	553.37

该品牌的安徽省指标结构中，除美誉度外其余各项指标值都比较小，品牌间的指标结构对品牌营销的作用并不明显，原因还是其知名度和认知度偏低了，即使获得了一定的美誉度也与品牌的关系不大。明绿御酒在安徽省的指标结构，如图 5 – 10 所示。

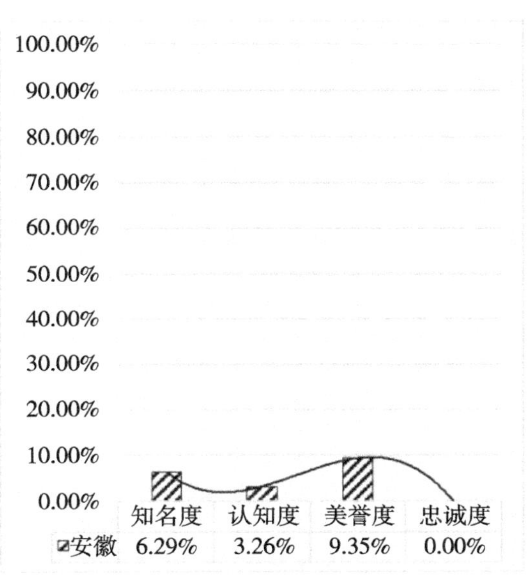

图 5 – 10 明绿御酒在安徽省的指标结构

3. 品牌质量分析

明绿御酒信息质量比值为 0. 312，处于质量比值的最优区间 0. 3 ~ 0. 4 内，显示企业的品牌经营和管理处于优良状态。这主要得益于其在各项指标中最高的美誉度，在消费者中是具有较好口碑的品牌，对其品牌形象的塑造大有裨益，其品牌质与量的发展是平衡的。但品牌的各项指标均比较低，这一比值的参考意义不大，还需要企业继续扩大品牌影响，并继续提升品牌的口碑。明绿御酒的质量比计算，如表 5 – 17 所示。

表 5 – 17 明绿御酒的质量比计算

品牌	品牌信息基本量的贡献率	品牌信息质的贡献率	品牌信息质量比值
明绿御酒	76. 24%	23. 76%	0. 312

4. 综合分析

综上所述，明绿御酒在安徽省是一个小规模品牌，品牌覆盖范围不大，省内影响力还很小。但品牌的发展质量优良，品牌质和量的发展是比较均衡的，发展状况基本健康，品牌运营者需要重点解决的问题是消费者的消费偏好不明显，忠诚客户群体并未形成。

八、南丰黄酒

1. 品牌简介

南丰黄酒为安徽省宣城市郎溪县古南丰黄酒厂生产的系列黄酒，以糯米、香米、黑糯米为原料，用传统工艺精心酿制而成。酒味醇和，鲜甜爽口。有陈年花雕、加饭酒、保健黄酒等系列。加饭酒又有元红、加饭、善酿、香雪等品种；保健黄酒有迎宾陈酿、乌米贡酒、参芪大补酒、男儿壮等。迎宾陈酿在全国黄酒质量检评中获“优质产品”大奖。2018 年，南丰黄酒跻身“国家地理标志保护产品”。

2. 基础数据与指标结构分析

南丰黄酒的总信息量为 476.47 万比特，属于省内的小规模品牌。本次调研没有获得品牌所在地宣城的数据，看不出其省内的区域特征，从安徽省其他地区数据看，品牌指标在各地区总体差异不大，品牌的各指标值偏低，省内的影响力还很小。

知名度指标方面，安徽省平均为 5.35%，刚达到有效标准（5%），品牌开始对营销发挥一定的作用，在安徽省具有了一定影响力，但不大。从地区层面看，各地的知名度都不高，合肥最高也仅为 7.46%，而在马鞍山的知名度属于自然传播形成的，并非由品牌营销形成，基本上没有运作痕迹，说明品牌推广在省内的效果并不突出，品牌仅在很少一部分消费者中具有了影响力。认知度指标方面，安徽省仅为 2.09%，没有达到有效范围（2.5% 以上），省内绝大部分消费者不但对品牌本身比较陌生，对品牌内涵的认知也不理想。在美誉度指标方面，安徽省为 6.63%，口碑并不突出，而且表现出比较明显的地区差异，在合肥的美誉度超过了 10%，消费者的口碑较好，而在马鞍山则没有获得美誉度的数据，品牌口碑在地区上是不一致的。品牌的忠诚度指标为 0，说明品牌在省内的忠诚客户群体并没有形成。南丰黄酒在安徽调研的基础数据，如表 5 – 18 所示。

表 5－18　南丰黄酒在安徽调研的基础数据

序号	区域	代表城市级别人口数（万人）	知名度（%）	认知度（%）	美誉度（%）	忠诚度（%）	信息总量（万比特）
1	合肥	2656.3	7.46	2.70	14.81	0.00	372.79
2	马鞍山	3279.2	3.64	1.60	0.00	0.00	103.67
总计	安徽	5935.5	5.35	2.09	6.63	0.00	476.47

该品牌的各项安徽省指标都不高，品牌指标间的结构也并未形成，品牌的作用在营销中并不明显。南丰黄酒在安徽省的指标结构，如图 5－11 所示。

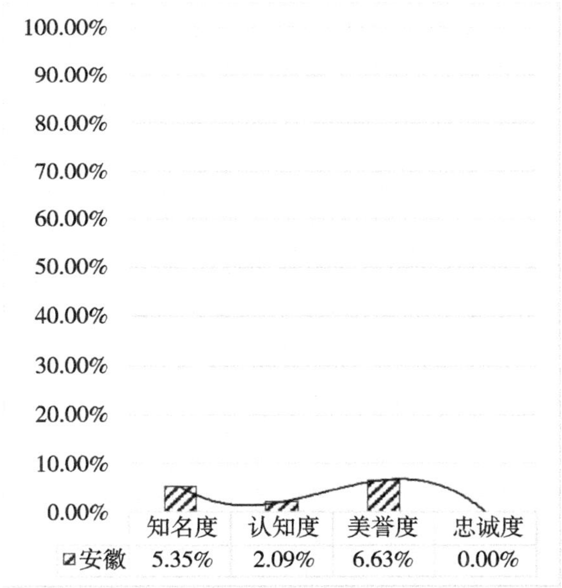

	知名度	认知度	美誉度	忠诚度
安徽	5.35%	2.09%	6.63%	0.00%

图 5－11　南丰黄酒在安徽省的指标结构

3. 品牌质量分析

南丰黄酒的信息质量比为 0.384，质量水平处于最优区间。从基础指标看，虽然其美誉度的绝对值并不高，但与其知名度与认知度是相匹配的，美誉度所形成的质的量在信息总量中的比重适中。虽然品牌的各项指标都不高，质和量的发展都不足，但却达成了比较完美的平衡。南丰黄酒的质量比计算，如表 5－19 所示。

表 5－19　南丰黄酒的质量比计算

品牌	品牌信息基本量的贡献率	品牌信息质的贡献率	品牌信息质量比值
南丰黄酒	72.25%	27.75%	0.384

4. 综合分析

综上所述，从现有数据看南丰黄酒在安徽省是一个小规模的品牌，品牌覆盖范围不大，安徽省影响力还很小。品牌的发展质量优良，但质与量的发展均不足，还需要企业继续扩大品牌的宣传，提升品牌的口碑和影响力。

九、古井

1. 品牌简介

安徽古井集团有限责任公司是中国老八大名酒企业，中国制造业 500 强企业，是以中国第一家同时发行 A、B 两支股票的白酒类上市公司——安徽古井贡酒股份有限公司为核心的国家大型一档企业，坐落在历史名人曹操与华佗故里、世界十大烈酒产区之一的安徽省亳州市。公司的前身为起源于明代正德十年（公元 1515 年）的公兴槽坊，1959 年转制为省营亳县古井酒厂。1992 年集团公司成立，1996 年古井贡上市。2008 年古井酒文化博览园成为中国白酒业第一家 4A 级景区，2013 年古井贡酒酿造遗址荣列全国重点文物单位。2016 年，古井集团成为“全国企业文化示范基地”，荣获中国酒业“社会责任突出贡献奖”。2017 年，在华樽杯中国酒类品牌价值评议活动中，古井贡以 638.50 亿元的品牌价值位列安徽省酒企第一名，中国白酒第五名。

2. 基础数据与指标结构分析

古井品牌的总信息量为 9.645 亿比特，属于大规模品牌。全国各个城市的各项指标有一定的差异性，但总体不太明显，是一个全国性品牌，具有了较强的全国影响力。

就全国指标而言，该品牌具有较高的知名度，但认知度和美誉度一般，忠诚度则明显偏低了。从地区指标看，品牌在同属安徽省的城市合肥和马鞍山的各项指标比较突出，充分说明了该品牌在安徽省的影响力，品牌的宣传推广和品牌营销效果都是比较成功的；而在其他地区的指标虽然稍低但也达到了一定的水平，其在全国的影响力是较大的。知名度指标方面，古井品牌的全国知名度为45.6%，在全国具有了稳定的影响力，已成为有效的经营工具，并且具有良好的消费者认知的基础。然而该品牌的认知度却不够充分，全国仅为9.93%，虽然在所调研地区均获得了有效认知度，但均不太突出，其认知度和知名度之间的比例是不协调的，仅为0.22，远低于有效比值的下限，这使得该品牌的较高知名度令消费者对其耳熟能详，但对品牌的内涵却缺少了解，其品牌的推广是缺乏效率的。

古井品牌的美誉度指标也一般，全国平均为9.2%，获得了一定的消费者口碑，其美誉度指标在全国各地体现出一定的差距，其中合肥最高达到了22.09%，属于品牌营销效果最好的地区，合肥为安徽省的省会，可能是品牌的重点目标市场，厂商在品牌营销中投入了较大的力量；而其他地区的美誉度则比较接近，总体差距不大。从美誉度与认知度的关系看，美誉度与认知度相近，符合二者的理想比例关系，品牌认知度对美誉度的支撑比较充分，说明该品牌美誉度的获得主要来自消费者对品牌的产品或服务的深度体验。但由于二者的绝对值均不高，这种支撑效果也不会太明显。从忠诚度指标看，有些偏低了，虽然在全国大部分调研地区均获得了忠诚度数据，但都不高。美誉度和忠诚度的关系是二者接近最佳，但古井品牌基础指标中美誉度是忠诚度的9倍，口碑未能充分向重复购买率转换，消费者的重复购买与该品牌的口碑不匹配，品牌在营销中的作用并没有完全发挥出来。古井品牌的基础数据，如表5－20所示。

表5－20　古井品牌的基础数据

序号	调研城市	知名度（%）	认知度（%）	美誉度（%）	忠诚度（%）	品牌信息量估值（万比特）
1	长沙	35.68	5.13	13.16	1.32	5125.26
2	合肥	65.98	18.56	22.09	2.13	18265.21
3	吉林	35.50	6.60	9.47	1.18	9075.52
4	厦门	48.50	9.08	8.43	1.12	13348.27
5	呼伦贝尔	57.77	12.00	8.02	0.94	16975.37
6	马鞍山	78.69	18.75	11.64	1.43	13888.62

续表

序号	调研城市	知名度（%）	认知度（%）	美誉度（%）	忠诚度（%）	品牌信息量估值（万比特）
7	赣州	33.48	7.65	2.56	0.00	11260.27
8	成都	19.31	3.99	3.57	0.00	2922.11
9	南宁	39.89	8.54	5.63	2.82	5590.36
总计	全国	45.60	9.93	9.20	1.10	96450.9894

该品牌的全国指标结构中，知名度较高而其他各项指标均明显偏低了，品牌的名气很大，消费者对品牌比较熟悉，但并没有充分地将对品牌的知晓转化为对品牌产品的购买，也没有形成与知名度相匹配的口碑，原因可能还是在于消费者对品牌不了解、缺乏认知所致，因此品牌对营销的作用并不明显（如图 5－12 所示）。品牌所在地（以合肥的数据为参考）的指标结构则明显优于全国平均水平，接近次优结构，品牌对营销的作用也较大，但缺点在于忠诚度偏低了，消费者的重复购买率低，品牌在营销中的作用没有切实地转化为厂商的实际收益。如图 5－13 所示。

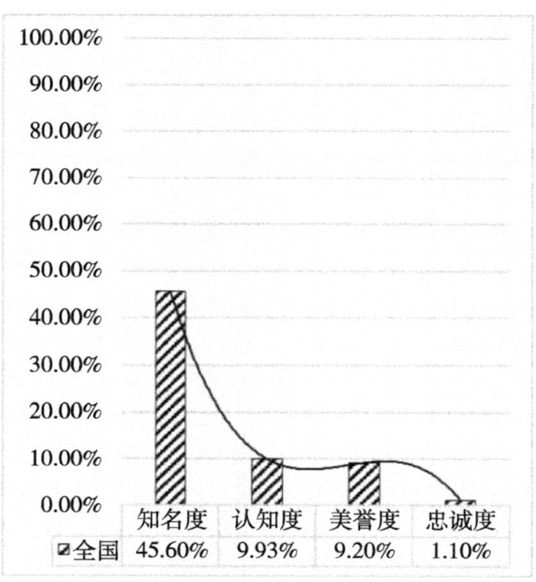

图 5－12　古井品牌在全国的指标结构

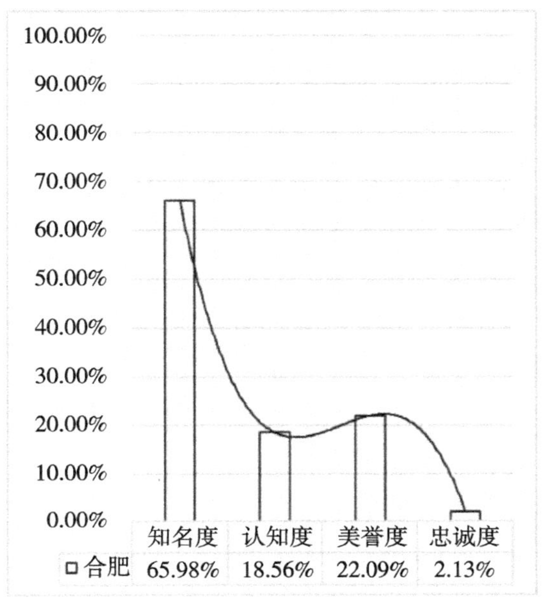

图 5－13 古井品牌在合肥的指标结构

3. 品牌质量分析

古井品牌信息质量比值为 0. 172，品牌发展质量为良好水平，企业经营管理和品牌营销的水平较高。这一质量比值反映品牌质的发展稍显不足，原因在于该品牌的指标结构中，知名度较高导致品牌信息的基本量比重较大，认知度偏低制约了美誉度的进一步提高，从而导致质对信息总量的贡献不足。如果能继续提高美誉度，则品牌信息质量有进一步提升的空间。古井品牌的质量比计算，如表 5－21 所示。

表 5－21 古井品牌的质量比计算

品牌	品牌信息基本量的贡献率	品牌信息质的贡献率	品牌信息质量比值
古井	85. 34%	14. 66%	0. 172

4. 品牌信息的稳定性分析

古井品牌的稳定性指数为 3. 24，属于一般偏弱稳定性水平的品牌，有失稳的迹象，品牌信息的有效间隔期较短，品牌的维护成本较高，抵抗风险的能力一般。从其知名度和认知度成长的情况看，品牌应该在过去一年有较大规模的品牌活动，导致稳定性不足，但其结果是好的，品牌的影响力获得了进一步的提升，但这种提升并不稳定，有随时衰退的风险。结合其基础指标数据看，该品牌应该已进入了成熟期，但稳定性偏弱，厂商应警惕品牌出现衰退的风险。古井品牌的稳定性计算，如表5－22所示。

表5－22　古井品牌的稳定性计算

品牌	N（E）函数值	品牌衰减系数	品牌信息的衰减速率	品牌稳定性指数
古井	21.73	0.046	0.0324	3.243

5. 综合分析

由上述综合分析，该品牌是一个处于成熟早期、品牌质量良好的全国性大规模品牌，品牌质的发展略显不足，建议厂商继续以提高美誉度为目标，改善消费者的体验；同时品牌的稳定性也不足，建议厂商关注品牌信息量的变化，提高品牌信息维护的频率，加大品牌宣传和推广的力度，防止品牌信息的自然衰减。

十、宣酒

1. 品牌简介

安徽宣酒集团股份有限公司位于安徽省宣城市境内，公司于1951年公私合营，2004年改制为股份制企业。宣酒园区面积910余亩，拥有7600多条固态发酵小窖池，进入中国白酒工业50强。企业拥有国家白酒工艺大师领衔、多位国家白酒评委组成的专家技术团队。宣酒小窖酿造工艺已入选非物质文化遗产保护名录，宣酒生产园区被评为国家4A级景区。多年来，宣酒坚持传统小窖酿造工艺，产品质量稳步提升，市场销售持续增长，系安徽一线名酒。

2. 基础数据与指标结构分析

宣酒品牌的总信息量为5.2091亿比特，属于中等规模品牌。从各地的指标看，有非常明显的地区差异，安徽省两个调研城市合肥和马鞍山的数据均明显高于全国其他地区，品牌的影响力主要来自安徽省内，目前还是一个区域品牌。

该品牌的知名度为20.54%，超过品牌获取知名度的第二个关键点16.5%，具备了一定的影响力，消费者对产品和企业有了较深的理解和认识，但消费者的认识和理解的程度并不高。该品牌的知名度数据在地区上有明显的差异：属于品牌所在地安徽省城市马鞍山和合肥的知名度分别达到了83.94%和77.9%，均超过64%的高知名度标准，知名度接近饱和状态，几近家喻户晓；而在其他城市的知名度则非常一般，没有超过10%的地区，在呼伦贝尔、厦门等地的知名度则没有达到5%的有效标准。这符合一个区域品牌的基本特征，品牌的传播范围和影响力还主要集中在安徽省内。其认知度全国平均为7.7%，认知度与知名度在各地基本呈现正相关关系。认知度接近知名度的一半水平，这说明其传播的效果是不错的，在知晓品牌的消费者中，有相当一部分对品牌内涵是比较了解的，但受限于品牌的知名度指标，认知度还未达到理想水平。从地区上看，品牌认知度也主要来自安徽两个城市的支撑，在其他地区的认知水平均不足。

该品牌的美誉度相对较高，全国平均达到了13.03%，而且在大部分地区均获得了良好的消费者口碑，说明该品牌的产品和服务是不错的，获得了消费者的认可。其美誉度与认知度的比例并不协调，原因还是认知度过低了，说明该品牌的美誉度来自认知度的支撑部分还偏低，并不完全是来自消费者对其产品或服务的深度体验，而更多的是来自其他营销途径如促销获得，品牌在营销中的作用并不明显。

该品牌的另一个显著问题是较好的口碑未能转换成消费者的重复购买，在大部分调研地区没有录得品牌忠诚度的数据，意味着消费者的重复购买率低，消费偏好或习惯并未形成。这可能源于品牌缺乏知名度和认知度的支撑，或是商家在渠道、价格等方面营销运作出现了问题，未能契合消费者的利益诉求。宣酒品牌的基础数据，如表5-23所示。

表5-23　宣酒品牌的基础数据

序号	调研城市	知名度（%）	认知度（%）	美誉度（%）	忠诚度（%）	品牌信息量估值（万比特）
1	长沙	5.19	2.13	16.67	0.00	659.55
2	合肥	77.90	27.90	21.72	2.28	26027.15
3	吉林	9.72	3.91	19.23	5.77	2125.98
4	厦门	4.77	2.33	16.67	0.00	1005.73

续表

序号	调研城市	知名度（%）	认知度（%）	美誉度（%）	忠诚度（%）	品牌信息量估值（万比特）
5	呼伦贝尔	1.56	0.38	0.00	0.00	342.64
6	马鞍山	83.94	28.00	14.35	2.63	17430.69
7	赣州	9.86	5.04	11.43	0.00	2871.63
8	成都	6.80	2.71	7.14	0.00	960.49
9	南宁	5.76	3.13	9.09	0.00	667.64
总计	全国	20.54	7.70	13.03	1.25	52091.4881

该品牌的指标结构中，主要问题在于认知度和忠诚度不高，以及认知度与知名度、美誉度与认知度、美誉度与忠诚度关系的失衡，品牌在营销中的作用是不明显的。该指标结构说明宣酒品牌进行过营销运作，具有一定的知名度，产品的质量较好，能够形成良好的消费者口碑，具有了一定的自传播能力，但由于品牌自身运作问题，品牌没有形成现实的消费者偏好（如图5－14所示）。品牌所在地（以马鞍山的数据为参考）的各项指标均明显高于全国平均水平，尤其是知名度和认知度数据，说明了品牌还

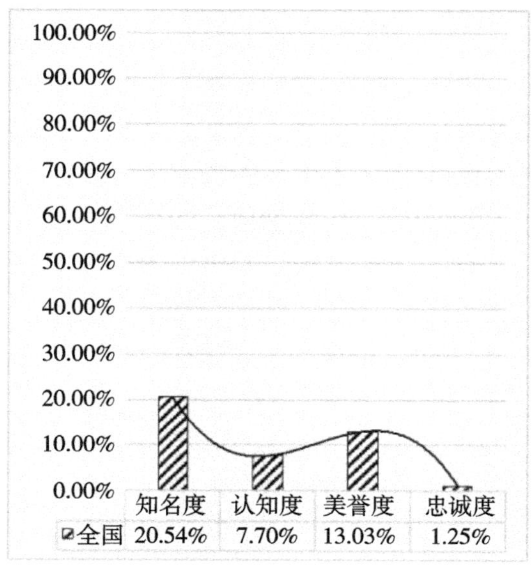

图5－14　宣酒品牌在全国的指标结构

具有非常明显的区域特征；从指标结构看，则近似于逐次下降结构，知名度和认知度非常高，而品牌的口碑和消费者的忠诚度则不相匹配，在一定程度上体现出“重广告、轻公关”的经营思想，品牌的发展质量是存在一定问题的。如图 5 – 15 所示。

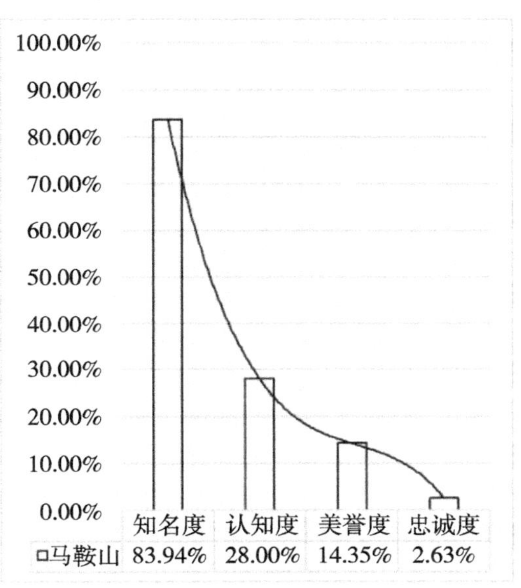

图 5 – 15　宣酒品牌在马鞍山的指标结构

3. 品牌质量分析

宣酒品牌信息质量比为 0. 495，高于理想比值的上限 0. 4，呈现出一定的“质有余而量不足”的情况，但品牌的发展质量是优良的，有良好的消费者口碑的积累。从基础指标可以看出，品牌获得了相对较高的美誉度指标，而与之相比，知名度和认知度指标偏低了，量的积累是不足的。宣酒品牌的质量比计算，如表 5 – 24 所示。

表 5 – 24　宣酒品牌的质量比计算

品牌	品牌信息基本量的贡献率	品牌信息质的贡献率	品牌信息质量比值
宣酒	66. 89%	33. 11%	0. 495

4. 品牌信息的稳定性分析

宣酒的品牌稳定指数为 4. 62，属于一般稳定性品牌，品牌信息的有效间隔期较短，品牌的维护成本较高，抵抗风险的能力不强。从基础指标和质量比值看，品牌已经形成了一定规模的量，应该是完成了成长期，进入成熟早期阶段，稳定性逐渐形成，由于还需要增加品牌的量，其良好的质量比值显示品牌还有较好的成长性。宣酒品牌的稳定性计算，如表 5－25 所示。

表 5－25 宣酒品牌的稳定性计算

品牌	N（E）函数值	品牌衰减系数	品牌信息的衰减速率	品牌稳定性指数
宣酒	15.35	0.0652	0.0462	4.6237

5. 综合分析

由上述分析可知，宣酒品牌是一个处于成熟早期阶段的中等规模品牌，品牌的区域特征十分明显，在全国其他地区的影响力不足；品牌的稳定性也不足但质量优良，还保持着一定的成长性。

十一、明光酒

1. 品牌简介

安徽明光酒业（集团）有限公司，其前身为安徽省明光酒厂，是中国白酒百强企业，年产白酒约 3 万吨。老明光旗下有主导产品老明光系列、明光系列、明绿御酒系列产品，多系列产品最大程度满足消费者需求。

明光酒源远流长，南宋建炎二年，明光酒即为金陵御酒，“四季供奉，不得苟且”；1930 年，在南洋劝酒会议酒类大赛中，“明光大曲”荣获“金边玻匾奖”。中华人民共和国成立后组建了国营安徽省明光酒厂，60 多年来，从民国糟坊到公私合营再到有年产万吨的国家大型一档企业，成为全国 500 家最佳工业企业和安徽工业 50 强企业。目前，明酒集团拥有多名国家级白酒评委，数百名酿酒技师以及实力雄厚的管理人才队伍、科技人才队伍，形成了强大的“酿酒专家团”，在安徽省酿酒技术大比武大赛中，连续 10 届获得优异成绩，其中：2010 年、2011 年连续荣膺团体总分第一名；2007 年老明光品牌荣膺“中国驰名商标”称号；2010 年定量荣获包装“C”标志认证，同年酿酒基地明绿六组荣膺全国“工人先锋号”称号。

2. 基础数据与指标结构分析

明光品牌的总信息量是 3.7291 亿比特，属于中等规模品牌。全国各个城市的指标有明显的差异性，在安徽两个城市合肥和马鞍山获得的调研数据明显高于全国其他城市，品牌还具有比较明显的区域品牌特征，在非安徽省地区的影响力还比较小。

其全国知名度为15.26%，品牌开始对营销发挥一定的作用，显然商家进行过获取知名度的努力，但缺乏消费者知晓的基础，知晓范围并不广。从地区上看，差异比较明显：在合肥和马鞍山的知名度远高于其他地区，分别达到了51.23%和41.47%，而在其他地区的知名度则不高，在吉林、厦门、赣州等地的知名度未达到5%的有效标准，为自然形成，基本上无人为操作的痕迹。这显示了安徽省是品牌影响最大的地区，而在其他地区的传播范围还不大，品牌的区域特征比较明显。品牌的认知度全国平均为3.04%，超过有效的范围（2.5%）。从认知度与知名度的比例关系看，认知度稍显偏低了，品牌推广渠道或是推广内容存在消费者认知的障碍。该品牌的认知度与美誉度的关系也是不协调的，美誉度相对较高，说明该品牌的美誉度来自认知度支撑的部分较少，消费者对其产品或服务的深度体验形成的赞誉不足，美誉度更多地是通过其他营销途径获得。从地域上看，美誉度也呈现不均衡状态，合肥、吉林地区超过了15%，品牌的营销是比较成功的；而在成都地区却没有获得美誉度，说明消费者体验并不好。

该品牌的全国平均忠诚度为2.98%，且在大部分地区获得了忠诚度数据，说明品牌还是拥有了一部分忠诚客户，但忠诚度多来自品牌影响力较低的地区，忠诚度与品牌的关系不大，而且在影响力较大的省内两个城市的忠诚度指标则一般，消费者并没有形成明显的消费偏好或习惯。明光酒品牌的基础数据，如表5－26所示。

表5－26　明光酒品牌的基础数据

序号	调研城市	知名度（%）	认知度（%）	美誉度（%）	忠诚度（%）	品牌信息量估值（万比特）
1	长沙	9.59	1.40	4.76	4.76	1136.35
2	合肥	51.23	8.99	16.75	2.39	19806.59
3	吉林	3.79	0.83	15.00	0.00	1176.41
4	厦门	4.19	1.02	7.69	7.69	888.28

续表

序号	调研城市	知名度（%）	认知度（%）	美誉度（%）	忠诚度（%）	品牌信息量估值（万比特）
5	呼伦贝尔	23.15	5.71	11.34	5.15	6828.55
6	马鞍山	41.47	8.91	6.54	1.87	5489.50
7	赣州	2.22	0.54	12.50	0.00	725.80
8	成都	2.69	0.32	0.00	0.00	400.65
9	南宁	8.42	1.08	6.25	6.25	838.89
总计	全国	15.26	3.04	10.00	2.98	37291.0123

该品牌的全国指标结构中，可以明显地看出品牌认知度和忠诚度偏低了，优点是获得了不错的消费者口碑。品牌的口碑虽然良好，但从指标结构可以看出，由于消费者对品牌缺乏认知，并不全部是发自内心地给予品牌良好的赞誉，这种赞誉并不会持久（如图 5 – 16 所示）。品牌所在地（以合肥的数据为参考）的指标结构则与全国结构近似，知名度和美誉度较高而认知度和忠诚度偏低了，但品牌对营销的作用明显高于全国平均水平。如图 5 – 17 所示。

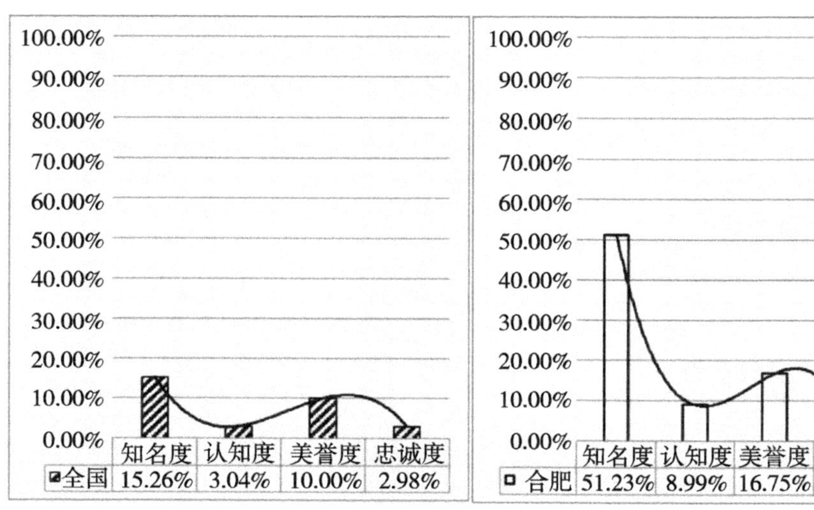

图 5 – 16　明光酒品牌在全国的指标结构　图 5 – 17　明光酒品牌在合肥的指标结构

3. 品牌质量分析

明光酒品牌的信息质量比为0.661，高于理想比值的上限0.4，其品牌发展质量是优良的，企业的经营管理和品牌营销也处于良好的状况。在基础指标中，品牌获得了相对较高的美誉度指标，由此所形成的质的贡献在信息总量中的比重是合理的，而品牌的知名度和认知度尤其是认知度明显偏低了，品牌量的发展还不足，需要厂商继续加强品牌的宣传，扩大品牌的影响力，这样才能做到质和量的均衡发展。明光酒品牌的质量比计算，如表5－27所示。

表5－27　明光酒品牌的质量比计算

品牌	品牌信息基本量的贡献率	品牌信息质的贡献率	品牌信息质量比值
明光	60.22%	39.78%	0.661

4. 品牌信息的稳定性分析

明光酒的品牌稳定性指数为3.53，品牌的稳定性一般，品牌信息的有效间隔期较短，品牌的维护成本较高，抵抗风险的能力不强。该品牌应该是处在过渡期，结合基础指标和品牌进入市场的时间看，品牌已经形成了一定规模的量，在全国具有了比较稳定的影响力，应该是完成了成长期到成熟期的过渡，正处于稳定性回稳阶段，其品牌质量良好，但品牌量的发展不足，还具有一定的成长性。明光酒品牌的稳定性计算，如表5－28所示。

表5－28　明光酒品牌的稳定性计算

品牌	N（E）函数值	品牌衰减系数	品牌信息的衰减速率	品牌稳定性指数
明光	20	0.0501	0.0353	3.5317

5. 综合分析

综上所述，明光酒品牌是一个区域特征明显的中等规模品牌，其全国的影响力还比较小。厂商应注意各指标在各地区间的差异比较大的问题，在各地区的影响力和所体现出的品牌营销的效果是不均衡的，这对品牌的全国化进程是不利的。

十二、双轮池

1. 品牌简介

双轮池系列酒是以优质高粱为原料，用上等小麦、大麦、豌豆制成糖化发酵剂，采用现代的酿造工艺和独特的生产技术，双轮池发酵，经科学勾兑精制而成。该系列属浓香型优质大曲酒，由安徽双轮酒业有限责任公司生产。公司坐落在安徽省涡阳县高炉镇，高炉酒厂建于1949年9月，其生产基地是全国浓香型大曲酒最好的生产基地之一。现有大曲发酵池近2万条，其中具有百年历史的老窖池5000条，年产各类优质白酒6万多吨。现主要经营高炉家品牌系列酒与高炉双轮封坛品牌系列酒。

2. 基础数据与指标结构分析

双轮池品牌的总信息量是1.7437亿比特，属于小规模品牌。本次调研没有安排在品牌所在地亳州进行，从全国各地获得的各项指标看，有一定的地区差异，在同属安徽省的合肥市获得的数据要高于全国其他地区，品牌具有一定的区域特征，其全国影响力还比较小。

该品牌的全国平均知名度为10.04%，品牌在全国一定范围内传播，开始对营销发挥一定的作用，但还缺乏消费者知晓的基础，知晓范围并不广。从地区指标看，各地的数据有比较明显的差距：在合肥、呼伦贝尔、马鞍山等地区的知名度较高，而在吉林、赣州、成都、长沙等地的知名度低于5%的有效标准，品牌知名度属于自然传播形成，品牌的影响力还很有限。从知名度指标看，品牌是有一定区域特征的，其品牌影响力主要集中在安徽省内。与较低的知名度相比，品牌的认知度也很低，全国平均仅为2.53%，刚达到有效标准（2.5%），从地区上看也仅合肥、呼伦贝尔、马鞍山等少数地区刚超过有效范围，说明品牌推广渠道或是推广内容存在消费者认知的障碍，全国各地消费者对品牌内涵了解的数量还很少。

该品牌获得了相对较高的美誉度，全国达到11.55%，消费者对其产品是比较认可的。但美誉度指标在各地区的差异也比较明显：马鞍山、合肥、吉林、厦门等地区都超过了15%，在这些地区消费者对品牌的口碑评价是不错的，产品质量和服务得到了相当一部分消费者的认可；而在长沙、成都、南宁等地的消费者口碑并不理想，没有获得美誉度数据。这也说明品牌良好的口碑传播范围还较小，自传播能力不足。从认知度与美誉度的比例关系看，二者的比例是严重失衡的，品牌认知度微弱，说明该品牌美誉度来自消费者深度认知的可能性不大，而更多的是通过其他的营销途径获得，品牌本身在营销中的作用并不明显。该品牌的忠诚度仅为1.47%，绝对值偏低，固定消费者群体数量还很少。其美誉度与忠诚度的比例关系也是失衡的，良好的口碑没有转换成消费者的重复购买，原因可能与认知度微弱有关，在对品牌缺乏深入了解、对品牌产品缺少深度体验的情况下，是很难获得消费者的重复购买的。双轮池品牌的基础数据，如表5－29所示。

表5－29　双轮池品牌的基础数据

序号	调研城市	知名度（%）	认知度（%）	美誉度（%）	忠诚度（%）	品牌信息量估值（万比特）
1	长沙	2.74	0.50	0.00	0.00	372.35
2	合肥	32.39	8.45	15.33	4.38	7352.33
3	吉林	3.05	0.58	18.75	0.00	597.58
4	厦门	6.77	2.48	19.05	4.76	1408.83
5	呼伦贝尔	21.72	5.24	12.09	2.20	5125.54
6	马鞍山	13.67	3.22	20.00	0.00	1501.48
7	赣州	3.06	0.59	9.09	0.00	781.02
8	成都	0.45	0.04	0.00	0.00	60.91
9	南宁	2.11	0.37	0.00	0.00	237.65
总计	全国	10.04	2.53	11.55	1.47	17437.687

该品牌的全国指标结构中，较突出的是获得了相对较高的品牌美誉度，但由于认知度和忠诚度微弱，品牌指标间的结构不明显，品牌对营销的作用还有限（如图5－18所示）。品牌所在省份城市合肥的各项指标均明显高于全国平均水平，显示品牌还具有一定的区域特征，品牌指标间的结构也比较理想，近似于次优结构，品牌对营销发挥了较大的作用。如图5－19所示。

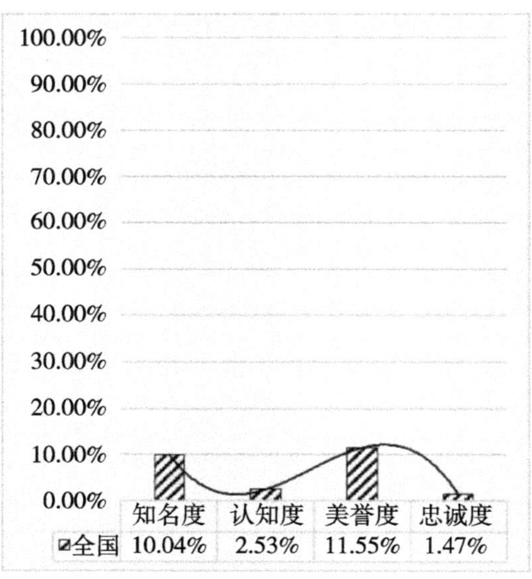

图 5－18　双轮池品牌在全国的指标结构

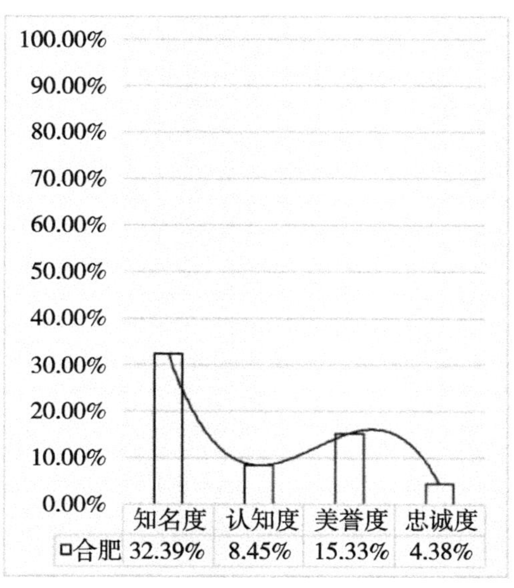

图 5－19　双轮池品牌在合肥的指标结构

3. 品牌质量分析

双轮池品牌的质量比值为 0.201，质量发展处于优良水平，高于同行业所有品牌发展水平的均值。基础指标中，品牌的美誉度数据是最高的，这是形成这一质量比值的主要原因，其质与量的贡献在品牌信息总量中是比较均衡的。主要问题在于，品牌的认知度偏低了，没有建立在消费者对品牌深度认知基础上的美誉度并不能持久，这一情况应引起厂商的注意。双轮池品牌的质量比计算，如表 5 - 30 所示。

表 5 - 30 双轮池品牌的质量比计算

品牌	品牌信息基本量的贡献率	品牌信息质的贡献率	品牌信息质量比值
双轮池	83.25%	16.75%	0.201

4. 品牌信息的稳定性分析

双轮池的品牌稳定指数为 4.09，属于一般稳定性品牌，品牌信息的有效间隔期较短，品牌的维护成本较高，抵抗风险的能力不强。从基础指标和质量比值看，品牌已经形成了一定规模的量，应该是完成了成长期，进入成熟早期阶段，稳定性逐渐形成，由于品牌的发展不够充分，在安徽省外的影响力和传播范围还不足，还需要增加品牌的量，其良好的质量比值显示品牌还有一定的成长性。双轮池品牌的稳定性计算，如表 5 - 31 所示。

表 5 - 31 双轮池品牌的稳定性计算

品牌	N（E）函数值	品牌衰减系数	品牌信息的衰减速率	品牌稳定性指数
双轮池	17.32	0.0578	0.0409	4.0878

5. 综合分析

由上述综合分析，双轮池品牌是一个品牌质与量发展比较均衡的品牌，获得了良好的消费者口碑，但其全国影响力还较小，品牌的消费群体和忠诚客户都比较少，目前应该还处于成长期内，属于具有一定成长性的小规模品牌。

十三、高炉家酒

1. 品牌简介

高炉家酒，产于安徽双轮酒业有限责任公司（其前身安徽高炉酒厂始建于 1949 年 9 月）。公司坐落在老子故里安徽省涡阳县高炉镇，是安徽的著名商品。高炉家酒产品主要有“高炉”“高炉家”“和谐年份”三大系列，高、中、低档9个品种。高炉家酒以世代相守的祖传工艺而酿制，其“浓香入口，酱香回味”的和谐口感，“浓酱相融，中庸和谐”的和谐品质，“偏高温制曲，原生态酿造”的和谐工艺，被白酒界专家和国家质量检测中心的领导称赞为“浓头酱尾”特点突出，口感和谐，品质一流。2008年3月，“高炉家”被国家工商总局认定为“中国驰名商标”。

2. 基础数据与指标结构分析

高炉家酒的总信息量为1.0751亿比特，在安徽省属于超大规模品牌，安徽省两个调研城市的各项指标接近均值，省内区域特征不明显，是一个具有大范围省内影响力的品牌。

该品牌具有很高的知名度，较高的认知度和美誉度，但忠诚度明显偏低了。该品牌在安徽省具有了较高的知名度，调研数据平均达到54.96%，具有了比较充分的消费者认知和联想的基础，会产生自我传播现象，品牌已经成为非常理想的营销工具，给品牌经营业绩带来明显的影响。从地区数据看，差距也不明显：马鞍山的59.36%的品牌知名度略高于合肥的49.53%的品牌知名度，品牌在安徽当地拥有了非常不错的品牌传播，在省内的影响力是比较均衡的，品牌推广没有特别明显的地域目标市场，属于在安徽省具有大范围影响力的品牌。从其认知度指标看，安徽省平均为22.42%，有相当一部分消费者对品牌的内涵是比较了解的，从认知度和知名度的比值（0.41）看，稍低于理想比值下限（0.5），与其知名度相比，这一认知度指标还略显不足，但已属于品牌传播效率和效果较好的品牌。

该品牌获得了较高的美誉度，安徽省平均为15.98%。在两个地区的美誉度都超过了12%且比较平均，差距不大，是省内营销策略一致的品牌，消费者对品牌的口碑评价比较理想。这一美誉度水平反映高炉家酒的产品在安徽省各地的销量不错，消费者口碑较好，会发生品牌的自传播效应。从美誉度与认知度关系看，美誉度略低于认知度，基本上符合二者间的理想关系，说明该品牌的美誉度来自消费者体验后的赞誉程度的支撑，对该产品的质量还是相当认可的，是一个依靠品牌的产品质量或服务获得自传播能力的品牌，有消费者的优良体验。

但该品牌的忠诚度明显过低的问题比较突出，美誉度和忠诚度的关系是二者接近最佳，但高炉家酒基础指标中美誉度远高于忠诚度，良好的口碑向消费者重复购买的转化不充分，消费偏好或习惯不明显。高炉家酒在安徽调研的基础数据，如表 5 - 32 所示。

表 5 - 32　高炉家酒在安徽调研的基础数据

序号	区域	代表城市级别人口数（万人）	知名度（%）	认知度（%）	美誉度（%）	忠诚度（%）	信息总量（万比特）
1	合肥	2656. 3	49. 53	20. 12	20. 28	2. 83	5136. 21
2	马鞍山	3279. 2	59. 36	24. 29	12. 50	0. 60	5614. 97
总计	安徽	5935. 5	54. 96	22. 42	15. 98	1. 60	10751. 18

该品牌的安徽省指标结构近似于次优结构，知名度很高，认知度不及知名度的一半，美誉度与认知度接近，前三项指标基本上能够形成对营销的有效支撑作用。主要问题在于忠诚度偏低，重复购买率不足，消费者消费偏好或消费习惯不明显，厂商为品牌获得较高的口碑付出了很大的努力，但品牌的口碑并没有在营销中得以充分的体现。高炉家酒在安徽省的指标结构，如图 5 - 20 所 示。

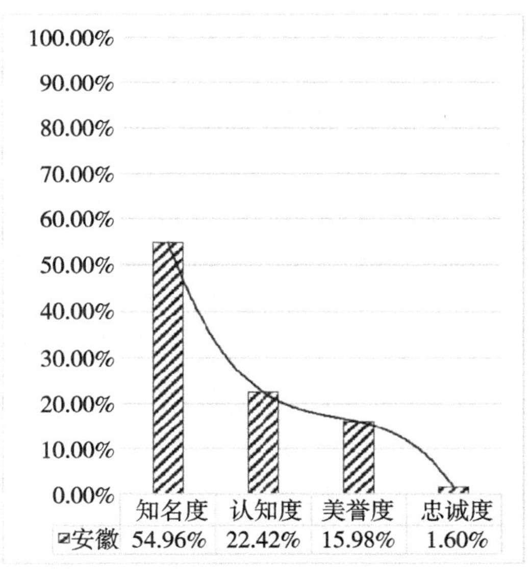

图 5 - 20　高炉家酒在安徽省的指标结构

3. 品牌质量分析

高炉家酒信息质量比值为 0. 802，这一质量比值说明品牌出现了“质有余而量不足”的状况，但品牌的发展质量是优良的。结合该品牌的各项基础指标，量不足的主要原因在于品牌美誉度在行业中处于较高水平，而品牌认知度稍显不足，需要企业提高传播的效率，并多传播品牌内涵的内容，增加品牌信息的量，使得品牌质与量均衡发展。高炉家酒的质量比计算，如表5－33所示。

表5－33　高炉家酒的质量比计算

品牌	品牌信息基本量的贡献率	品牌信息质的贡献率	品牌信息质量比值
高炉家酒	55.49%	44.51%	0.802

4. 综合分析

由上述综合分析，高炉家酒在安徽省是一个品牌质量优良的具有大范围影响力的超大规模品牌。品牌应该已进入了成熟期，发展状况健康，但需要厂商注意品牌信息量出现衰退的风险。

十四、皖酒

1. 品牌简介

安徽皖酒制造集团有限公司始建于1949年，具有60多年酿造白酒的历史，是中国最大的酒业集团之一，安徽省白酒行业支柱企业，是民营股份制企业。注册资金1000万元，下属4个子公司。公司位于蚌埠市风景秀丽的张公山北侧，涂山路488号，有员工2500多人，其中专业人员占20%，占地12万平方米，年产量3000多吨，拥有总产量超万吨的曲酒生产基地和现代化灌装流水线。公司生产的系列皖酒有80多个品种，以皖酒王系列、百年系列、皖国系列和精品皖酒系列四大系列产品线为主。

2. 基础数据与指标结构分析

皖酒的总信息量为8859.96万比特，属于省内的大规模品牌。安徽省各个城市的各项指标接近均值，地区差异不明显，是一个具有较强安徽省内影响力的品牌。

该品牌的安徽省平均知名度达到了60.88%，接近高知名度的标准（64%），这一数据的获得非常难得，说明品牌在安徽省的传播范围非常大，具有非常稳定的影响力，成为了非常有效的营销工具，具有充分的消费者认知和联想的基础，自我传播现象开始显现。从地区数据看，差距不明显，两个调研地都超过了60%，影响力是非常均衡的，品牌推广没有特别明显的地域目标市场。显然品牌有过大规模的品牌宣传活动，使省内各地的消费者对品牌留下了非常深刻的印象。其认知度指标安徽省平均为12.36%，有相当一部分消费者对品牌的内涵是比较了解的，且各地的认知度都达到了10%以上，进一步说明了品牌比较均衡的影响力。但与知名度相比，认知度指标又明显偏低了，其认知度和知名度之比仅为0.2，远低于理想比值下限（0.5）。消费者对品牌很熟悉，但只“知其名”而不“知其意”，对品牌内涵的认知不够理想，品牌传播的效率还不高。

该品牌的美誉度指标较高，安徽省平均为13.76%，在两个调研地的美誉度都不错，但合肥的指标更理想，品牌的营销策略在省会地区有所偏重。从美誉度与认知度关系看，美誉度略高于认知度，符合二者间的理想关系，说明该品牌的美誉度来自消费者体验后的赞誉程度的支撑，对该产品的质量还是相当认可的，是一个依靠品牌的产品质量或服务获得自传播能力的品牌，有消费者的优良体验。

但该品牌忠诚度明显过低的问题比较突出，美誉度和忠诚度的关系是二者接近最佳，但皖酒基础指标中美誉度是忠诚度的8倍，品牌存在自传播能力未能充分向重复购买率转换的问题。忠诚度低并不意味着品牌的销售不好，只反映消费者多次重复购买率低。皖酒在安徽调研的基础数据，如表5－34所示。

表5－34 皖酒在安徽调研的基础数据

序号	区域	代表城市级别人口数（万人）	知名度（%）	认知度（%）	美誉度（%）	忠诚度（%）	信息总量（万比特）
1	合肥	2656.3	61.30	12.64	19.61	1.57	5175.92
2	马鞍山	3279.2	60.55	12.14	9.03	1.94	3684.04
总计	安徽	5935.5	60.88	12.36	13.76	1.77	8859.96

该品牌的指标结构类似于次优结构，知名度很高，超过37%，认知度不到知名度的一半，美誉度略高于认知度，前三项指标之间的比例结构能够反映品牌对营销起的积极作用。主要问题在于忠诚度偏低了，消费者重复购买率不足，消费者消费偏好或消费习惯不明显，品牌对营销的作用不能为厂商带来持续稳定的收益。皖酒在安徽省的指标结构，如图5－21所示。

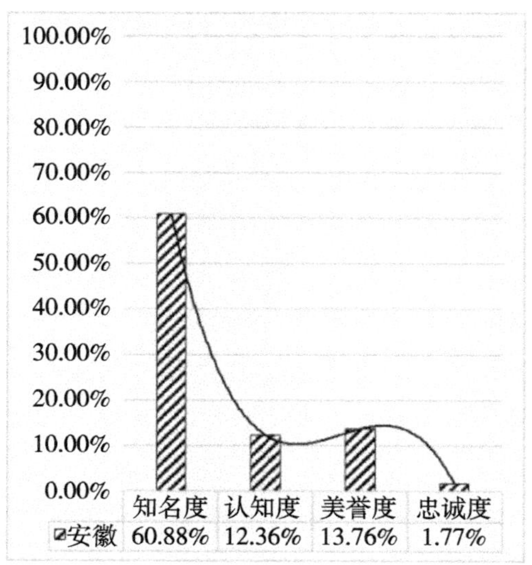

图 5－21　皖酒在安徽省的指标结构

3. 品牌质量分析

皖酒信息质量比值为 0. 687，质量发展呈现出“质有余而量不足”的状况。从基础指标可以看出，品牌通过开展大规模的广告宣传活动获得了很高的知名度，已经接近饱和状态，进一步提升的难度太大，但品牌的认知度指标是偏低的；在同行业中，品牌的美誉度指标是很高的，由此美誉度所形成的质的贡献超过了量的贡献，略微呈现质与量发展不均衡的状态。在今后的品牌运作中，厂商应将重点放在品牌内涵的内容传播上，加深消费者印象，以此奠定品牌美誉度和忠诚度进一步成长的基础。皖酒的质量比计算，如表 5－35 所示。

表 5－35　皖酒的质量比计算

品牌	品牌信息基本量的贡献率	品牌信息质的贡献率	品牌信息质量比值
皖酒	59. 27%	40. 73%	0. 687

4. 综合分析

从基础数据可以看出，皖酒是一个具有较强安徽省内影响力的大规模品牌，在安徽省大范围内拥有了品牌传播，是一个在省内消费者中广为人知的品牌。品牌发展质量优良，但略呈现出“量亏”的状态，原因在于品牌的认知度稍显偏低了，厂商需要依靠提高认知度加深消费者对品牌的印象，否则随着时间的推移，品牌的名气会被消费者逐渐遗忘，品牌信息量会逐渐衰减。

十五、文王

1. 品牌简介

安徽文王酿酒股份有限公司位于号称“天下粮仓”之一的淮北平原安徽省阜阳市临泉县。公司的前身创建于1958年，现已发展成为拥有资产上亿元、占地400多亩、年创利税6600多万元的省白酒重点骨干企业。2001年，公司为阜阳市纳税进入五强，进入中国白酒企业百强行列。2003年，迈入安徽省民营企业十强。2010年10月，安徽文王酿酒股份有限公司“文王”品牌白酒被评为“中国驰名商标”。

2. 基础数据与指标结构分析

文王的信息总量为3463.44万比特，属于中等偏大规模品牌。安徽省两个调研城市的各项指标体现出比较明显的地区差距，虽然本次调研没有在品牌所在地阜阳进行，但品牌还是体现出比较明显的省内区域特征。但相对来说，品牌已经具备了一定的省内传播范围，属于具有较大影响力的省内品牌。

品牌的安徽省平均知名度为28.64%，品牌具有了稳定的影响力，具有了良好的消费者知晓基础，开始出现深度的消费者认知，而且品牌对营销的作用逐渐增强。知名度在各地体现出明显的差异性：在合肥达到了42.79%，而且在该地区还获得了较高的认知度、美誉度和忠诚度指标，说明当地的消费者对品牌是比较熟悉的，对品牌的内涵也比较了解，也收获了非常理想的消费者口碑，说明品牌在当地的影响力较大，营销效果较好，属于品牌进行重点推广的地区；而在马鞍山的各项数据都偏低了，品牌的传播范围不大，影响力不足，仅有少数消费者对品牌是了解的。

从品牌的指标结构关系来看，品牌的认知度指标稍显偏低了。虽然在安徽省形成了较高的知名度，具备了良好的认知度转化基础，但消费者对品牌内涵的认知还不够充分，其安徽省平均认知度只有6.91%，认知度与知名度的比值为0.24，远低于理想范围下限（0.5），显示出品牌内涵并没有有效地传递给消费者，品牌传播的效率还需提高。品牌的美誉度为

9.55%，获得了良好的消费者口碑。在地区上看，也是合肥远高于马鞍山地区，省内消费者对品牌的评价并不一致。从认知度与美誉度的关系看，美誉度高于认知度，基本上符合二者之间的理想比例关系，美誉度的获得有消费者对品牌产品的深度体验，但认知度稍显偏低了。文王忠诚度偏低的问题比较突出，安徽省指标仅为1.26%，良好的美誉度所形成的口碑没有转化成消费者的重复购买。说明品牌的既有消费者群体消费偏好不明显，对产品的重复购买率较低，这无法为企业带来应有的销售收入。文王在安徽调研的基础数据，如表5-36所示。

表5-36　文王在安徽调研的基础数据

序号	区域	代表城市级别人口数（万人）	知名度（%）	认知度（%）	美誉度（%）	忠诚度（%）	信息总量（万比特）
1	合肥	2656.3	42.79	10.14	15.73	2.81	2793.43
2	马鞍山	3279.2	17.19	4.28	4.55	0.00	670.01
总计	安徽	5935.5	28.64	6.91	9.55	1.26	3463.44

该品牌的安徽省指标结构近似于次优品牌结构，认知度不及知名度的一半，美誉度高于认知度，前三项指标是能够对品牌营销起到一定的支撑

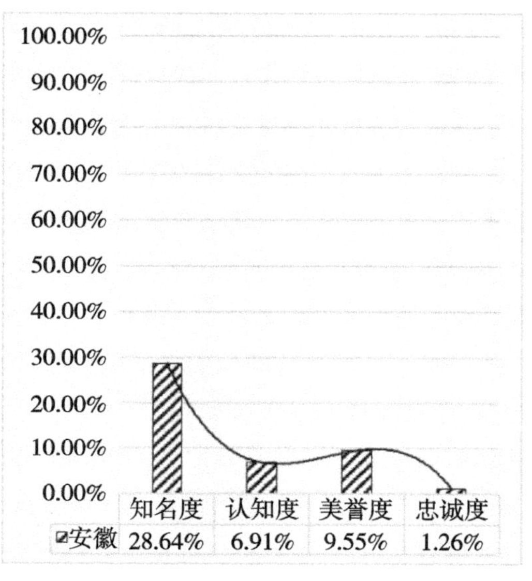

图5-22　文王在安徽省的指标结构

作用的，但由于忠诚度偏低，消费者的消费偏好不明显，前三项指标的良好指标结构并不能为厂商带来切实的收益。文王在安徽省的指标结构，如图5－22所示。

3. 品牌质量分析

文王的品牌质量比值为0.566，略高于最优比值的上限（0.4），略呈现出“质有余而量不足”的情况，但这一质量比值反映品牌的发展质量还是不错的。品牌美誉度应该在行业中处于领先水平，其消费者口碑是良好的，而与美誉度相比，品牌的知名度和认知度是不足的，尤其是认知度偏低了，量的积累还不够。如果能在提升认知度的基础上使品牌美誉度获得同步成长，那品牌质量比值能向更加优良的空间移动。文王的质量比计算，如表5－37所示。

表5－37　文王的质量比计算

品牌	品牌信息基本量的贡献率	品牌信息质的贡献率	品牌信息质量比值
文王	63.84%	36.16%	0.566

4. 综合分析

文王在安徽省属于具有一定影响力的中等偏大规模品牌，已经在相当一部分消费者中拥有了品牌传播，而且也获得了不错的消费者口碑。品牌的主要问题在于还具有一定的区域特征，省内的影响力是不均衡的，而且认知度偏低了，从而影响了量的进一步扩张，略微呈现“量亏”的状态。需要厂商进一步扩大品牌宣传，并将品牌内涵进一步传递给消费者，加深消费者印象，为培养品牌口碑及固定消费者群体奠定良好基础。

十六、沙河酒

1. 品牌简介

安徽沙河酒业有限公司位于安徽省界首市，注册资本6600万元。源起东汉光武年间，历经宋、元、明、清2000多年的兴盛繁荣；自1949年合并建厂，沙河酒业成为与中华人民共和国同龄的白酒企业，并一度得到快速发展。20世纪90年代，沙河酒业在原有近百亩老厂的基础上，始建当时国内中东部地区最大的酿酒生产基地光武镇小黄基地，拥有占地600余亩的大型酿酒生态园，5640条老窖池，50多个大型储酒罐，20年以上的原酒均存续至今，企业年生产能力达2万多千升。

2. 基础数据与指标结构分析

沙河酒的信息总量为2830.98万比特，在安徽省属于中等偏大规模品牌。品牌个别指标在调研城市出现较大差异，但其余指标的差异不明显，品牌在省内具有了较大范围的传播，已具备了一定的省内影响力。

基础指标中，该品牌获得了较高的知名度，其品牌美誉度所形成的口碑也是不错的，但认知度指标较低，忠诚度明显偏低了。其知名度的安徽省平均值为25.1%，品牌应该在省内开展过持久、稳定的品牌宣传活动，具有了稳定的影响力，以及良好的消费者知晓基础，开始出现深度的消费者认知，而且品牌对营销的作用逐渐增强。知名度在各地的差异不明显，均超过了20%，在省内的影响力是比较均衡的。从品牌的指标结构关系来看，认知度指标偏低了。虽然在安徽省形成了较高的知名度，具备了良好的认知度转化基础，但消费者对品牌内涵的认知还不够充分，虽然在各地区均获得了有效认知度，但其安徽省平均认知度只有5.52%，认知度与知名度的比值为0.22，远低于理想范围下限（0.5），显示出品牌内涵并没有有效地传递给消费者，品牌传播的效率还需提高。品牌的美誉度为11.1%，获得了良好的消费者口碑。但从地区上看，合肥的美誉度远高于马鞍山地区，品牌在两地的营销策略是有所区别的，合肥应该是品牌的重点市场之一。从认知度与美誉度的关系看，认知度偏低了，美誉度的获得不完全来自消费者对品牌产品的深度体验，品牌没有发挥其对营销应有的作用。沙河酒忠诚度偏低的问题比较突出，安徽省指标仅为1.73%，良好的美誉度所形成的口碑没有转化成消费者的重复购买。说明品牌的既有消费者群体消费偏好不明显，对产品的重复购买率较低，这无法为企业带来应有的销售收入。沙河酒在安徽调研的基础数据，如表5-38所示。

表5-38　沙河酒在安徽调研的基础数据

序号	区域	代表城市级别人口数（万人）	知名度（%）	认知度（%）	美誉度（%）	忠诚度（%）	信息总量（万比特）
1	合肥	2656.3	29.09	6.34	18.18	1.65	1927.05
2	马鞍山	3279.2	21.88	4.85	5.36	1.79	903.93
总计	安徽	5935.5	25.10	5.52	11.10	1.73	2830.98

该品牌的安徽省指标结构上，可以明显地发现由于认知度和忠诚度偏低，各指标间的比例关系是不合理的，虽然品牌对营销发挥了一定的支撑作用，但并不明显。沙河酒在安徽省的指标结构，如图 5－23 所示。

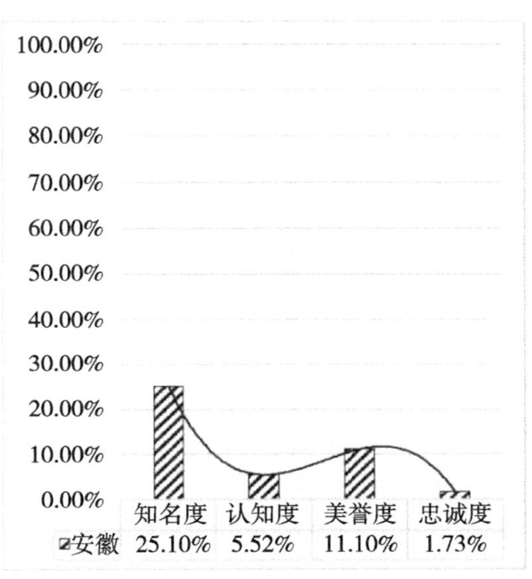

图 5－23　沙河酒在安徽省的指标结构

3. 品牌质量分析

沙河酒的信息质量比为 0. 575，略高于理想比值的上限（0. 4），品牌发展质量良好但略显现“质有余而量不足”的状况。出现这一质量比值的原因是该品牌的美誉度高于行业平均水平，而与美誉度相比，其知名度与认知度稍显偏低了，信息总量中由知名度与认知度带来的基本量的贡献不足，量的发展还不够。需要企业提高品牌传播的效率，继续扩大品牌的知名度，尤其需要提升品牌的认知度，这样才能使品牌质与量均衡发展。沙河酒的质量比计算，如表 5－39 所示。

表 5－39　沙河酒的质量比计算

品牌	品牌信息基本量的贡献率	品牌信息质的贡献率	品牌信息质量比值
沙河酒	63. 48%	36. 52%	0. 575

4. 综合分析

综上所述，沙河酒在安徽省属于品牌质量良好的中等偏大规模品牌，具备了一定的省内影响力。品牌口碑良好但地区上的差异比较明显，且品牌量的积累还不够，还需要企业继续扩大品牌宣传，提升省内影响力。

十七、临水酒

1. 品牌简介

临水酒是中国传统名酒，产自有千年酒乡之称的霍邱临水古镇。临水地区酿酒始于唐、显于明、兴于清，扬名至今。现由安徽临水酒业有限公司生产，为安徽省名优白酒企业。临水酒坐拥“尉迟献酒”“玉姑救驾”等历史典故，具备“七十二濂泉”、三江交汇的独特地理优势，有着得天独厚的酿酒环境。酒厂前身为创立于清末、鼎盛于民国的吴隆兴坊，品牌历史逾百年。

1949 年，政府在原吴隆兴坊基础上组建了安徽国营临水酒厂，成为安徽省第一批白酒企业之一。在之后的数十年间，旗下临水玉泉、中华玉泉、大中华等名酒畅销安徽全省，远销国内外，并在 1981 年、1983 年、1986 年连续三届安徽名酒评比中获得第一名，这也是安徽省官方举办的仅有的三次名酒评比。

近年来，临水酒业主打产品临水十年坛，在比利时布鲁塞尔烈性酒大奖赛 552 款名优白酒中脱颖而出，力夺国际金牌殊荣。明星产品临水玉泉足年洞藏酒，则在世界之星全球包装设计大赛中荣获大奖，并得到业界专家和消费者的广泛认可。

2. 基础数据与指标结构分析

临水酒的总信息量是 473. 64 万比特，属于省内的小规模品牌。基础指标中，各项指标均不高，在各个城市的差异不明显，在安徽省内的影响力还很小。

临水酒的安徽省知名度为 6. 59%，刚超过有效标准（5%），品牌开始对营销发挥一定的作用，显然商家做过获取知名度的努力，做过品牌宣传活动，但活动时间较短，给消费者留下的印象并不深刻，还缺乏消费者知晓的基础。从这一指标看，其安徽省的影响力还很小，而且从两个调研地的指标看，知名度都不高，均属于刚达到知名度的有效标准的地区。品牌的知名度标准并不具备大范围消费者认知的基础，其认知度也较低，仅为 2. 39%，并没有达到有效的范围（2. 5% 以上），而安徽省也仅合肥刚达到了有效标准，这与其知名度较低有关，并不具备大范围消费者认知的基础。低知名度和低认知度不会成为美誉度成长的基础，其品牌美誉度也不高，安徽省为6.24%，而且地方上也没有美誉度突出的地区，差距不明显，省内的品牌营销效果一般。品牌的忠诚度指标为0，在调研中并没有发现品牌的固定消费人群，消费偏好不明显。临水酒在安徽调研的基础数据，如表5－40所示。

表5－40　临水酒在安徽调研的基础数据

序号	区域	代表城市级别人口数（万人）	知名度（%）	认知度（%）	美誉度（%）	忠诚度（%）	信息总量（万比特）
1	合肥	2656.3	8.18	2.61	5.71	0.00	259.13
2	马鞍山	3279.2	5.30	2.21	6.67	0.00	214.51
总计	安徽	5935.5	6.59	2.39	6.24	0.00	473.64

临水酒的安徽省指标结构中，各项指标均不高，说明品牌在安徽省的影响力还很小，品牌对营销的作用还很微弱。临水酒在安徽省的指标结构，如图5－24所示。

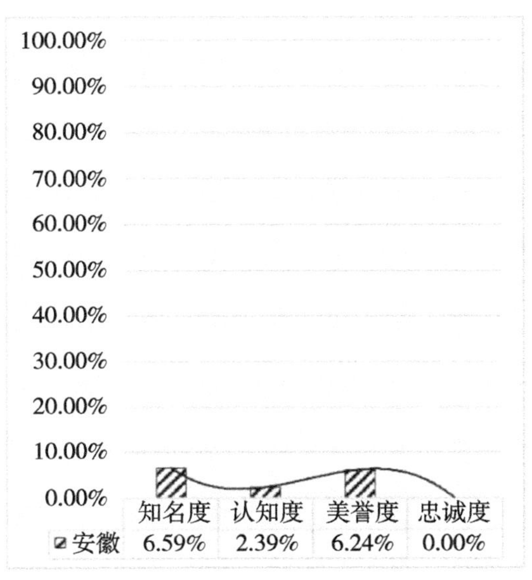

图5－24　临水酒在安徽省的指标结构

3. 品牌质量分析

临水酒信息质量比为0.112，品牌发展质量达到良好水平（0.1～0.2）。从基础指标看，该品牌的各项指标均不高，美誉度仅略高于行业平均水平，由此所形成的质的贡献略显不足。如果能进一步提高美誉度，则品牌发展质量能向最优区间移动。临水酒的质量比计算，如表5－41所示。

表5－41　临水酒的质量比计算

品牌	品牌信息基本量的贡献率	品牌信息质的贡献率	品牌信息质量比值
临水酒	89.91%	10.09%	0.112

4. 综合分析

由上述分析可知，临水酒在安徽省属于一个品牌质量良好的小规模品牌，其各项基础指标均不高，但已脱离了“商标”的概念，具备了一定的“品牌”的特征，在安徽省的影响力开始形成。

第二节　食品行业品牌资源分析

十八、采石矶

1. 品牌简介

马鞍山市采石矶食品有限公司是中华老字号企业，注册成立于2003年，由原国有企业采石茶干厂改制而成。公司拥有员工186人。主要产品是各种休闲口味茶干。采石矶茶干具有悠久的历史及文化背景，源于清朝嘉庆年间（1796年），距今已有200多年的历史。“采石矶”商标于1964年经当时的中央工商行政管理局注册，是马鞍山市较早获得安徽省著名商标企业。采石矶茶干多次获得国际食品博览会金、银奖，以及地方名、特、优、新产品，优质保健品、旅游食品等荣誉称号。1998年采石矶茶干荣获安徽省首届商标文化展公认名牌产品。2001年采石矶茶干获得中国绿色食品发展中心颁发的“A级绿色食品”称号，2008年再次获得“绿色食品”称号。采石矶茶干分别于2004年和2007年获得安徽名牌农产品称号。采石矶茶干以精湛的工艺和配方，无与伦比的美味，享誉海内外，《中国食品》海外版称采石矶茶干是扬子江畔的一颗明珠，东方美食文化的一朵奇葩。颇受广大消费者的喜爱，在同行业中具有部分的市场占有率，产品质量一直十分稳定。2010 年采石矶食品有限公司荣获安徽省农业产业化龙头企业，采石矶茶干被评为安徽省名牌产品。

2. 基础数据与指标结构分析

采石矶品牌的总信息量为 2. 9686 亿比特，属于中等偏小规模品牌。从各地的指标来看，有非常明显的差异性和地域特征，品牌在所在地马鞍山及合肥获得的各项数据均明显高于全国平均水平，品牌的影响力主要来自安徽，是一个区域特征非常明显的区域品牌。

采石矶品牌的全国平均知名度为 15. 1%，接近品牌获取知名度的第二个关键点 16. 5%，接近知名品牌的标准，有相当一部分的消费者对产品和企业以及品牌内涵等信息具有较深的理解和认知。从各地的数据看，知名度在各地区表现出非常明显的地区差异：最高的为品牌所在的马鞍山地区，达到了 87. 6% 的极高知名度，几近饱和，本地的消费者对品牌是耳熟能详的，而且在同属安徽省的合肥地区的知名度也很理想，达到了 44. 95%，传播范围也较大；在其他调研地区的知名度数据则不高，多个地区如长沙、吉林、厦门等的知名度未达到 5% 的有效标准，基本上属于自然传播形成，影响力不足。采石矶品牌的认知度指标明显偏低了，全国仅为 3. 44%，刚超过 2. 5% 的有效标准，其认知度仅为知名度的 1/4，说明其信息传播效率并不高或者传播的内容和途径有阻碍消费者认知的障碍，其知名度和认知度的比例是失衡的。从地区上看，认知度也仅来自马鞍山、合肥等少数地区的支撑，其他地区的消费者认知情况并不理想。从品牌的知名度和认知度可以看出，该品牌还是一个非常典型的区域品牌。

其美誉度的全国指标为 11. 38%，获得了不错的消费者口碑。从地区上看，也有非常明显的差异，品牌所在地马鞍山高达 30. 97%，另外在合肥、吉林、呼伦贝尔地区均收获了较好的口碑，其产品和服务得到了相当一部分消费者的认可；但在长沙、厦门、南宁等地区则没有获得美誉度数据，其全国营销策略体现出一定的差异性，主要营销力量放在了安徽省内。由于认知度偏低，其美誉度与认知度的比例也是失衡的，说明该品牌美誉度来自认知度的支撑较少，来自消费者对该品牌产品和服务的深度体验较少，品牌在营销中的作用并不明显。采石矶品牌的忠诚度也不高，全国仅为0.45%，而且也仅来自于马鞍山和合肥两地，消费者的重复购买行为缺乏，其忠诚度与美誉度的关系也是失衡的，消费者的口碑向重复购买的转化不足。采石矶品牌的基础数据，如表5－42所示。

表5－42　采石矶品牌的基础数据

序号	调研城市	知名度	认知度	美誉度	忠诚度	品牌信息量估值
		（%）	（%）	（%）	（%）	（万比特）
1	长沙	2.78	0.55	0.00	0.00	348.26
2	合肥	44.95	9.92	20.86	2.67	9866.28
3	吉林	3.90	0.84	14.29	0.00	737.83
4	厦门	1.40	0.40	0.00	0.00	288.69
5	呼伦贝尔	12.50	4.24	18.75	0.00	2579.18
6	马鞍山	87.60	18.13	30.97	1.77	14649.51
7	赣州	4.31	0.76	13.33	0.00	993.36
8	成都	0.46	0.20	0.00	0.00	57.50
9	南宁	1.59	0.52	0.00	0.00	165.87
总计	全国	15.10	3.44	11.38	0.45	29686.481

从该品牌的全国指标结构中，可以明显地发现品牌的认知度和忠诚度

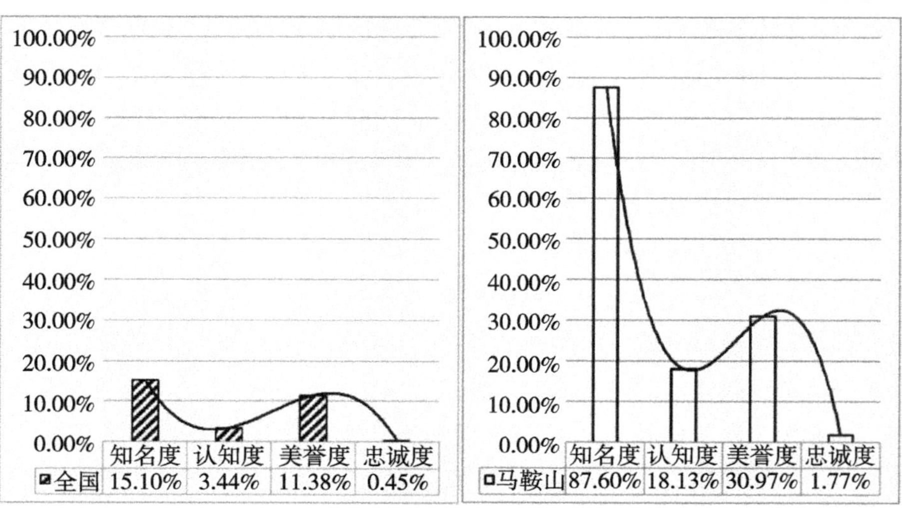

图5－25　采石矶品牌在全国的指标结构　图5－26　采石矶品牌在马鞍山的指标结构

偏低了，指标间的比例关系不太协调，虽然获得了较好的美誉度，但由于认知度偏低，口碑的形成与口碑的关系不大。由于品牌自身运作问题，品牌没有形成现实的消费者偏好（如图 5－25 所示）。品牌所在地马鞍山的各项指标则明显优于全国平均水平，指标结构近似于次优结构，品牌对营销起了非常明显的作用，品牌不但在当地非常有名，还收获了良好的赞誉，当地消费者对品牌是非常认可的，可惜的是忠诚度也偏低了，前三项指标形成的良好的比例关系并不能使厂商获得持续的收益。如图5－26所示。

3. 品牌质量分析

采石矶品牌信息质量比为 0.33，处于最优比值 0.3～0.4 的区间，品牌的发展质量处于优良水平，是一个依靠消费者口碑积累的优秀品牌。这一质量比值反映品牌质与量发展是均衡的，但从各地的基础指标数据看，各指标均出现了非常明显的地区差异，品牌的各项数据主要来自马鞍山和合肥两地的支撑，因此这一质量比值在一定程度上并不能真实地反映品牌在全国的质量发展水平。厂商应以扩大品牌在安徽省外地区的影响力为目的，开展多形式的品牌宣传活动，在提升品牌影响力的同时，适度提升品牌美誉度和忠诚度，保持品牌优良的质量发展水平。采石矶品牌的质量比计算，如表 5－43 所示。

表 5－43　采石矶品牌的质量比计算

品牌	品牌信息基本量的贡献率	品牌信息质的贡献率	品牌信息质量比值
采石矶	75.16%	24.84%	0.330

4. 综合分析

由上述分析可知，采石矶品牌是一个典型的区域品牌，品牌的影响力主要集中在安徽地区，在其他地区的影响力还非常小，品牌的质量优良，发展状况基本健康，应该还具有一定的成长性。

十九、胡玉美

1. 品牌简介

安庆市胡玉美酿造食品有限责任公司始创于公元1830年（清道光十

年），系商务部首批中华老字号企业。公司先后获中国食品工业优秀企业、全国轻工业卓越绩效先进企业、中国调味品著名品牌企业20强、调味酱产业十强品牌企业、复合调味料十强品牌企业、安徽省农业产业化龙头企业、安徽省质量奖、安徽省省级技术中心、安徽省劳动保障诚信示范企业和安庆市先进集体等荣誉称号，现已通过ISO9001质量管理体系、ISO14001环境管理体系及OHSAS18001职业健康安全管理体系认证。

胡玉美品牌主要有蚕豆辣酱、辣油椒酱、复合调味酱、酱油、酱腌菜等系列产品百余个品种，年综合产量达2万吨。各种产品畅销全国20多个省、市、自治区。产品工艺独特、酱香浓郁，系居家、酒店、旅游调味之佳品。主导产品蚕豆辣酱和辣油椒酱被评为安徽省名牌产品，是徽菜制作不可或缺的调料。同时，蚕豆辣酱被认定为“中国国家地理标志产品”和苏浙皖赣沪名牌产品50佳，胡玉美蚕豆辣酱制作技艺被认定为安徽省非物质文化遗产。

2. 基础数据与指标结构分析

胡玉美品牌在安徽的总信息量为8362.75万比特，在安徽属于大规模品牌。本次调研没有安排在品牌所在地安庆进行，但从两个调研地获得的各项数据来看，合肥明显高于马鞍山地区，显示品牌在省内还具有一定的地区特征，或是有重点市场之分，但品牌传播的范围较大，是一个具有较强省内影响力的省域品牌。

该品牌在省内具有较高的知名度，但认知度稍显偏低，忠诚度明显偏低了。其安徽省平均知名度达到了42.95%，超过品牌获取知名度的第三个关键点37.5%，品牌在安徽省具有了稳定的影响力，已成为有效的营销工具，并且具备了良好的消费者知晓基础。从地区数据看，在合肥的知名度高达61.04%，接近高知名度的标准（64%），品牌在当地是被大多数消费者知晓的，传播范围很大，影响力很强；而在马鞍山地区则为28.29%，影响力明显不如合肥，但也具有了较大的传播范围。与知名度相比，其认知度指标稍显偏低了，安徽省平均为13.05%，认知度与知名度之比仅为0.3，与理想比值的下限0.5还有差距，说明省内消费者对品牌很熟悉，但对品牌的内涵了解不多，其品牌传播的效率还需提高。

该品牌的美誉度较高，安徽省达到了12.91%，获得了不错的消费者口碑。从地区上看，安徽省两地获得的美誉度有所区别：合肥高达18.7%，口碑十分突出，品牌在当地不仅传播范围较大，也较好地转化为消费者的购买行为；而马鞍山的美誉度为8.22%，口碑与知名度、认知度也是相匹配的。从美誉度与认知度的关系看，美誉度与认知度接近，符合二者的理想关系，认知度向美誉度的转化很充分，美誉度主要来自消费者的认知和对品牌产品的深度体验。从调研中获得的该品牌的忠诚度数据仅为2.21%，其美誉度是忠诚度的6倍，品牌口碑向消费者重复购买的转换率很低。虽然厂商为品牌的口碑付出极大努力，投入很大，但却无法在营销中获得相应的收益，品牌在营销中的作用没有完全发挥出来。忠诚度低并非意味着销售不好，只反映消费者重复购买率低。胡玉美在安徽调研的基础数据，如表5－44所示。

表5－44　胡玉美在安徽调研的基础数据

序号	区域	代表城市级别人口数（万人）	知名度（%）	认知度（%）	美誉度（%）	忠诚度（%）	信息总量（万比特）
1	合肥	2656.3	61.04	18.91	18.70	3.25	6820.22
2	马鞍山	3279.2	28.29	8.30	8.22	1.37	1542.53
总计	安徽	5935.5	42.95	13.05	12.91	2.21	8362.75

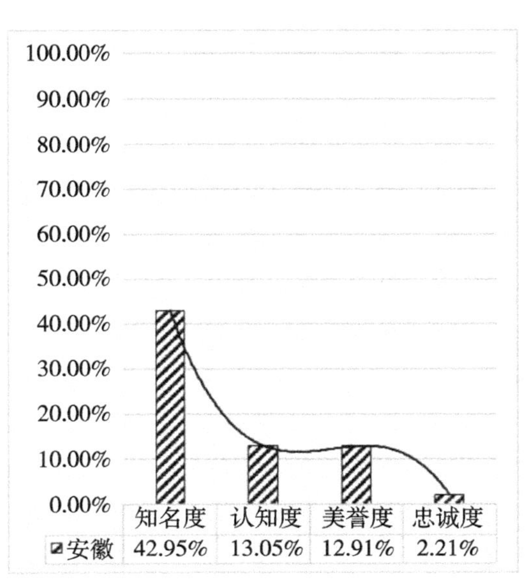

图5－27　胡玉美在安徽省的指标结构

该品牌的安徽省指标结构近似于次优结构，知名度高于37%，认知度不及知名度的一半，美誉度与认知度接近，前三项指标间的结构是比较合理的。但由于认知度偏低了，也影响了品牌美誉度和忠诚度的进一步提高，虽然品牌获得了较高的知名度数据，品牌的宣传推广效果是不错的，但由于忠诚度偏低，品牌对营销的作用并没有达到理想效果。胡玉美在安徽省的指标结构，如图5－27所示。

3. 品牌质量分析

胡玉美的质量比值为1.113，品牌质量发展高于行业所有品牌发展的平均水平。从基础指标看，该品牌是一个拥有较高知名度的品牌，应该有过大规模的品牌运作活动，加深了消费者的印象，但认知度明显偏低了，以至于美誉度和忠诚度提升的基础不足，由此导致品牌量的积累不够。品牌运营者在今后的品牌运作中，应加深消费者对品牌内涵的认识，提高品牌宣传的效率，这样才能使消费者进一步认识品牌，为品牌口碑的累积和忠诚客户的培养奠定基础。胡玉美的质量比计算，如表5－45所示。

表5－45 胡玉美的质量比计算

品牌	品牌信息基本量的贡献率	品牌信息质的贡献率	品牌信息质量比值
胡玉美	47.32%	52.68%	1.113

4. 综合分析

从基础数据可以看出，胡玉美在安徽省是一个具有很强省内影响力的大规模品牌，已经形成了较大范围的传播并获得了相当不错的消费者口碑。品牌的发展质量总体是良好的，有良好声誉的积累，但出现了“量亏”的情况，品牌的知名度和认知度有进一步提升的空间。

二十、叫花鸡

1. 品牌简介

“叫花鸡”是一个传承500多年的百年老字号品牌，作为传统食品的一个分支，它的创立、发展以及不断丰富，对中华民族饮食文化的创新及发展做出了贡献，产生了深远的影响，倍受前辈同行的敬重和广大消费者的信赖。在明朝朱元璋称帝时，赐名为富贵鸡瓜子。借皇帝的光传名四方，名声大振、经久不衰，流传至今。经历百年沧桑的打造，如今成为瓜子行业中的标志性品牌。

2. 基础数据与指标结构分析

叫花鸡在安徽的总信息量为7212.61万比特，在省内属于大规模品牌。本次调研没有安排在品牌所在地阜阳进行，从调研数据看，安徽省两个调研城市的各项指标接近均值，品牌的区域特征不明显，在安徽省具有了较大的品牌影响力。

知名度指标方面，叫花鸡的安徽省知名度为45.55%，在安徽省较大范围内具有品牌传播，拥有了稳定的影响力，已成为有效的经营工具。从各地区的数据看，差距不明显，马鞍山和合肥都超过了40%，其在省内各地的影响力是比较均衡的。品牌知名度具有良好的消费者认知基础，然而该品牌的认知度却还不够充分，安徽省平均为14.44%，在各地区的认知度也比较接近，但与知名度相比都还不高，其认知度和知名度之间的比例是偏低的，仅为0.32，低于有效比值的下限（0.5）。该品牌的较高知名度令省内消费者对其耳熟能详，但对品牌的内涵却缺少了解，其品牌推广的效率还不高。

叫花鸡的美誉度指标较好，安徽省平均达到了13.08%，获得了较好的消费者口碑。从地区指标看，在安徽省各地的美誉度差距不大，其在省内实行的营销策略应该是一致的，各地的消费者口碑基本一致。其美誉度与认知度接近，基本上符合二者之间的理想关系，说明叫花鸡的品牌认知度对美誉度的支撑比较充分，美誉度的获得主要来自消费者对品牌的产品或服务的深度体验。从忠诚度指标看明显偏低了，美誉度和忠诚度的关系是二者接近最佳，但叫花鸡的安徽省平均忠诚度仅为0.26%，品牌的自传播能力未能充分向重复购买率转换，消费者的重复购买与该品牌的口碑并不匹配。叫花鸡在安徽调研的基础数据，如表5-46所示。

表5-46　叫花鸡在安徽调研的基础数据

序号	区域	代表城市级别人口数（万人）	知名度（%）	认知度（%）	美誉度（%）	忠诚度（%）	信息总量（万比特）
1	合肥	2656.3	42.93	13.55	16.19	0.58	3612.13
2	马鞍山	3279.2	47.67	15.16	10.57	0.00	3600.49
总计	安徽	5935.5	45.55	14.44	13.08	0.26	7212.61

该品牌基础指标的前三项指标中，虽然认知度稍低但指标间的结构还是能够对营销起一定的支撑作用的，主要问题在于忠诚度偏低了，消费者的偏好或重复购买行为不明显，原因可能在于与营销有关的其他方面影响了最终的销售，品牌本身是问题不大的。叫花鸡在安徽省的指标结构，如图5－28所示。

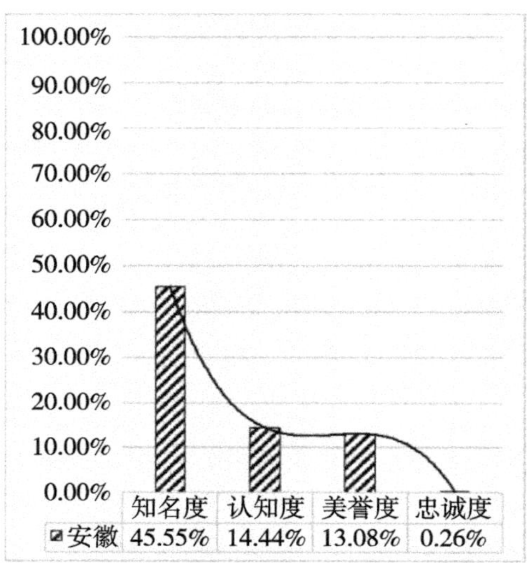

图5－28　叫花鸡在安徽省的指标结构

3. 品牌质量分析

叫花鸡的信息质量比为0.742，高于最优质量区间上限0.4，出现了比较明显的“质有余而量不足”的情况，是一个典型的量亏品牌，但该品牌的质量发展水平是很好的，这主要得益于其较高的品牌美誉度。这一质量比值反映了该品牌通过知名度和认知度获得的品牌信息基本量在品牌信息总量中的比重还不足，对品牌的总影响力还不够大。如能进一步提高品牌知名度和认知度，则质量能向最优区间移动。叫花鸡的质量比计算，如表5－47所示。

表5－47　叫花鸡的质量比计算

品牌	品牌信息基本量的贡献率	品牌信息质的贡献率	品牌信息质量比值
叫花鸡	57.40%	42.60%	0.742

4. 综合分析

由上述综合分析，叫花鸡在安徽省内是质量水平较好的大规模品牌，具有较强的省内影响力。品牌质与量发展略显失衡，基础指标中认知度稍显偏低了，还需要品牌运营者提高品牌传播的效率，并多宣传品牌内涵的内容，加深消费者的印象。

二十一、柏兆记

1. 品牌简介

中华老字号柏兆记是清末柏绍卿创牌的专营清真名糕细点的老店，始建于1904年，是目前安徽省唯一一家专业加工生产清真食品的企业。其创始人柏绍卿从一根扁担开始，一炉饼、一壶浆，沐清风、踏明月，朴实诚毅，最终成就了百年品牌“柏兆记”。柏兆记的中秋月饼是柏兆记拳头产品，皮薄馅靓，口感滋润柔软，品味高尚，质量上乘。

经过1979年、1990年两次整合，在安庆市政府的关心支持下，建成了安庆市清真柏兆记食品厂。为了适应市场经济的快速发展，2003年8月安庆市食品厂重组，建成了一家股份制公司——安庆市柏兆记工贸实业发展有限公司。公司注册资金500万元，主要经营糕点生产、销售以及糖酒、服装等，员工近百人，拥有固定资产及设备近1000万元。公司食品糕点年产销量达2000多万元，主要生产带有浓郁的清真风味的产品，做工考究，原料优良，品种繁多，尤以月饼、八宝绿豆糕、墨子酥、贡糕、广细点等著名。

历史成就品牌，今天的柏兆记成为安庆食品行业一朵靓丽的奇葩，为安庆的百姓购买高档糕点、美食消遣提供了丰富的选择。

2. 基础数据与指标结构分析

柏兆记在安徽的总信息量是3315.79万比特，在安徽省属于中等规模品牌。本次调研虽然没有安排在品牌所在地安庆进行，但从两个调研地区的各项指标来看，有比较明显的差异性，虽然品牌在安徽省已经形成了一定的影响力，但在省内还是一个具有一定区域特征的品牌。

该品牌的安徽省平均知名度为19.97%，这一指标显示品牌在营销中的作用开始显现，且具有了良好的消费者知晓基础。从地区上看，合肥达到了38.26%，品牌在当地的影响力较大，省会城市应是品牌的重点市场之一；而在马鞍山的知名度仅为5.16%，刚超过有效标准，品牌的推广效果一般，影响力还较小。该品牌的认知度指标偏低了，安徽省平均仅为4.27%，安徽省大部分地区的消费者对品牌的内涵是不了解的。其认知度仅为知名度的0.21，远低于理想比值的下限（0.5），显示该品牌在省内的传播可能只是依靠营销体验自然获得，消费者对品牌的内涵了解还不深，可能是品牌推广力度不足，或渠道的选择不当，或是宣传内容不易识别等原因导致。

该品牌在认知度不高的情况下形成了较高的美誉度，安徽省平均达到了12.18%，获得了相当不错的消费者口碑。从地区指标看，与其余指标一样，合肥高于马鞍山地区，品牌在当地的营销效果是不错的。从认知度与美誉度的比例关系看，明显是不协调的，美誉度远高于认知度。该品牌美誉度的获得部分来自消费者对品牌产品和服务的体验，但更多的是通过与品牌本身无关的其他营销渠道如促销等获得。这一渠道获得的美誉度不利于品牌自传播的形成，也不会培养消费者的重复购买习惯。该品牌的忠诚度也偏低了，安徽省平均为2.27%，且仅在合肥获得，良好的口碑并没有转化成消费者的重复购买，这与之前分析的消费者对品牌的内涵缺乏了解，不易形成重复消费行为有关。柏兆记在安徽调研的基础数据，如表5－48所示。

表5－48　柏兆记在安徽调研的基础数据

序号	区域	代表城市级别人口数（万人）	知名度（%）	认知度（%）	美誉度（%）	忠诚度（%）	信息总量（万比特）
1	合肥	2656.3	38.26	8.38	17.72	5.06	3100.21
2	马鞍山	3279.2	5.16	0.93	7.69	0.00	215.58
总计	安徽	5935.5	19.97	4.27	12.18	2.27	3315.79

该品牌的指标结构中，可以比较明显地看出认知度和忠诚度的指标偏低了，因而造成指标间的比例关系不是很协调，结构上是失衡的，品牌在省内对营销的作用并不明显。柏兆记在安徽省的指标结构，如图5－29所示。

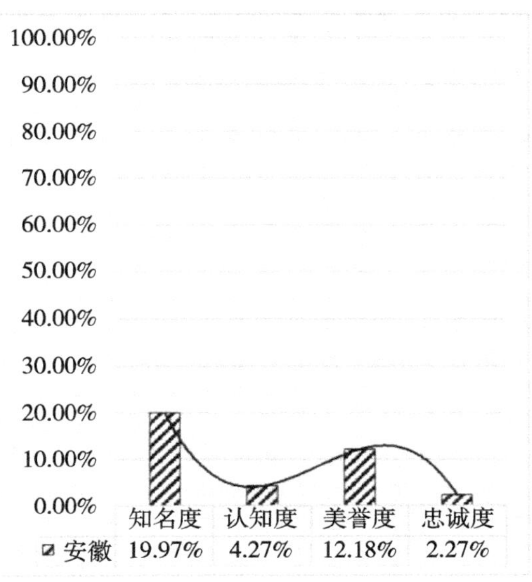

图 5－29　柏兆记在安徽省的指标结构

3. 品牌质量分析

柏兆记信息质量比为 1.205，品牌发展质量良好但出现了比较明显的“质有余而量不足”的状况。出现这一质量比值的原因是该品牌的美誉度远高于行业平均水平，而与美誉度相比，其知名度与认知度偏低了，信息总量中由知名度与认知度带来的基本量的贡献不足，量的发展还不够。需要品牌运营者提高品牌传播的效率，继续扩大品牌的知名度，尤其需要提升品牌的认知度，这样才能使品牌质与量均衡发展。柏兆记的质量比计算，如表 5－49 所示。

表 5－49　柏兆记的质量比计算

品牌	品牌信息基本量的贡献率	品牌信息质的贡献率	品牌信息质量比值
柏兆记	45.35%	54.65%	1.205

4. 综合分析

由上述分析可知，柏兆记在安徽省内是一个具有一定省内影响力的中等规模品牌，但区域特征比较明显，在两个调研城市中，合肥的指标明显偏高，省会城市是品牌所在地之外重点发展的市场。其省内的影响力是不均衡的，在部分地区的影响力不足，这也造成了品牌出现“量亏”的情况，需要品牌运营者继续开展品牌宣传活动，扩大省内的影响力。

二十二、张顺兴号

1. 品牌简介

张顺兴号糕点老店是一家清朝年间创办的合肥老字号糕点店。“张顺兴号”是张文绍于1882年创办的。创办之初，只是一家小黄烟店。后来，张文绍的叔父张子开，以低息筹资，开辟财路，1906年正式建起了张顺兴号。1956年公私合营，张顺兴号更名为合肥市糕点公司长江路第一门市部。经历百年风雨沧桑，张顺兴号逐渐发展成为家喻户晓的百年老字号。在20世纪80年代末，处于鼎盛时期的张顺兴号，拥有职工100多人，经营品种2000余个，年销售额突破400万元大关，在巢湖路上兴建了800平方米的生产厂房。

2. 基础数据与指标结构分析

张顺兴号在安徽的总信息量为859.9万比特，在安徽省属于小规模品牌。从调研的两个地区的数据可以看出，各项指标有一定的差异，品牌表现出一定的区域特征，但品牌的各项指标都偏小，其在省内的影响力还很小。

基础数据中，其知名度安徽省仅为6.86%，刚超过有效标准（5%），表明品牌做过获取知名度的努力，在安徽省一定范围内拥有了品牌传播，但安徽省范围的影响力还很小，品牌对营销起的作用也不大。从地区层面看，在品牌所在地合肥的知名度也仅为11.37%，并不突出，而在马鞍山的知名度属于自然传播形成，基本上没有运作痕迹。品牌的认知度指标也不高，安徽省仅为2.35%，并没有达到有效范围（2.5%）。主要原因还是其知名度较低，品牌传播的范围不广，并不具备大范围的消费者认知的基础。从知名度和认知度可以看出，品牌在省内的传播范围还比较小，大部分消费者对品牌是陌生的。

张顺兴号的美誉度指标安徽省内平均为9.32%，消费者的口碑是不错的，但表现出比较明显的地区差异，美誉度仅来自品牌所在地合肥一地，在马鞍山没有获得美誉度数据，这说明品牌只在小范围内具有良好的口碑，并不能反映安徽省的真实平均水平；而且这种好口碑传播的范围和途径尚不足以形成品牌自传播的能力，更不足以形成固定消费者人群和重复购买行为，而这也影响了品牌忠诚度的形成。该品牌的忠诚度仅为0.93%，消费者的重复购买率低，而且仅在合肥一个地区获得。张顺兴号在安徽调研的基础数据，如表5－50所示。

表5－50　张顺兴号在安徽调研的基础数据

序号	区域	代表城市级别人口数（万人）	知名度（%）	认知度（%）	美誉度（%）	忠诚度（%）	信息总量（万比特）
1	合肥	2656.3	11.37	4.62	20.83	2.08	778.81
2	马鞍山	3279.2	3.21	0.52	0.00	0.00	81.09
总计	安徽	5935.5	6.86	2.35	9.32	0.93	859.90

该品牌在安徽省的指标结构中，各项指标值都比较小，品牌在省内的传播和营销效果一般，各项指标间的结构也尚未形成，品牌在营销中的作用还比较小。张顺兴号在安徽省的指标结构，如图5－30所示。

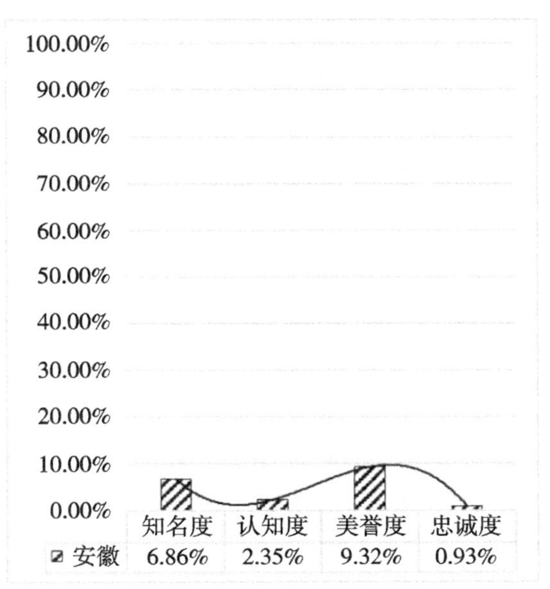

图5－30　张顺兴号在安徽省的指标结构

3. 品牌质量分析

张顺兴号的信息质量比为0.866，品牌发展质量良好但略微表现出

“质有余而量不足”的状况。主要原因还是在于，与美誉度相比，其安徽省内的知名度和认知度尤其是认知度偏低了，信息总量中由知名度与认知度带来的基本量的贡献不足，量的发展还不够。需要品牌运营者提高品牌传播的效率，继续扩大品牌在省内的知名度，尤其需要提升品牌的认知度，这样品牌质量比值能向 0.3 ~0.4 的最优区间移动。张顺兴号的质量比计算，如表 5 –51 所示。

表 5 –51　张顺兴号的质量比计算

品牌	品牌信息基本量的贡献率	品牌信息质的贡献率	品牌信息质量比值
张顺兴号	53.58%	46.42%	0.866

4. 综合分析

综上所述，从现有数据看张顺兴号在安徽省内是一个质量发展优良的小规模品牌，其品牌传播的范围还较小，影响主要集中在品牌所在地合肥地区，在省内的影响力并未形成。

二十三、公和堂

1. 品牌简介

公和堂，中华老字号，现为合肥公和堂食品有限公司，占地 10 余亩，建筑面积 1800 平方米，位于肥东县撮镇工业聚集区，高峰期员工 60 余人。公司主要从事农副产品的加工生产，年产量 8000 吨，是农副产品加工的重点骨干企业。“公和堂”之名源于祖上留下的一副对联“公则悦万商云集，和为贵四海风从”，其发展经历颇为坎坷，始创于清朝末年，后因战乱而被迫关闭，直到中华人民共和国成立后才重新经营，但不久因十年动乱再度关闭，经历了百年沧桑后，直至 20 世纪 90 年代末在改革开放的潮流下，公和堂食品厂才重新成立。公司成立初期生产的“狮子头”追溯其源头，是由祖辈们的口传言教，再经过反复的品尝与改进，最后为广大消费者所接受，并成为合肥一特色食品。产品在安徽省各大城市都有销售网点，并进入家乐福、合家福、华联、大润发等大型超市，公和堂狮子头逐渐被国内消费者所认知。于 2005 年被市农委认定为龙头企业，2006 年被评为著名商标企业，2010 年被合肥市消费者协会认定为诚信单位，2011 年被商务部评为中华老字号。

2. 基础数据与指标结构分析

公和堂在安徽省内的总信息量为689.21万比特，在安徽省属于小规模品牌。本次调研获得了品牌所在地合肥的数据，但各项指标并不突出，两个地区的各项数据差异不大但均比较小，品牌在安徽省的影响力还很小。

品牌在安徽省的平均知名度为7.5%，刚超过有效标准（5%），表明品牌在安徽省较小范围具有了品牌传播，影响力还很小，品牌对营销起的作用也不大。从地区层面看，在各地区的差异并不明显，品牌所在地合肥也仅11.86%，而在马鞍山的知名度未达到有效标准，其在省内还属于小范围内知晓的品牌。品牌的认知度指标也不高，安徽省平均仅为2.14%，并没有达到有效范围（2.5%以上）。其在各地区的品牌认知度都较低，合肥也仅为3.6%，刚超过有效标准，显示其品牌内涵的传播是不足的，主要原因还是其知名度较低，品牌传播的范围不广，并不具备大范围的消费者认知的基础。安徽省大部分的消费者对品牌及其内涵是不清楚的，并没有给消费者留下深刻的印象。

公和堂的美誉度指标安徽省平均为5.48%，口碑并不突出。在调研地区，美誉度指标体现出明显的差异性：合肥达到了12.24%，消费者的口碑是良好的，品牌所在地的营销效果不错，但在马鞍山并没有获得美誉度数据，这说明品牌在安徽省各地的营销策略有一定的差异，营销效果区别比较明显。该品牌的忠诚度为1.83%，忠诚度并不高且仅在合肥地区获得，品牌仅在所在地区获得了一部分对品牌有较好口碑的消费者的重复购买行为。在所在地之外的地区，消费者的消费偏好是不明显的。公和堂在安徽调研的基础数据，如表5－52所示。

表5－52　公和堂在安徽调研的基础数据

序号	区域	代表城市级别人口数（万人）	知名度（%）	认知度（%）	美誉度（%）	忠诚度（%）	信息总量（万比特）
1	合肥	2656.3	11.86	3.60	12.24	4.08	587.49
2	马鞍山	3279.2	3.97	0.95	0.00	0.00	101.71
总计	安徽	5935.5	7.50	2.14	5.48	1.83	689.21

该品牌的安徽省指标结构中，各项指标值比较小，指标间的结构关系

还不明显，品牌刚开始对营销发挥一定的作用。公和堂在安徽省的指标结构，如图 5－31 所示。

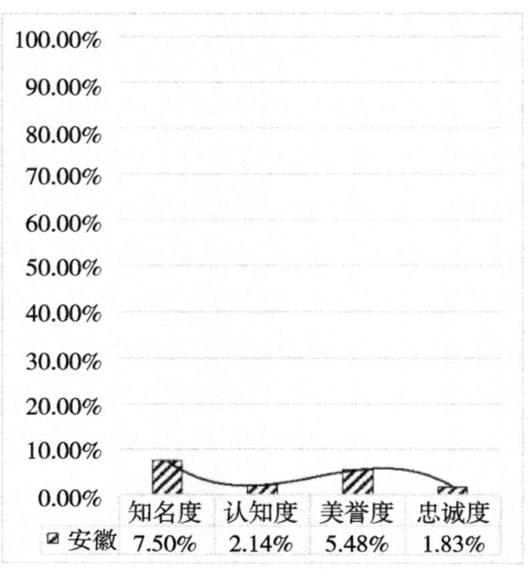

图 5－31　公和堂在安徽省的指标结构

3. 品牌质量分析

公和堂信息质量比值为 0.402，接近最优比值的上限，质量属于优良水平。该品牌信息总量中，质与量的发展还是比较均衡的，品牌的各项指标值虽然偏低，但指标间的比例关系基本上是匹配的。公和堂的质量比计算，如表 5－53 所示。

表 5－53　公和堂的质量比计算

品牌	品牌信息基本量的贡献率	品牌信息质的贡献率	品牌信息质量比值
公和堂	71.31%	28.69%	0.402

4. 综合分析

综上所述，从现有数据看公和堂在安徽省内是一个小规模品牌，品牌覆盖范围不大，省内影响力还很小。但品牌的发展质量优良，成长性良好。建议品牌运营者继续扩大品牌的宣传，提升品牌的影响力，在提升品牌口碑的前提下继续开拓品牌的忠诚客户。

二十四、麦陇香

1. 品牌简介

麦陇香是安庆一家生产中式糕点的百年老字号，是一家具有悠久历史的食品生产加工企业，始创于1892年，是安庆乃至整个皖西南地区的著名品牌。“麦陇香”店名取自宋代大诗人苏东坡《南园》中的诗句“春畦雨过罗纨腻，麦陇风来饵饼香”，有着深厚的历史饮食文化底蕴。麦陇香的传统名点很多，比如墨子酥、寸金、白切、元宝糖、龙糖、方片、麦香酥。1999年安庆市麦陇香食品厂被中华人民共和国国内贸易部正式认定为“中华老字号”企业。

2. 基础数据与指标结构分析

麦陇香的总信息量为552.06万比特，在安徽省属于小规模品牌。基础指标中，两个调研地区的数据相差不明显但大部分指标偏低，其在安徽省的影响力还未形成。

基础指标中，比较突出的优点是品牌获得了较高的美誉度，消费者的口碑良好，但其余指标均不高。知名度指标方面，安徽省内平均为4.37%，没有达到有效标准（5%），属于自然传播形成。其安徽省知名度也不高，品牌对营销起的作用也不大。这一指标显示该品牌仍没有对营销起到促进作用。从地区层面看，各地的知名度都不高，都未超过有效标准，总体差距不大。认知度指标方面，安徽省仅为1.03%，还很弱，而且省内两个地区的认知度都没有达到有效范围，这也是由于其知名度不高，并不具备省内大范围消费者认知的基础。

在知名度和认知度较低的情况下，该品牌在省内获得了较高的美誉度，安徽省达到了15.52%，获得了相当一部分消费者的认可和喜爱。但观察其美誉度指标可以看出，在地区上有一定的差异，马鞍山达到20%，而合肥为10%，说明其品牌营销策略在省内是有一定差异的；而且这样的美誉度是在较低的知名度和认知度条件下获得的，与品牌本身的关系不大，更多的是通过其他途径如促销等获得。这种情况获得的良好口碑尚不足以形成品牌自传播的能力，也很难获得消费者的重复购买。该品牌的忠诚度为0，良好的口碑并没有转化为消费者的忠诚，原因还是消费者对品牌的了解不充分，虽然厂商依靠促销等销售手段临时获得了消费者的好评和赞誉，但这种赞誉由于消费者缺乏对品牌内涵的了解并不会持久，也不会形成消费者的忠诚。麦陇香在安徽调研的基础数据，如表5－54所示。

表5－54　麦陇香在安徽调研的基础数据

序号	区域	代表城市级别人口数（万人）	知名度（%）	认知度（%）	美誉度（%）	忠诚度（%）	信息总量（万比特）
1	合肥	2656.3	4.99	1.00	10.00	0.00	196.01
2	马鞍山	3279.2	3.88	1.05	20.00	0.00	356.05
总计	安徽	5935.5	4.37	1.03	15.52	0.00	552.06

该品牌的安徽省指标结构中，可以明显地看出美誉度相对较高而出现的指标间不协调的比例关系，虽然获得了一定的口碑但不是品牌本身带来的，也很难获得消费者忠诚。麦陇香在安徽省的指标结构，如图5－32所示。

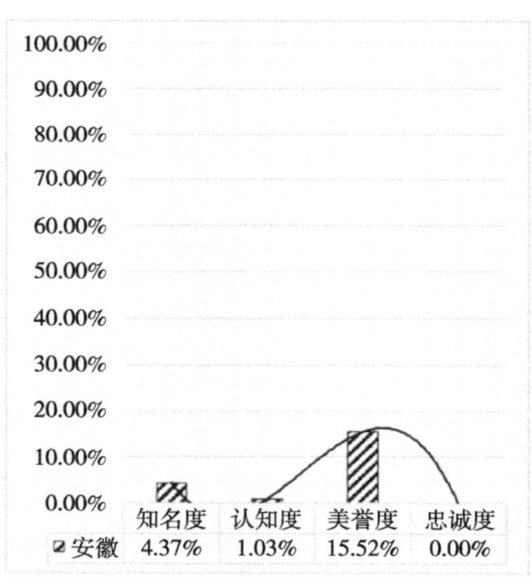

图5－32　麦陇香在安徽省的指标结构

3. 品牌质量分析

麦陇香的信息质量比为1.05，发展质量呈现出“质有余而量不足”的情况，但品牌发展质量总体是良好的，有良好口碑的积累。在基础指标中，品牌获得了相对较高的美誉度指标，由此所形成的质的贡献在信息总量中的比重偏高，而品牌知名度和认知度明显偏低了，品牌影响力不足。麦陇香的质量比计算，如表5－55所示。

表5－55　麦陇香的质量比计算

品牌	品牌信息基本量的贡献率	品牌信息质的贡献率	品牌信息质量比值
麦陇香	48.79%	51.21%	1.050

4. 综合分析

综上所述，麦陇香在安徽省还属于小规模品牌，省内的影响力还没有形成。品牌的美誉度指标较高，口碑良好，但美誉度的获得并不是品牌本身带来的；而且品牌的知名度和认知度都未达到有效标准，在品牌的宣传和推广方面厂商还有较长的路要走。

二十五、八公山豆腐

1. 品牌简介

安徽八公山豆制品有限公司位于国家历史文化名城寿县城北八公山南麓，东邻风景秀丽的国家4A级森林公园和豆腐创始人西汉淮南王刘安陵园，西靠中国豆腐村。这里是世界第一块豆腐的诞生地，是中国璀璨豆腐文化的发祥地。在这块历史悠久、神奇厚重的土地上，公司用珍贵的“玛瑙泉”水精心酿制的“八公山泉”“玛瑙泉”牌豆腐、豆腐乳、豆干、豆渣休闲食品、绿豆粉皮、豆瓣酱等特色产品，远销京、津、沪、苏、浙、赣、鲁、豫及本省各地，深受广大消费者青睐。公司创建于2003年，现占地面积4.2万平方米，建筑面积1.2万平方米，拥有总资产4000多万元。近年来，该公司始终坚持“优质、高效、诚信、创新”的兴业方针，公司发展迅速。企业通过ISO9001国际质量管理体系认证，2010年在上海世博会安徽周主题博览会上荣获金奖。2008年八公山豆腐被授予国家地理标志保护产品。目前，公司在全省同行业同规模企业中名列前茅。

如今的安徽八公山豆制品有限公司立足地域区位优势、传统产业优势、交通便捷优势、旅游资源优势，抢抓机遇，做大企业，做强品牌，做长豆制品产业链。公司计划在未来五年内，新上豆腐、豆腐乳、豆腐干、系列休闲食品等生产线项目，围绕豆制品加工以及豆腐文化寻根、休闲、体验、鉴赏的脉络，精心打造中国豆腐文化产业园，使企业规模发展到年加工黄豆5万吨、创产值10亿元、实现利税6000万元的大型企业。同时，项目将直接带动大豆种植面积的进一步扩大，带动农民5万人，可使1000多名农民工转移就业。

2. 基础数据与指标结构分析

八公山豆腐的总信息量是6.1478亿比特，属于中等规模品牌。本次调研没有获得品牌所在地淮南的数据，但从各地获得的品牌的各项指标来看，安徽合肥的各项指标远远高于全国其他地区，品牌具有明显的区域特征，是一个典型的区域品牌，但全国的影响力还较小。该品牌的全国平均知名度为19.04%，超过了品牌获取知名度的第二个关键点16.5%，消费者对产品和企业以及品牌内涵等信息具有较深的理解和认知，但消费者的认知深度或理解程度并不高。该品牌在大部分地区获得了有效的知名度数据，但除了安徽省的两个城市合肥和马鞍山外在其他地区的知名度均不高，品牌的影响力还主要局限于安徽省内，区域特征比较明显。品牌的认知度达到了9.82%，超过了知名度的一半水平，虽然大部分地区均获得了有效的认知度数据，但除了合肥和马鞍山等少数地区外都不高，在大部分地区品牌传播的效果是不佳的。可能是推广渠道选择不当或是推广内容不易识别导致，消费者不但对品牌不熟悉，对其品牌的内涵也并不了解。

其全国平均美誉度为11.03%，获得了不错的消费者口碑，但从地区上看，美誉度也有比较明显的差别：合肥、吉林超过了20%，另外在呼伦贝尔和成都的美誉度也不错，在这些地区的消费者对品牌是比较认可的；而在其他地区的美誉度指标则一般，在长沙等地甚至出现了0美誉度的情况，各地消费者对品牌形成了不一致的评价。从认知度与美誉度的关系看，美誉度略高于认知度，基本上符合二者之间的理想比例关系，美誉度的获得有消费者对品牌产品的深度体验。

该品牌的一个显著问题是良好的口碑未能转换成消费者的重复购买，品牌忠诚度仅为1.81%，在部分地区甚至没有获得忠诚度，意味着消费者的重复购买率低，消费偏好或习惯并未形成。这可能源于品牌缺乏知名度和认知度的支撑，或是商家在渠道、价格等方面营销运作出现了问题，未能契合消费者的利益诉求。八公山豆腐品牌的基础数据，如表5-56所示。

表 5－56　八公山豆腐品牌的基础数据

序号	调研城市	知名度（%）	认知度（%）	美誉度（%）	忠诚度（%）	品牌信息量估值（万比特）
1	长沙	4.51	2.73	0.00	0.00	719.29
2	合肥	76.80	33.68	22.36	4.23	37085.76
3	吉林	4.27	1.99	21.74	0.00	1967.95
4	厦门	6.18	4.81	4.55	4.55	1365.97
5	呼伦贝尔	19.38	14.62	12.00	0.00	7518.41
6	马鞍山	41.18	16.76	10.08	2.52	7991.91
7	赣州	9.51	5.52	3.03	3.03	2834.32
8	成都	5.94	3.08	15.38	0.00	1247.07
9	南宁	5.82	4.23	9.09	0.00	748.16
总计	全国	19.04	9.82	11.03	1.81	61478.8308

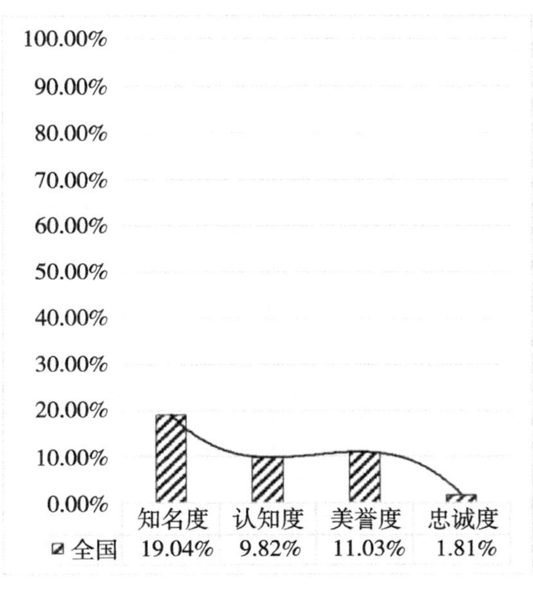

图 5－33　八公山豆腐品牌在全国的指标结构

该品牌的全国指标结构近似于次优品牌结构，认知度达到知名度的一半，美誉度略高于认知度，前三项指标是能够对品牌营销起一定的支撑作用的，但由于忠诚度偏低，消费者的消费偏好不明显，前三项指标的良好指标结构并不能为厂商带来切实的收益（如图 5－33 所示）。合肥的各项指标均明显高于全国平均水平，体现了品牌的区域特征，而指标结构则近似于逐次下降结构。知名度非常高，接近饱和状态，认知度水平也很理想，与前两项指标相比美誉度稍低，而忠诚度明显偏低了，在一定程度上体现出轻视公关活动的经营理念，但品牌对营销的作用还是十分明显的，是明显高于全国平均水平的。如图 5－34 所示。

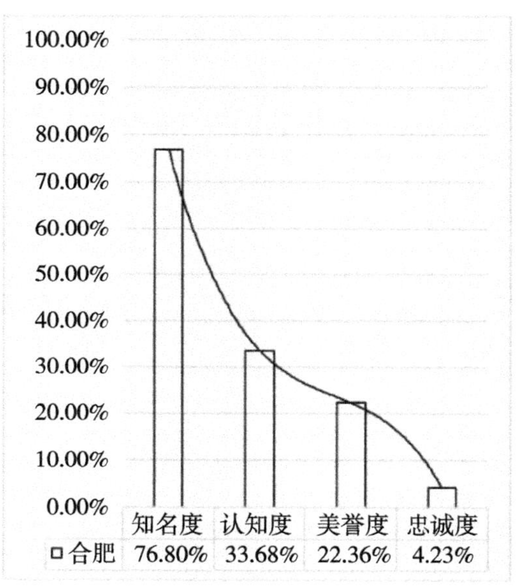

图 5－34　八公山豆腐品牌在合肥的指标结构

3. 品牌质量分析

八公山豆腐的信息质量比为 0. 794，品牌发展质量良好但略微表现出“质有余而量不足”的状况。主要原因还是在于，与美誉度相比，其全国知名度和认知度稍显偏低了，品牌的区域特征非常明显，在省外的知名度和认知度指标还很低，影响力是不足的，这也影响了品牌量的积累，略呈现出“量亏”的状态，信息总量中由知名度与认知度带来的基本量的贡献不足，量的发展还不够。需要企业提高品牌传播的效率，继续扩大品牌的知名度，这样品牌质量比值能向 0. 3 ~0. 4 的最优区间移动。八公山豆腐品牌的质量比计算，如表5－57所示。

表5－57　八公山豆腐品牌的质量比计算

品牌	品牌信息基本量的贡献率	品牌信息质的贡献率	品牌信息质量比值
八公山豆腐	55.75%	44.25%	0.794

4. 综合分析

综上所述，八公山豆腐为品牌质量良好的中等规模品牌，目前还具有明显的区域特征，是一个典型的区域品牌。品牌量的积累还不够，在全国的影响力还不足，需要企业继续扩大在省外的品牌宣传，提高品牌的影响力。

二十六、符离集烧鸡

1. 品牌简介

符离集烧鸡是安徽省宿州市埇桥区的特色传统名菜，因原产于符离镇而得名。中国国家地理标志产品，也是中华历史名肴，和德州扒鸡、河南道口烧鸡、锦州沟帮子熏鸡并称为“中国四大名鸡”。正宗的符离集烧鸡色佳味美，香气扑鼻，肉白嫩，肥而不腻，肉烂脱骨，嚼骨而有余香。

符离集烧鸡形成于20世纪初，原名韩家扒鸡。1951年，政府正式命名为符离集烧鸡，并逐步形成了当地最大的产业。1956年，在全国食品工业会议上被评为中国名菜，列入中国经济出版社出版的《中国名菜谱》。2005年7月18日申报符离集烧鸡原产地域保护并取得成功，成为中国国家地理标志产品；2008年，符离集烧鸡成为省级非物质文化遗产。

2. 基础数据与指标结构分析

符离集烧鸡的总信息量是3.852亿比特，属于中等规模品牌。从全国各地区指标看，有一定的差异性，安徽省内的合肥和马鞍山的数据高于其他地区，品牌还体现出一定的区域品牌特征，其全国影响力刚开始形成。

该品牌的全国平均知名度为10.26%，品牌开始对营销发挥一定的作用，显然商家做过获取知名度的努力，但缺乏消费者知晓的基础，知晓范围并不广。从地区上看，有一定的差异，合肥最高达到了36.57%，马鞍山达到了24.74%，品牌在安徽还是为不少消费者所熟知，安徽是品牌重点发展的市场；而在其余大部分地区的知名度没有超过有效标准（5%），品牌对安徽省外的消费者来说还是相对陌生的。这显示了品牌具有比较明显的区域品牌的特征。品牌在大部分地区均获得了有效认知度（2.5%以上），全国平均为5.65%，在知晓范围还不大的情况下获得这一认知度数据，说明品牌的传播效果是可以的，有相当一部分消费者对品牌内涵是比较了解的。这在合肥地区表现得尤为明显，当地消费者对品牌是有较大范围的深度认知的。

该品牌的美誉度指标全国平均为11.25%，获得了良好的消费者口碑。美誉度在各地区表现出一定的差别：合肥、吉林、赣州等属于品牌营销效果比较理想的地区，美誉度达到了13%以上，获得了较好的消费者口碑，说明这些地区形成了一定的消费者群体，或者是营销力度更大，消费者口碑更好；而在长沙、南宁等地出现了0美誉度的情况，可能与在当地调研没有发现品牌的目标消费者有关。该品牌的忠诚度为1.28%，忠诚客户群体偏小，且忠诚度主要来自品牌影响力比较弱的厦门、呼伦贝尔等少数地区，从全国其他地区的数据看，品牌口碑向重复购买的转化并不充分。符离集烧鸡品牌的基础数据，如表5－58所示。

表5－58　符离集烧鸡品牌的基础数据

序号	调研城市	知名度	认知度	美誉度	忠诚度	品牌信息量估值
		（%）	（%）	（%）	（%）	（万比特）
1	长沙	3.30	2.56	0.00	0.00	522.46
2	合肥	36.57	15.86	25.31	1.23	26404.19
3	吉林	1.18	0.65	20.00	0.00	473.56
4	厦门	4.54	3.64	10.00	5.00	1185.30
5	呼伦贝尔	8.37	7.36	5.26	2.63	1895.56
6	马鞍山	24.74	10.72	10.00	1.43	4124.43
7	赣州	6.53	3.91	13.04	0.00	2461.99
8	成都	7.08	4.72	6.25	0.00	969.16
9	南宁	3.70	2.23	0.00	0.00	484.19
总计	全国	10.26	5.65	11.25	1.28	38520.8335

该品牌的全国指标结构近似于次优品牌结构，前三项指标间的比例关

系是比较合理的，但由于指标偏低，对营销的作用不会太明显（如图5－35所示）。品牌所在省份城市合肥的指标则明显高于全国平均水平，指标间的结构也比较合理，品牌对营销的作用也比较明显，但忠诚度偏低的问题也比较突出。如图5－36所示。

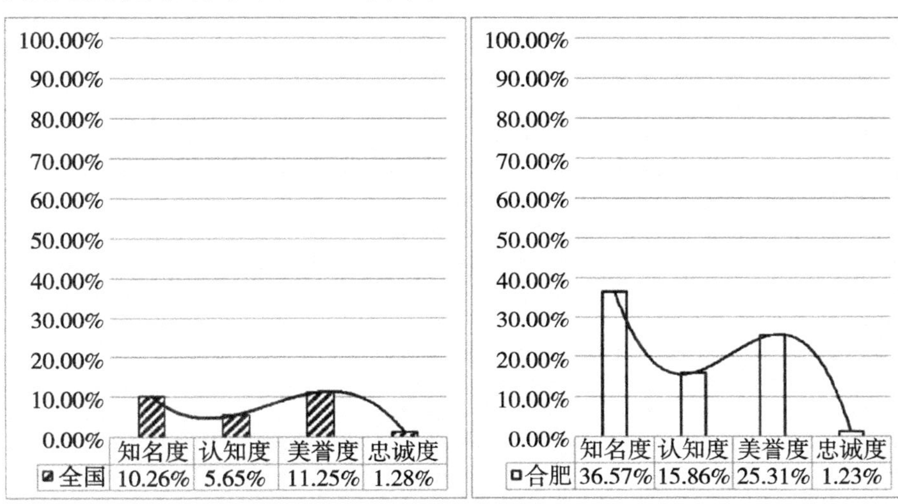

图5－35　符离集烧鸡品牌在全国的指标结构　图5－36　符离集烧鸡品牌在合肥的指标结构

3. 品牌质量分析

符离集烧鸡的信息质量比值为1.349，表现出衰退的情况，但这一质量比值是属于优良水平的，品牌是一个注重口碑积累的品牌，其品牌经营处于良好水平。当然，这与部分地区的美誉度、忠诚度指标较高，提升了总体指标有关。这一指标显示品牌量的积累是不足的，品牌的知名度和认知度还没有达到合理水平，还有进一步提升的空间。符离集烧鸡品牌的质量比计算，如表5－59所示。

表5－59　符离集烧鸡品牌的质量比计算

品牌	品牌信息基本量的贡献率	品牌信息质的贡献率	品牌信息质量比值
符离集烧鸡	42.56%	57.44%	1.349

4. 综合分析

综上所述，符离集烧鸡是一个区域特征明显的中等规模品牌，其全国的影响力是不均衡的。品牌量的积累还不够，尤其是在安徽省外的影响力不足，使品牌呈现出“量亏”的状态，可能是走入了品牌衰退期，还需要品牌运营者扩大品牌在省外的传播和影响。

二十七、怀宁贡糕

1. 品牌简介

怀宁贡糕是安徽省安庆市怀宁县的特产，中国国家地理标志产品。怀宁贡糕色泽洁白，软绵酥松，香甜可口，糕片具有厚薄均匀、搓推似牌、曲卷如纸、点火即燃之特点。属贡糕之精华，是馈赠亲友和招待宾客之珍品。怀宁贡糕是安徽省怀宁县传统名特产品，相传此糕在大明永乐年间曾作为贡品上贡给皇帝朱棣品尝，因此得名为“贡糕”。至今已有500多年的生产历史。怀宁贡糕生产厂家众多，其中品质最为上乘的是怀宁县食品厂生产的顶雪贡糕，因其色如高山之巅白雪，故名“顶雪糕”。截至2017年年底，怀宁县有50余家怀宁贡糕会员单位，年产量攀升至3000吨左右，产值近亿元。有怀宁贡糕生产者106家，直接吸纳就业人员2000人，带动该县糯米、芝麻种植农户近万人。

2. 基础数据与指标结构分析

怀宁贡糕的总信息量为8395.46万比特，在安徽省内属于大规模品牌。本次调研没有在品牌所在地安庆进行，但从两个调研地区获得的各项数据看，有比较明显的差异，在合肥的数据明显高于马鞍山地区，省会城市是品牌重点发展的地区，品牌还具有一定的区域特征，但品牌传播的范围较大，是一个面向安徽省发展的具有稳定影响力的大规模省内品牌。

品牌的安徽省平均知名度为32.53%，接近品牌获取知名度的第三个关键点37.5%，品牌在安徽省具有了稳定的影响力，品牌开始作为有效的营销工具对品牌的经营业绩产生积极的影响，这一知名度也说明品牌具备了良好的消费者知晓基础。从地区数据看，在省会合肥的知名度达到了50%，品牌传播范围较大，该地区有一半的群众对品牌是比较熟悉的，而在马鞍山的知名度为18.37%，明显低于合肥地区，但也具有了一定的名气，在消费者中拥有了一定的影响力。品牌的认知度指标接近知名度一半的水平，安徽省平均为14.53%，说明消费者对品牌很熟悉，对品牌内涵也有了一定程度的了解，其品牌传播的效果接近理想水平。

该品牌的美誉度较高，安徽省达到 15.99%，获得了良好的消费者口碑，其在安徽省各地的美誉度比较均衡，都达到了 11% 以上，获得了接近的营销效果，基本上是个安徽省营销策略一致的品牌。这一美誉度水平极易发生品牌的自传播效应。从美誉度与认知度的关系看，属于理想范畴，美誉度略高于认知度，说明该品牌的美誉度基本上来自消费者的认知和对品牌产品的深度体验，在这种情况下产生的美誉度会形成持久的自传播效应。但该品牌的忠诚度明显偏低了，安徽省平均为 2.94%，其美誉度远高于忠诚度，品牌口碑向消费者重复购买的转换率很低，可能与还有其他知名的替代品牌产品有关，产品的同质率较高，消费者可供选择的余地较大，对同一产品的消费偏好还不明显。怀宁贡糕在安徽调研的基础数据，如表 5－60 所示。

表 5－60　怀宁贡糕在安徽调研的基础数据

序号	区域	代表城市级别人口数（万人）	知名度（%）	认知度（%）	美誉度（%）	忠诚度（%）	信息总量（万比特）
1	合肥	2656.3	50.00	22.27	21.50	4.21	7159.21
2	马鞍山	3279.2	18.37	8.27	11.54	1.92	1236.25
总计	安徽	5935.5	32.53	14.53	15.99	2.94	8395.46

该品牌的安徽省指标结构接近次优结构，缺点在于忠诚度明显偏低了，但除了美誉度与忠诚度的比例关系外，其他指标间的比例关系是比较合理的，说明品牌营销效果是不错的。能够形成这一指标结构说明品牌的发展状况良好，品牌对营销产生了较大的促进作用，但由于忠诚度偏低，品牌对营销的作用无法转换为现实的收益。怀宁贡糕在安徽省的指标结构，如图 5－37 所示。

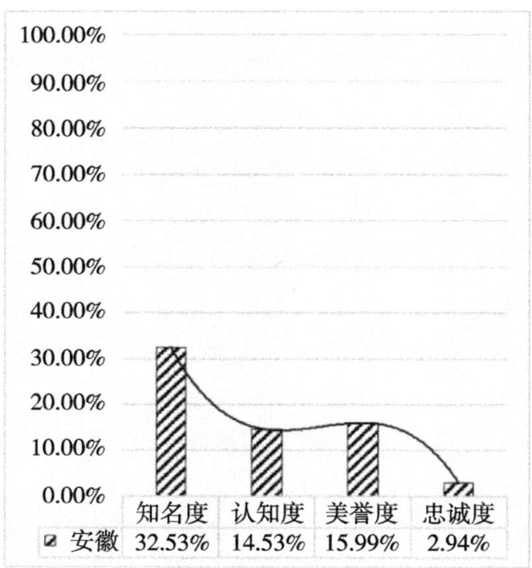

图 5－37　怀宁贡糕在安徽省的指标结构

3. 品牌质量分析

怀宁贡糕信息质量比值为 1.625，高于最优区间的上限 0.4，呈现出比较明显的“质有余而量不足”的状况，但这一质量比值显示该品牌应该是一个依靠口碑传播成长起来的优秀品牌。结合该品牌的各项基础指标，该品牌量不足的主要原因可能是没有形成与高美誉度相匹配的知名度和认知度，尤其是认知度稍显偏低了，这需要企业提高传播的效率，并多传播品牌内涵的内容，增加品牌信息的量，使得品牌质与量均衡发展，使品牌质量比值向最优区间移动。怀宁贡糕的质量比计算，如表 5－61 所示。

表 5－61　怀宁贡糕的质量比计算

品牌	品牌信息基本量的贡献率	品牌信息质的贡献率	品牌信息质量比值
怀宁贡糕	38.10%	61.90%	1.625

4. 综合分析

综上所述，怀宁贡糕在安徽省是一个大规模品牌，品牌还具有一定的区域特征，但已形成了较大的省内影响力。品牌呈现出比较明显的“量亏”状态，但发展状况基本健康，需要厂商继续扩大品牌知名度和认知度。

二十八、宁国笋干

1. 品牌简介

宁国笋干，安徽省宁国市特产，中国国家地理标志产品。宁国笋干是竹笋经蒸煮、烘烤制成的一种干菜，具有味鲜色美、脆香爽口、色泽青绿黄亮、香气馥郁、鲜嫩可口、营养丰富、烹调方便、耐贮藏、易保存、易包装运输等优点，被誉为“山菜之王”。2013 年 12 月，原国家质检总局正式批准“宁国笋干”为国家地理标志保护产品。

2. 基础数据与指标结构分析

宁国笋干的信息总量为 4783.04 万比特，在安徽省属于大规模品牌。品牌在安徽省各城市的各项调研指标体现出一定的差异性，但总体不明显，品牌在省内较大范围内具有了品牌传播以及较大的影响力。

安徽省基础指标中，该品牌获得了较高的知名度，认知度和美誉度也达到一定的水平，但忠诚度明显偏低了。该品牌的安徽省知名度为 34.31%，已接近品牌获取知名度的第三个关键点 37.5%，属于省内具有大范围消费者认知的品牌，具有了稳定的影响力，品牌知名度对认知度的转化基础较好，而且品牌对营销的作用在逐渐增强。知名度在合肥和马鞍山的数据接近，差距不明显，显示品牌在省内的影响力是比较均衡的。该品牌的认知度指标与知名度相比稍显偏低了，全省平均为 10.47%，仅为知名度的 1/3，显示品牌的传播效率不足，品牌的内涵在传播中没有准确地传达给消费者，在知晓品牌的消费者中，有相当一部分对品牌内涵是不熟悉和了解的。

宁国笋干的安徽省平均美誉度为 11.92%，获得了不错的口碑，消费者对品牌的产品质量是比较认可的。但从地区看，美誉度差距较大，合肥明显高于马鞍山地区，在省会地区可能采取了与其他地区不一致的营销策略，可能是重点开展品牌营销的地区。从认知度与美誉度的关系看，二者的数值接近，比值属于理想范围，美誉度的获得来自消费者对品牌产品的深度体验，是依靠品牌的产品质量或服务获得的。这种情况下获得的美誉度非常有益于品牌自传播的发展。从忠诚度指标看，指标值明显偏低了，安徽省仅为 2.75%，虽然在两个地区都获得了忠诚度但都不高，其良好的美誉度所形成的口碑没有转化成消费者的重复购买。虽然厂商为品牌的口碑付出极大努力且投入很大，但却无法在营销中获得相应的收益。宁国笋干在安徽调研的基础数据，如表5－62所示。

表5－62　宁国笋干在安徽调研的基础数据

序号	区域	代表城市级别人口数（万人）	知名度（%）	认知度（%）	美誉度（%）	忠诚度（%）	信息总量（万比特）
1	合肥	2656.3	33.70	9.76	18.03	3.28	2893.08
2	马鞍山	3279.2	34.82	11.06	6.98	2.33	1889.97
总计	安徽	5935.5	34.31	10.47	11.92	2.75	4783.04

该品牌的安徽省指标结构近似于次优结构，认知度不及知名度的一半，美誉度与认知度接近，前三项指标对品牌营销是能起一定作用的，但由于忠诚度偏低，消费者消费偏好或消费习惯都未能形成，品牌在营销中的作用并未发挥出来。宁国笋干在安徽省的指标结构，如图5－38所示。

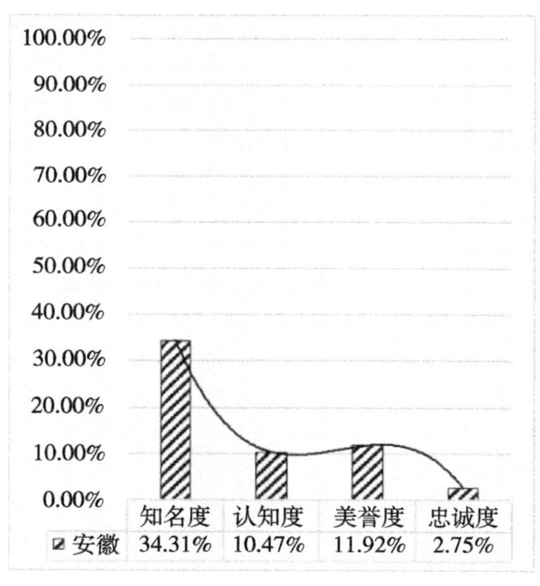

图5－38　宁国笋干在安徽省的指标结构

3. 品牌质量分析

宁国笋干的品牌质量比值为0.696，反映了品牌出现了一定的“质有余而量不足”的状况。结合该品牌的各项基础指标，其美誉度在行业中处于较高水平，而知名度与认知度所积累的量还不相匹配，其认知度略显偏低了，需要企业提高传播的效率，并多传播品牌内涵的内容，增加品牌信息的量，使得品牌质与量均衡发展。宁国笋干的质量比计算，如表5－63所示。

表5－63　宁国笋干的质量比计算

品牌	品牌信息基本量的贡献率	品牌信息质的贡献率	品牌信息质量比值
宁国笋干	58.98%	41.02%	0.696

4. 综合分析

由上述综合分析，宁国笋干在安徽省是一个品牌质与量发展略显失衡的大规模品牌，但其发展质量良好，在省内拥有了较大范围的品牌传播，且品牌口碑良好，应该还保持着较好的成长性。

二十九、丰乐酱干

1. 品牌简介

丰乐酱干，产于安徽省肥西县丰乐镇，中国国家地理标志产品，是一种具有千年文化的独具肥西乡土特色的美食。传统酱干采用丰乐河终年清澈的天然活水手工制作，具有色彩纯正、香味悠长、口感细腻、富有弹性、回味清香的特点。

丰乐镇人民自古以来利用清冽的河水结合本地所产优质黄豆，制成豆腐、豆干等副食品，更是闻名全国。据传，古时的丰乐，碧水清波，绿树葱茏，气韵清新，引得凤凰栖落于此，从而得名“凤落”，后经演化，并取“丰收快乐”之意，谐成“丰乐”。

2. 基础数据与指标结构分析

丰乐酱干的总信息量为4597.53万比特，在安徽省属于大规模品牌。从品牌在两个调研地区的各项指标来看，有比较明显的差异，品牌具有一定的区域特征。但品牌也形成了一定的规模，传播范围较广，是一个面向安徽省发展的品牌，具有了一定的省内影响力。

该品牌的平均知名度为17.38%，超过品牌获取知名度的第二个关键点 16.5%，在省内各地具备了一定的影响力，消费者对产品和企业具有较深的理解和认识，但消费者的认识和理解的程度并不高。该品牌的知名度数据在地区上有一定差异：品牌所在地合肥的知名度达到了 29.67%，品牌影响力较大，属于品牌宣传和推广的重点区域；而在马鞍山的知名度为 7.42%，刚超过有效标准（5%），品牌的影响力刚刚形成。这说明品牌具有一定的区域特征。其认知度安徽省平均为 7.13%，认知度与知名度在调研地区基本上呈现正相关关系。认知度接近知名度的一半水平，这说明其传播的效果是不错的，在知晓品牌的消费者中，有相当一部分对品牌内涵是比较了解的，但受限于品牌的知名度指标，认知度还未达到理想水平。

该品牌获得了很高的美誉度，安徽省平均达到了 25.3%，而且在两个地区的美誉度均超过了 20%，获得了良好的消费者口碑，说明该品牌的产品和服务是不错的，获得了省内消费者的认可。但从其美誉度与认知度的比例关系看，二者并不协调，原因还是认知度过低了，说明该品牌的美誉度来自认知度的支撑部分还是偏低，并不完全是来自消费者对其产品或服务的深度体验，而更多的是来自其他营销途径如促销获得，品牌在营销中的作用并不明显。

该品牌的另一个显著问题是较好的口碑未能转换成消费者的重复购买，虽然在两个地区均获得了忠诚度指标，但均偏低了，培养了一部分的忠诚客户，获得了有效的多次重复购买，但忠诚客户群体还较小，消费偏好不明显。这可能源于品牌缺乏知名度和认知度的支撑，或是商家在渠道、价格等方面营销运作出现了问题，未能契合消费者的利益诉求。丰乐酱干在安徽调研的基础数据，如表 5－64 所示。

表 5－64　丰乐酱干在安徽调研的基础数据

序号	区域	代表城市级别人口数（万人）	知名度（%）	认知度（%）	美誉度（%）	忠诚度（%）	信息总量（万比特）
1	合肥	2656.3	29.67	12.29	21.26	1.57	3342.15
2	马鞍山	3279.2	7.42	2.96	28.57	4.76	1255.38
总计	安徽	5935.5	17.38	7.13	25.30	3.34	4597.53

该品牌的指标结构中，主要问题在于认知度和忠诚度不高，以及美誉度与认知度、美誉度与忠诚度关系的失衡，品牌在营销中的作用是不明显

的。该指标结构说明丰乐酱干进行过营销运作，具有一定的知名度，产品的质量较好，能够形成良好的消费者口碑，具有了一定的自传播能力，但由于品牌自身运作问题，品牌没有形成现实的消费者偏好。丰乐酱干在安徽省的指标结构，如图5－39所示。

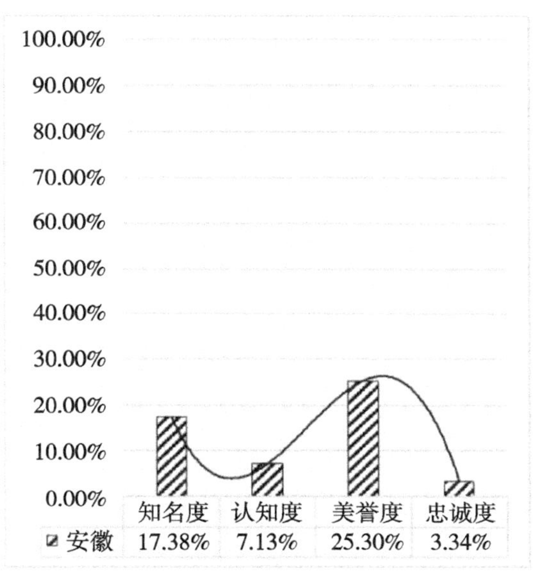

图5－39　丰乐酱干在安徽省的指标结构

3. 品牌质量分析

丰乐酱干信息质量比为2.253，呈现出明显的“质有余而量不足”的情况，但品牌结构的发展良好，有良好的消费者口碑的积累。从基础指标可以看出，品牌获得了很高的美誉度指标，而与之相比，知名度和认知度指标明显偏低了，量的积累是严重不足的，品牌传播的力度还应加强。丰乐酱干的质量比计算，如表5－65所示。

表5－65　丰乐酱干的质量比计算

品牌	品牌信息基本量的贡献率	品牌信息质的贡献率	品牌信息质量比值
丰乐酱干	30.74%	69.26%	2.253

4. 综合分析

由上述分析可知，丰乐酱干在安徽省是一个大规模品牌，品牌还具有一定的区域特征，但已经形成了一定的省内影响力。品牌呈现出明显的“量亏”状况，知名度和认知度未达到与口碑相匹配的理想水平，品牌的宣传力度还应加强。

三十、五城茶干

1. 品牌简介

五城茶干是安徽省休宁县特产，中国国家地理标志产品。茶干选用优质大豆、甘草等十几种天然材料精制而成。五城茶干咸淡相宜，质纯味鲜，柔韧香醇，营养丰富，是品茗之佐餐，下酒之佳肴，老幼皆宜之美味食品。2010 年 3 月，五城茶干成功获批“国家地理标志保护产品”。

2. 基础数据与指标结构分析

五城茶干的总信息量为 2192.7 万比特，在安徽省属于中等规模品牌。从品牌的各项指标来看，各地指标有一定的差异，品牌具有一定的区域特征，其在安徽省的影响力还较小。

该品牌的知名度为 14.83%，接近品牌获取知名度的第二个关键点 16.5%，接近省内知名品牌的标准，说明品牌在省内一定范围内具有了品牌传播，具备了一定的影响力，消费者对产品和企业具有了较深的理解和认识，但消费者的认识和理解的程度并不高。该品牌在各地均获得了有效的知名度数据，但有一定差异：合肥的知名度明显高于马鞍山地区，省内的品牌推广体现了不同的效果。其认知度省内平均为 6.74%，接近知名度的一半，接近理想水平，说明其品牌传播的效率是较高的，开始有部分消费者对其品牌的内涵进行深入的了解，品牌内涵信息较准确地传递给了消费者。

该品牌的美誉度相对较高，安徽省达到了 13.89%，在两个地区均获得了良好的消费者口碑，说明该品牌的产品和服务是不错的，获得了消费者的认可。但其美誉度与认知度的比例是不协调的，原因是认知度过低了，说明该品牌的美誉度不完全来自认知度的支撑，不完全是来自消费者对其产品或服务的深度体验，而更多的是来自其他营销途径如促销获得，品牌在营销中的作用并不明显。该品牌的另一个显著问题是较好的口碑未能转换成消费者的重复购买，安徽省平均的忠诚度仅为 0.55%，在马鞍山地区没有获得品牌忠诚度的数据，意味着消费者的重复购买率低，消费偏好或习惯并未形成。五城茶干在安徽调研的基础数据，如表5－66所示。

表5－66　五城茶干在安徽调研的基础数据

序号	区域	代表城市级别人口数（万人）	知名度（%）	认知度（%）	美誉度（%）	忠诚度（%）	信息总量（万比特）
1	合肥	2656.3	22.65	11.57	13.41	1.22	1595.66
2	马鞍山	3279.2	8.50	2.83	14.29	0.00	597.31
总计	安徽	5935.5	14.83	6.74	13.89	0.55	2192.97

该品牌的指标结构中，主要问题在于忠诚度不高，以及美誉度与认知度、美誉度与忠诚度之间关系的失衡，品牌在营销中的作用还不够大。该指标结构说明五城茶干进行过营销运作，具有一定的知名度，产品的质量较好，能够形成良好的消费者口碑，具有一定的自传播能力，但由于品牌自身运作问题，品牌没有形成现实的消费者偏好。五城茶干在安徽省的指标结构，如图5－40所示。

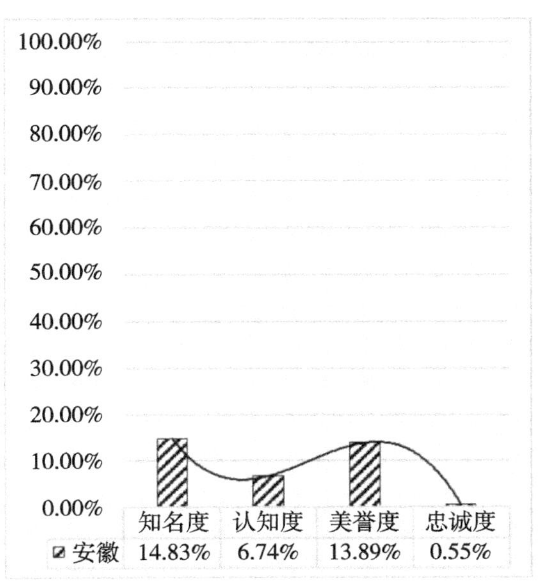

图5－40　五城茶干在安徽省的指标结构

3. 品牌质量分析

五城茶干的信息质量比为0.827，品牌发展质量良好但出现了较明显的“质有余而量不足”的状况。出现这一质量比值的原因是该品牌的美誉度高于行业平均水平，而与美誉度相比，其知名度与认知度稍显偏低了，信息总量中由知名度与认知度带来的基本量的贡献不足，量的发展还不够。需要企业继续开展品牌宣传活动，扩大品牌影响，增加品牌量的比重，使品牌质与量均衡发展。五城茶干的质量比计算，如表5－67所示。

表5－67　五城茶干的质量比计算

品牌	品牌信息基本量的贡献率	品牌信息质的贡献率	品牌信息质量比值
五城茶干	54.73%	45.27%	0.827

4. 综合分析

综上所述，从现有数据看五城茶干是一个质量发展优良的安徽省中等规模品牌，开始形成安徽省的影响力。品牌获得了良好的消费者口碑，但传播的范围还不广，而且呈现出“量亏”的状况，如果品牌运营者开展品牌宣传活动，品牌信息量还具有较好的成长空间。

三十一、宣城木榨油

1. 品牌简介

宣城木榨油产于安徽宣城，为中国国家地理标志产品。宣城为中国木榨油生产基地。木榨油的工艺流程为筛籽、车籽、炒籽、磨粉、蒸粉、踩饼、上榨、插楔、撞榨、接油，有十多道工序，除了磨粉是机械作业外，其他全部靠手工完成。皖南地区传统的木榨油加工技艺别具一格，世代相传，至今已有六代，并具有完整的传承谱系。

2. 基础数据与指标结构分析

宣城木榨油的总信息量是2029.15万比特，属于安徽省内中等偏大规模的品牌。安徽省各个城市的各项指标接近均值，地区差距不明显，在安徽省具有了一定的影响力。该品牌的知名度为21.23%，在安徽省一定范围内具有了品牌传播，开始出现大范围的消费者认知，品牌对营销的作用已比较明显。从地区上看，合肥和马鞍山的知名度指标相差不大，临近品牌所在地的马鞍山地区略高，为23.89%，品牌推广效果更好，在合肥的知名度也超过了品牌获取知名度的第二个关键点16.5%，具备了较好的消费者知晓基础。品牌的知名度指标说明其安徽省影响力是比较均衡的。与知名度相比，该品牌的认知度指标处于比较合理的水平。一般来说，认知度达到知名度的0.5以上为理想，说明品牌在传播上具有有效传播的途径或容易被消费者认知的内容，其品牌传播是有效的。该品牌的认知度超过知名度的一半，在知晓品牌的消费者中有相当一部分对品牌的内涵是比较了解的。

该品牌的安徽省美誉度为7.88%，虽然绝对值并不高但是获得了一定的消费者口碑。从地区指标看，合肥和马鞍山的美誉度也比较平均，其安徽省营销策略应该是一致的。该品牌的美誉度与认知度相比稍显偏低了，但接近理想范围，这种情况下获得的美誉度是来自消费者对品牌认知后对品牌产品的深度体验，这样形成的自传播能力才会持久。该品牌的忠诚度也偏低了，安徽省的数据平均为2.31%，虽然在两个地区都获得了忠诚度数据，但都不高，口碑向消费者重复购买的转化并不充分，消费者的消费偏好还不明显。宣城木榨油在安徽调研的基础数据，如表5-68所示。

表5-68　宣城木榨油在安徽调研的基础数据

序号	区域	代表城市级别人口数（万人）	知名度（%）	认知度（%）	美誉度（%）	忠诚度（%）	信息总量（万比特）
1	合肥	2656.3	17.96	9.39	9.23	3.08	778.55
2	马鞍山	3279.2	23.89	13.40	6.78	1.69	1250.60
总计	安徽	5935.5	21.23	11.61	7.88	2.31	2029.15

该品牌的指标结构近似于次优结构，知名度较高，认知度接近知名度的一半，美誉度与认知度相近，整体来看前三者的结构关系是比较合理的，但品牌的忠诚度明显偏低了，消费者的重复购买率不足，品牌在营销中的作用并没有完全发挥出来。宣城木榨油在安徽省的指标结构，如图5-41所示。

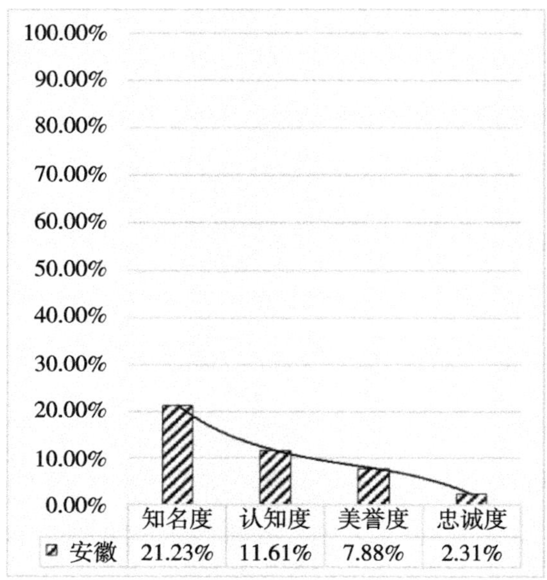

图 5－41　宣城木榨油在安徽省的指标结构

3. 品牌质量分析

宣城木榨油的品牌质量比值为 0. 121，品牌质量处于良好水平，品牌运营者的管理和经营水平是不错的。结合该品牌的各项基础指标，其美誉度在各指标中稍显偏低了，品牌影响主要依赖于知名度与认知度所积累的量，而美誉度所形成的质的比重略显不足，还需要企业开展多渠道的品牌营销活动，以提高品牌口碑为目标，增加品牌信息质的比重，使得品牌质与量均衡发展。宣城木榨油的质量比计算，如表 5－69 所示。

表 5－69　宣城木榨油的质量比计算

品牌	品牌信息基本量的贡献率	品牌信息质的贡献率	品牌信息质量比值
宣城木榨油	89. 20%	10. 80%	0. 121

4. 综合分析

由上述分析可知，宣城木榨油在安徽省属于质量良好的中等偏大规模品牌，具备了一定的省内影响力。品牌的美誉度稍显偏低了，质的比重略显不足，还需要企业开展多渠道的品牌营销活动，以提高品牌口碑为目标，增加品牌信息质的比重。

三十二、临涣酱包瓜

1. 品牌简介

临涣酱包瓜，安徽省濉溪县特产，中国国家地理标志产品。临涣酱包瓜又称菜中菜，外壳是圆、嫩、鲜、脆的酱培包瓜，内瓤为“倾馅十样绵，颜色有五六”的酱菜。色泽鲜亮，脆嫩清香，入口清爽，咸甜适度，酱味浓郁，南北皆宜。2018 年 3 月，临涣酱包瓜成功获批“国家地理标志保护产品”。

2. 基础数据与指标结构分析

临涣酱包瓜的总信息量为 301. 61 万比特，在安徽省内属于小规模品牌。品牌的指标在安徽省各地总体差距不大，但品牌的各项指标都偏小，其安徽省内的影响力尚未形成。

知名度指标方面，安徽省平均为 3. 99%，并没有达到有效标准（5%），这一知名度基本上来自营销过程中消费者对产品有体验而自然获取的知晓，在安徽省几乎没有影响力，甚至都不能成为营销使用的工具，品牌从真正意义上来说还仅仅是一个“商标”而已。从地区层面看，在合肥和马鞍山的知名度都是属于自然传播形成的，并非由品牌营销形成，基本上没有运作痕迹。认知度指标方面，安徽省仅为 1. 68%，很弱，而且在两个地区的指标也都没有达到有效范围（2. 5% 以上）。认知度是反映品牌信息传播深度的指标，只有超过 2. 5% 才能认为消费者对于品牌信息有效了解，这也是形成品牌美誉度和忠诚度的基础。品牌的知名度和认知度在各地的数据都不高，品牌推广效果不理想，品牌在安徽省的影响力并未形成。

品牌获得了相对较高的美誉度，安徽省平均达到了 7. 46%，获得了一定的消费者口碑，但美誉度表现出明显的地区差异，合肥达到了 16. 67%，而马鞍山地区没有获得美誉度，这说明品牌仅在小范围内具有良好的口碑，省内消费者对品牌的评价是不一致的。这种口碑传播的范围和途径尚不足以形成品牌自传播的能力，也不足以获得消费者的重复购买，而品牌的忠诚度为 0，说明在省内还没有形成消费者的消费偏好。临涣酱包瓜在安徽调研的基础数据，如表 5 – 70 所示。

表 5 –70　临涣酱包瓜在安徽调研的基础数据

序号	区域	代表城市级别人口数（万人）	知名度（%）	认知度（%）	美誉度（%）	忠诚度（%）	信息总量（万比特）
1	合肥	2656. 3	2. 80	1. 27	16. 67	0. 00	170. 03
2	马鞍山	3279. 2	4. 95	2. 01	0. 00	0. 00	131. 58
总计	安徽	5935. 5	3. 99	1. 68	7. 46	0. 00	301. 61

该品牌的安徽省指标结构中，各项指标均不高，知名度和认知度均未达到有效的范围，美誉度相对较高但不是来自认知度的支撑，而忠诚度也为 0，品牌指标间的结构尚未形成，品牌对营销基本上没有作用。临涣酱包瓜在安徽省的指标结构，如图 5 –42 所示。

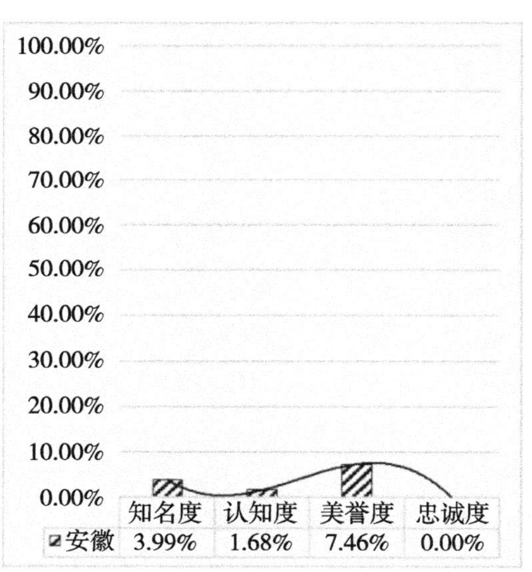

图 5 –42　临涣酱包瓜在安徽省的指标结构

3. 品牌质量分析

临涣酱包瓜的信息质量比为 0. 196，品牌发展质量良好。从基础指标看，品牌的各项指标偏低，知名度和认知度未达到有效范围，品牌质和量的发展都未达到理想水平，因此这一质量比值对品牌质量发展的参考意义不大。临涣酱包瓜的质量比计算，如表 5 –71 所示。

表 5－71　临涣酱包瓜的质量比计算

品牌	品牌信息基本量的贡献率	品牌信息质的贡献率	品牌信息质量比值
临涣酱包瓜	83.60%	16.40%	0.196

4. 综合分析

综上所述，从现有数据看临涣酱包瓜在安徽省内是一个质量发展优良的小规模品牌，其品牌传播的范围还较小，并不具备安徽省内的影响力。品牌的各项指标还偏低，发展未能对营销起到促进作用。

三十三、洽洽

1. 品牌简介

洽洽食品股份有限公司成立于 2001 年 8 月 9 日。公司地处国家级合肥市经济技术开发区，是一家以传统炒货、坚果为主营，集自主研发、规模生产、市场营销为一体的现代休闲食品企业。公司坚持以“创造优质产品，传播快乐味道”为使命，经过近 20 年的潜心经营，产品线日趋丰富，生产运营管理体系逐步完善，产品知名度和美誉度不断提升，经济效益和社会效益逐年增长。公司成功推广“洽洽香瓜子”洽洽喀吱脆”“洽洽小而香”“洽洽怪 U 味”等产品，深受消费者的喜爱，成为中国坚果炒货行业的领军品牌，产品远销国内外 30 多个国家和地区。

2. 基础数据与指标结构分析

洽洽品牌的总信息量为 16.598 3 亿比特，属于大规模品牌。该品牌在全国各个城市的各项指标接近均值，地域特征不明显，是一个全国性品牌。

基础指标中，该品牌在全国获得了较高的知名度、认知度和美誉度，但忠诚度明显偏低。其全国知名度为 39.38%，超过了品牌获取知名度的第三个关键点 37.5%，品牌在全国具有了较大的传播范围和较强的影响力，已成为有效的经营工具。从地区上看，除厦门地区外，各地的知名度均超过了 30%，其品牌在全国各地的影响力是比较均衡的，其中品牌所在地合肥及同属安徽省的马鞍山地区均超过了 60% 的知名度，品牌在这两个地区还获得了最高的认知度和超过全国平均水平的美誉度，说明该品牌在所在地省份的宣传和营销是比较成功的，自传播效应也很明显。从认知度的全国指标看，各地区均获得了有效的认知度，除少数地区外大部分地区的认知度均超过了10%，获得是比较充分的，其认知度和知名度的比值为0.35，低于理想比值的下限0.5，但已属可接受的范围，其品牌是具有有效传播途径的，传播内容能够被消费者所认知。

洽洽品牌的美誉度为17.63%，获得了良好的消费者口碑。从地区上看，除呼伦贝尔地区外，其在各地的美誉度指标接近均值，品牌所在地合肥、马鞍山地区美誉度稍高但并不特别突出，显示品牌在所在地地区营销策略有所侧重，效果也较好，基本上是一个全国策略一致的品牌。从美誉度与认知度的关系看，美誉度略高于认知度，二者之间的比例关系属于理想范畴，说明其美誉度是来自认知度的支撑，是依靠品牌的产品质量或服务获得的，有消费者的深度体验。其全国忠诚度指标仅为1.74%，明显偏低了，美誉度向忠诚度的转化不充分，消费者的重复购买率与该品牌的口碑明显不匹配，品牌影响力在营销中的作用并没有完全发挥出来。洽洽品牌的基础数据，如表5－72所示。

表5－72　洽洽品牌的基础数据

序号	调研城市	知名度（%）	认知度（%）	美誉度（%）	忠诚度（%）	品牌信息量估值（万比特）
1	长沙	38.36	13.23	16.67	1.19	11323.33
2	合肥	61.27	23.88	23.60	2.00	47957.76
3	吉林	30.30	9.49	20.63	1.88	16561.66
4	厦门	26.13	9.57	18.52	1.23	12746.99
5	呼伦贝尔	33.65	10.53	9.93	0.00	10562.86
6	马鞍山	64.34	21.40	20.48	0.60	23870.30
7	赣州	35.83	13.21	17.83	2.33	22558.29
8	成都	41.26	13.35	13.04	5.43	10257.07
9	南宁	38.42	13.61	17.81	1.37	10144.74
总计	全国	39.38	13.75	17.63	1.74	165983.009

该品牌所在地合肥的各项指标数据均高于全国平均水平，这符合正常的情况，品牌在所在地地区影响力和品牌营销的效果是比较理想的。全国

指标结构及所在地指标结构均近似于次优结构，突出特点是获得了较高的知名度，认知度接近知名度的一半，美誉度与认知度接近，品牌在营销中的作用比较明显，但忠诚度都明显偏低了，虽有良好的口碑但消费者的消费偏好或重复购买行为并不明显。洽洽品牌在全国的指标结构与在合肥的指标结构，如图5-43、图5-44所示。

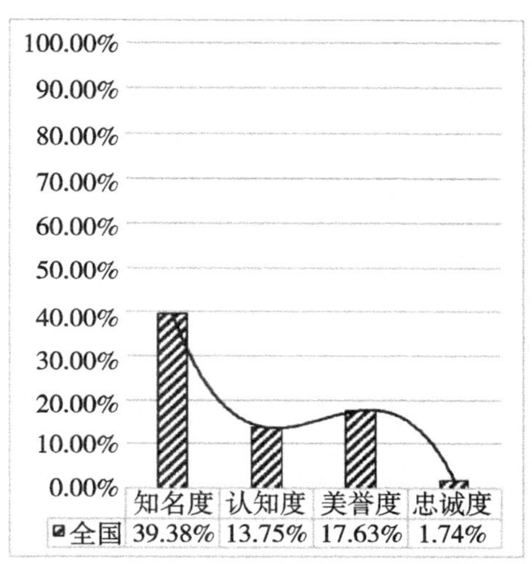

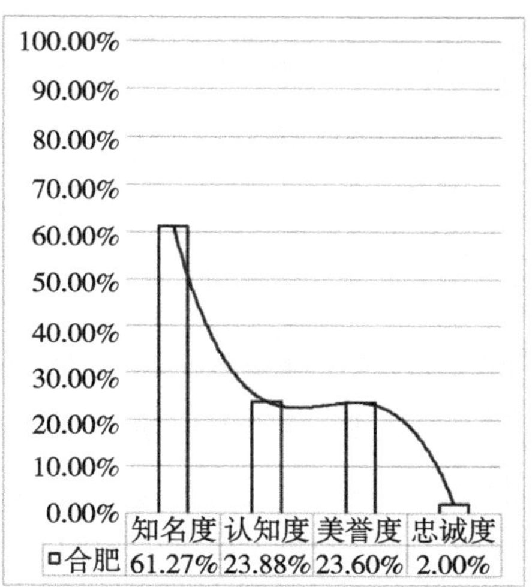

图5-43　洽洽品牌在全国的指标结构　图5-44　洽洽品牌在合肥的指标结构

3. 品牌质量分析

洽洽品牌信息质量比值为1.117，高于最优区间的上限0.4，呈现出比较明显的“质有余而量不足”的状况，即依现在的美誉水平，应该有更高的知名度和认知度。结合该品牌的各项基础指标，该品牌量不足的主要原因可能在于没有形成与高美誉度相匹配的知名度和认知度，美誉度所形成的质的贡献在信息总量中的比重较大，而知名度和认知度所形成的量的贡献偏低了，主要还是认知度稍显偏低了。但这一质量比值还是良好的，是一个依靠口碑传播成长起来的优秀品牌。洽洽品牌的质量比计算，如表5-73所示。

表5-73　洽洽品牌的质量比计算

品牌	品牌信息基本量的贡献率	品牌信息质的贡献率	品牌信息质量比值
洽洽	47.24%	52.76%	1.117

4. 品牌信息的稳定性分析

洽洽品牌的稳定性指数为6.3，属于一般偏强稳定性的品牌。这一稳定性使得品牌信息的有效间隔期较长，品牌维护成本较低，抗风险的能力较强。结合其质量比和基础指标数据，该品牌应该是处于成熟期，未达鼎盛期。恰恰品牌的稳定性计算，如表5－74所示。

表5－74　洽洽品牌的稳定性计算

品牌	N（E）函数值	品牌衰减系数	品牌信息的衰减速率	品牌稳定性指数
洽洽	11.35	0.0883	0.0631	6.309

5. 综合分析

综上所述，洽洽品牌是一个品牌质量较好、稳定性一般的大规模全国性品牌。品牌处于成熟期，发展状况基本健康，但品牌呈现出“量亏”的状况，还需要厂商继续扩大品牌的知名度和认知度，避免品牌出现衰退的风险。

三十四、燕之坊

1. 品牌简介

燕之坊是一家专注于五谷杂粮细分领域的专业公司，是国家级农业产业化重点龙头企业。17年来，从基地种植到杂粮标准，从配方研发到品质管理，从食品生产到仓储物流，从商超专柜到全网营销，燕之坊形成了在五谷杂粮及其精深加工产品上的卓越专业能力，已成为国内最大的粗粮食品产业化经营企业。

同时，燕之坊还是一家提供健康膳食解决方案的大健康公司，公司现以“基地＋公司＋卖场＋电商”的新的经营模式，在全国优质杂粮主产地建立了14个原料基地，市场网络遍布全国20个省市，与国际国内60多家连锁超市建立战略合作伙伴关系，在全国各大卖场建立了2000多家联营专柜，年服务亿万消费者。其社会化的专家网络，千万量级的中高端用户，以及线上线下的消费行为数据，正在将燕之坊打造成为一个消费升级下的新零售品牌。

经过17年的发展公司已经发展成为“农业产业化国家重点龙头企

业”“安徽省创新型企业”“安徽省自主创新品牌示范企业”“安徽省技术创新示范企业”“安徽省产学研联合示范企业”“安徽省优秀企业技术中心”“安徽省两化融合示范企业”，“燕之坊”商标被认定为“中国驰名商标”。

2. 基础数据与指标结构分析

燕之坊品牌的总信息量是8.6625亿比特，属于大规模品牌。全国各地区的各项指标出现了比较明显的差异性，品牌所在地合肥获得的数据明显优于全国其他地区，虽然品牌在全国已经形成了较强的影响力，但还是一个具有较明显区域特征的品牌。

品牌各地区的各项基础指标中，可以明显地看出较大的差异。本次调研在安徽城市合肥和马鞍山所获得的调研数据明显高于其他地区，显示安徽省为品牌所主要辐射的区域，品牌具有比较明显的区域特征。该品牌的全国平均知名度为21.42%，这一指标显示品牌在营销中的作用开始显现，且具有良好的消费者知晓基础。从地区上看，合肥、马鞍山地区较高，品牌影响力最大，而在东北地区的呼伦贝尔和吉林的知名度则没有达到5%的有效标准，显示品牌在该地区的推广效果一般，影响力还未形成。该品牌的认知度指标也具有比较明显的差异性，合肥最高达到了25.36%，消费者的认知情况比较理想，另外在马鞍山、南宁等地的认知度也比较理想，而在其他城市的认知水平则一般，全国大部分地区的消费者对品牌的内涵是不了解的。

该品牌在行业中获得了较高的美誉度，全国平均为9.91%，从地区上看，该品牌在大部分调研地区获得了超过10%的良好的消费者口碑，各地的品牌营销效果有一定的差异，但相差不大，大部分地区的消费者对品牌是比较认可的。从美誉度与认知度的比例关系看，美誉度略高于认知度，符合二者的理想关系，说明该品牌美誉度的获得是来自消费者对品牌的认知和对品牌产品的深度体验。该品牌的忠诚度不高的问题比较突出，全国的数据仅为0.69%，在多个区域甚至出现为零的情况，说明良好的口碑并没有转化成消费者的重复购买，品牌的忠诚客户群体还不大。燕之坊品牌的基础数据，如表5－75所示。

表 5－75　燕之坊品牌的基础数据

序号	调研城市	知名度（%）	认知度（%）	美誉度（%）	忠诚度（%）	品牌信息量估值（万比特）
1	长沙	16.88	5.52	17.95	0.00	4317.05
2	合肥	62.44	25.36	23.68	1.88	50512.17
3	吉林	4.86	1.18	3.85	0.00	993.07
4	厦门	13.00	5.52	4.08	0.00	3009.22
5	呼伦贝尔	1.78	0.19	0.00	0.00	422.07
6	马鞍山	40.64	13.77	10.78	1.96	7628.39
7	赣州	23.10	10.56	14.63	1.22	11483.88
8	成都	13.59	4.93	3.57	0.00	1957.35
9	南宁	28.80	12.97	14.55	1.82	6302.38
总计	全国	21.42	8.48	9.91	0.69	86625.5756

该品牌的全国指标结构近似于次优结构，认知度不及知名度的一半，美誉度略高于认知度，前三项指标对品牌营销是能起一定作用的，但由于忠诚度偏低，消费者消费偏好或消费习惯都未能形成，品牌在营销中的作用并未发挥出来（如图 5－45 所示）。品牌所在地合肥的数据则明显优于

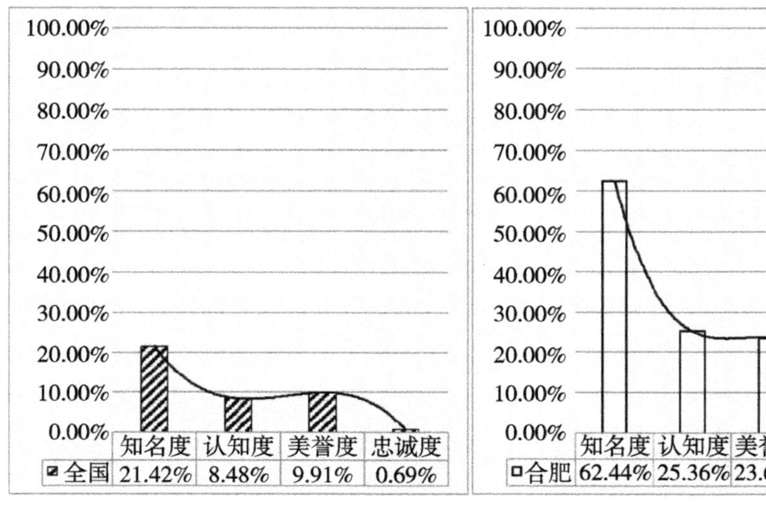

图 5－45　燕之坊品牌在全国的指标结构　图 5－46　燕之坊品牌在合肥的指标结构

全国平均水平，品牌的指标结构也比较合理，品牌对营销的作用远大于全国其他地区，但可惜的是品牌忠诚度也比较低，在前三项指标形成了良好的指标结构的情况下，品牌并不能为厂商带来持续的收益。如图 5 – 46 所示。

3. 品牌质量分析

燕之坊品牌信息质量比为 1. 33，品牌发展质量良好但出现了比较明显的“质有余而量不足”的状况。出现这一质量比值的原因是该品牌的美誉度远高于行业平均水平，而与美誉度相比，其知名度与认知度偏低了，信息总量中由知名度与认知度带来的基本量的贡献不足，量的发展还不够。需要企业提高品牌传播的效率，继续扩大品牌的知名度，尤其需要提升品牌的认知度，这样才能使品牌质与量均衡发展。燕之坊品牌的质量比计算，如表 5 – 76 所示。

表 5 – 76　燕之坊品牌的质量比计算

品牌	品牌信息基本量的贡献率	品牌信息质的贡献率	品牌信息质量比值
燕之坊	42. 9%	57. 1%	1. 330

4. 品牌信息的稳定性分析

燕之坊的品牌稳定指数为 3. 50，处于一般偏弱稳定性水平，品牌信息衰减的速率较快，抵抗风险的能力不强。结合指标数据，品牌在全国具有一定的影响力，品牌应该已经进入了成熟期，稳定性逐渐形成。从品牌信息质量比值看，质高而量轻，且具有较明显的区域特征，品牌需要继续扩大知名度和认知度，由此保持较好的成长性。燕之坊品牌的稳定性计算，如表 5 – 77 所示。

表 5 – 77　燕之坊品牌的稳定性计算

品牌	N（E）函数值	品牌衰减系数	品牌信息的衰减速率	品牌稳定性指数
燕之坊	20. 18	0. 0496	0. 035	3. 4955

5. 综合分析

由上述分析可知，燕之坊是具有一定全国影响力的大规模品牌，但区域特征比较明显，其目前已进入成熟期内，稳定性逐渐形成，是一个品牌质量较好、成长性良好的品牌。

三十五、真心

1. 品牌简介

安徽真心食品有限公司创建于2000年9月，注册资本2500万元人民币，是一家以生产徽派炒货为主业的大型现代化食品工业企业，位于风景秀丽的科教名城合肥。以“创建国际品牌，弘扬真心文化”作为企业奋斗的目标和使命。经过十多年的发展，企业经营规模不断扩大，成为一家以健康绿色休闲食品制造为支柱，餐饮服务、金融投资、电子商务等多板块产业经营的大型现代化民营集团企业，总资产数十亿元，年缴利税数千万元。对地方经济发展以及就业做出了重要贡献。

公司现有职工总数1000余人，在全国建有4座生产工厂，自2006年以来，公司年生产规模和销售额一直位于全国同行业前列。企业具有自营进出口权，产品远销中欧、北美、东南亚等20多个国家和地区。公司目前已建立完善的营销体系和营销网络，合作伙伴覆盖全国20个以上省市和自治区，进驻全国大部分大型商超，并不断推动海外销售平台的搭建，加大进出口贸易。公司重视电子商务平台建设，先后在天猫、京东、一号店开通真心食品旗舰店线上销售渠道，同时深化商业模式创新，以服务“用户”为核心，不断寻求线上线下融合发展，打造真心式O2O模式，完善布局经销商网络，为未来企业深度转型、线上配送服务商业模式的建立奠定基础。

公司一直遵循“真心真意为用户”的宗旨，近年来先后荣获“中国民营企业500强”“全国优秀食品龙头企业”“全国坚果行业20强企业”“安徽省农业产业化龙头企业”等几十个荣誉称号。

2. 基础数据与指标结构分析

真心品牌的总信息量是3.4192亿比特，属于中等规模品牌。从全国各地区指标看，有非常明显的差异性，其区域品牌的特征比较明显，在全国的影响力还比较小。

该品牌的知名度为11.73%，品牌对营销发挥了一定的作用，显然商家做过获取知名度的努力，但缺乏消费者知晓的基础，知晓范围并不广。从地区上看，知名度的差异比较明显：其中在品牌所在地合肥的知名度最高为32.39%，品牌在当地具有不错的知名度，在消费者中的传播范围比较大，另外在吉林也获得了超过30%的知名度；而在包括同属安徽省内城市马鞍山在内的部分地区的知名度刚达到有效标准（5%），在长沙、厦门等地的知名度甚至没有达到有效标准，显示其还具有比较明显的区域品牌的特征，在安徽省内其他地区及省外大部分地区的影响力还不强。品牌的认知度全国平均为4.3%，与知名度的比值为0.36，低于0.5的理想比值下限，说明品牌的传播效果是不理想的，传播效率不足，大多数知晓品牌的消费者对品牌内涵是不了解的，而品牌也仅在知名度较高的合肥和吉林获得了超过有效标准（2.5%）的认知度，在其他地区则均未超过有效标准。

该品牌获得了相对较高的品牌美誉度，全国平均为10.56%，获得了不错的消费者口碑。从地区指标看，美誉度在各地区也表现出了明显的差别：厦门最高达到了28.57%，但却是在极低的知名度和认知度条件下获得的，美誉度与品牌本身的关系不大；在合肥、吉林的美誉度从指标结构上看则比较合理，美誉度与认知度相近，品牌营销的效果最理想，说明品牌在这些地区形成了一定的消费者群体，或者是营销力度更大，消费者口碑更好；而在部分地区的口碑则一般，品牌营销效果并不好，在长沙、成都甚至出现了0美誉度。该品牌的忠诚度还很弱，仅为1.37%，且在大部分地区均没有获得忠诚度，消费者的重复购买率很低，其美誉度与忠诚度的比例关系也是失衡的，口碑向重复购买的转化也不充分。真心品牌的基础数据，如表5-78所示。

表5-78　真心品牌的基础数据

序号	调研城市	知名度（%）	认知度（%）	美誉度（%）	忠诚度（%）	品牌信息量估值（万比特）
1	长沙	0.43	0.00	0.00	0.00	62.70
2	合肥	32.39	12.81	17.39	2.90	14326.06
3	吉林	31.03	12.62	13.25	2.41	12481.62
4	厦门	1.86	0.80	28.57	0.00	1171.75
5	呼伦贝尔	7.35	2.02	0.00	0.00	1857.12
6	马鞍山	5.58	1.74	14.29	0.00	889.83

续表

序号	调研城市	知名度（%）	认知度（%）	美誉度（%）	忠诚度（%）	品牌信息量估值（万比特）
7	赣州	6.76	1.87	4.17	4.17	1686.16
8	成都	3.88	1.17	0.00	0.00	596.11
9	南宁	6.81	1.71	15.38	0.00	1120.87
总计	全国	11.73	4.30	10.56	1.37	34192.2335

该品牌的全国指标结构中，可以比较明显地看出指标间的比例关系并不合理，美誉度相对较高而其余指标均偏低了，美誉度与品牌本身的关系并不大，品牌对营销的作用一般（如图 5－47 所示）。品牌所在地合肥的各项指标均高于全国指标，指标结构也比较理想，近似于次优品牌结构，前三项指标间构成了良好的比例关系，品牌营销的效果比较突出，主要问题在于忠诚度稍显偏低了，但已形成了一定的忠诚客户群体，相信品牌的作用能为厂商带来持续的收益。如图 5－48 所示。

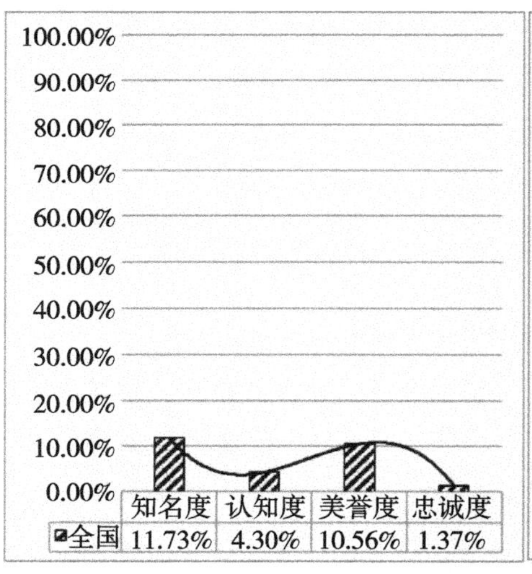

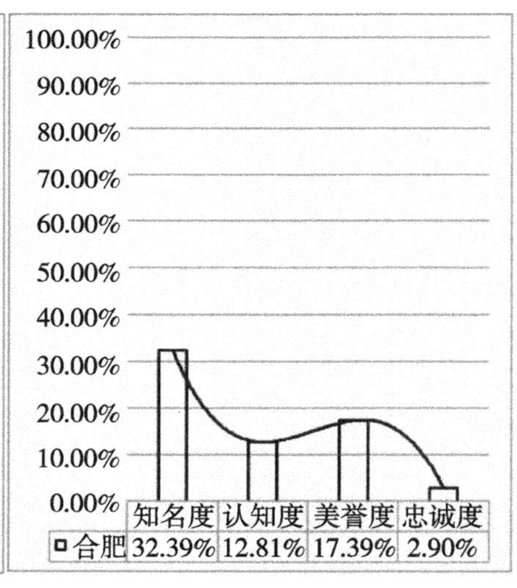

图 5－47 真心品牌在全国的指标结构　图 5－48 真心品牌在合肥的指标结构

3. 品牌质量分析

真心品牌信息质量比为 0.902，高于最优质量区间上限 0.4，品牌呈现出“质有余而量不足”的状态，但品牌的质量发展整体处于比较好的状态。这一质量比反映了该品牌量的发展是不足的。基础指标中，相对于较高的品牌美誉度，品牌的知名度和认知度偏低了，由此获得的品牌信息基本量在品牌信息总量中的比重略显不足，对品牌的总影响力造成的影响还不够大，略微呈现出“量亏”的状态。需要企业继续扩大品牌宣传，进一步提高品牌知名度和认知度，扩大品牌影响，则品牌质量能向最优区间移动。真心品牌的质量比计算，如表5－79所示。

表5－79　真心品牌的质量比计算

品牌	品牌信息基本量的贡献率	品牌信息质的贡献率	品牌信息质量比值
真心	0.526%	0.474%	0.902

4. 品牌信息的稳定性分析

真心品牌的稳定性指数为3.73，为一般偏弱稳定性的品牌。说明品牌信息衰减速率较快，还需要不断地进行维护。结合其基础指标看，品牌的规模不大，成长并不充分，应该还是处于成长期内，稳定性并未形成，从其质量比值看，由于品牌的知名度和认知度不够高，量的积累还不够，显示品牌还具有一定的成长性。真心品牌的稳定性计算，如表5－80所示。

表5－80　真心品牌的稳定性计算

品牌	N（E）函数值	品牌衰减系数	品牌信息的衰减速率	品牌稳定性指数
真心	18.94	0.0528	0.0373	3.7307

5. 综合分析

综上所述，从现有数据看真心是一个处于成长期后期的品牌，品牌覆盖范围不大，区域特征比较明显，全国影响力还比较小。品牌呈现出“量亏”的状态，量的积累还不够，还具有一定的成长性。

三十六、味甲天

1. 品牌简介

安徽味甲天食品酿造有限公司坐落在庐江县，于2004年正式建成投产，年产酿造酱油2万吨，位居安徽省之首。拥有“味甲天”品牌系列20

多个酱油品种，能够满足各类消费群体的需求。2006 年“味甲天”牌酱油获得“安徽省名牌产品”称号。

2. 基础数据与指标结构分析

味甲天在安徽的总信息量是 400.25 万比特，在省内属于小规模品牌。基础指标中，各项指标均不高，两个调研城市的数据相差不大，品牌在省内没有明显的区域特征，在安徽省内的影响力还未形成。

味甲天的安徽省平均知名度仅为 5.71%，刚超过有效标准（5%），品牌对营销发挥了一定的作用，显然品牌运营者做过获取知名度的努力，但缺乏消费者知晓的基础，知晓范围并不广。从这一指标看，其安徽省的影响力还很小，而且从调研地区的指标看，各地的知名度都不高，其在安徽省内的传播范围还不广，大多数消费者对品牌是不熟悉的。品牌的知名度标准并不具备大范围消费者认知的基础，其认知度也较低，仅为 1.55%，并没有达到有效的范围（2.5% 以上），而两个调研地区都未达到有效标准，品牌推广渠道或是推广内容存在消费者认知的障碍。低知名度和低认知度不会成为美誉度成长的基础，其品牌美誉度也不高，安徽省为 7.71%，而且两个地区的美誉度相差不大且都一般，省内的品牌营销效果一般。品牌的忠诚度指标为 0，在调研地区都没有获得品牌的忠诚度数据，省内的固定消费群体还未形成，有可能与在调研中没有发现品牌的目标消费者有关。味甲天在安徽调研的基础数据，如表 5 – 81 所示。

表 5 – 81　味甲天在安徽调研的基础数据

序号	区域	代表城市级别人口数（万人）	知名度（%）	认知度（%）	美誉度（%）	忠诚度（%）	信息总量（万比特）
1	合肥	2656.3	5.05	1.24	9.52	0.00	172.77
2	马鞍山	3279.2	6.25	1.79	6.25	0.00	227.49
总计	安徽	5935.5	5.71	1.55	7.71	0.00	400.25

味甲天的安徽省指标结构中，各项指标均不高，说明品牌在安徽省的影响力还很小，品牌对营销的作用还很弱，尤其是忠诚度为 0，还没有形成明显的固定消费群体。味甲天在安徽省的指标结构，如图 5 – 49 所示。

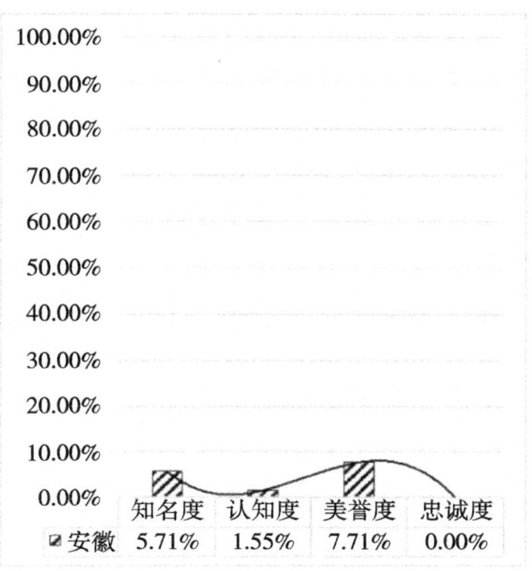

图 5－49　味甲天在安徽省的指标结构

3. 品牌质量分析

味甲天信息质量比为 0.116，品牌发展质量良好。从基础指标看，该品牌的各项指标均不高，但基本上做到了质与量的均衡发展。如果能进一步提高美誉度，则品牌发展质量能向最优区间移动。味甲天的质量比计算，如表 5－82 所示。

表 5－82　味甲天的质量比计算

品牌	品牌信息基本量的贡献率	品牌信息质的贡献率	品牌信息质量比值
味甲天	89.60%	10.40%	0.116

4. 综合分析

由上述分析可知，味甲天在安徽省是一个品牌质量良好的小规模品牌，其各项基础指标均不高，在安徽省内的影响力并未形成。

三十七、同福碗粥

1. 品牌简介

同福碗粥股份有限公司是一家集粮食基地建设、粮食加工，食品研发、生产、销售于一体的现代化企业集团。“同福”商标是中国驰名商标，同福公司是农业产业化国家重点龙头企业、国家高新技术企业、八宝粥国家标准的主要起草单位之一。公司成立了院士工作站，聘请杂交水稻之父、中国工程院院士袁隆平担任公司总顾问。

公司总部坐落在江南风景秀丽的安徽省芜湖。公司自 1993 年创建以来，经过 20 多年的拼搏发展，至今已发展成占地面积 50 万平方米、投资 10 亿元、拥有 5000 人的职工队伍的企业集团。公司主要有同福碗粥、易拉罐粥、冲泡粥，同福精品杂粮、同福蛋白饮品等系列产品。尤其是同福碗粥产品，是公司决策层在对美国、加拿大、日本等国家的市场进行详细的考察后，经过国内外多位专家潜心研究，攻克一个个技术难关，历经三年时间精心研发而成，并获多项国家专利。同福碗粥的上市，开创了粥类产品的新纪元，掀起了快速消费品领域的一场革命。

2. 基础数据与指标结构分析

同福碗粥品牌的总信息量为 7751 万比特，属于小规模品牌。本次调研没有在品牌所在地芜湖进行，从安徽省内两个城市获得的调研数据看，与全国其他地区总体差距不大且均偏低，其在全国包括安徽省的影响力还未形成，有可能品牌的影响力还仅限于芜湖地区。

知名度指标方面，全国平均为 3.96%，并没有达到有效标准（5%），这一知名度基本上来自营销过程中消费者对产品有体验而自然获取的知晓，在全国几乎没有影响力，甚至都不能成为营销使用的工具。这一知名度显示“同福有机”目前还仅是一个“商标”的概念而已，还没有成为真正意义上的“品牌”。从地区层面看，各地的知名度都不太高，最高的南宁也仅为 5.24%，在其余城市包括合肥和马鞍山在内的知名度都是属于自然传播形成的，并非由品牌营销形成，基本上没有运作痕迹。认知度指标方面，全国仅为 1.14%，很弱，而且在各地区的指标也都没有达到有效范围（2.5%以上）。认知度是反映品牌信息传播深度的指标，只有超过 2.5%才能认为消费者对于品牌信息有效了解，这也是形成品牌美誉度和忠诚度的基础。品牌的知名度和认知度在各地的数据都不高，品牌推广效果不理想，品牌在全国的影响力并未形成。

品牌获得了相对较高的美誉度，全国平均为 7.09%，获得了较好的消费者口碑，但美誉度表现出明显的地区差异，美誉度主要来自吉林、赣州、厦门等少数地区的支撑，而在长沙、马鞍山、成都等多个地区并没有获得美誉度的调研数据，这说明品牌仅在小范围内具有良好的口碑。这种口碑传播的范围和途径尚不足以形成品牌自传播的能力，也不足以获得消费者的重复购买，而品牌的忠诚度为0，说明还没有形成消费者的消费偏好。同福碗粥品牌的基础数据，如表5－83所示。

表5－83　同福碗粥品牌的基础数据

序号	调研城市	知名度（%）	认知度（%）	美誉度（%）	忠诚度（%）	品牌信息量估值（万比特）
1	长沙	2.62	0.73	0.00	0.00	389.65
2	合肥	3.57	0.57	6.67	0.00	623.58
3	吉林	2.24	0.61	16.67	0.00	754.68
4	厦门	2.92	0.90	9.09	0.00	662.52
5	呼伦贝尔	3.80	1.58	0.00	0.00	2608.35
6	马鞍山	3.49	1.42	0.00	0.00	454.73
7	赣州	3.38	0.67	16.67	0.00	1381.17
8	成都	1.46	0.34	0.00	0.00	217.00
9	南宁	5.24	1.17	0.00	0.00	659.78
总计	全国	3.96	1.14	7.09	0.00	7751.4747

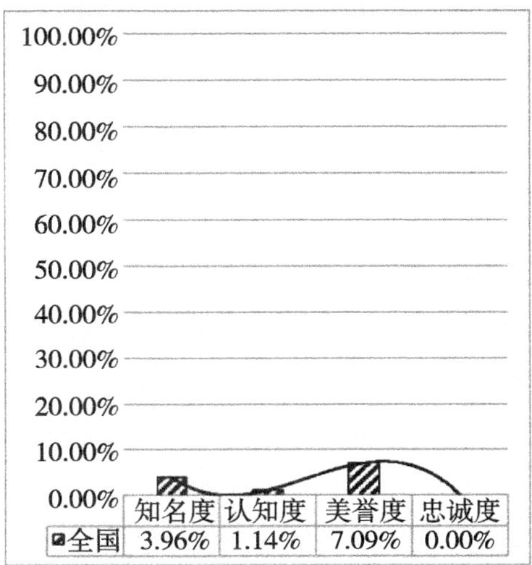

图5－50　同福碗粥品牌在全国的指标结构

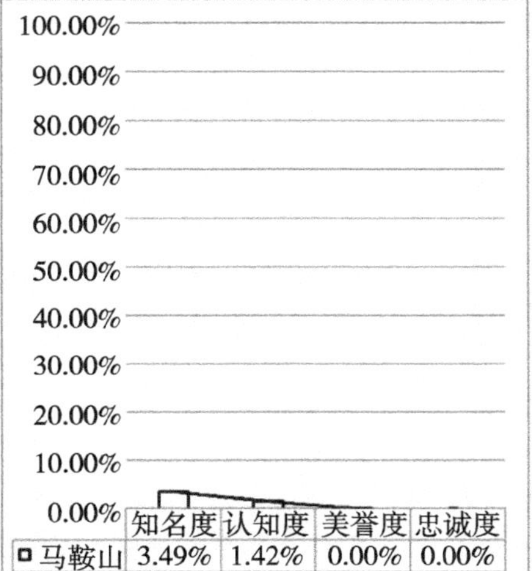

图5－51　同福碗粥品牌在马鞍山的指标结构

该品牌的全国指标结构中，各项指标均不高，知名度和认知度均未达到有效的范围，美誉度相对较高但不是来自认知度的支撑，而忠诚度为0，品牌指标间的结构尚未形成，品牌对营销的作用还很弱（如图5－50所示）。品牌所在地（以马鞍山的数据为参考）的各项指标非常弱，甚至不及全国平均水平，几乎看不出品牌的作用。如图5－51所示。

3. 品牌质量分析

同福碗粥品牌的信息质量比为0.421，略高于0.4的最优比值上限，品牌的发展质量是优良的。从基础指标看，品牌的各项指标偏低，却获得了相对较高的品牌美誉度，由此所形成的质在信息总量中的比重是比较合理的。由于品牌的指标值偏低，且还不是真正意义上的品牌，因此这一质量比值并不能真实地反映质量水平。同福碗粥品牌的质量比计算，如表5－84所示。

表5－84　同福碗粥品牌的质量比计算

品牌	品牌信息基本量的贡献率	品牌信息质的贡献率	品牌信息质量比值
同福碗粥	70.38%	29.62%	0.421

4. 品牌信息的稳定性分析

同福碗粥的品牌稳定指数为2.49，属于弱稳定性品牌，品牌信息的有效间隔期较短，品牌的维护成本较高，抵抗风险的能力很弱。结合品牌基础指标，品牌的知名度和认知度未达到有效标准，从严格意义上来说还不是“品牌”，从其发展阶段来看还属于品牌起步阶段，其在全国的影响力还很弱，稳定性也未形成。同福碗粥品牌的稳定性计算，如表5－85所示。

表5－85　同福碗粥品牌的稳定性计算

品牌	N（E）函数值	品牌衰减系数	品牌信息的衰减速率	品牌稳定性指数
同福碗粥	28.22	0.0354	0.0249	2.4863

5. 综合分析

综上所述，从现有数据看同福碗粥品牌是一个质量发展优良的小规模品牌，其品牌传播的范围还较小，全国影响力并未形成。品牌的各项指标偏低，目前应该处于品牌创牌阶段，还具有一定的成长性。

三十八、皖王面粉

1. 品牌简介

安徽皖王面粉集团有限公司成立于1997年，坐落于苏鲁豫皖四省交界的宿州萧县，是国家优质小麦生产基地，公司是集主食加工、仓储物流贸易、科研、优质麦种繁育、产品出口与养殖业、产业化经营于一体的大型国家级农业产业化重点龙头企业。公司旗下拥有6家子公司，占地总面积达30万平方米，资产总额超过5亿元，员工800名；拥有五条国际一流的瑞士布勒专用粉生产线，日加工小麦2200吨；拥有三条营养挂面生产线，日加工挂面100吨；小麦储存能力达到30万吨。公司拥有三个保护性商标"皖王""麦香王""润发"。皖王集团先后获得"安徽省百强企业""省民营科技企业""全国农产品加工示范企业"等荣誉称号。

2. 基础数据与指标结构分析

皖王面粉品牌的总信息量为1.0601亿比特，属于小规模品牌。本次调研缺少品牌所在地宿州地区的数据，但从合肥和马鞍山的数据可以看出，在安徽城市的数据稍优于全国其他地区，品牌具有区域特征，而在其他地区的各项数据则比较低，在全国的影响力还很小。

品牌的全国平均知名度为5.29%，刚超过有效标准（5%），表明品牌在全国较小范围具有品牌传播，影响力还很小，品牌对营销起的作用也不大。从地区层面看，在各地体现出一定的差异，但不明显：在安徽省内城市合肥和马鞍山的知名度分别仅有11.43%和10.08%，属于知名度较高的地区，而在长沙、吉林等多地的知名度未达到有效标准，属于自然传播形成，基本上没有运作痕迹；其余各地的知名度指标都不高，说明品牌只是在局部地区具有影响力。品牌的认知度指标很弱，全国仅为1.69%，并没有达到有效范围（2.5%以上），而且除了合肥和马鞍山外，在各地区的品牌认知度都没有达到有效范围，其品牌内涵的传播是不足的，主要原因还是在于其知名度较低，品牌传播的范围不广，并不具备大范围的消费者认知基础。全国大部分的消费者对品牌及品牌所代表的意义是不清楚的，对品牌的印象也不深刻。

皖王品牌的美誉度指标全国平均为7.32%，获得了一定的消费者口碑。在各地的美誉度指标也有比较明显的差距：马鞍山最高，为 19. 23%，合肥、吉林等地区的美誉度也较高，而在多个地区的美誉度指标均不高，这说明品牌只在小范围内具有良好的口碑，但这种好口碑传播的范围和途径尚不足以形成品牌自传播的能力。该品牌的忠诚度仅为 0. 25%，而且仅来自合肥地区，在大部分地区出现了忠诚度为 0 的情况，消费者的重复购买率还不高。皖王面粉品牌的基础数据，如表 5 – 86 所示。

表 5 – 86　皖王面粉品牌的基础数据

序号	调研城市	知名度（%）	认知度（%）	美誉度（%）	忠诚度（%）	品牌信息量估值（万比特）
1	长沙	4. 80	1. 95	9. 09	0. 00	686. 33
2	合肥	11. 43	3. 17	12. 50	2. 08	2965. 84
3	吉林	3. 18	1. 00	11. 76	0. 00	837. 33
4	厦门	3. 18	1. 42	0. 00	0. 00	799. 34
5	呼伦贝尔	2. 45	0. 49	9. 09	0. 00	540. 11
6	马鞍山	10. 08	2. 92	19. 23	0. 00	2170. 35
7	赣州	5. 35	2. 05	5. 26	0. 00	1267. 74
8	成都	3. 40	0. 69	0. 00	0. 00	512. 82
9	南宁	6. 28	2. 22	0. 00	0. 00	821. 14
总计	全国	5. 29	1. 69	7. 32	0. 25	10601. 0104

该品牌的全国指标结构中，各项指标值还比较小，指标间的结构关系还不明显，品牌在营销中的作用还很小（如图 5 – 52 所示）。品牌所在省份城市（以合肥的数据为参考）的各项指标高于全国平均水平，但差距并不明显，显示品牌在安徽省内的影响力也并不高，而品牌对营销的作用高于全国水平。如图 5 – 53 所示。

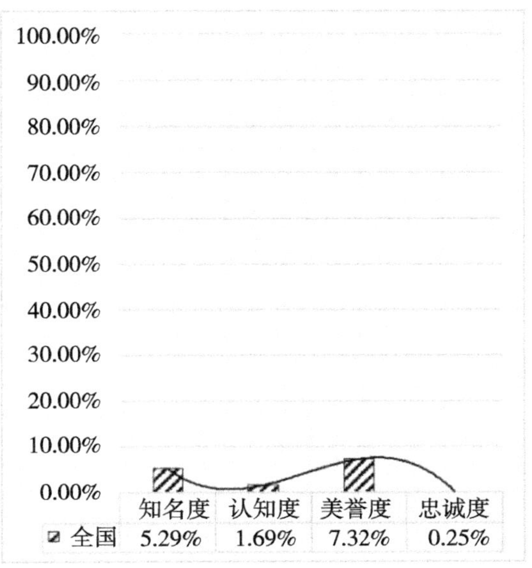

图 5－52 皖王面粉品牌在全国的指标结构

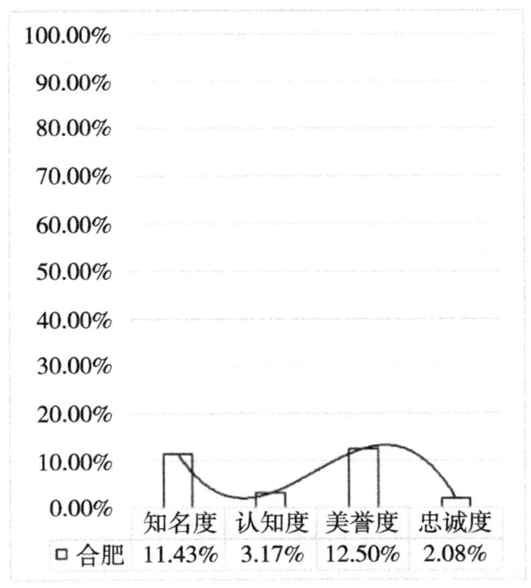

图 5－53 皖王面粉品牌在合肥的指标结构

3. 品牌质量分析

皖王面粉品牌信息质量比值为 0.426，略高于最优区间的上限 0.4，显示品牌的发展质量是优良的。这主要得益于其在各项指标中最高的美誉度，是一个有优良口碑传播的品牌，其品牌质与量的发展是比较平衡的。但品牌的各项指标均比较低，还需要企业继续扩大品牌影响，继续提升品牌的口碑。皖王面粉品牌的质量比计算，如表5－87所示。

表5－87　皖王面粉品牌的质量比计算

品牌	品牌信息基本量的贡献率	品牌信息质的贡献率	品牌信息质量比值
皖王面粉	70.14%	29.86%	0.426

4. 品牌信息的稳定性分析

皖王面粉品牌的稳定性指数为2.57，属于弱稳定性的品牌。从基础数据和质量比可以看出，该品牌的量很小，发展还不够充分，全国的影响力并未形成，应该还是处于成长初期，稳定性尚未形成，从其良好的质量比值看，品牌还保持着一定的成长性。皖王面粉品牌的稳定性计算，如表5－88所示。

表5－88　皖王面粉品牌的稳定性计算

品牌	N（E）函数值	品牌衰减系数	品牌信息的衰减速率	品牌稳定性指数
皖王	27.32	0.0366	0.0257	2.5694

5. 综合分析

综上所述，从现有数据看皖王面粉是一个处于成长初期的小规模品牌，品牌覆盖范围不大，全国影响力还很小。品牌的发展质量优良，稳定性偏弱，还具有一定的成长性。

三十九、正宇

1. 品牌简介

安徽正宇集团位于亳州市涡阳县，集团下辖安徽正宇面粉有限公司、安徽隆宇三农科技服务有限公司、安徽同盛商贸有限公司、永城市正宇面粉有限公司、永城市富元面粉销售有限公司、涡阳县原野文化传媒有限公司六大子公司，已形成了研发、种植、加工、贸易、物流一体化的产业格局。集团的核心企业——安徽正宇面粉有限公司注册资本1亿元，现有职工760人，占地面积356亩，拥有3条面粉生产线、6条挂面生产线和2条面叶生产线，日处理小麦2600吨，日加工挂面360吨，日加工面叶60吨，原粮仓容22万吨，总资产已达3.3亿元。

2. 基础数据与指标结构分析

正宇的总信息量为121.63万比特，属于安徽省内的微小规模品牌。品牌的各项指标都还很低，可能与本次调研没有安排在品牌所在地亳州进行有关，从现有数据看，其在安徽省内的影响力尚未形成。

知名度指标方面，安徽省平均仅为2.73%，没有达到有效标准（5%），品牌结构对营销还发挥不了作用，这一指标显示知名度基本上是在营销过程中自然传播形成，没有开展过品牌的运作活动。从地区层面看，两个调研城市的知名度都未达到有效标准，显示品牌在安徽省还不具备影响力，传播范围非常小，绝大部分消费者对品牌是不知晓的。认知度指标方面，安徽省仅为0.68%，很弱，也未达到有效标准（2.5%），消费者可能听说过“正宇”，但对“正宇”所代表的意义是陌生的。认知度是反映品牌信息传播深度的指标，只有超过2.5%才能认为消费者对于品牌信息有效了解，这也是形成品牌美誉度和忠诚度的基础。如此微弱的认知度水平导致在调研中没有获得品牌的美誉度和忠诚度数据，显示消费者在购买了品牌的产品后，没有注意产品的品牌，或是产品的质量并没有引起消费者对产品品牌的注意，所形成的赞誉并没有转嫁到品牌上，对产品的多次重复购买也不知是属于哪个品牌。这一切源于品牌的知名度和认知度很弱，品牌对消费者来说是陌生的。正宇在安徽调研的基础数据，如表5-89所示。

表5-89　正宇在安徽调研的基础数据

序号	区域	代表城市级别人口数（万人）	知名度（%）	认知度（%）	美誉度（%）	忠诚度（%）	信息总量（万比特）
1	合肥	2656.3	2.13	0.49	0.00	0.00	42.24
2	马鞍山	3279.2	3.21	0.83	0.00	0.00	79.39
总计	安徽	5935.5	2.73	0.68	0.00	0.00	121.63

该品牌的各项指标均不高，品牌在安徽省的影响力还未形成，各项指标间的结构也未形成，品牌在营销中的作用几乎为零。正宇在安徽省的指标结构，如图5-54所示。

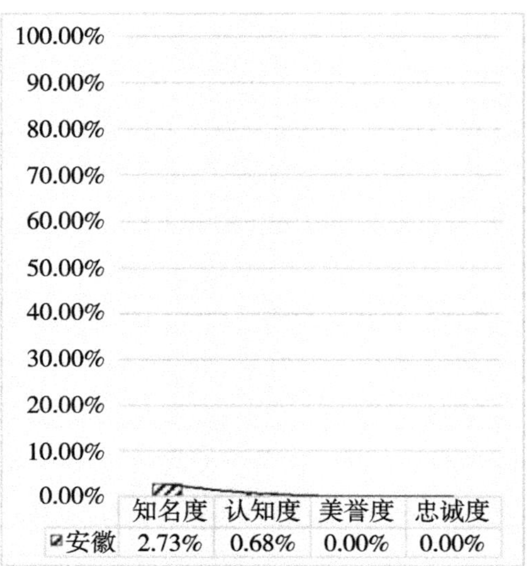

图 5－54　正宇在安徽省的指标结构

3. 品牌质量分析

正宇信息质量比为－0. 266，未达到行业的平均水平。品牌各项指标数据非常低，尤其是在调研中没有获得美誉度和忠诚度数据，在品牌信息总量中，质的贡献为负值，品牌的质和量的发展十分不充分。正宇的质量比计算，如表 5－90 所示。

表 5－90　正宇的质量比计算

品牌	品牌信息基本量的贡献率	品牌信息质的贡献率	品牌信息质量比值
正宇	136. 20%	－36. 20%	－0. 266

4. 综合分析

综上所述，正宇在安徽省是一个微小规模的品牌，品牌的指标值还非常低，发展十分不充分，在安徽省还不具备影响力。

第三节　餐饮行业品牌资源分析

四十、同庆楼

1. 品牌简介

同庆楼集团源起1925年创立的中华老字号芜湖同庆楼，历史上同庆楼遍布北京、南京、武汉、芜湖等城市，曾接待过国家领导人，显赫一时。作为中国历史餐饮名店，1999年同庆楼即被对外贸易经济合作部认定为中华老字号，2006年商务部再次认定同庆楼为中华老字号，由商务部长亲自为同庆楼授牌。

2010年，经中国贸促会和上海世博局推选，同庆楼作为中华八大菜系之徽菜唯一代表企业入驻世博会，赢得海内外宾客广泛赞誉。经历近一个世纪的风雨历程，同庆楼集团已经成为安徽省最大的餐饮集团之一，享誉省内外。

2. 基础数据与指标结构分析

同庆楼品牌的总信息量是2.935亿比特，属于中等偏小规模品牌。从各地调研数据看，合肥地区的数据要明显高于全国其他地区，而同属安徽省的马鞍山地区的数据也较低，与安徽省外城市的差距并不明显，显示了品牌的影响力主要集中在品牌所在地的合肥地区，在省内其他城市的影响力很小，是一个区域特征十分明显的区域品牌。

其全国平均知名度为11.16%，品牌开始对营销发挥一定的作用，但缺乏消费者知晓的基础，知晓范围并不广。从地区指标看，在品牌所在地合肥的知名度高达68.1%，超过64%的高知名度标准，作为合肥本地的老字号餐饮品牌，同庆楼在当地的影响非常大，大部分消费者对品牌耳熟能详；而在其他地区，除了同省的马鞍山外，知名度都没有超过5%的有效标准，知名度属自然传播形成，基本上没有人为操作的痕迹，品牌还不具备全国的影响力。该品牌的知名度还缺乏大范围消费者认知的基础，而其全国平均认知度仅为3.73%，刚刚达到有效的范围（2.5%以上），而且主要来自合肥一地认知度的支撑，全国其他地区的消费者不但对品牌本身是陌生的，对品牌内涵的认知也不理想。

该品牌获得了相对较高的美誉度，全国达到11.13%，消费者对其产品是比较认可的，在体验品牌的产品后形成了良好的赞誉水平。但美誉度指标表现出比较明显的地区差异性：合肥、马鞍山等地区超过了20%，获得了相当一部分消费者的喜爱和认可，该品牌在安徽省内的营销效果最为理想；而在厦门、成都等地区则没有获得美誉度，消费者认可度低。从认知度与美誉度的比例关系看，二者的比例是失衡的，由于认知度偏低，该品牌美誉度来自消费者深度认知的可能性不大，而更多的是通过其他的营销途径获得，品牌本身在营销中的作用并不明显，这在赣州、长沙、马鞍山等地区体现得尤为明显。

该品牌的忠诚度为3.07%，获得了一部分消费者的多次重复购买，这对一个在其他地区消费者知晓不高的品牌来说实属不易。但其美誉度与忠诚度的比例关系是失衡的，良好的口碑向消费者的重复购买转化还不够充分，原因可能与认知度微弱有关，在对品牌缺乏深入了解、对品牌产品缺少深度体验的情况下，是很难形成较高的忠诚度的；而且品牌的忠诚度仅来自合肥、赣州、南宁等少数地区的支撑，在大部分地区的消费者偏好是不明显的。同庆楼品牌的基础数据，如表5－91所示。

表5－91　同庆楼品牌的基础数据

序号	调研城市	知名度（%）	认知度（%）	美誉度（%）	忠诚度（%）	品牌信息量估值（万比特）
1	长沙	3.93	0.57	22.22	0.00	456.29
2	合肥	68.10	24.82	22.38	4.55	25000.21
3	吉林	3.55	0.83	5.26	0.00	709.09
4	厦门	1.59	1.16	0.00	0.00	330.20
5	呼伦贝尔	2.45	0.38	0.00	0.00	482.58
6	马鞍山	9.69	3.04	24.00	0.00	1086.87
7	赣州	2.82	0.39	20.00	10.00	643.17
8	成都	1.94	0.68	0.00	0.00	242.77
9	南宁	4.19	0.51	12.50	12.50	399.51
总计	全国	11.16	3.73	11.13	3.07	29350.7017

该品牌的全国指标结构中，突出优点是获得了高于知名度的美誉度，而

其余三项指标均不高，各指标间的比例关系是失衡的，品牌在营销中的作用还不明显（如图5－55所示）。品牌所在地合肥的各项数据则明显高于全国平均水平，指标间的结构也比较理想，接近次优结构，品牌对营销发挥了非常明显的作用。如图5－56所示。

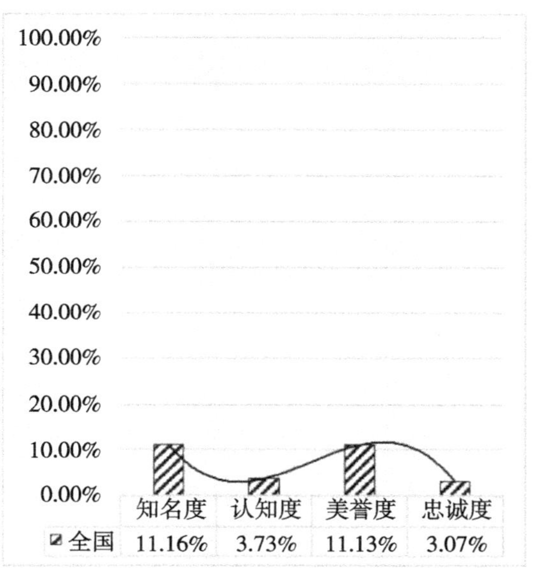

图5－55　同庆楼品牌在全国的指标结构

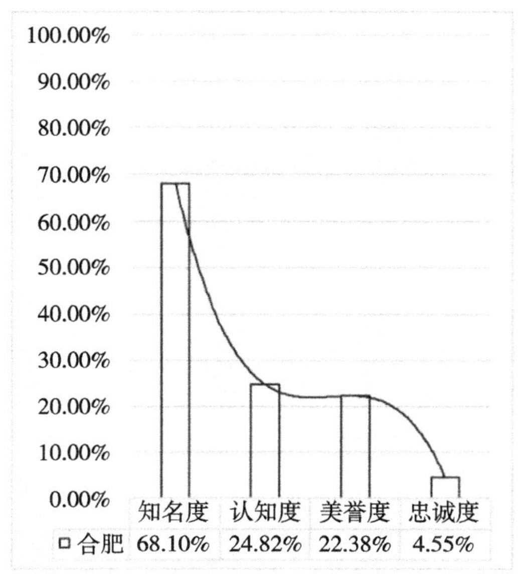

图5－56　同庆楼品牌在合肥的指标结构

3. 品牌质量分析

同庆楼品牌的信息质量比为 0.677，略高于品牌质量比值的上限（0.4），其发展质量是优良的，有良好的消费者口碑的积累。基础指标中，美誉度的数据最高，在行业中也属于较高水平，而与美誉度相比，其全国知名度和认知度尤其是认知度偏低了，信息总量中由知名度与认知度带来的基本量的贡献不足，量的发展还不够。需要企业提高品牌传播的效率，继续扩大品牌的知名度，尤其需要提升品牌的认知度，这样品牌质量比值能向 0.3 ~0.4 的最优区间移动。同庆楼品牌的质量比计算，如表 5 －92 所示。

表 5 －92　同庆楼品牌的质量比计算

品牌	品牌信息基本量的贡献率	品牌信息质的贡献率	品牌信息质量比值
同庆楼	59.62%	40.38%	0.677

4. 品牌信息的稳定性分析

同庆楼的品牌稳定指数为 3.94，属于一般稳定性品牌，品牌信息的有效间隔期较短，品牌的维护成本较高，抵抗风险的能力不够强。品牌虽然属于中华老字号，历史悠久，但从这一稳定水平结合质量比及基础指标可以看出，该品牌目前还处于成长初期，其全国影响力还未形成，稳定性偏弱，其良好的质量比值显示品牌还具有一定的成长性。同庆楼品牌的稳定性计算，如表 5 －93 所示。

表 5 －93　同庆楼品牌的稳定性计算

品牌	N（E）函数值	品牌衰减系数	品牌信息的衰减速率	品牌稳定性指数
同庆楼	17.97	0.0557	0.0394	3.9387

5. 综合分析

综上所述，同庆楼品牌为品牌质量优良的中等偏小规模品牌，品牌的区域特征非常明显。虽然同庆楼是老字号，但从全国范围看，品牌目前仍处于成长期，具有一定的成长性。品牌目前亟须解决在非品牌所在地区影响力不足的问题。

四十一、耿福兴

1. 品牌简介

中华老字号百年老店“耿福兴”于1910（清宣统二年）开业，原设于芜湖市三街口，1959年迁至中二街，原是江苏江都人耿长宏创办的小食摊，后与其弟耿长富一起开办了耿福兴饺面馆，后来又增加了酥烧饼。20世纪80年代后，几经扩建，以经营安徽沿江风味和淮杨风味为特色，主要名菜有蝴蝶海参、凤胎鱼翅、肴肉等。历经沧桑，百年不衰，直至今日，耿福兴酒楼誉满江城，名闻遐迩。

2. 基础数据与指标结构分析

耿福兴品牌的总信息量为6871万比特，属于小规模品牌。本次调研没有获得品牌所在地芜湖的数据，从现有数据看，品牌的各项指标值偏小，在各地区的数据总体差别不大，在同属安徽省的合肥和马鞍山地区获得的数据并不突出，可以推测出品牌的影响力主要集中于芜湖地区，其全国影响力尚未形成。

该品牌的各项全国平均指标值均比较低，多项指标未达到有效标准。其知名度全国指标为4.48%，没有达到有效标准（5%），知名度基本上为自然传播形成，品牌对营销的作用还不明显，在全国的影响力还未形成。各地的知名度指标总体差别不大，合肥地区最高也仅为13.32%，在其他地区除马鞍山外的知名度均未达到有效标准，基本上没有人为传播的痕迹。其认知度指标很弱，全国为1.08%，除合肥外各地区的指标都没有达到有效标准（2.5%）。其较低的知名度指标并不具备大范围消费者认知的基础，大部分地区的消费者不但对品牌本身是陌生的，对品牌的内涵也基本上是不了解的。

其美誉度指标也不高，全国仅为4.01%，消费者的口碑一般，而且部分地区的消费者对该品牌的产品没有形成赞誉，可能是由于对品牌不了解而缺乏消费者体验所致。从地区上看，美誉度最高为品牌知名度和认知度很低的厦门地区，与品牌本身的关系不大。这种美誉度水平尚不足以形成品牌自传播的能力，更不足以形成固定消费者人群和重复购买行为，因此，品牌忠诚度也不会太高。该品牌的忠诚度仅为1.19%，而且仅来自合肥和赣州两地，大部分地区的忠诚度为0，消费者的重复购买习惯并未形成。耿福兴品牌的基础数据，如表 5－94 所示。

表 5－94　耿福兴品牌的基础数据

序号	调研城市	知名度（%）	认知度（%）	美誉度（%）	忠诚度（%）	品牌信息量估值（万比特）
1	长沙	1.10	0.32	0.00	0.00	132.91
2	合肥	13.32	3.33	5.26	1.75	2618.13
3	吉林	0.94	0.13	0.00	0.00	187.16
4	厦门	2.72	0.80	16.67	0.00	511.44
5	呼伦贝尔	4.64	1.64	4.76	0.00	945.19
6	马鞍山	5.95	1.35	6.67	0.00	624.40
7	赣州	4.82	0.97	0.00	5.88	1205.55
8	成都	2.65	0.35	0.00	0.00	326.70
9	南宁	3.17	0.27	0.00	0.00	319.57
总计	全国	4.48	1.08	4.01	1.19	6871.0563

该品牌的各项全国指标都不高，品牌结构属于正在形成的阶段，暂时看不出品牌在营销中的作用（如图 5－57 所示）。品牌所在地（以合肥的数据为参考）的各项指标也并不突出，结构与全国水平近似，品牌对营销的作用也并不明显。如图 5－58 所示。

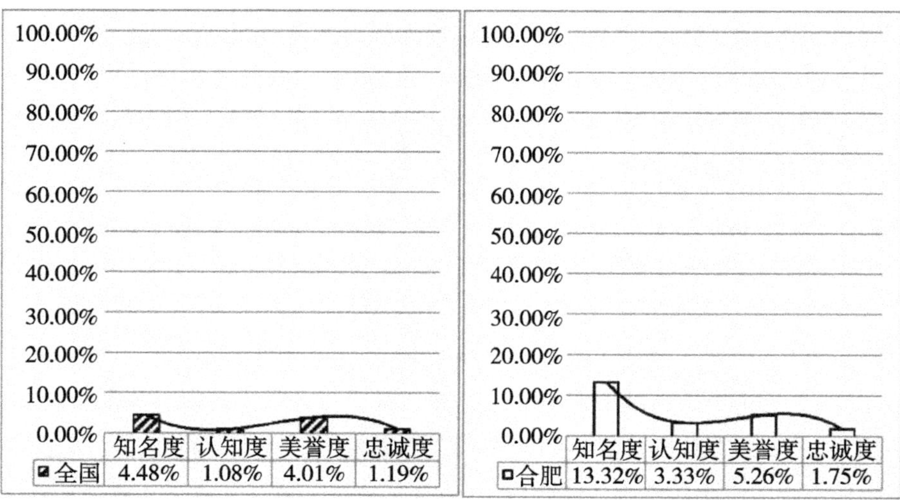

图 5－57　耿福兴品牌在全国的指标结构　图 5－58　耿福兴品牌在合肥的指标结构

3. 品牌质量分析

耿福兴品牌的信息质量比为0.101，发展质量处于良好水平。从基础指标看，各项指标值均偏低，品牌的发展还不充分，影响力也未形成，因此这一质量比值并不具备参考意义。耿福兴品牌的质量比计算，如表5－59所示。

表5－95　耿福兴品牌的质量比计算

品牌	品牌信息基本量的贡献率	品牌信息质的贡献率	品牌信息质量比值
耿福兴	90.86%	9.14%	0.101

4. 品牌信息的稳定性分析

耿福兴的品牌稳定指数为1.4，属于弱稳定性品牌，品牌信息的有效间隔期较短，品牌的维护成本较高，抵抗风险的能力很弱。结合品牌基础指标，品牌虽然属于中华老字号，历史悠久，但从严格意义上来说还不是“品牌”，其在全国的影响力还很弱，稳定性也未形成。耿福兴品牌的稳定性计算，如表5－96所示。

表5－96　耿福兴品牌的稳定性计算

品牌	N（E）函数值	品牌衰减系数	品牌信息的衰减速率	品牌稳定性指数
耿福兴	49.82	0.0201	0.014	1.4013

5. 综合分析

综上所述，从现有数据看耿福兴是一个发展质量良好的小规模品牌，品牌覆盖范围不大，全国影响力并未形成，还需企业继续扩大品牌的宣传，提升品牌的影响力。

四十二、聚红盛

1. 品牌简介

中华老字号“聚红盛”品牌系光绪帝师、北京大学创始人孙家鼐家族创建于公元1875年，董事长邸道阳继承和振兴了这一民族餐饮瑰宝，并成为第六代传人，聚红盛也是迄今为止安徽省最早的餐饮品牌，已横跨历史长河三个世纪。2009年，经中国贸促会和上海世博局推选，聚红盛作为中华八大菜系之徽菜代表企业参加“迎世博国际美食大赛”并获得金奖，多次接待央视《舌尖上的中国》、香港凤凰卫视、安徽卫视《美食来了》等媒体的采访，赢得省内外宾客广泛赞誉。

经过多年发展，聚红盛现已是享誉省内外的知名餐饮企业，对安徽省餐饮业的发展、振兴百年老字号起到了推动作用，如今公司在社会各界的关心和支持下发展迅速，现已成为安徽省最具价值和品牌影响力的餐饮连锁品牌。

2. 基础数据与指标结构分析

聚红盛的总信息量为 213.27 万比特，在安徽省内还属于微小规模品牌。基础指标中，品牌获得了不错的消费者美誉度，但其余指标还很低，在安徽省内还不具备影响力。

基础指标中，比较突出的优点是品牌获得了较高的美誉度，但其余指标均不高。知名度指标方面，安徽省平均仅为 2.74%，没有达到有效标准（5%），属于自然传播形成。其省内知名度还不高，品牌对营销几乎没有作用。这一指标反映聚红盛目前仅仅是以“商标”的形式存在，还没有达到“品牌”的概念。从地区层面看，各地的知名度都还不高，总体差距不大，均未达到有效标准，其安徽省的影响力并未形成。认知度指标仅为 0.93%，还很弱，而且各地区的认知度都没有达到有效范围，这也是由于其知名度不高，并不具备大范围消费者认知的基础。聚红盛在安徽调研的基础数据，如表 5 –97 所示。

表 5 –97　聚红盛在安徽调研的基础数据

序号	区域	代表城市级别人口数（万人）	知名度（%）	认知度（%）	美誉度（%）	忠诚度（%）	信息总量（万比特）
1	合肥	2656.3	3.72	1.25	13.33	0.00	124.62
2	马鞍山	3279.2	1.94	0.68	20.00	0.00	88.65
总计	安徽	5935.5	2.74	0.93	17.01	0.00	213.27

在知名度和认知度较低的情况下，该品牌却获得了较高的美誉度，达到了 17.01%，获得了相当一部分消费者的认可和喜爱。但这样的美誉度是在较低的知名度和认知度条件下获得的，与品牌本身的关系不大，更多的是通过其他途径如促销等获得。这种途径获得的良好口碑尚不足以形成品牌自传播的能力，也很难获得消费者的重复购买。该品牌的忠诚度调研

数据为0，良好的口碑并没有转化为消费者的忠诚，原因还是消费者对品牌的了解不充分，虽然厂商依靠促销等销售手段临时获得了消费者的好评和赞誉，但这种赞誉由于消费者缺乏对品牌内涵的了解并不会持久，也不会形成消费者的忠诚。

该品牌的安徽省指标结构中，可以明显地看出美誉度相对较高而出现的指标间不协调的比例关系，虽然获得了一定的口碑但不是品牌本身带来的，也很难获得消费者忠诚，品牌还不能对营销发挥作用。聚红盛在安徽省的指标结构，如图5－59所示。

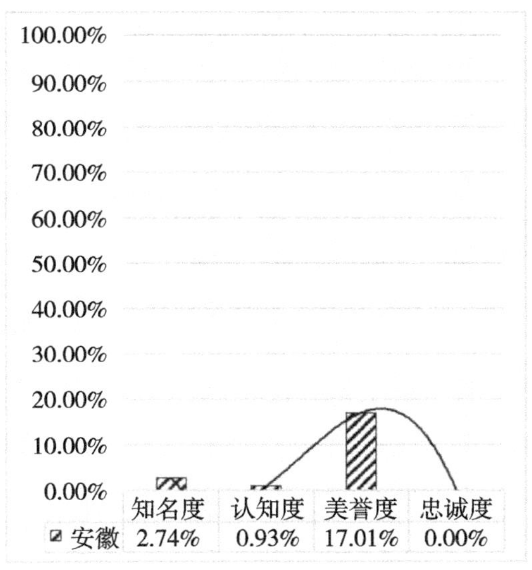

图5－59 聚红盛在安徽省的指标结构

3. 品牌质量分析

聚红盛的信息质量比为0.25，接近理想比值的下限0.3，品牌发展质量是良好的，企业的经营管理和品牌营销也处于良好的状况。由于品牌的知名度和认知度还很低，未达到有效标准，还不是真正意义上的“品牌”，因此这一质量比值并不具备参考意义。聚红盛的质量比计算，如表5－98所示。

表5－98 聚红盛的质量比计算

品牌	品牌信息基本量的贡献率	品牌信息质的贡献率	品牌信息质量比值
聚红盛	80.02%	19.98%	0.250

4. 综合分析

综上所述，聚红盛是一个微小规模品牌，在省内的影响力还没有形成。品牌的美誉度指标虽然较高，也使品牌形成了良好的质量比值，但其知名度和认知度都未达到有效标准，在品牌的宣传和推广方面厂商还有较长的路要走。

四十三、老乡鸡

1. 品牌简介

老乡鸡，原名肥西老母鸡，2012 年改名为老乡鸡，是安徽最大的连锁快餐。老乡鸡的餐厅设计融合了时尚的元素，每天都有数以万计的年轻人进店消费。老乡鸡的招牌菜品为肥西老母鸡汤。老乡鸡的研发团队也不断推陈出新，研发出竹笋蒸鸡翅、鸡汁腊鱼、凤爪蒸豆米、香草鸡翅等系列菜品，以“健康、营养、美味、快速”的特色，赢得了广大消费者的青睐。老乡鸡餐厅在安徽、江苏已达 260 余家，并且在持续发展中。老乡鸡快餐店实行 24 小时营业，并提供全天候外卖送餐服务。

2. 基础数据与指标结构分析

老乡鸡品牌的总信息量是 6. 6903 亿比特，属于中等偏大规模品牌。本次调研在品牌所在地合肥进行，从合肥获得的数据及安徽另一个城市马鞍山获得的数据看，均明显高于全国其他地区，显示品牌的主要影响集中在安徽省内，是一个区域特征非常明显的品牌。在全国已经具有了一定的传播范围，开始形成全国的影响力。

该品牌的全国平均知名度为 21. 53%，超过了品牌获取知名度的第二个关键点 16. 5%，消费者对产品和企业以及品牌内涵等信息具有较深的理解和认知，但消费者的认知深度或理解程度并不高。该品牌在绝大部分地区获得了有效的知名度数据，在合肥和马鞍山的知名度均超过了 70%，安徽省的消费者对品牌是非常熟悉和了解的；在其他地区，除吉林较低外差别并不大，品牌在全国较大范围都有了一定程度的传播，但影响力还不大。其全国平均认知度为 8. 5%，接近知名度的一半，但认知度主要来自安徽省内的两个城市的支撑，在其他地区均是不足的，品牌在传播上缺乏有效传播的途径或容易被消费者认知的内容。品牌的知名度和认知度数据体现了品牌具有非常明显的区域特征。

品牌的美誉度为12.24%，获得了良好的消费者口碑。从地区上看，有一定的差异，品牌所在地合肥最高为27.47%，品牌营销效果比较理想；而在吉林和南宁则没有获得美誉度指标，可能属于品牌尚未进行开拓的市场；而其他地区的美誉度则比较平均，消费者对品牌的产品总体是比较认可的，品牌具备了基本的自传播能力和大规模营销的基础。从认知度与美誉度的关系看，美誉度略高于认知度，基本上符合二者之间的理想比例关系，美誉度的获得有消费者对品牌产品的深度体验。

该品牌的一个显著问题是良好的口碑未能转换成消费者的重复购买，品牌忠诚度仅为1.32%，在大部分地区甚至没有获得忠诚度，意味着消费者的重复购买率低，消费偏好或习惯并未形成。这可能源于品牌缺乏知名度和认知度的支撑，或是商家在渠道、价格等方面营销运作出现了问题，未能契合消费者的利益诉求。老乡鸡品牌的基础数据，如表5－99所示。

表5－99　老乡鸡品牌的基础数据

序号	调研城市	知名度（%）	认知度（%）	美誉度（%）	忠诚度（%）	品牌信息量估值（万比特）
1	长沙	6.85	1.52	13.33	0.00	817.62
2	合肥	78.45	37.19	27.47	5.25	37707.26
3	吉林	1.39	0.29	0.00	0.00	277.79
4	厦门	6.35	1.17	8.70	0.00	1260.27
5	呼伦贝尔	19.56	4.87	15.00	3.75	4340.30
6	马鞍山	74.81	32.46	12.95	2.59	18566.06
7	赣州	7.07	1.89	11.54	0.00	1738.16
8	成都	8.54	3.58	21.43	0.00	1148.21
9	南宁	9.62	1.95	0.00	0.00	1047.43
总计	全国	21.53	8.50	12.24	1.32	66903.0866

该品牌的全国指标结构近似于次优品牌结构，认知度接近知名度的一半，美誉度略高于认知度，前三项指标是能够对品牌营销起到一定的支撑作用的，但由于忠诚度偏低，消费者的消费偏好不明显，前三项指标的良好指标结构并不能为厂商带来切实的收益（如图5－60所示）。品牌所在

地合肥的各项指标均明显高于全国平均水平，显示该地区为品牌重点发展和开拓的市场，厂商投入了很大的力量，也获得了不错的效果，品牌对营销也起到了非常明显的作用。如图5-61所示。

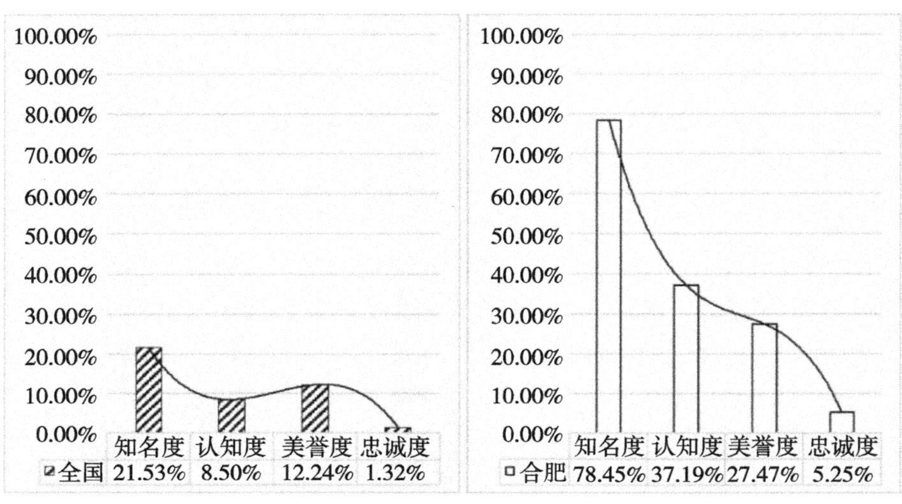

图5-60　老乡鸡品牌在全国的指标结构　图5-61　老乡鸡品牌在合肥的指标结构

3. 品牌质量分析

老乡鸡品牌的信息质量比为0.652，品牌发展质量良好但略微表现出“质有余而量不足”的状况。主要原因还是在于与美誉度相比，其全国知名度和认知度尤其是认知度偏低了，信息总量中由知名度与认知度带来的基本量的贡献不足，量的发展还不够，尤其是安徽省外地区的影响力不足影响了品牌量的进一步提升。需要企业提高品牌传播的效率，继续扩大在省外地区的品牌的知名度与认知度，这样品牌质量比值能向0.3～0.4的最优区间移动。老乡鸡品牌的质量比计算，如表5-100所示。

表5-100　老乡鸡品牌的质量比计算

品牌	品牌信息基本量的贡献率	品牌信息质的贡献率	品牌信息质量比值
老乡鸡	60.54%	39.46%	0.652

4. 品牌信息的稳定性分析

老乡鸡的品牌稳定指数为4.33，属于一般稳定性品牌，品牌信息的有效间隔期较短，品牌的维护成本较高，抵抗风险的能力不够强。这一稳定水平结合质量比及基础指标反映了该品牌具有较高的影响力，但影响力主要集中在安徽省内，并不稳定，可能会面临较快的衰减。其发展应该是处于成长后期向成熟前期过渡的阶段，还具有一定的成长性。老乡鸡品牌的稳定性计算，如表5－101所示。

表5－101　老乡鸡品牌的稳定性计算

品牌	N（E）函数值	品牌衰减系数	品牌信息的衰减速率	品牌稳定性指数
老乡鸡	16.34	0.0612	0.0434	4.3358

5. 综合分析

综上所述，老乡鸡品牌为品牌质量良好的中等偏大规模品牌，品牌还具有非常明显的区域特征，目前正处于成长期向成熟期过渡的阶段，还具有一定的成长性。品牌量的积累还不够，且面临快速衰减的风险，需要企业继续扩大品牌宣传，尤其是在省外的宣传，提高品牌的影响力。

四十四、梦都

1. 品牌简介

安徽梦都集团组建于2004年5月，是一家以连锁餐饮为主，集宾馆酒店管理、房地产开发、旅游娱乐为一体的大型综合性企业集团，总部位于安徽省马鞍山市。以“梦都会”和“梦都酒家”两个品牌为依托，徽文化为底蕴，致力于徽菜开发和徽文化的传播。目前总资产10亿元，有员工2000余人，年纳税过千万元。

2. 基础数据与指标结构分析

梦都品牌的总信息量是3.0627亿比特，属于中等规模品牌。全国各个城市的指标有比较明显的差异性，品牌所在地马鞍山的各项数据明显高于全国其他地区，品牌还具有明显的区域品牌特征，是一个区域品牌，其全国的影响力还较小。

该品牌的各项基础指标均略显不足。其全国知名度为12.23%，品牌开始对营销发挥一定的作用，显然商家做过获取知名度的努力，但缺乏消费者知晓的基础，知晓范围并不广。从地区上看，在全国多个地区的数据未达到5%的有效标准，为自然形成，基本上无人为操作的痕迹，如厦门、长沙、赣州、成都等；而在品牌所在地马鞍山的知名度则达到了72.48%，超过64%的高知名度标准，品牌在当地的传播范围较大，当地消费者对品牌是耳熟能详的。品牌的认知度全国平均为3.2%，刚超过有效的范围（2.5%）。从认知度与知名度的比例关系看，认知度稍显偏低了，品牌推广渠道或是推广内容存在消费者认知的障碍。该品牌的认知度与美誉度的关系是不协调的，美誉度相对较高，说明该品牌的美誉度来自认知度支撑的部分较少，消费者对其产品或服务的深度体验形成的赞誉不足，美誉度更多地是通过其他营销途径获得。从地域上看，认知度和美誉度均呈现不均衡状态，品牌所在地马鞍山地区相对较突出，这都说明了品牌具有比较明显的地域性。从忠诚度指标看，全国平均忠诚度度达到了2.25%，具有了一部分的忠诚客户，但忠诚度仅来自成都等少数地区的支撑，且都是在品牌知名度和认知度不高的情况下获得的，与品牌本身的关系并不大，并不能反映真实的忠诚度水平。梦都品牌的基础数据，如表5-102所示。

表5-102 梦都品牌的基础数据

序号	调研城市	知名度（%）	认知度（%）	美誉度（%）	忠诚度（%）	品牌信息量估值（万比特）
1	长沙	4.57	0.82	10.00	0.00	587.02
2	合肥	8.82	2.28	16.67	2.78	2322.34
3	吉林	5.87	1.56	3.23	3.23	1317.22
4	厦门	4.19	1.51	0.00	0.00	1079.02
5	呼伦贝尔	24.11	5.85	15.84	0.00	7539.01
6	马鞍山	72.48	19.62	15.51	1.07	16091.31
7	赣州	3.89	1.13	7.14	0.00	891.98
8	成都	2.69	0.29	16.67	16.67	464.85
9	南宁	2.63	0.73	0.00	0.00	334.75
总计	全国	12.23	3.20	9.08	2.25	30627.499

该品牌的全国指标结构中，可以比较明显地看出品牌认知度和忠诚度偏低了，优点是获得了不错的消费者口碑；而品牌的口碑虽然良好，但从指标结构可以看出，由于消费者对品牌缺乏认知，对品牌形成了良好的赞誉并不全部是发自内心的，这种赞誉不会持久，也不会成为主动重复消费

的忠诚客户，这会使品牌在营销中的作用不能完全发挥出来（如图5－62所示）。品牌所在地马鞍山的指标结构则近似于次优品牌结构，知名度很高，认知度不及知名度的一半，美誉度与认知度相近，品牌对营销的作用远大于全国其他地区，但忠诚度偏低了，并没有为厂商带来切实的收益。如图5－63所示。

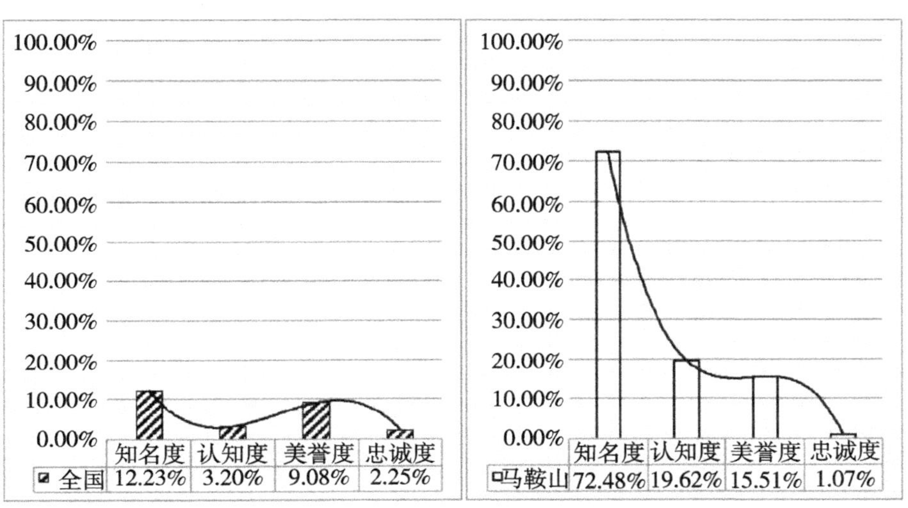

图5－62　梦都品牌在全国的指标结构　图5－63　梦都品牌在马鞍山的指标结构

3．品牌质量分析

梦都品牌的信息质量比为0.719，高于理想比值的上限0.4，品牌发展质量良好，企业的经营管理和品牌营销也处于良好的状况。在基础指标中，品牌获得了相对较高的美誉度指标，由此所形成的质的贡献在信息总量中的比重偏大，而由于品牌知名度和认知度尤其是认知度偏低了，而且在全国各地呈现出非常不均衡的状态，在大部分地区的知名度和认知度都不高，因此品牌量的发展是不足的，还需要厂商继续加强品牌宣传活动，扩大在全国的传播范围，增强品牌的影响力。梦都品牌的质量比计算，如表5－103所示。

表 5 - 103　梦都品牌的质量比计算

品牌	品牌信息基本量的贡献率	品牌信息质的贡献率	品牌信息质量比值
梦都	58.19%	41.81%	0.719

4. 综合分析

综上所述，梦都品牌是一个区域特征明显的中等规模品牌，品牌影响的范围还较小，并不具备全国范围的影响力。品牌各项指标间的比例关系不协调，厂商应注意各指标在各地区间的差异比较大的问题，在各地区的影响力以及所体现出的品牌营销的效果是不均衡的，这会影响品牌全国化进程的发展。

四十五、金色王朝

1. 品牌简介

金色王朝全称合肥黄山大厦金色王朝餐饮管理有限公司，是黄山大厦酒店管理集团旗下的集社会酒楼、休闲餐饮、机关团膳为一体的多元化餐饮企业。金色王朝前身是安徽黄山大厦城市酒店餐饮部。安徽黄山大厦城市酒店是安徽农垦集团投资兴建、自主管理的一家四星级旅游饭店，自1990年开业至今，已有近30年的历史。餐饮部经过十几年的运营，积累了一定的餐饮管理经验，成功实现了宾馆餐饮向社会酒楼的转型。

2. 基础数据与指标结构分析

金色王朝品牌的总信息量为1.1918亿比特，属于小规模品牌。从各地的调研数据可以看出，各项指标在各地的差异不明显，品牌所在省份的两个调研城市合肥和马鞍山的各项数据也并不突出，说明品牌在全国的影响力甚至在安徽省内的影响力都还比较小。

品牌的全国平均知名度为7.56%，刚超过有效标准（5%），表明品牌在全国较小范围具有了品牌传播，影响力还很小，品牌对营销起的作用也不大。从地区层面看，除了在呼伦贝尔地区的知名度超过了20%外，在其他地区的差异整体不明显，在吉林、成都、厦门等多地的知名度未达到有效标准，属于自然传播形成，基本上没有运作痕迹。在呼伦贝尔地区的知名度可能主要得益于该地有相近名称的品牌，使消费者产生混淆，并不能反映真实的知名度水平。品牌的认知度指标还很弱，全国仅为1.83%，并没有达到有效范围（2.5%以上），而且除了呼伦贝尔和合肥外，在各地区的品牌认知度都没有达到有效范围，其品牌内涵的传播是不足的，主要原因还是其知名度较低，品牌传播的范围不广，并不具备大范围的消费者认知的基础。全国大部分的消费者对品牌及品牌所代表的意义是不清楚的，对品牌的印象也不深刻。

金色王朝品牌的美誉度指标全国平均为8.96%，获得了一定的消费者口碑。在各地的美誉度指标出现了比较明显的差距：赣州最高为23.53%，成都、合肥等地区的美誉度也较高，而在多个地区的美誉度指标均不高，这说明品牌只在小范围内具有良好的口碑，但基本上是在知名度和认知度较低的地区获得的，这种好口碑传播的范围和途径尚不足以形成品牌自传播的能力。该品牌的忠诚度仅为0.62%，而且仅来自呼伦贝尔的支撑，在大部分地区出现了忠诚度为0的情况，消费者的重复购买率还不高。金色王朝品牌的基础数据，如表5-104所示。

表5-104　金色王朝品牌的基础数据

序号	调研城市	知名度（%）	认知度（%）	美誉度（%）	忠诚度（%）	品牌信息量估值（万比特）
1	长沙	9.13	1.63	0.00	0.00	1175.18
2	合肥	7.75	2.81	12.50	0.00	1434.30
3	吉林	1.98	0.36	0.00	0.00	398.12
4	厦门	3.04	0.48	0.00	0.00	610.24
5	呼伦贝尔	21.27	4.92	11.49	4.60	4816.61
6	马鞍山	7.75	2.42	5.00	0.00	861.11
7	赣州	4.62	0.93	23.53	0.00	1102.50
8	成都	4.27	1.59	14.29	0.00	516.91
9	南宁	9.62	1.77	6.67	0.00	1003.12
总计	全国	7.56	1.83	8.96	0.62	11918.1003

该品牌的全国指标结构中，各项指标值还比较小，指标间的结构关系还不明显，品牌在营销中的作用还很小（如图5-64所示）。品牌所在地（以马鞍山的数据为参考）各项指标和全国平均指标接近，差距并不明显，

显示品牌的地区影响力相近且都还比较小。如图 5－65 所示。

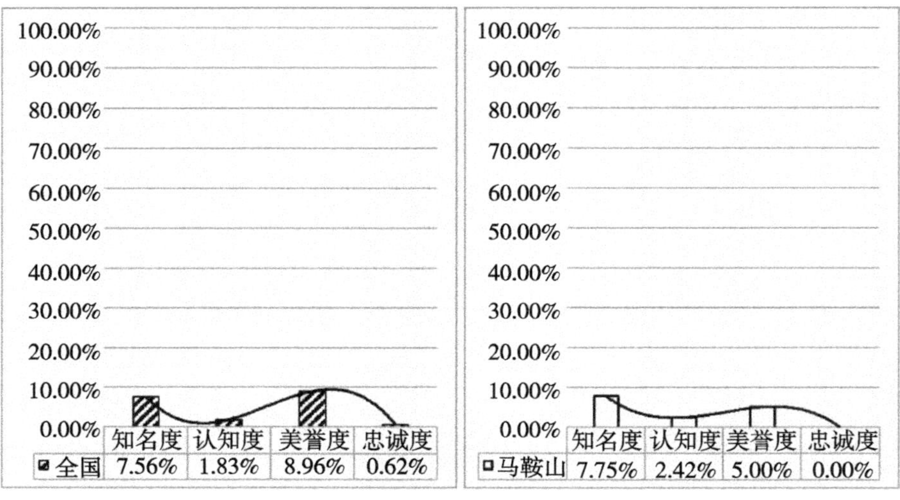

图 5－64 金色王朝品牌在全国的指标结构　图 5－65 金色王朝品牌在马鞍山的指标结构

3. 品牌质量分析

金色王朝品牌信息质量比值为 0. 092，略高于餐饮行业平均水平，显示出品牌的发展质量还是不错的。基础指标中，品牌的影响力主要依赖于知名度和认知度所形成的品牌信息基本量，而品牌美誉度仅略高于行业平均水平，由此所形成的品牌自传播能力还不足，品牌质的发展还不够，需要企业在继续扩大企业传播范围、加深消费者认知的基础上，提升品牌美誉度和忠诚度，累积消费者口碑，培养忠诚度客户，从而提升品牌质量发展水平。金色王朝品牌的质量比计算，如表 5－105 所示。

表 5－105 金色王朝品牌的质量比计算

品牌	品牌信息基本量的贡献率	品牌信息质的贡献率	品牌信息质量比值
金色王朝	91. 61%	8. 39%	0. 092

4. 综合分析

综上所述，从现有数据看金色王朝是一个处于成长初期的小规模品牌，品牌覆盖范围不大，全国影响力还很小。品牌的发展质量略高于行业平均水平，稳定性偏弱，还保持着一定的成长性。

四十六、四季春

1. 品牌简介

中华老字号四季春是安徽芜湖市一家具有百年历史的老店，公司经历数百年的发展，其特色的地方小吃，独特的菜肴品味，家喻户晓，深受江城百姓的喜爱，成为当地百姓举行家宴及商务宴请的首选。经过多年努力先后获得安徽省餐饮名店、芜湖市知名商标、安徽省著名商标、广播电视厨艺大赛“特色菜肴奖”、省旅游四星级餐馆，多次参加省、市电视台公益活动。2014 年获国家五叶级绿色餐饮企业，被中国美食街评为“食品卫生信得过单位”；2011 年国家商务部认定为中华老字号。

2. 基础数据与指标结构分析

四季春的总信息量为 1950 万比特，属于安徽省内的中等规模品牌。本次调研虽然没有安排在品牌所在地芜湖进行，但从调研数据看，安徽省各地的基础指标表现出了一定的地区差异性，品牌虽然面向全省发展，但还具有一定的区域品牌特征。

品牌的安徽省平均知名度达到了 22.54%，具有了良好的消费者知晓基础，品牌在营销中的作用开始显现。从地区上看，有比较明显的差异性：本次调研虽然没有安排在品牌所在的芜湖进行，但在临近的马鞍山获得了超过 30% 的知名度，属于品牌影响力较好的区域，是品牌传播和辐射的范围；而品牌在合肥的知名度仅为 9.38%，刚超过 5% 的有效标准，品牌的影响力还较小，消费者知晓的范围并不广。该品牌的认知度指标稍显偏低了，一般来说，认知度达到知名度的 0.5 以上为理想，而该品牌的认知度与知名度的比例为 0.25，这在一定程度上说明了该品牌传播可能是一种硬传播形式，只能做到消费者对品牌知名，但对品牌内涵的知晓情况并不理想，品牌传播的效率还需提高。

该品牌的美誉度指标一般，安徽省平均为 6.69%，从地区上看，该品牌在各调研地区的美誉度都不高，各地的品牌营销效果相差不大，也说明了该品牌在地域上的重点目标市场不明显。从美誉度与认知度的比例关系看，美誉度略高于认知度，符合二者的理想关系，说明该品牌美誉度的获得是来自消费者对品牌的认知以及对品牌产品的深度体验。该品牌的忠诚度也不高，安徽省的数据仅为 1.8%，口碑向消费者重复购买的转化不充分，品牌的忠诚客户群体还不大。四季春在安徽调研的基础数据，如表5－106所示。

表5－106　四季春在安徽调研的基础数据

序号	区域	代表城市级别人口数（万人）	知名度（%）	认知度（%）	美誉度（%）	忠诚度（%）	信息总量（万比特）
1	合肥	2656.3	9.38	2.66	7.69	2.56	313.61
2	马鞍山	3279.2	33.20	8.34	5.88	1.18	1636.44
总计	安徽	5935.5	22.54	5.80	6.69	1.80	1950.05

该品牌的安徽省指标结构近似于次优结构，认知度不及知名度的一半，美誉度略高于认知度，前三项指标对品牌营销是能起一定作用的，但由于忠诚度偏低，消费者消费偏好或消费习惯都未能形成，品牌在营销中的作用并未发挥出来。四季春在安徽省的指标结构，如图5－66所示。

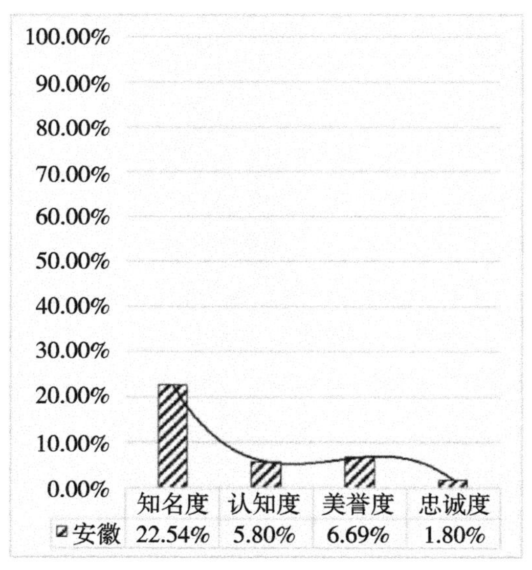

图5－66　四季春在安徽省的指标结构

3. 品牌质量分析

四季春的品牌质量比值为0.071，品牌发展质量一般，仅略高于行业平均水平。出现这一质量比值的原因是该品牌的美誉度仅略高于行业平均水平，并不突出，其品牌影响力主要依靠品牌知名度和认知度在消费者中的传播，消费者口碑对品牌带来的影响还不大，信息总量中由美誉度带来的质的贡献不足，质的积累还不够。需要企业提高品牌传播的效率，继续扩大品牌的知名度，尤其需要提升品牌的认知度，使认知度成为美誉度提升的基础，这样才能使品牌质与量均衡发展。四季春的质量比计算，如表5－107所示。

表5－107　四季春的质量比计算

品牌	品牌信息基本量的贡献率	品牌信息质的贡献率	品牌信息质量比值
四季春	93.35%	6.65%	0.071

4. 综合分析

由上述分析可知，四季春在安徽省属于具有一定区域特征的中等规模品牌，已经具有了一定的省内影响力。品牌发展的质量一般，源于消费者的口碑并不突出，口碑的培养应是品牌运营者下一阶段的经营重点。

第四节　文化用品行业品牌资源分析

四十七、红星

1. 品牌简介

红星品牌隶属于中国宣纸股份有限公司，是文房四宝生产企业、手工造纸领袖企业、人类非遗保护与传承的代表性单位、宣纸与书画纸国家标准起草单位，被授予全国影响力国家文化产业示范基地、国家级非遗生产性保护示范基地、国家重点文化出口企业、国家级高新技术企业、中华老字号等称号。是中国美术家协会和中国国家画院创作写生基地，在全国八大美院设立了“红星宣纸奖学金”。所产“红星牌”宣纸是中国驰名商标、地理标志产品。近年来，以传承宣纸文化，服务于中国书画艺术为己任，坚持“做好每一张纸，为中国文化发展做贡献”的理念，解决了传承、原料、环保、产能等瓶颈难题，品牌建设进一步提升，发展后劲进一步增强。

2. 基础数据与指标结构分析

红星品牌的总信息量为2.4686亿比特，属于中等偏小规模品牌。从各地的指标来看，地区差异不明显，安徽省调研城市的各项数据也并不突出，品牌是一个面向全国发展的品牌，但在全国的影响力还不大。

红星品牌的知名度为15.56%，接近品牌获取知名度的第二个关键点16.5%，接近知名品牌的标准，开始出现大范围的消费者认知，有相当一部分的消费者对产品和企业以及品牌内涵等信息具有较深的理解和认知。从各地的数据看，知名度的差异并不明显：在临近品牌所在地的马鞍山的知名度最高，也仅为24.6%，而其余地区的品牌知名度均超过了10%，说明品牌在全国的影响力是比较均衡的，各地消费者对品牌的知晓程度差别不大，可能与品牌的名称比较容易被识别或在其他行业有相同名称的品牌有关。红星品牌的认知度指标明显偏低了，全国仅为2.86%，刚超过2.5%的有效标准。从地区看，认知度与知名度数据基本上呈正相关关系，除少数地区外，大部分地区都没有获得有效的认知度，说明其信息传播效率并不高，或者传播的内容和途径有阻碍消费者认知的障碍，其知名度和认知度的比例是失衡的。这可能与其他行业有相同名称的品牌有关，使消费者容易混淆，影响了消费者的判断。

在基础指标中，美誉度的全国指标一般，为8.53%，获得了一定的消费者口碑。其美誉度的绝对值一般，但由于认知度偏低，美誉度与认知度的比例也是失衡的，说明该品牌美誉度来自认知度的支撑较少，来自消费者对该品牌产品和服务的深度体验较少，品牌在营销中的作用并不明显。红星品牌的忠诚度全国平均仅为1.1%，消费者的重复购买行为缺乏，固定消费人群还很小。红星品牌的基础数据，如表5－108所示。

表5－108　红星品牌的基础数据

序号	调研城市	知名度（%）	认知度（%）	美誉度（%）	忠诚度（%）	品牌信息量估值（万比特）
1	长沙	12.09	2.11	15.15	0.00	1491.10
2	合肥	10.98	3.10	6.38	0.00	2105.50
3	吉林	11.08	0.89	12.77	4.26	2197.51
4	厦门	14.06	1.95	11.29	1.61	2886.44
5	呼伦贝尔	20.09	5.62	4.40	2.20	4660.44

续表

序号	调研城市	知名度（%）	认知度（%）	美誉度（%）	忠诚度（%）	品牌信息量估值（万比特）
6	马鞍山	24.60	5.70	4.84	0.00	3007.08
7	赣州	16.15	2.42	8.77	0.00	4137.08
8	成都	17.70	2.81	5.00	0.00	2358.15
9	南宁	17.46	1.80	6.06	0.00	1842.79
总计	全国	15.56	2.86	8.53	1.10	24686.088

该品牌的全国指标结构与品牌所在地（以马鞍山的数据为参考）指标结构近似，各项指标差距不大且均不高，指标间的结构关系也不太合理，尤其是认知度指标偏低影响了美誉度的成长，进而影响了消费者忠诚的形成，消费者的偏好不明显，重复购买习惯并未形成，品牌在营销中的作用不明显。红星品牌在全国的指标结构与在马鞍山的指标结构，如图 5－67、图 5－68 所示。

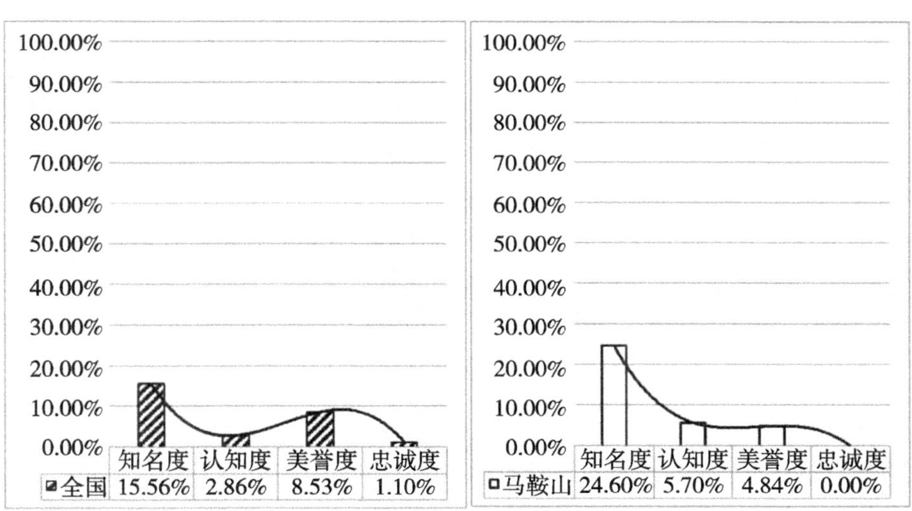

图 5－67 红星品牌在全国的指标结构　图 5－68　红星品牌在马鞍山的指标结构

3. 品牌质量分析

红星品牌的信息质量比为 0.093，意味着该品牌的质量发展水平高于同行业所有品牌发展水平的均值，品牌发展的质量接近良好水平。这一质量水平反映了该品牌出现了质与量发展略显不均衡的状态，质的积累不够，需要企业在继续提高品牌知名度和认知度、扩大品牌宣传的同时，重点关注消费者口碑的培养，进一步提升品牌的美誉度和忠诚度。红星品牌的质量比计算，如表 5 – 109 所示。

表 5 – 109　红星品牌的质量比计算

品牌	品牌信息基本量的贡献率	品牌信息质的贡献率	品牌信息质量比值
红星	91.45%	8.55%	0.093

4. 综合分析

从品牌的各项基础指标可以看出，品牌属于质量一般的中等偏小规模品牌，在全国的影响力还较小，品牌的各项指标都不高，各项指标都需要提高，还有进一步成长的空间。

四十八、李廷珪

1. 品牌简介

“李廷珪”为歙县老胡开文墨厂的注册商标。歙县老胡开文墨厂为中华老字号企业，早在 1915 年即获巴拿马万国博览会金奖，1980 年又获中华人民共和国质量金奖，1994 年获第五届亚洲及太平洋地区国际博览会金奖。从 2000 年始连续荣获和保持“国之宝”证书，被评为全国轻工业重点骨干企业。全国旅游商品定点生产企业，从 1990 年始至今，为安徽省重合同、守信用企业。2004 年被国家旅游局定为全国工业旅游示范点。从 1997 年起企业享有自营进出口和产品免检权。

李廷珪品牌徽墨 1994 年荣获第五届亚太国际博览会金奖，并于 2000 年在中国文房四宝协会举办的专业博览会上被评为“20 世纪名墨”，此后又多次荣获产品质量金奖和“国之宝”等称号。

2. 基础数据与指标结构分析

李廷珪品牌在安徽省的总信息量为 566.73 万比特，在安徽省属于小规模品牌。从调研的两个城市数据可以看出，各项指标差距并不明显，品牌在安徽省的区域特征不明显，但品牌的各项数据均不高，其在安徽省内的影响力还很小。

基础数据中，品牌的各项指标均不高，获得了一定的美誉度但忠诚度为0，没有有效的消费者多次重复购买。在知名度方面，安徽省内仅为6.26%，刚超过有效标准（5%），两个城市获得的知名度数据相差不大且都不高，表明品牌在省内的传播范围还比较小，品牌对营销起的作用也不大。其认知度指标很弱，省内平均仅1.82%，并没有达到有效范围（2.5%以上），在两个地区都没有达到有效范围。主要原因还是其知名度较低，品牌传播的范围不广，并不具备大范围的消费者认知的基础。

李廷珪品牌获得了一定的消费者口碑，其美誉度指标安徽省平均为8.62%，但表现出一定的地区差异：合肥达到了11.54%，消费者的口碑良好，而马鞍山仅为6.25%，消费者的口碑一般。在省内的营销策略体现了一定的地区差别。这一美誉度指标对品牌自传播能力的形成帮助不大，对消费者重复购买行为的影响也有限。品牌通过调研获得的忠诚度数据为0，省内消费者对品牌产品的消费偏好不明显，有可能与调研中没有发现品牌的目标消费者有关。李廷珪在安徽调研的基础数据，如表5-110所示。

表5-110　李廷珪在安徽调研的基础数据

序号	区域	代表城市级别人口数（万人）	知名度（%）	认知度（%）	美誉度（%）	忠诚度（%）	信息总量（万比特）
1	合肥	2656.3	6.33	1.55	11.54	0.00	294.93
2	马鞍山	3279.2	6.20	2.05	6.25	0.00	271.80
总计	安徽	5935.5	6.26	1.82	8.62	0.00	566.73

该品牌的安徽省指标结构图中，除美誉度外其余各项指标值都比较小，品牌间的指标结构对品牌营销的作用并不明显，原因还是其知名度和认知度偏低了，即使获得了一定的美誉度和忠诚度也与品牌的关系不大。李廷珪在安徽省的指标结构，如图5-69所示。

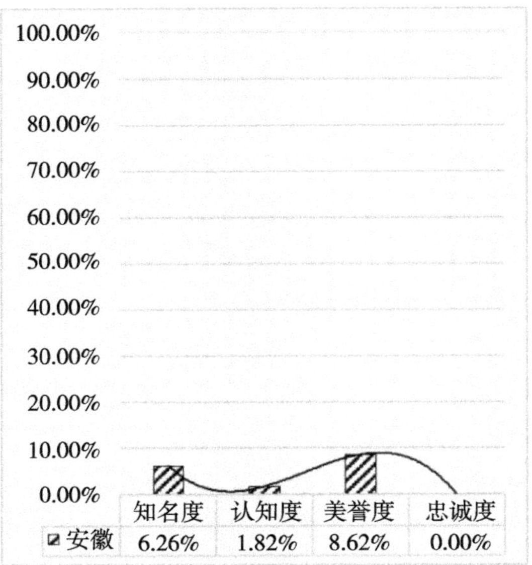

图 5－69　李廷珪在安徽省的指标结构

3. 品牌质量分析

李廷珪品牌信息质量比值为 0.437，略高于最优区间的上限 0.4，品牌出现了一定的“质有余而量不足”的状况，但品牌的发展质量是优良的。这主要得益于其在各项指标中最高的美誉度，在省内消费者中累积了一定的品牌口碑，对其品牌形象的塑造大有裨益，其品牌质与量的发展总体看是比较平衡的。但品牌的各项指标均比较低，还需要企业继续扩大品牌影响，并继续提升品牌的口碑。李廷珪的质量比计算，如表 5－111 所示。

表 5－111　李廷珪的质量比计算

品牌	品牌信息基本量的贡献率	品牌信息质的贡献率	品牌信息质量比值
李廷珪	69.58%	30.42%	0.437

4. 综合分析

综上所述，从现有数据看李廷珪品牌在安徽省还是一个小规模品牌，品牌覆盖范围不大，在省内的影响力还很小，但品牌的发展质量优良，具有一定的成长性。建议企业继续加强品牌宣传，扩大品牌的省内影响，并继续提升品牌的口碑。

四十九、徽州胡开文

1. 品牌简介

"徽州胡开文"自清代乾隆三十年（公元一七六五年）由徽州人胡天注创始以来，已有200多年的历史。1910年"胡开文墨"曾获南洋劝业会金牌奖章，1915年生产的"地球墨"在巴拿马万国博览会展出并获金质奖章。屯溪徽州胡开文墨厂的前身即"起首胡开文老店"，由徽州各胡开文墨庄、字号和作坊公私合营组成。全厂设有雕模、点烟、制墨、晾墨、打磨、描金等十多个生产工序以及一个设备齐全的墨锭理化检测中心。集中了名家制作徽墨的全部技术设备和祖传配方，拥有明清以来历代名家创作雕刻的珍贵墨模7800多个品种。产品经国家商标局核准"胡开文"的传统配方，采用纯桐油烟金、银箔、天然麝香等珍贵药材精制而成，具有色泽黑润、历久不褪、捺笔不谬、入纸不晕之特点，是书写绘画等必不可少的工艺美术文化用品。1979年、1983年蝉联国家优质产品银质奖章。1989年荣获争创国家优质产品金质奖章。

2. 基础数据与指标结构分析

徽州胡开文在安徽的总信息量是402.56万比特，在安徽省属于小规模品牌。基础指标中，各项指标均不高，其在安徽省内的影响力还很小。

徽州胡开文在安徽的平均知名度为5.67%，刚超过有效标准（5%），品牌从理论上开始对营销发挥一定的作用，作为具有一定历史的中华老字号品牌，在省内消费者中还是具有一定名气的，但还缺乏消费者知晓的基础，知晓范围并不广。从这一指标看，其安徽的影响力还很小，而且从两地的调研指标看，知名度都不高，在合肥甚至未达到知名度的有效标准。品牌的知名度标准并不具备大范围消费者认知的基础，而其认知度也较低，仅为1.58%，并没有达到有效的范围（2.5%以上），在两个调研地区都未达到有效标准，品牌推广渠道或是推广内容存在消费者认知的障碍。低知名度和低认知度不会成为美誉度成长的基础，其品牌美誉度也不高，安徽省平均为4.48%，而且表现出较大的地区差异性：合肥为10%，消费者认可度较高，品牌营销效果较好，而在马鞍山则没有获得美誉度。品牌的忠诚度指标为0，缺乏消费者的重复购买行为，可能与调研中没有发现品牌的目标消费者有关。从品牌的美誉度与忠诚度指标可以看出，品牌在省内的销量并不理想，品牌对营销的作用并未形成。徽州胡开文在安徽调研的基础数据，如表 5 – 112 所示。

表 5 – 112　徽州胡开文在安徽调研的基础数据

序号	区域	代表城市级别人口数（万人）	知名度（%）	认知度（%）	美誉度（%）	忠诚度（%）	信息总量（万比特）
1	合肥	2656.3	4.84	1.44	10.00	0.00	206.90
2	马鞍山	3279.2	6.35	1.69	0.00	0.00	195.66
总计	安徽	5935.5	5.67	1.58	4.48	0.00	402.56

徽州胡开文的安徽省指标结构中，各项指标均不高，说明品牌在安徽省的影响力还很小，品牌对营销的作用并未形成。徽州胡开文在安徽省的指标结构，如图 5 – 70 所示。

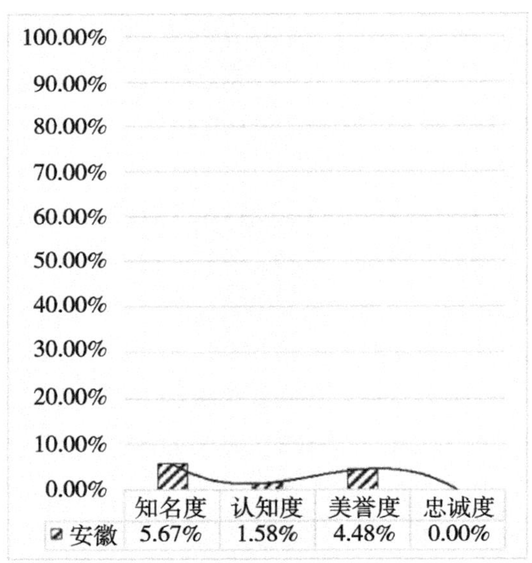

图 5 – 70　徽州胡开文在安徽省的指标结构

3. 品牌质量分析

徽州胡开文的信息质量比为 0.134，品牌发展质量良好。从基础指标看，该品牌的各项指标均不高，但基本上做到了质与量的均衡发展。如果能进一步提高美誉度，则品牌发展质量能向最优区间移动。但由于品牌的各项指标值偏低，这一质量比值并不能真实地反映品牌的质量发展水平。

徽州胡开文的质量比计算，如表 5－113 所示。

表 5－113　徽州胡开文的质量比计算

品牌	品牌信息基本量的贡献率	品牌信息质的贡献率	品牌信息质量比值
徽州胡开文	88.20%	11.80%	0.134

4. 综合分析

由上述分析可知，徽州胡开文是一个品牌质量良好的小规模品牌，其各项基础指标均不高，在安徽省内的影响力还非常小。

五十、艺粟斋

1. 品牌简介

“艺粟斋”为安徽绩溪县良才墨业有限公司注册商标，为中华老字号。公司创建于 1987 年，是由从事曹素功制墨业近半个世纪的“墨人”，秉承和弘扬曹素功制墨业传统工艺，吸取并开发新工艺、新技术，经过近 20 年艰辛发展的一家著名私营企业。注册资本 200 万元，拥有资产 600 万元，年产墨锭、墨汁 100 吨，总产值 200 万元左右，其中间接和直接出口 15 万美元。“艺粟斋”牌墨汁为安徽省著名商标。

2. 基础数据与指标结构分析

艺粟斋在安徽的总信息量为 346.51 万比特，在安徽省属于小规模品牌。品牌的指标在安徽省两个调研地区有一定的差别，但总体差距不大，品牌的指标值偏小，其在安徽省内影响力还未形成。

知名度指标方面，安徽省平均仅为 3.67%，并没有达到有效标准（5%），这一知名度基本上来自营销过程中消费者对产品有体验而自然获取的知晓，在安徽省内几乎没有影响力，甚至都不能成为营销使用的工具。从地区层面看，两个调研地区的知名度都是属于自然传播形成的，并非由品牌营销形成，基本上没有运作痕迹。认知度指标方面，安徽省内仅为 0.69%，很弱，而且在两个地区的指标都没有达到有效范围（2.5% 以上）。认知度是反映品牌信息传播深度的指标，只有超过 2.5% 才能认为消费者对于品牌信息有效了解，这也是形成品牌美誉度和忠诚度的基础。品牌的知名度和认知度都不高，显示了品牌在安徽仅仅还是以“商标”的形式存在，并没有成为真正意义上的“品牌”，推广的效果不理想，在安徽省的影响力并未形成。

品牌获得了相对较高的美誉度，安徽省平均达到了6.71%，获得了一定的消费者口碑，但美誉度表现出明显的地区差异，美誉度主要来自合肥地区的支撑，而在马鞍山却没有获得美誉度的调研数据，这说明品牌仅在小范围内具有良好的口碑。这种口碑传播的范围和途径尚不足以形成品牌自传播的能力。品牌的忠诚度也有较明显的差别，在合肥美誉度较高但没有获得忠诚度数据，在马鞍山没有获得美誉度数据却获得了部分消费者的多次重复购买，显示这一忠诚度基本上与品牌无关，有可能与在调研中刚好发现了品牌的目标消费者有关。艺粟斋在安徽调研的基础数据，如表5－114所示。

表5－114　艺粟斋在安徽调研的基础数据

序号	区域	代表城市级别人口数（万人）	知名度（%）	认知度（%）	美誉度（%）	忠诚度（%）	信息总量（万比特）
1	合肥	2656.3	4.74	1.19	15.00	0.00	263.76
2	马鞍山	3279.2	2.81	0.29	0.00	14.29	82.75
总计	安徽	5935.5	3.67	0.69	6.71	7.89	346.51

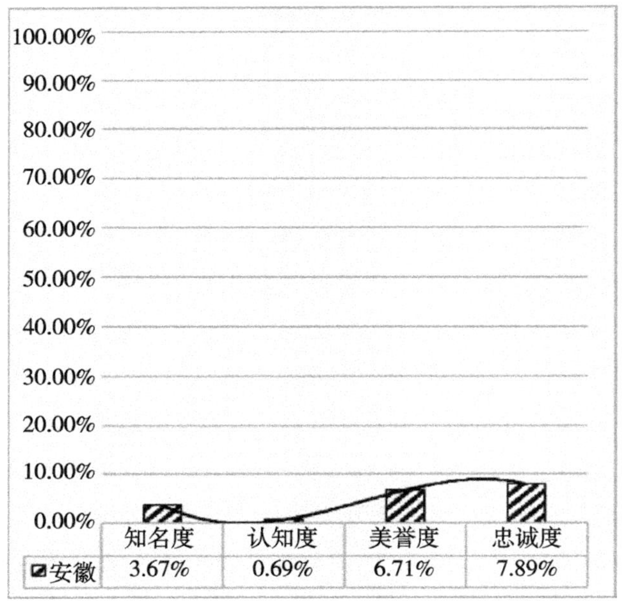

图5－71　艺粟斋在安徽省的指标结构

该品牌的安徽省指标结构中，各项指标均不高，知名度和认知度均未达到有效的范围，美誉度相对较高但不是来自认知度的支撑，而忠诚度也仅在一个调研地区获得，品牌的指标间的结构尚未形成，品牌对营销的作用还很弱。艺粟斋在安徽省的指标结构，如图 5－71 所示。

3. 品牌质量分析

艺粟斋的信息质量比为 0.547，略呈现出“质有余而量不足”的状态，但品牌的发展质量是优良的。从基础指标看，品牌的各项指标偏低，尤其是知名度和认知度未达到有效标准，却获得了相对较高的品牌美誉度，由此所形成的质在信息总量中的比重超过了基本量的比重，其品牌量的积累是严重不足的。艺粟斋的质量比计算，如表 5－115 所示。

表 5－115　艺粟斋的质量比计算

品牌	品牌信息基本量的贡献率	品牌信息质的贡献率	品牌信息质量比值
艺粟斋	64.66%	35.34%	0.547

4. 综合分析

综上所述，从现有数据看艺粟斋在安徽省内是一个小规模品牌，传播的范围还很小，目前的发展还停留在“商标”阶段。还需要运营者继续加强品牌宣传活动，扩大品牌在省内的影响。

五十一、宣纸

1. 品牌简介

宣纸，安徽省宣城市泾县特产，中国国家地理标志产品。宣纸是中国独特的手工艺品，具质地绵韧、光洁如玉、不蛀不腐、墨韵万变之特色，享有“千年寿纸”的美誉，被誉为“国宝”。用宣纸题字作画，墨韵清晰，层次分明，骨气兼蓄，气势溢秀，浓而不浑，淡而不灰，其字其画，跃然纸上，神采飞扬，飞目生辉。2002 年 8 月，宣纸成功获批“国家地理标志保护产品”。

2. 基础数据与指标结构分析

宣纸的安徽省信息总量为 1.0302 亿比特，在安徽属于超大规模品牌。省内两个调研城市的各项指标接近均值，在省内的地区差异不明显，是一个在省内具有较强影响力的省域超大规模品牌。

该品牌在安徽省获得的平均知名度达到了58.73%，接近高知名度的标准（64%），品牌在安徽省具有非常稳定的影响力，成为有效的营销工具，具有了充分的消费者认知和联想的基础，自我传播现象开始显现。从地区数据看，差距也不明显，距离品牌所在地宣城较近的马鞍山的知名度达到了67.61%，超过高知名度标准，高于在合肥的知名度，品牌在安徽的影响力是比较均衡的。作为具有历史文化底蕴的品牌，安徽各地的消费者对品牌留下了比较深刻的印象。其认知度指标在安徽平均为17.94%，有相当一部分消费者对品牌的内涵是比较了解的。但与知名度相比，认知度指标又稍显偏低了，其认知度和知名度之比为0.30，低于理想比值下限。消费者对品牌很熟悉，但只“知其名”，而不“知其意”，对品牌内涵的认知还不够理想，品牌传播的效率还不高。

该品牌的美誉度指标较高，安徽平均为13.53%，在两个调研城市都达到了10%以上，品牌营销策略在省内收获了相近的效果。从美誉度与认知度关系看，二者数值接近，基本上符合二者间的理想关系，说明该品牌的美誉度来自消费者体验后的赞誉程度的支撑，对该产品的质量还是相当认可的，是一个依靠品牌的产品质量或服务获得自传播能力的品牌，在省内有消费者的优良体验。

但该品牌的忠诚度明显过低的问题比较突出，美誉度和忠诚度的关系是二者接近最佳，但基础指标中美誉度是忠诚度的6倍，品牌存在自传播能力未能充分向重复购买率转换的问题。忠诚度低并不意味着品牌的销售不好，只反映消费者多次重复购买率低。宣纸在安徽调研的基础数据，如表5－116所示。

表5－116　宣纸在安徽调研的基础数据

序号	区域	代表城市级别人口数（万人）	知名度（%）	认知度（%）	美誉度（%）	忠诚度（%）	信息总量（万比特）
1	合肥	2656.3	47.79	14.70	16.19	2.89	4085.27
2	马鞍山	3279.2	67.61	20.56	11.38	1.80	6217.39
总计	安徽	5935.5	58.73	17.94	13.53	2.29	10302.66

该品牌在安徽的指标结构类似于次优结构，知名度很高，超过37%，认

知度不到知名度的一半，美誉度与认知度接近，前三项指标之间的比例结构能够反映品牌对营销起的积极作用。主要问题在于忠诚度偏低了，消费者重复购买率不足，消费者消费偏好或消费习惯不明显，品牌对营销的作用不能为厂商带来持续稳定的收益。宣纸在安徽省的指标结构，如图5－72所示。

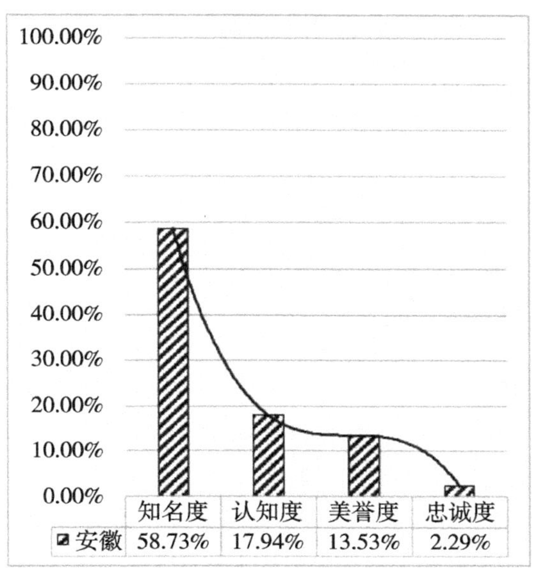

图5－72 宣纸在安徽省的指标结构

3. 品牌质量分析

宣纸在安徽省内的信息质量比值为0.819，质量发展呈现出“质有余而量不足”的状况。从基础指标可以看出，品牌通过开展大规模的广告宣传活动在省内获得了很高的知名度，进一步提升的难度很大，但品牌的认知度指标是偏低的；在同行业中，品牌的美誉度指标是很高的，由此美誉度所形成的质的贡献超过了量的贡献，略微呈现质与量发展不均衡的状态。在今后的品牌运作中，厂商应将重点放在品牌内涵内容的传播上，加深省内消费者对品牌的印象，以此成为品牌美誉度和忠诚度进一步成长的基础。宣纸的质量比计算，如表5－117所示。

表5－117 宣纸的质量比计算

品牌	品牌信息基本量的贡献率	品牌信息质的贡献率	品牌信息质量比值
宣纸	54.96%	45.04%	0.819

4. 综合分析

从基础数据可以看出，宣纸在安徽省是一个具有较强影响力的超大规模品牌，在安徽大范围内拥有了品牌传播，是一个被消费者广泛知晓的品牌。品牌发展质量优良，但略呈现出“量亏”的状态，品牌的认知度稍显偏低了，厂商只有依靠提高认知度来减缓品牌信息衰减的速率，否则其较低的稳定性会使品牌出现衰退的风险。

五十二、徽墨

1. 品牌简介

徽墨，安徽省黄山市、宣城市特产，中国国家地理标志产品。徽墨有落纸如漆、色泽黑润、经久不褪、纸笔不胶、香味浓郁、奉肌腻理等特点，素有拈来轻、磨来清、嗅来馨、坚如玉、研无声、一点如漆、万载存真的美誉。2015 年 12 月，徽墨成功获批“国家地理标志保护产品”。

截至 2016 年年底，黄山市有徽墨从业人员近 16 000 人，其中市级以上非遗传承人 107 人，传承学习基地 13 处，徽墨生产企业和手工作坊近 20 家，拥有传统知识产权专利产品 18 项，年产徽墨 278 万吨，产量居全国之首，出口日本、韩国等 10 多个国家和地区。

2. 基础数据与指标结构分析

徽墨的总信息量为 1.5491 亿比特，属于小规模品牌。虽然本次调研没有获得品牌所在地黄山市的数据，但从基础指标中全国各地区的数据可以看出，指标有一定的差异性，品牌所在省份城市合肥和马鞍山的数据优于全国其他地区，品牌具有一定的地域特征，其全国影响力还很小。

基础指标中，该品牌的各项指标都不太高，显示其发展规模还比较小，品牌的影响力还不强。知名度指标方面，全国平均为 8.59%，刚超过 5% 的有效标准，品牌在全国范围内有了一定程度的传播，品牌开始对营销发挥一定的作用，但还不会太明显。从地区层面看，大部分地区超过了 5% 的有效标准，显示品牌在大部分地区拥有了传播范围，但各地的知名度体现出一定的地区差异：临近黄山市的马鞍山地区最高为 33.22%，属于品牌传播效果最好、影响力最大的地区，在合肥的知名度为 18.96%，品牌在安徽省内的传播效果是不错的；而在距离品牌所在地较远的吉林、厦门等地区的知名度没有达到有效标准，属于自然传播形成的，基本上没有人为运作的痕迹。品牌的认知度指标全国平均达到了5.16%，在大部分地区均超过了2.5%的有效标准，认知度与知名度基本上呈正相关关系。作为中国历史名墨，徽墨的文化内涵还是被国内部分消费者所知晓的，但这可能主要得益于其历史名声和文化内涵的流传，与品牌本身的营销和宣传关系不大。

该品牌的美誉度指标全国平均为7.78%，绝对值并不高，而且还表现出了比较明显的地区差异性。在合肥、厦门等地区的美誉度较高，营销效果较好，而在长沙、吉林等地的美誉度为0，这说明品牌在小范围内具有良好的口碑，但这种好口碑传播的范围和途径尚不足以形成品牌自传播的能力，更不足以形成固定消费者人群和重复购买行为，因此，品牌忠诚度也不会太高。该品牌的忠诚度仅为0.44%，仅来自安徽省城市，在省外地区则没有获得忠诚度数据。显示了品牌的固定消费群体还较小，重复消费行为缺乏。徽墨品牌的基础数据，如表5－118所示。

表5－118　徽墨品牌的基础数据

序号	调研城市	知名度	认知度	美誉度	忠诚度	品牌信息量估值
		（%）	（%）	（%）	（%）	（万比特）
1	长沙	4.40	3.52	0.00	0.00	605.47
2	合肥	18.96	7.61	13.10	2.38	3897.17
3	吉林	2.12	1.85	0.00	0.00	459.71
4	厦门	2.27	1.64	20.00	0.00	441.99
5	呼伦贝尔	7.71	7.46	8.57	0.00	1816.48
6	马鞍山	33.22	14.58	5.32	2.13	5029.06
7	赣州	5.40	3.80	5.26	0.00	1449.35
8	成都	5.75	4.57	7.69	0.00	786.65
9	南宁	8.47	6.19	6.25	0.00	1005.88
总计	全国	8.59	5.16	7.78	0.44	15491.762

该品牌的全国指标中，各项指标均不高，但指标间的比例关系是不错的，品牌开始对营销发挥一定的作用（如图5－73所示）。从临近品牌所

在地的马鞍山的各项数据看，除美誉度外其余指标高于全国平均水平，各项指标呈逐次下降的态势，品牌比较有名，消费者认知情况良好，但美誉度较低，购买群体不足，可能与当地有较多的替代品有关。如图5－74所示。

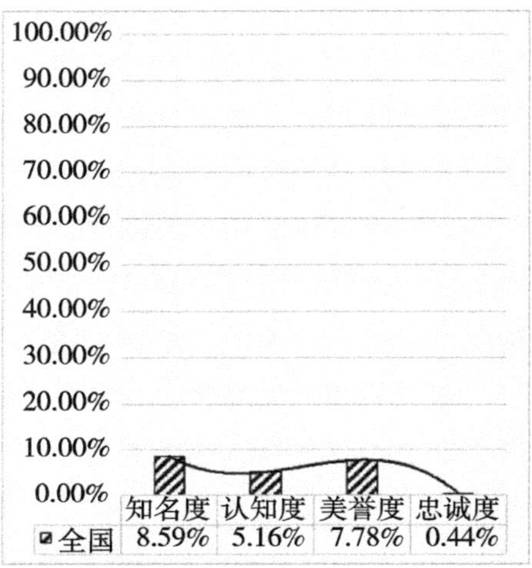

图5－73　徽墨品牌在全国的指标结构

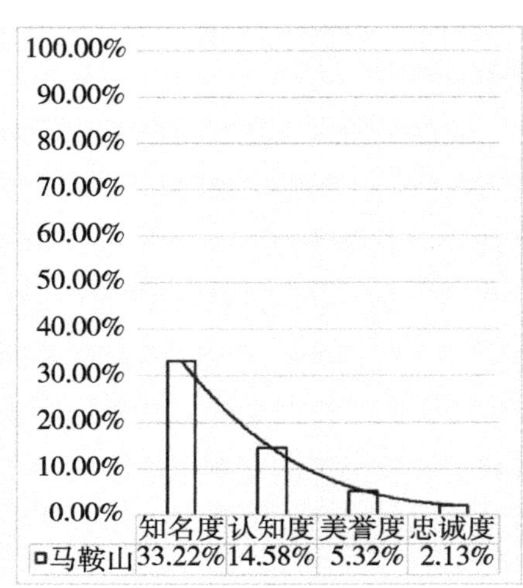

图5－74　徽墨品牌在马鞍山的指标结构

3. 品牌质量分析

徽墨信息质量比为0.16，质量处于良好水平，这一质量比值反映品牌虽然各项指标还不太高，但获得的美誉度是略高于行业平均水平的，且与品牌的知名度和认知度水平是匹配的。徽墨品牌的质量比计算，如表5－119所示。

表5－119　徽墨品牌的质量比计算

品牌	品牌信息基本量的贡献率	品牌信息质的贡献率	品牌信息质量比值
徽墨	86.21%	13.79%	0.160

4. 综合分析

综上所述，徽墨是一个全国影响力还很小的小规模品牌，其各项基础指标还较低，还需企业采取多渠道继续进行品牌推广活动，扩大品牌影响，并注重消费者口碑和忠诚客户的培养，如果措施得当，品牌还具有较好的成长性。

五十三、歙砚

1. 品牌简介

歙砚，全称歙州砚，中国四大名砚之一，与甘肃洮砚、广东端砚、黄河澄泥砚齐名。歙石的产地以婺源与歙县交界处的龙尾山（罗纹山）下溪涧为最优，所以歙砚又称龙尾砚，而龙尾山则是大部分存世歙砚珍品的石料出产地。歙砚的制作材料称为歙石或歙砚石，一般需要5亿~10亿年的地质变化才能形成。2004年9月中国轻工业联合会和中国文房四宝协会授予歙县“中国歙砚之乡”荣誉称号。2016年，歙砚被认定为“中国国家地理标志产品”。

2. 基础数据与指标结构分析

歙砚的总信息量是1.082亿比特，属于小规模品牌。基础指标中，各项指标均不高，本次调研没有安排在品牌所在地黄山市进行，但从同属于安徽省的合肥和马鞍山获得的数据看，高于全国其他地区但各项指标并不突出，品牌在安徽省内具备了一定的影响力，但在全国的影响力还未形成。

歙砚的全国知名度为6.63%，刚超过有效标准（5%），品牌开始对营销发挥一定的作用，作为中国四大名砚之一，其名声从历史上流传下来，但这一知名度还缺乏消费者知晓的基础，知晓范围并不广。从这一指标看，其全国的影响力还很小，而且从各地的指标看，各地的知名度都不高，最高的来自与品牌所在地临近的马鞍山地区，另外在合肥的知名度也不错，均在20%左右，但并不突出，而在吉林、厦门、成都等多个地区未达到知名度的有效标准。品牌的认知度也较低，但达到有效的范围（2.5%以上），各地的认知度水平差别不大，在多个地区超过了有效标准，显示作为中国历史上的名砚，歙砚的文化内涵被国内部分消费者所认知。但总体来看，品牌的知名度和认知度水平还是偏低了，在现代化进程不断加快的中国，传统文化在当代的中国民众心中逐渐淡化，传统文化的保护是个不容忽视的问题。低知名度和低认知度不会成为美誉度成长的基础，其品牌美誉度也不高，全国仅为4.42%。从各地的美誉度水平看，包括安徽省内城市在内的大多数地区均不高，消费者的认可度较低，品牌营销的效果一般。品牌的忠诚度指标也不高，全国平均仅为0.18%，且仅在合肥一个地区获得，其他地区的忠诚度为0，没有获得消费者的重复购买。这可能与品牌产品本身属于耐用品有关。品牌的美誉度和忠诚度数据显示品牌的消费群体还很小。歙砚品牌的基础数据，如表5－120所示。

表5－120　歙砚品牌的基础数据

序号	调研城市	知名度	认知度	美誉度	忠诚度	品牌信息量估值
		（%）	（%）	（%）	（%）	（万比特）
1	长沙	4.80	3.00	9.09	0.00	610.66
2	合肥	18.58	5.72	7.35	1.47	3774.35
3	吉林	3.93	2.82	4.76	0.00	847.11
4	厦门	1.33	1.86	0.00	0.00	285.98
5	呼伦贝尔	3.12	0.94	0.00	0.00	643.24
6	马鞍山	20.88	5.76	3.85	0.00	2556.07
7	赣州	5.35	2.23	5.26	0.00	1369.45
8	成都	2.91	0.69	0.00	0.00	372.78
9	南宁	3.66	1.81	14.29	0.00	360.88
总计	全国	6.63	2.66	4.42	0.18	10820.528

歙砚的全国指标结构中，各项指标均不高，说明品牌在全国的影响力

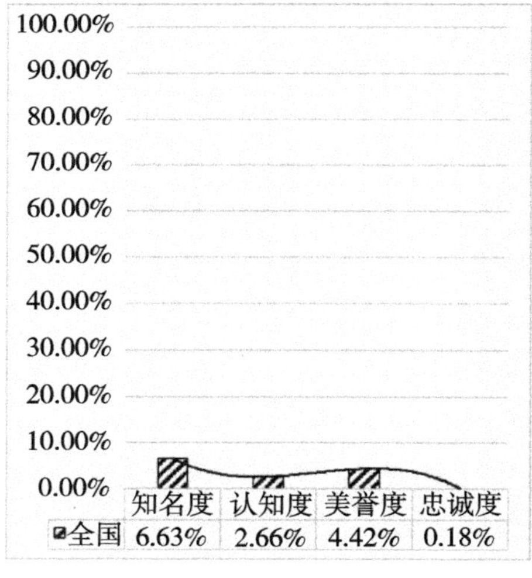

图5－75　歙砚品牌在全国的指标结构

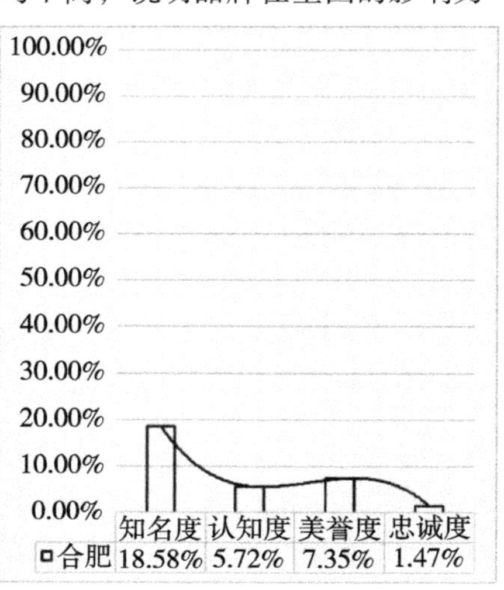

图5－76　歙砚品牌在合肥的指标结构

还很小，指标间的结构刚开始形成，品牌对营销的作用还很弱（如图 5－75 所示）。合肥的各项数据稍高于全国平均水平，品牌具备了一定的影响力，指标间的结构近似于次优结构，品牌对营销起到了良好的作用。如图 5－76 所示。

3. 品牌质量分析

歙砚信息质量比为 0.131，品牌发展质量良好。从基础指标看，该品牌的各项指标均不高，尤其是美誉度偏低了，消费者的口碑一般，品牌影响主要来自知名度和认知度所形成的品牌信息基本量，如果能进一步提高美誉度，则品牌发展质量能向最优区间移动。歙砚品牌的质量比计算，如表 5－121 所示。

表 5－121　歙砚品牌的质量比计算

品牌	品牌信息基本量的贡献率	品牌信息质的贡献率	品牌信息质量比值
歙砚	88.43%	11.57%	0.131

4. 综合分析

由上述分析可知，歙砚是一个品牌质量良好的小规模品牌，其各项基础指标均不高，品牌影响力主要集中在安徽省内，具有一定的区域品牌特征，其全国的影响力并未形成。

五十四、岳西桑皮纸

1. 品牌简介

岳西桑皮纸，安徽省岳西县特产，中国国家地理标志产品。岳西桑皮纸纸张质地纤维细密，纹理清晰，百折不损，光而不滑，吸水性强，色泽洁白，墨韵层次鲜明，不腐不蠹。2015 年 12 月，原国家质检总局正式批准岳西桑皮纸为地理标志保护产品。截至 2017 年年底，岳西县有纸槽 191 张，产量为 71 吨，从业人员 6900 余人，年产岳西桑皮纸 300 万吨。

2. 基础数据与指标结构分析

岳西桑皮纸在安徽的总信息量是 1176.4 万比特，在省内属于中等规模品牌。基础指标中，两地的指标表现出一定的地区差异性，但不明显，是一个面向全省发展的品牌，但其在省内的影响力还较小。

该品牌的安徽省平均知名度为 10.7%，品牌开始对营销发挥一定的作用，但还缺乏消费者知晓的基础，知晓范围并不广。从地区指标看，两地均获得了有效的知名度，但均不突出，合肥最高仅为 14.92% 外，在马鞍山的知名度也不高，其安徽省内的影响力还有限。该品牌的平均认知度仅为 5.54%，虽然这一指标显示安徽省各地的大部分消费者对品牌的内涵是不了解的，但认知度已超过了知名度的一半，品牌的传播是比较有效率的，品牌内涵的内容比较容易被消费者所识别。

该品牌获得了相对较高的美誉度，安徽省平均达到 10.28%，消费者对其产品是比较认可的，在体验品牌的产品后形成了良好的赞誉水平。美誉度在地区上几乎没有差别，数值是接近的，省内消费者对品牌的评价基本一致。从认知度与美誉度的比例关系看，二者的比例略显失衡，知名度和认知度偏低了，但品牌美誉度还是有来自消费者对品牌的深度认知，品牌本身在营销中的作用开始显现。

该品牌的忠诚度为 6.97%，获得了一部分消费者的多次重复购买，但品牌的忠诚度仅来自马鞍山地区的支撑，在合肥的忠诚度并不高，因此这一忠诚度并不足以代表品牌在省内的真实水平。岳西桑皮纸在安徽调研的基础数据，如表 5－122 所示。

表 5－122　岳西桑皮纸在安徽调研的基础数据

序号	区域	代表城市级别人口数（万人）	知名度（%）	认知度（%）	美誉度（%）	忠诚度（%）	信息总量（万比特）
1	合肥	2656.3	14.92	7.85	9.26	1.85	738.74
2	马鞍山	3279.2	7.29	3.67	11.11	11.11	437.66
总计	安徽	5935.5	10.70	5.54	10.28	6.97	1176.40

该品牌的安徽省指标结构中，各项指标间形成了良好的比例关系，突出优点是获得了较高的忠诚度，获得了相当一部分消费者的重复购买，这使得品牌的作用在营销中得以发挥出来。岳西桑皮纸在安徽省的指标结构，如图 5－77 所示。

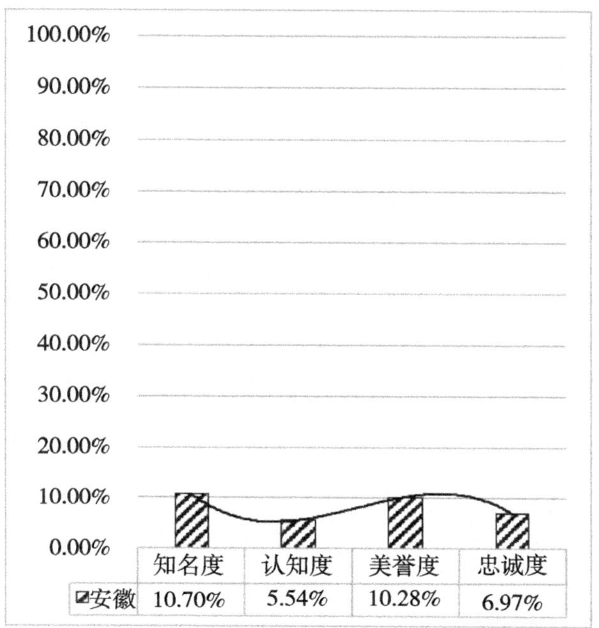

图 5 -77　岳西桑皮纸在安徽省的指标结构

3. 品牌质量分析

岳西桑皮纸的信息质量比为 0.527，略高于品牌质量比值的上限（0.4），其发展质量是优良的，有良好的消费者口碑的积累。基础指标中，美誉度的数据较高，在行业中也属于较高水平，而与美誉度相比，其在安徽省的知名度和认知度稍显偏低了，信息总量中由知名度与认知度带来的基本量的贡献不足，量的发展还不够。需要企业提高品牌传播的效率，继续扩大品牌的知名度和认知度，这样品牌质量比值能向 0.3 ~0.4 的最优区间移动。岳西桑皮纸的质量比计算，如表 5 -123 所示。

表 5 -123　岳西桑皮纸的质量比计算

品牌	品牌信息基本量的贡献率	品牌信息质的贡献率	品牌信息质量比值
岳西桑皮纸	65.47%	34.53%	0.527

4. 综合分析

综上所述，岳西桑皮纸为品牌质量优良的中等规模品牌，在安徽省内具备了一定的影响力，品牌的口碑良好且比较好地转化为了消费者的重复购买，由于品牌需要增加量的比重，因此具有良好的成长性。

第五节　茶叶行业品牌资源分析

五十五、谢正安

1. 品牌简介

谢正安品牌属于谢裕大茶叶股份有限公司，是一家集生产、加工、销售、科研为一体，涉及茶叶、茶食品的研发、生产、销售、基地建设、旅游等茶文化相关联产业的现代化大型企业，致力于打造成为中国优质历史名茶的制造商。

公司及其谢正安品牌被商务部认定为中华老字号，注册商标“谢正安”被国家工商总局评为中国驰名商标，“谢裕大”为安徽省著名商标；同时，谢裕大公司还被评为国家高新技术企业、安徽省农业产业化省级龙头企业、全国生态文化示范企业、安徽省茶产业博士后科技创新基地、黄山市市长质量奖企业以及全国科普教育基地，并连续多年被评为中国茶叶行业百强企业，董事长谢一平亦被评为非物质文化遗产项目省级传承人、安徽省技术领军人才以及中国茶行业年度经济人物。

2. 基础数据与指标结构分析

谢正安品牌的总信息量为8915万比特，属于小规模品牌。本次调研没有安排在品牌所在地黄山市进行，但从同属于安徽的合肥和马鞍山的数据看，在安徽省内的影响力稍高于全国其他地区，但差距并不明显，在省内其他城市的影响力并不高，品牌的影响力可能主要集中于六安地区。从全国平均指标看，品牌的各项指标都较低，其全国影响力尚未形成。

基础指标中，比较突出的优点是品牌获得了较高的美誉度，但其余指标均不高。知名度指标方面，全国平均为3.05%，没有达到有效标准（5%），属于自然传播形成。其全国知名度还不高，品牌对营销起的作用也不大。从地区层面看，各地的知名度都不高，总体差距不大，同属于安徽省的合肥地区最高也仅为11.97%，而在包括安徽省马鞍山市在内的大多数地区的知名度数据均未达到有效标准，其不但在全国的影响力并未形成，在安徽省内的影响力也很小。认知度指标方面，全国仅为0.85%，还很弱，而且除了合肥外各地区的认知度都没有达到有效范围。由于在各地的知名度不高，品牌还并不具备大范围消费者认知的基础。

在知名度和认知度较低的情况下，该品牌却获得了较高的美誉度，全国达到了11.02%，获得了相当一部分消费者的认可和喜爱。但观察其美誉度指标可以看出，在地区上是有非常明显的差异的，主要来自合肥、长沙、赣州等地美誉度的支撑；而且在长沙和赣州所获得的美誉度是在较低的知名度和认知度条件下获得的，与品牌本身的关系不大，更多的是通过其他途径如促销等获得。这种在小范围内获得的良好口碑尚不足以形成品牌自传播的能力，也很难获得消费者的重复购买。该品牌仅在合肥、赣州获得了忠诚度的调研数据，由于在赣州的品牌知名度和认知度很低，忠诚度数据并不具备参考价值。品牌在大多数地区没有获得消费者的忠诚，原因还是消费者对品牌的了解不充分，虽然厂商依靠促销等销售手段临时获得了消费者的好评和赞誉，但这种赞誉由于消费者缺乏对品牌内涵的了解并不会持久，也不会形成消费者的忠诚。谢正安品牌的基础数据，如表5－124所示。

表5－124　谢正安品牌的基础数据

序号	调研城市	知名度（%）	认知度（%）	美誉度（%）	忠诚度（%）	品牌信息量估值（万比特）
1	长沙	0.87	0.41	50.00	0.00	1043.49
2	合肥	11.97	3.40	21.57	1.96	4747.62
3	吉林	2.62	0.40	7.14	0.00	497.78
4	厦门	1.86	1.12	0.00	0.00	541.09
5	呼伦贝尔	2.23	0.20	0.00	0.00	616.35
6	马鞍山	3.98	1.53	0.00	0.00	612.27
7	赣州	1.41	0.29	20.00	20.00	625.17
8	成都	0.49	0.04	0.00	0.00	83.50
9	南宁	1.05	0.15	0.00	0.00	148.58
总计	全国	3.05	0.85	11.02	3.55	8915.8512

该品牌的全国指标结构中，可以明显地看出美誉度相对较高而出现的

指标间不协调的比例关系，虽然获得了一定的口碑但不是品牌本身带来的，也很难获得消费者忠诚（如图 5－78 所示）。品牌所在省份（以合肥的数据为参考）的各项数据优于全国平均水平，但并不特别突出，指标结构也与全国结构类似，品牌对营销的作用并不突出。如图 5－79 所示。

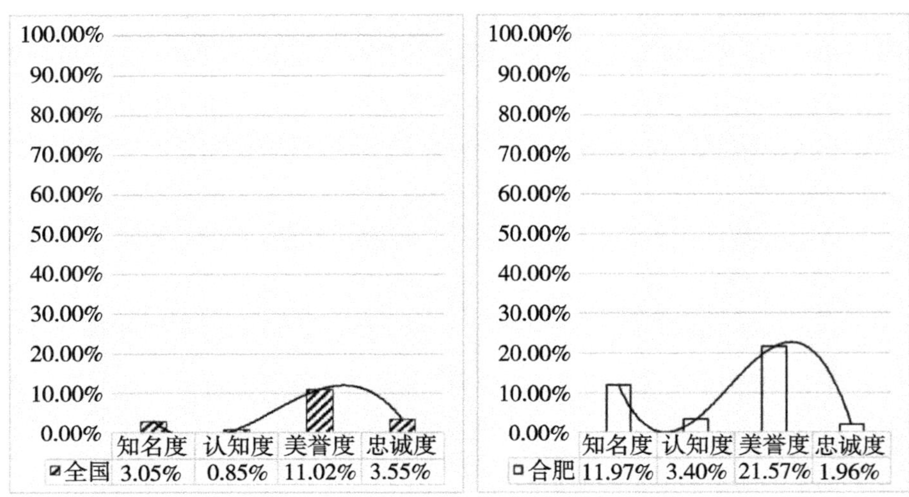

图 5－78　谢正安品牌在全国的指标结构　图 5－79　谢正安品牌在合肥的指标结构

3. 品牌质量分析

谢正安品牌的信息质量比为 1.133，体现了比较明显的“质有余而量不足”的情况。在基础指标中，品牌获得了相对较高的美誉度指标，由此所形成的质的贡献在信息总量中的比重是较大的，而品牌的知名度和认知度并未达到有效标准，其量的积累严重不足。综观品牌在各地的指标数据，美誉度在地区上有明显的差异，而且与品牌本身的关系不大，因此这一质量比值并不具备参考意义。谢正安品牌的质量比计算，如表 5－125 所示。

表 5－125　谢正安品牌的质量比计算

品牌	品牌信息基本量的贡献率	品牌信息质的贡献率	品牌信息质量比值
谢正安	46.87%	53.13%	1.133

4. 品牌信息的稳定性分析

谢正安的品牌稳定指数为 3.9，属于一般稳定性品牌，品牌信息的有效间隔期较短，品牌的维护成本较高，抵抗风险的能力较弱。结合品牌基础指标，品牌虽然属于中华老字号，历史悠久，但因知名度和认知度未达到有效标准，从严格意义上来讲目前还属于“商标”，并不是真正意义上的“品牌”，从其发展阶段来看还属于品牌初创阶段，其在全国的影响力还很弱，稳定性也未形成。谢正安品牌的稳定性计算，如表5－126所示。

表5－126　谢正安品牌的稳定性计算

品牌	N（E）函数值	品牌衰减系数	品牌信息的衰减速率	品牌稳定性指数
谢正安	18.14	0.0552	0.039	3.9025

5. 综合分析

综上所述，谢正安品牌是一个小规模品牌，全国的影响力还没有形成。品牌的美誉度指标虽然较高，也使品牌形成了良好的质量比值，但美誉度在各地存在较大差异，少数地区的良好口碑并不能代表全国的平均水平；而且品牌的知名度和认知度都未达到有效标准，正处在由“商标”向“品牌”发展的阶段。

五十六、徽六

1. 品牌简介

徽六是安徽省六安瓜片茶业股份有限公司旗下著名的六安瓜片品牌，安徽省六安瓜片茶业股份有限公司是经省政府批准的省级农业产业化龙头企业。创立以来，企业就以打造中国茶产业的顶级品牌为己任，采用徽六高标准、高要求的制作工艺精制名茶。作为“中华老字号”企业，公司秉承并发扬其优秀传统，以其一脉相传的皇室气度诠释“中国礼徽六茶”的国宾体验。

为了确保徽六瓜片品质，公司率先通过有机茶认证、QS认证、ISO9001：2000国际质量体系认证。优秀的品质使得徽六茶成为国家礼品茶特别供应商，并成功进驻上海世博会，登陆世界舞台。公司已有全国加盟商400多家，销售布局华东、华北、东北、华南、西南各大城市，并出口欧洲等国。公司正在积极拓展国内及国际市场，实现公司集团规模化、产品系列化、经营立体化、资本多元化的战略目标。在中国茶叶走向世界的进程中，安徽省六安瓜片茶业股份有限公司绽放出耀眼的光芒。徽六产品包括六安瓜片、霍山黄芽、精品石斛、高档茶籽油等。

2. 基础数据与指标结构分析

徽六品牌的总信息量为8523万比特，属于小规模品牌。本次调研没有安排在品牌所在地六安进行，因此看不出品牌的区域特征，但从同属于安徽的合肥和马鞍山的数据看，在安徽省内的影响力稍高于全国其他地区，但差距并不明显，品牌的影响力可能主要集中于六安地区。从全国平均指标看，品牌的各项指标都还较低，其全国影响力尚未形成。

知名度指标方面，全国平均为3.76%，没有达到有效标准（5%），品牌对营销还起不到作用，这一指标显示品牌的知名度基本上是由自然传播形成，无人为传播的痕迹。从地区层面看，各地的知名度都不太高，同属安徽的合肥和马鞍山地区最高，也仅超过10%，属于品牌推广效果最好的地区；在全国多个城市的知名度都未达到有效标准，显示品牌在全国的影响力还非常小，绝大部分消费者对品牌是不知晓的，可能品牌没有开展过大规模的宣传活动，也有可能是品牌的名称、商标等辨识度不高阻碍了消费者对品牌的知晓。认知度指标方面，全国仅为1.28%，也未达到有效标准（2.5%），而且在大部分地区的指标都没有达到有效范围。认知度是反映品牌信息传播深度的指标，只有超过2.5%才能认为消费者对于品牌信息有效了解，这也是形成品牌美誉度和忠诚度的基础。

品牌的美誉度指标也不高，全国平均为6.19%，但已属于各项指标中最高的指标；而且美誉度表现出明显的地区差异，美誉度主要来自厦门一地的支撑，在安徽省内城市的美誉度数据也不高。这说明品牌在小范围内具有良好的口碑，但这种好口碑传播的范围和途径尚不足以形成品牌自传播的能力，也不足以形成消费者的忠诚度。在调研中仅在马鞍山和成都两地获得了品牌的忠诚度数据，说明品牌的消费偏好不明显，还没有形成固定消费人群，这可能与品牌的价格策略、销售渠道有关，也有可能在本次调研中并未发现品牌的目标消费者。徽六品牌的基础数据，如表5－127所示。

表 5-127　徽六品牌的基础数据

序号	调研城市	知名度（%）	认知度（%）	美誉度（%）	忠诚度（%）	品牌信息量估值（万比特）
1	长沙	0.73	0.21	0.00	0.00	124.90
2	合肥	10.77	4.47	2.22	0.00	2769.58
3	吉林	0.24	0.14	0.00	0.00	66.40
4	厦门	1.13	0.38	40.00	0.00	1280.28
5	呼伦贝尔	4.19	1.79	0.00	0.00	1236.22
6	马鞍山	11.63	3.21	6.67	6.67	1307.51
7	赣州	2.56	0.52	0.00	0.00	885.83
8	成都	2.65	0.82	0.00	16.67	471.35
9	南宁	2.65	0.51	0.00	0.00	380.96
总计	全国	3.76	1.28	6.19	1.87	8523.0139

该品牌的各项指标均不高，品牌在全国的影响力还未形成，各项指标间的结构也未形成，因此品牌在营销中的作用还不明显（如图 5-80 所示）。品牌所在省份城市（以马鞍山的数据为参考）的各项指标高于全国平均水平，但差距并不明显，品牌在安徽省内的影响和口碑一般，但指标间的结构明显优于全国平均水平，品牌对营销的作用比较明显。如图 5-81 所示。

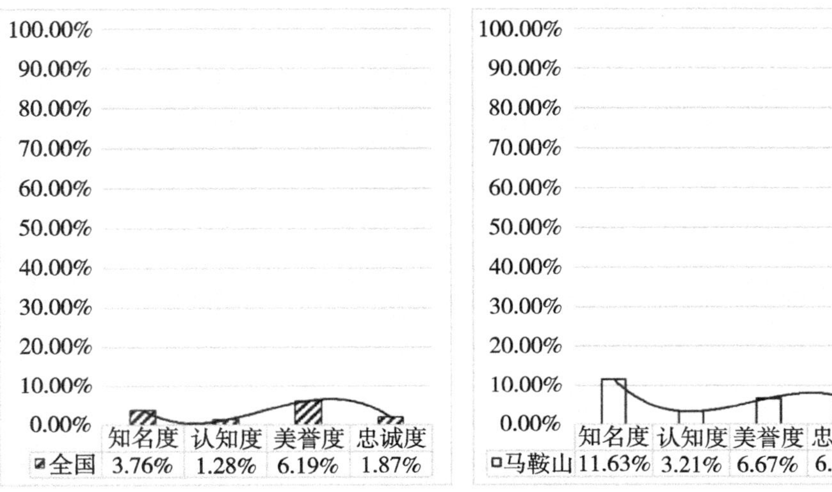

图 5-80　徽六品牌在全国的指标结构　图 5-81　徽六品牌在马鞍山的指标结构

3. 品牌质量分析

徽六品牌信息质量比为0.627，略高于最优比值的上限（0.4），显示出品牌质量发展处于良好水平。从基础指标看，品牌的各项指标数据都不高，知名度和认知度未达到有效范围，品牌的发展还不够充分，而各项指标中美誉度指标数值最高，品牌影响中美誉度所形成的质的贡献较高，知名度和认知度所形成的量的贡献明显偏低了，品牌在宣传推广方面还应多下功夫。徽六品牌的质量比计算，如表5－128所示。

表5－128 徽六品牌的质量比计算

品牌	品牌信息基本量的贡献率	品牌信息质的贡献率	品牌信息质量比值
徽六	61.45%	38.55%	0.627

4. 品牌信息的稳定性分析

徽六的品牌稳定指数为2.17，属于弱稳定性品牌，品牌信息的有效间隔期较短，品牌的维护成本较高，抵抗风险的能力很弱。结合品牌基础指标，品牌虽然属于中华老字号，历史悠久，但因知名度和认知度未达到有效标准，从严格意义上来说还不是“品牌”，从其发展阶段来看还属于品牌起步阶段，其在全国的影响力还很弱，稳定性也未形成。徽六品牌的稳定性计算，如表5－129所示。

表5－129 徽六品牌的稳定性计算

品牌	N（E）函数值	品牌衰减系数	品牌信息的衰减速率	品牌稳定性指数
徽六	32.33	0.031	0.0217	2.1686

5. 综合分析

综上所述，徽六属于从商标向“品牌”发展的一个小规模品牌，处于品牌起步阶段，发展还十分不充分，在全国的影响力还未形成，但品牌质量良好，具有一定的成长性。

五十七、猴坑

1. 品牌简介

黄山市猴坑茶业有限公司（前身黄山区新明猴村茶场）成立于1992

年，是生产、加工、经营太平猴魁系列茶的重点龙头企业，是商务部授权的中华老字号单位，黄山区国家级标准化太平猴魁示范区和国家星火计划——太平猴魁茶产业开发项目承建单位，全国农产品加工示范基地，是安徽省农业产业化龙头企业和黄山市农业产业化龙头企业，是高档礼品茶定点生产单位、黄山区重点保护企业、中国茶叶行业百强企业。

2. 基础数据与指标结构分析

猴坑的总信息量为2088.87万比特，属于省内的中等规模品牌，具有一定的影响力，但安徽省各地的基础指标表现出一定的地区差异性。虽然本次调研没有安排在品牌所在地黄山市进行，但品牌还是表现出一定的区域品牌特征。

品牌的安徽省平均知名度达到19.05%，具有良好的消费者知晓基础，品牌在营销中的作用开始显现。从地区上看，有一定的差异性：在合肥的知名度为24.94%，高于马鞍山的14.29%，品牌在省会城市的影响力较大，传播效果更好。该品牌的认知度指标为7.48%，在知晓品牌的消费者中，有部分对品牌的内涵是比较了解的，但认知度稍显偏低了，一般来说，认知度达到知名度的0.5以上为理想，而该品牌的认知度与知名度的比例为0.39，消费者对其品牌内涵的知晓情况并不理想，品牌传播的效率还需提高。

该品牌的美誉度指标也一般，安徽省平均为6.08%，消费者的口碑一般。从地区上看，该品牌在合肥的美誉度达到了13.59%，品牌营销效果比较理想，而在马鞍山则没有获得美誉度，品牌营销的重点市场是比较明显的。从美誉度与认知度的比例关系看，二者接近，基本上符合二者的理想关系，说明该品牌美誉度的获得是来自消费者对品牌的认知以及对品牌产品的深度体验，但两个指标都偏低了。该品牌的忠诚度不高的问题比较突出，安徽省的数据仅为1.53%，在合肥甚至出现为零的情况，品牌虽然在当地获得了良好的口碑，但并没有转化成消费者的重复购买，品牌的忠诚客户群体还不大。猴坑在安徽调研的基础数据，如表5－130所示。

表 5－130　猴坑在安徽调研的基础数据

序号	区域	代表城市级别人口数（万人）	知名度（%）	认知度（%）	美誉度（%）	忠诚度（%）	信息总量（万比特）
1	合肥	2656.3	24.94	10.38	13.59	0.00	1721.52
2	马鞍山	3279.2	14.29	5.13	0.00	2.78	367.35
总计	安徽	5935.5	19.05	7.48	6.08	1.53	2088.87

该品牌的安徽省指标结构近似于次优结构，认知度不及知名度的一半，美誉度与认知度接近，前三项指标对品牌营销是能起一定作用的，但由于忠诚度偏低，消费者消费偏好或消费习惯都未能形成。猴坑在安徽省的指标结构，如图 5－82 所示。

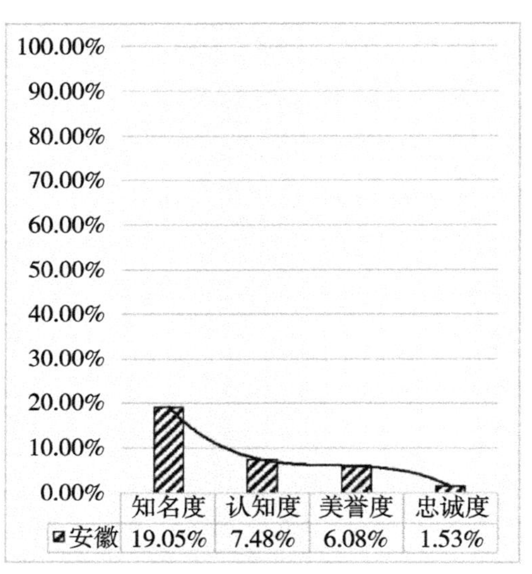

图 5－82　猴坑在安徽省的指标结构

3. 品牌质量分析

猴坑的品牌质量比值为 0.38，品牌发展质量处于最优区间内（0.3～0.4）。基础指标中，品牌的前三项指标间的比例关系是基本合理的，由此形成的品牌质与量的发展是比较均衡的，但认知度与美誉度均偏低了，品牌质与量的发展都是不足的，但也由此达成了品牌质与量的平衡。在下一步的品牌运作中，需要企业提高品牌传播的效率，继续扩大品牌的知名度，尤其需要提升品牌的认知度，以此成为品牌美誉度和忠诚度进一步提升的基础，这样才能保证品牌质与量均衡发展的状态。猴坑的质量比计算，如表 5 - 131 所示。

表 5 - 131　猴坑的质量比计算

品牌	品牌信息基本量的贡献率	品牌信息质的贡献率	品牌信息质量比值
猴坑	72.46%	27.54%	0.380

4. 综合分析

由上述分析可知，猴坑在安徽省内具有一定的区域特征，属于质量发展良好的中等规模品牌，具有了一定的省内影响力。品牌质与量的发展略显不足，需要企业提高品牌传播的效率，继续扩大品牌的知名度，尤其需要提升品牌的认知度，以此成为品牌美誉度和忠诚度进一步提升的基础。

五十八、黄山毛峰

1. 品牌简介

黄山毛峰是中国十大名茶之一，属于绿茶。产于安徽省黄山（徽州）一带，所以又称徽茶。由清代光绪年间谢裕大茶庄所创制。每年清明谷雨，选摘良种茶树"黄山种""黄山大叶种"等的初展肥壮嫩芽，手工炒制。该茶外形微卷，状似雀舌，绿中泛黄，银毫显露，且带有金黄色鱼叶（俗称黄金片）。入杯冲泡雾气结顶，汤色清碧微黄，叶底黄绿有活力，滋味醇甘，香气如兰，韵味深长。由于新制茶叶白毫披身，芽尖峰芒，且鲜叶采自黄山高峰，遂将该茶取名为黄山毛峰。2002 年，黄山毛峰被认定为"中国国家地理标志产品"。

2. 基础数据与指标结构分析

黄山毛峰品牌的信息总量为 14.297 6 亿比特，属于大规模品牌。全国各城市的各项指标体现出一定的地区差距，在安徽省内两个城市合肥和马鞍山获得的数据远高于全国平均水平，体现出一定的区域特征，但品牌传播的范围较大，是一个全国性的大规模品牌，已具备了一定的全国影响力。

黄山毛峰的知名度的全国平均值为 29.18%，品牌具有了稳定的影响力，具有良好的消费者知晓基础，开始出现深度的消费者认知，而且品牌对营销的作用逐渐增强。知名度在各地表现出明显的差异性：马鞍山最高达到 81.63%，几近饱和状态，品牌在当地家喻户晓，另外在合肥的知名度也超过了64%的高知名度标准，品牌在省内的传播范围和影响力非常大，是品牌进行重点推广的地区；在其他城市的知名度则稍低，但均超过了5%的有效标准，品牌的传播范围较大，作为中国十大名茶之一，黄山毛峰已经具备了一定的全国影响力。

从品牌的指标结构关系来看，品牌的认知度指标达到了较高的水平，各地的认知度都超过了有效标准（2.5%），而且认知度超过了知名度的一半，达到18.47%，消费者对品牌内涵的认知是比较充分的，品牌内涵有效地传递给消费者，品牌传播的效率较高。品牌的美誉度为12.46%，获得了良好的消费者口碑。在地区上看，各地的美誉度分布是比较均衡的，各地的消费者对品牌的产品比较认可，品牌具备了基本的自传播能力和大规模营销的基础。从认知度与美誉度的关系看，认知度较充分地转化成美誉度，基本上符合二者之间的理想比例关系，美誉度的获得有消费者对品牌产品的深度体验。黄山毛峰品牌忠诚度偏低的问题比较突出，全国指标仅为1.29%，良好的美誉度所形成的口碑没有转化成消费者的重复购买。说明品牌的既有消费者群体消费偏好不明显，对产品的重复购买率较低，这无法为企业带来应有的销售收入。黄山毛峰品牌的基础数据，如表5－132所示。

表5－132　黄山毛峰品牌的基础数据

序号	调研城市	知名度（%）	认知度（%）	美誉度（%）	忠诚度（%）	品牌信息量估值（万比特）
1	长沙	20.51	14.99	8.93	0.00	3886.33
2	合肥	69.07	29.25	25.16	3.59	64893.81
3	吉林	5.66	4.12	8.33	0.00	1241.90
4	厦门	20.18	18.09	15.73	2.25	9974.38
5	呼伦贝尔	13.88	13.00	17.46	1.59	6557.15
6	马鞍山	81.63	33.65	18.18	3.03	32874.43
7	赣州	21.59	18.31	5.26	0.00	9552.90
8	成都	30.09	23.46	2.94	1.47	8613.79
9	南宁	27.51	22.46	9.62	0.00	5381.91
总计	全国	29.18	18.47	12.46	1.29	142976.59

该品牌的全国指标结构近似于次优品牌结构，认知度超过知名度的一半，认知度略高于美誉度，前三项指标是能够对品牌营销起一定的支撑作用的，但由于忠诚度偏低，消费者的消费偏好不明显，前三项指标的良好指标结构并不能为厂商带来切实的收益（如图5－83所示）。品牌所在省份城市马鞍山的各项指标均明显优于全国平均水平，显示了品牌还具有比较明显的区域特征，各指标间的结构近似于全国结构，品牌对营销的作用比较明显，但也由于忠诚度偏低的问题，品牌不能为厂商带来持续的收益。如图5－84所示。

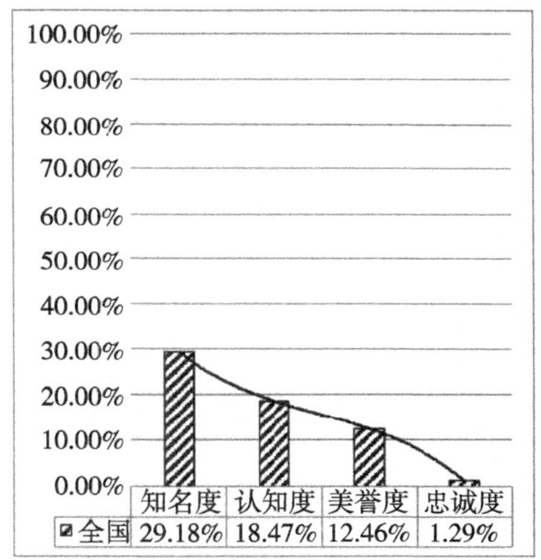

图5－83　黄山毛峰品牌在全国的指标结构

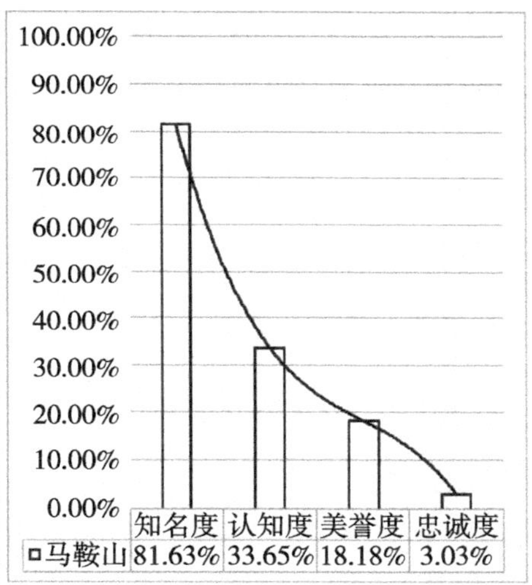

图5－84　黄山毛峰品牌在马鞍山的指标结构

3. 品牌质量分析

黄山毛峰的品牌质量比值为1.102，出现了比较明显的“质有余而量不足”的情况，但这一质量比值反映品牌的发展质量还是不错的。品牌美誉度在行业中应该处于领先水平，其消费者口碑是良好的，但品牌量的积累还不够，从知名度和认知度数据可以看出，品牌影响力在安徽省内较大，但省外的影响力还较小，如果能提升品牌在省外的影响，增加品牌量的比重，那品牌质量比值能向更加优良的空间移动。黄山毛峰品牌的质量比计算，如表5－133所示。

表 5－133　黄山毛峰品牌的质量比计算

品牌	品牌信息基本量的贡献率	品牌信息质的贡献率	品牌信息质量比值
黄山毛峰	47.57%	52.43%	1.102

4. 综合分析

黄山毛峰品牌是一个具有全国影响力的大规模品牌，已经在相当一部分消费者中拥有了品牌传播，而且也获得了不错的消费者口碑。品牌的主要问题在于影响力集中于安徽省内，而省外的影响力一般，从而影响了量的进一步扩张，略微呈现“量亏”的状态。需要厂商进一步扩大品牌在省外的宣传，并将品牌内涵进一步传递给消费者，加深消费者印象，为培养品牌口碑及固定消费者群体奠定良好的基础。

五十九、太平猴魁

1. 品牌简介

太平猴魁，中国传统名茶，中国历史名茶之一，中国国家地理标志产品。属于绿茶类尖茶，产于安徽太平县（现改为黄山市黄山区）一带，为尖茶之极品，久享盛名。其外形两叶抱芽，扁平挺直，自然舒展，白毫隐伏，有“猴魁两头尖，不散不翘不卷边”的美名。茶叶中所含的化学成分达500多种，具有抗菌、抑菌、减肥作用以及防龋齿等功效。清咸丰（1859年），猴魁先祖郑守庆就在麻川河畔的山中开出一块茶园，生产出扁平挺直、鲜爽味醇且散发出阵阵兰花香味的“尖茶”，冠名“太平尖茶”。现在，猴魁茶界普遍认为“太平尖茶”是太平猴魁的前身。2004年，在国际茶博会上获得“绿茶茶王”称号并参加世界地理标志大会、世博会等活动。

2. 基础数据与指标结构分析

太平猴魁品牌的总信息量为6.1645亿比特，属于中等规模品牌。全国各地的基础指标表现出比较明显的地区差异性，安徽省两个调研城市合肥和马鞍山的数据均明显高于全国平均水平，品牌虽然面向全国发展，但还具有比较明显的区域品牌特征。

品牌的全国平均知名度达到了23.29%，具有了良好的消费者知晓基础，品牌在营销中的作用开始显现。从地区上看，有比较明显的差异性：

本次调研虽然没有安排在品牌所在的黄山市进行，但在同属于安徽的合肥和马鞍山都获得了超过60%的知名度，马鞍山甚至达到了73.68%，从现有数据来看，安徽属于品牌影响力最大的区域，品牌被大多数消费者所知晓；在其他地区，品牌的知名度明显偏低了，但除了赣州外都超过了5%的有效标准，说明品牌在大部分地区拥有了品牌传播，是一个面向全国发展的品牌。该品牌的认知度指标稍显偏低了，全国平均为6.23%，一般来说，认知度达到知名度的0.5以上为理想，而该品牌的认知度与知名度的比例为0.27，这在一定程度上说明该品牌传播可能是一种硬传播形式，只能做到消费者对其品牌的知名，消费者对其品牌内涵的知晓情况并不理想，品牌传播的效率还需提高。

该品牌在行业中获得了较高的美誉度，全国平均为8.23%。从地区上看，该品牌在大部分调研地区获得了美誉度数据，但有比较明显的差异：在合肥、厦门、马鞍山等地超过了10%，获得了良好的消费者口碑，省内市场还是品牌的重点目标市场，而在吉林、赣州、成都等地的美誉度则不高，这些地区的消费者在对品牌不熟悉的情况下没有形成对品牌的赞誉。从美誉度与认知度的比例关系看，美誉度略高于认知度，符合二者的理想关系，说明该品牌美誉度的获得是来自消费者对品牌的认知以及对品牌产品的深度体验。品牌虽然获得了2.1%的忠诚度，但仅来自合肥、厦门、马鞍山等少数地区的支撑，大部分地区的忠诚度都不高且出现了不少地区忠诚度为0的情况，说明良好的口碑并没有转化成消费者的重复购买，品牌的忠诚客户群体还不大。太平猴魁品牌的基础数据，如表5-134所示。

表5-134　太平猴魁品牌的基础数据

序号	调研城市	知名度（%）	认知度（%）	美誉度（%）	忠诚度（%）	品牌信息量估值（万比特）
1	长沙	12.79	4.00	3.57	0.00	2058.43
2	合肥	63.54	19.15	17.39	4.35	31249.91
3	吉林	6.10	1.69	3.13	0.00	1530.40
4	厦门	5.16	1.77	18.75	6.25	1858.78
5	呼伦贝尔	26.25	6.69	9.09	1.82	6430.03

续表

序号	调研城市	知名度（%）	认知度（%）	美誉度（%）	忠诚度（%）	品牌信息量估值（万比特）
6	马鞍山	73.68	20.73	10.44	6.59	14904.97
7	赣州	3.33	0.88	0.00	0.00	1171.58
8	成都	5.83	1.67	0.00	0.00	1070.22
9	南宁	11.05	3.64	4.76	0.00	1370.86
总计	全国	23.29	6.23	8.23	2.10	61645.18

该品牌的全国指标结构近似于次优结构，认知度不及知名度的一半，美誉度略高于认知度，前三项指标对品牌营销是能起到一定作用的，但由于忠诚度偏低，消费者消费偏好或消费习惯都未能形成，品牌在营销中的作用并未发挥出来（如图 5－85 所示）。品牌所在省份城市合肥的各项数据明显高于全国平均水平，品牌指标结构则与全国结构近似，也近似于次优结构，而且也获得了一定的忠诚客户，品牌对营销的作用比较明显。如图 5－86 所示。

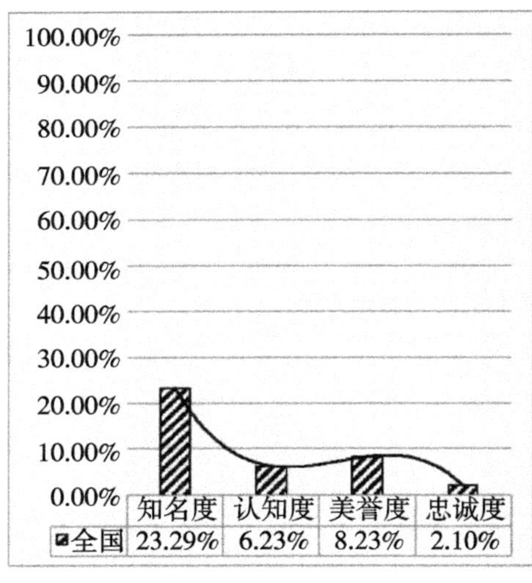

图 5－85　太平猴魁品牌在全国的指标结构

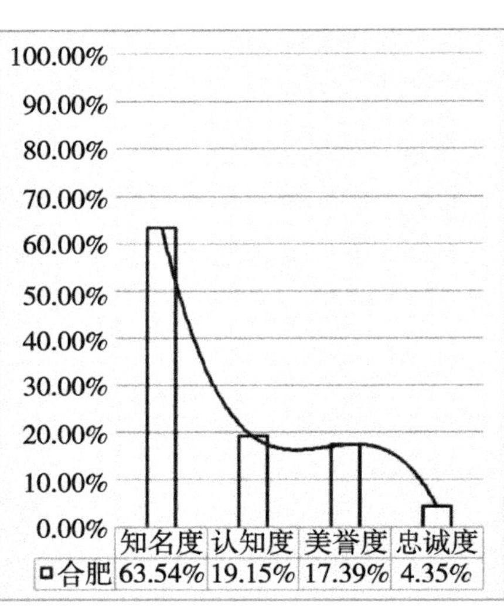

图 5－86　太平猴魁品牌在合肥的指标结构

3. 品牌质量分析

太平猴魁的品牌质量比值为 0.789，品牌发展质量良好但出现了“质有余而量不足”的状况。出现这一质量比值的原因是该品牌的美誉度高于行业平均水平，而与美誉度相比，其知名度与认知度稍显偏低了，信息总量中由知名度与认知度带来的基本量的贡献不足，量的发展还不够。需要企业提高品牌传播的效率，继续扩大品牌的知名度和认知度，尤其需要扩大在安徽省外地区的传播范围，这样才能使品牌质与量均衡发展。太平猴魁品牌的质量比计算，如表 5－135 所示。

表 5－135　太平猴魁品牌的质量比计算

品牌	品牌信息基本量的贡献率	品牌信息质的贡献率	品牌信息质量比值
太平猴魁	55.89%	44.11%	0.789

4. 综合分析

由上述分析可知，太平猴魁是一个具有比较明显的区域特征的中等规模品牌，具有了一定的全国影响力，品牌发展质量良好，有较好的成长性。

六十、霍山黄芽

1. 品牌简介

霍山黄芽，安徽省霍山县特产，中国国家地理标志产品。霍山黄芽依其品质分为特一级、特二级、一级和二级。外形挺直微展，色泽黄绿披毫，清香持久，汤色黄绿明亮，滋味浓厚鲜醇回甘，叶底微黄明亮。2006 年 12 月，霍山黄芽成功获批“国家地理标志保护产品”称号。截至 2017 年年底，霍山县有绿色有机无公害茶园 15.12 万亩，茶企业 400 多家，年产茶叶 6300 吨，远销欧美 30 多个国家和地区。

2. 基础数据与指标结构分析

霍山黄芽的总信息量是 2.8323 亿比特，属于中等偏小规模品牌。从全国各地区指标看，有比较明显的差异性，品牌还具有比较明显的区域品牌特征，其全国影响力还比较小。

该品牌的全国平均知名度为 10.94%，品牌开始对营销发挥一定的作用，显然商家做过获取知名度的努力，但缺乏消费者知晓的基础，知晓范围并不广。从地区上看，有一定的差异：在品牌所在的安徽省合肥市的知名度达到了 54.63%，品牌被多数的消费者所知晓，传播的效果非常理想，而在同属于安徽的马鞍山的知名度数据并不突出，为 19.43%，显示了品牌在安徽省内的传播效果并不一致，有重点市场之分；在全国其他城市的知名度数据则不高，多数城市未达到有效标准（5%），并不具备品牌影响力。这说明了品牌还是一个典型的区域品牌。品牌的平均认知度虽然达到了 5.49%，达到了知名度水平的一半，但认知度主要来自合肥市的数据，大部分地区的认知度没有达到有效标准（2.5% 以上），这与品牌被消费者知晓的范围还不大有关，在知名度较低的情况下，对品牌内涵的认知并不理想。

该品牌的美誉度指标全国平均为 9.36%，获得了一定的消费者口碑。但美誉度在各地区表现出明显的差别：美誉度主要来自合肥、厦门和成都等少数地区的支撑，这些地区的消费者口碑较好，形成了一定的消费者群体，或者是营销力度更大；其他地区的口碑则一般，品牌营销效果并不好，在吉林、赣州等地甚至出现了 0 美誉度。这种小范围的口碑尚不足以形成品牌的自传播能力。该品牌的忠诚度还很弱，仅为 1.55%，且大部分地区均没有获得忠诚度，消费者的重复购买率很低，其美誉度与忠诚度的比例关系也是失衡的，口碑向重复购买的转化不充分。霍山黄芽品牌的基础数据，如表 5 – 136 所示。

表 5 – 136　霍山黄芽品牌的基础数据

序号	调研城市	知名度（%）	认知度（%）	美誉度（%）	忠诚度（%）	品牌信息量估值（万比特）
1	长沙	4.03	2.03	9.09	0.00	516.09
2	合肥	54.63	24.71	25.62	2.48	18194.23
3	吉林	0.71	0.44	0.00	0.00	201.59
4	厦门	2.27	1.44	30.00	5.00	1520.09
5	呼伦贝尔	5.73	5.53	0.00	0.00	1930.64
6	马鞍山	19.43	8.88	5.45	0.00	2822.23
7	赣州	4.26	2.43	0.00	0.00	1590.00
8	成都	7.08	3.10	12.50	6.25	1161.84
9	南宁	2.65	0.90	0.00	0.00	386.87
总计	全国	10.94	5.49	9.36	1.55	28323.5737

该品牌的全国指标结构中，各项指标值偏低，指标间的结构正在形成，品牌对营销的作用开始显现但并不明显（如图 5－87 所示）。合肥的各项指标则比较理想，远高于全国平均水平，指标结构近似于次优结构，品牌对营销明显地发挥了作用，可惜的是忠诚度偏低了，固定消费群体偏小，消费者的消费偏好不明显。如图 5－88 所示。

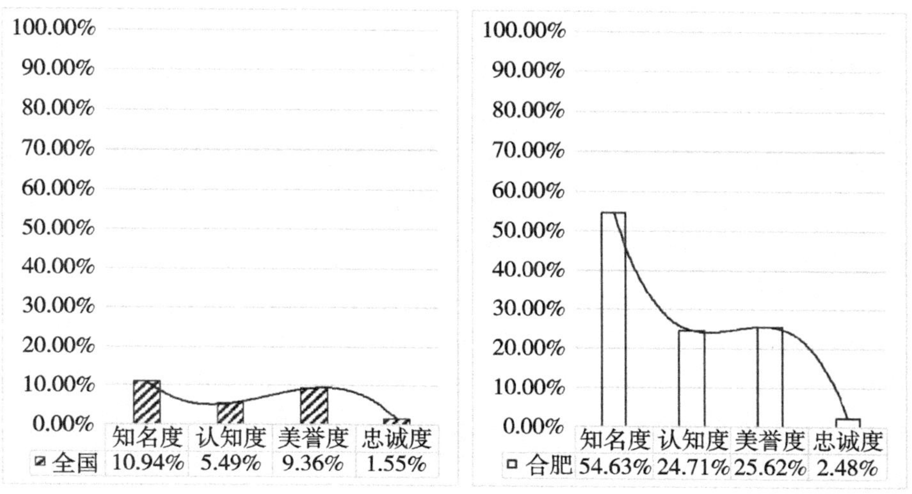

图 5－87　霍山黄芽品牌在全国的指标结构　图 5－88　霍山黄芽品牌在合肥的指标结构

3. 品牌质量分析

霍山黄芽的信息质量比为 0.595，品牌发展质量良好但略呈现出“质有余而量不足”的状况。这一质量比值显示品牌的质与量的发展是不均衡的，在基础指标中，品牌美誉度较高而知名度和认知度偏低了，美誉度所累积的质的贡献较高而量的贡献不足。需要企业通过多渠道开展品牌推广宣传活动，尤其需要扩大品牌在省外地区的知名度，加深消费者印象，并多宣传品牌内涵的内容，这样才能使品牌质与量均衡发展。霍山黄芽品牌的质量比计算，如表 5－137所示。

表 5－137　霍山黄芽品牌的质量比计算

品牌	品牌信息基本量的贡献率	品牌信息质的贡献率	品牌信息质量比值
霍山黄芽	62.71%	37.29%	0.595

4. 综合分析

综上所述，霍山黄芽为品牌质量良好的中等偏小规模品牌，具有明显的区域特征，品牌量的积累还不够，需要企业继续扩大品牌宣传，提升品牌影响。

六十一、石台富硒茶

1. 品牌简介

石台富硒茶，安徽省石台县特产，中国国家地理标志产品。石台富硒茶感官特色：外形紧结，芽叶肥嫩、绿润；清香高长，略带野花香；汤色黄绿、明亮；滋味鲜醇。2012 年 12 月，石台富硒茶成功获批“国家地理标志保护产品”称号。截至 2017 年年底，石台县有石台硒茶种植基地 6 万亩、富硒茶种植 3 万亩，年加工成品茶 3500 吨，产值 2.21 亿元。

2. 基础数据与指标结构分析

石台富硒茶的总信息量为 1.9904 亿比特，属于小规模品牌。从调研的各地数据可以看出，各项指标在各地有一定的差异但并不明显，品牌的各项指标值偏低，其在国内的影响力还比较小。本次调研没有安排在品牌所在的池州进行，但从安徽另外两个城市获得的数据并不突出，品牌在安徽省内的影响力不足。

知名度方面，全国平均为 8.12%，刚超过有效标准（5%），表明品牌具有一定的全国范围的影响力，品牌开始对营销发挥一定的作用。从地区层面看，品牌所在省份安徽的两个城市合肥和马鞍山的知名度分别为 12.74% 和 14.57%，并不突出，品牌在安徽省内的传播范围也不大，影响力不足；而在省外城市的知名度也不高，基本上都在 5% 的有效标准上下，传播范围还很小，大部分地区的消费者对品牌是陌生的。品牌的认知度指标也不高，全国仅为 3.63%，刚超过有效范围（2.5%）。主要原因还是其知名度较低，品牌传播的范围不广，并不具备大范围的消费者认知的基础。其较低的知名度和认知度说明品牌传播的力度和效率是不足的，可能是推广渠道选择不当或是推广内容不易识别导致，消费者对品牌的印象不深刻，对品牌的内涵也并不了解，有相当一部分消费者在知晓品牌一段时间后便慢慢遗忘。

相对于较低的知名度和认知度，石台富硒茶获得了较高的美誉度，全国平均为 8.88%，获得了一定的消费者口碑。但美誉度在各地区是有明显差别的：美誉度主要来自合肥、吉林、马鞍山等少数地区，而在长沙、成都、南宁等地则没有获得美誉度数据，这说明品牌仅在小范围内具有了良好的口碑，并不会形成品牌的自传播能力，对固定消费者人群的形成和重复购买行为帮助不大。品牌的忠诚度仅为0.79%，品牌美誉度向品牌忠诚度的转化不充分，消费者的重复购买率还很低，大部分地区的固定消费人群并未形成。石台富硒茶品牌的基础数据，如表5－138所示。

表5－138　石台富硒茶品牌的基础数据

序号	调研城市	知名度（%）	认知度（%）	美誉度（%）	忠诚度（%）	品牌信息量估值（万比特）
1	长沙	5.48	1.73	0.00	0.00	992.21
2	合肥	12.74	6.16	10.64	0.00	3000.93
3	吉林	5.71	2.82	30.00	3.33	4054.78
4	厦门	5.48	2.73	5.88	0.00	1219.81
5	呼伦贝尔	11.09	5.82	11.25	2.50	5644.85
6	马鞍山	14.57	5.92	16.67	0.00	2809.12
7	赣州	2.78	1.14	0.00	0.00	986.29
8	成都	2.69	0.72	0.00	0.00	475.82
9	南宁	4.74	1.93	0.00	0.00	721.12
总计	全国	8.12	3.63	8.88	0.79	19904.9262

该品牌的全国指标结构中，知名度和认知度偏低，说明品牌在国内的宣传效果一般，美誉度和忠诚度指标相对较高，说明品牌营销效果是不错的，但这种营销效果与品牌本身的关系不大，更多的是通过其他营销手段如促销获得（如图5－89所示）。临近品牌所在地的马鞍山的各项指标略高于全国平均水平，品牌的传播和营销效果并不突出，而指标结构也与全国结构近似，虽然美誉度较高但与品牌的关系不大，而忠诚度更是为0，品牌营销效果并不理想。如图5－90所示。

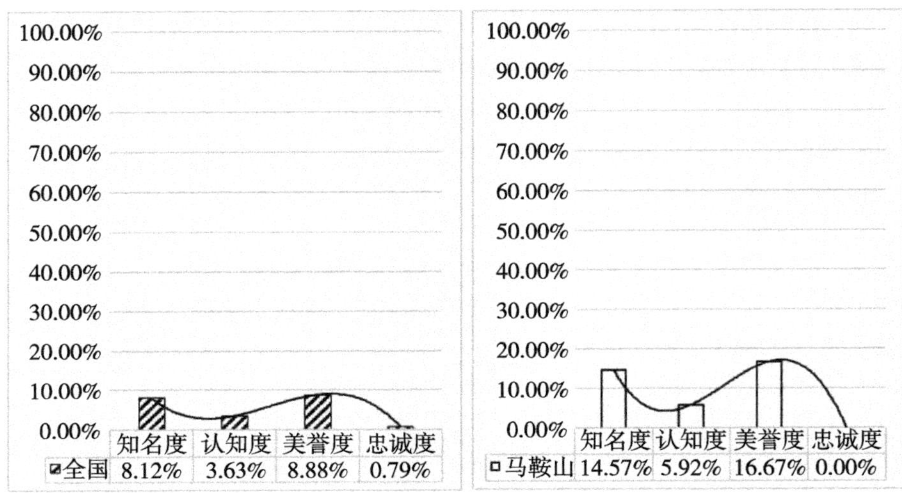

图5-89 石台富硒茶品牌在全国的指标结构　图5-90 石台富硒茶品牌在马鞍山的指标结构

3. 品牌质量分析

石台富硒茶信息质量比为0.611，略高于最优质量区间上限0.4，意味着该品牌的质量发展水平处于很好的状态。这一质量比反映出该品牌质与量的发展是比较均衡的，但略微显现出“质有余而量不足”的情况，这主要得益于其较高的品牌美誉度。这一质量比值反映出该品牌通过知名度和认知度获得的品牌信息基本量在品牌信息总量中的比重稍显不足，对品牌的总影响力造成的影响还不够大，略微呈现出“量亏”的状态。如能进一步提高品牌知名度和认知度，则质量能向最优区间移动。石台富硒茶品牌的质量比计算，如表5-139所示。

表5-139 石台富硒茶品牌的质量比计算

品牌	品牌信息基本量的贡献率	品牌信息质的贡献率	品牌信息质量比值
石台富硒茶	62.08%	37.92%	0.611

4. 综合分析

综上所述，从现有数据看石台富硒茶应是一个处于成长期的小规模品牌，品牌覆盖范围不大，全国影响力还比较小，但品牌发展质量较好，具有一定的成长性。

六十二、六安瓜片

1. 品牌简介

六安瓜片，中华传统历史名茶，中国十大名茶之一，简称瓜片、片茶，产自安徽省六安市大别山一带，为国家地理标志产品。唐称“庐州六安茶”，为名茶；明始称“六安瓜片”，为上品、极品茶；清为朝廷贡茶。

六安瓜片，为绿茶特种茶类。“具有深厚的历史底蕴和丰富的文化内涵。在世界所有茶叶中，六安瓜片是唯一无芽无梗的茶叶，由单片生叶制成。去芽不仅保持单片形体，且无青草味；梗在制作过程中已木质化，剔除后，可确保茶味浓而不苦，香而不涩。六安瓜片每逢谷雨前后十天之内采摘，采摘时取二、三叶，求“壮”不求“嫩”。

2008 年，六安瓜片获得国家质检总局地理标志产品认证，并被列入国家非物质文化遗产目录。

2. 基础数据与指标结构分析

六安瓜片的总信息量为 1.5405 亿比特，在安徽省内属于超大规模品牌。安徽省各个城市的各项指标接近均值，区域特征不明显，是一个具有很强安徽省内影响力的品牌。

该品牌具有很高的知名度，较高的认知度和美誉度，但忠诚度明显偏低了。该品牌在安徽省具有很高的知名度和大范围的传播，在调研中获得的数据平均达到了 65.25%，超过了高知名度的标准（64%），具有充分的消费者认知和联想的基础，会产生自我传播现象。作为中国十大名茶之一，品牌在省内的影响力非常大，知名度接近饱和状态，几近家喻户晓，消费者对“六安瓜片”是非常熟悉的。从地区数据看，差距也不明显，在合肥高达 73.83%，超过全省平均水平，影响力进一步提升，而在马鞍山也达到了 50% 以上的高知名度，品牌在安徽省的影响力是比较均衡的。其认知度指标也较高，安徽省平均达到了 27.51%，有相当一部分消费者对品牌的内涵是比较清楚和了解的，其认知度和知名度的比值为 0.4，低于理想比值下限（0.5），与其高知名度相比，这一认知度指标稍显不足，但已达到可接受范围，品牌传播的效率还是不错的。

该品牌获得了较高的美誉度，安徽省平均为 17.28%，而且两个城市都超过了 13%，差距不大，在合肥的营销效果更好，但基本上是安徽省策略一致的品牌。这一美誉度水平反映六安瓜片的产品在安徽省各地均获得了良好的口碑，会发生品牌的自传播效应。从美誉度与认知度关系看，美誉度略低于认知度，基本上符合二者间的理想关系，说明该品牌的美誉度来自消费者体验后的赞誉程度的支撑，对该产品的质量还是相当认可的，是一个依靠品牌的产品质量或服务获得自传播能力的品牌，有消费者的优良体验。该品牌忠诚度明显过低的问题比较突出，美誉度和忠诚度的关系是二者接近最佳，但六安瓜片基础指标中美誉度远高于忠诚度，良好的口碑没有转化成消费者的重复购买，消费偏好并不明显。六安瓜片在安徽调研的基础数据，如表 5－140 所示。

表 5－140　六安瓜片在安徽调研的基础数据

序号	区域	代表城市级别人口数（万人）	知名度（%）	认知度（%）	美誉度（%）	忠诚度（%）	信息总量（万比特）
1	合肥	2656.3	73.83	31.40	22.15	3.16	10147.45
2	马鞍山	3279.2	58.30	24.36	13.33	1.21	5258.03
总计	安徽	5935.5	65.25	27.51	17.28	2.09	15405.48

品牌的指标结构近似于次优结构，知名度很高，认知度不及知名度的

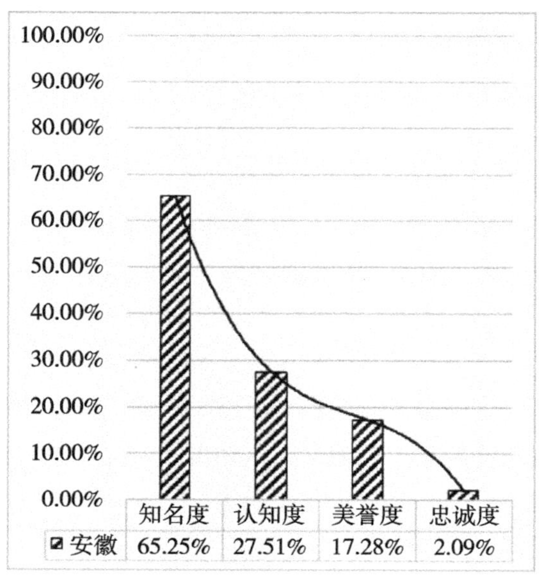

图 5－91　六安瓜片在安徽省的指标结构

一半，美誉度与认知度接近，前三项指标基本上能够起到对营销的有效支撑作用。主要问题在于忠诚度偏低，重复购买率不足，消费者消费偏好或消费习惯不明显，厂商为品牌获得较高的口碑付出了很大的努力，但品牌的口碑并没有在营销中得以充分地体现。六安瓜片在安徽省的指标结构，如图 5－91 所示。

3. 品牌质量分析

六安瓜片信息质量比值为 0.536，略高于最优比值的上限 0.4，但品牌的发展质量是优良的。结合该品牌的各项基础指标，品牌的知名度和认知度很高，已经形成了较大规模的品牌信息基本量，而品牌的美誉度也在行业中处于很高的水平，由此所形成的质的贡献也是较大的，品牌的信息总量中量与质的比值是基本合理的，品牌发展状况处于非常健康的状态。六安瓜片的质量比计算，如表 5－141 所示。

表 5－141 六安瓜片的质量比计算

品牌	品牌信息基本量的贡献率	品牌信息质的贡献率	品牌信息质量比值
六安瓜片	64.08%	35.92%	0.536

4. 综合分析

由上述综合分析，六安瓜片在安徽省是一个品牌质量较好的具有非常强的省内影响力的超大规模品牌。品牌应该已经进入成熟期，发展状况健康，主要问题在于品牌的忠诚度偏低了，忠诚客户群体还不够大，这是厂商需要重点解决的问题。

六十三、黄山白茶

1. 品牌简介

黄山白茶，安徽省歙县特产，中国国家地理标志产品。黄山白茶富含氨基酸、铁、锌、硒等营养元素，特别是氨基酸含量较高，高达 9.2%，远超浙江安吉白茶。由于其酚氨比较低，故茶汤滋味极其鲜醇。黄山白茶芽白如玉、叶薄如纸。叶脉呈乳白色，冲泡后似凤羽有兰花香，汤色清澈，鲜爽甜香。理化指标：水浸出物≥35%，游离氨基酸总量（以谷氨酸计）≥7.0%。2015 年 10 月，黄山白茶成功获批“国家地理标志保护产品”。黄山市歙县有白茶基地500亩，白茶育苗基地200亩，白茶种植户达1500户。白茶种植面积达4000亩，茶叶初产值达6000万元。

2. 基础数据与指标结构分析

黄山白茶的总信息量为8395.66万比特，在安徽属于大规模品牌，接近超大规模标准。从调研数据看，安徽省各个城市的各项指标有一定的差异，临近品牌所在地的马鞍山市的各项指标更突出，但品牌在安徽省较大范围内拥有了品牌传播，是一个有较大影响力的品牌。

知名度指标方面，黄山白茶的安徽省知名度为45.42%，在安徽省较大范围内具有品牌传播，有了稳定的影响力，品牌已成为有效的经营工具，并且具有良好的消费者认知的基础。从地区指标看，在马鞍山的知名度更高，超过50%，在合肥的知名度稍低，但也超过了30%，其在安徽省内的影响力是比较平均的，除品牌所在地外，品牌传播的重点地域并不明显。其知名度已经达到了较高水平，具备了良好的消费者认知的基础，其省内认知度指标也达到了19.83%，接近知名度的一半水平，在知晓品牌的消费者中，有相当一部分对品牌的内涵也是了解的，其品牌推广的效率较高。

黄山白茶的美誉度指标较好，安徽省平均为12.64%，获得了不错的消费者口碑。在安徽省各地的美誉度差距不大，均接近均值，也没有美誉度特别突出的地区，说明该品牌在省内实行的营销策略差别不大，营销效果接近。从美誉度与认知度的关系看，基本上符合二者之间的理想关系，但美誉度略显偏低了，黄山白茶的品牌认知度对美誉度的支撑比较充分，美誉度的获得主要来自消费者对品牌的产品或服务的深度体验。从忠诚度指标看明显偏低了，美誉度和忠诚度的关系是二者接近最佳，但黄山白茶的安徽省平均忠诚度仅为0.93%，品牌的自传播能力未能充分向重复购买率转换，消费者的重复购买与该品牌的口碑并不匹配。忠诚度低并不意味着品牌的销售不好，只是反映消费者的多次重复购买率低。黄山白茶在安徽调研的基础数据，如表5－142所示。

表 5 - 142　黄山白茶在安徽调研的基础数据

序号	区域	代表城市级别人口数（万人）	知名度（%）	认知度（%）	美誉度（%）	忠诚度（%）	信息总量（万比特）
1	合肥	2656. 3	33. 88	15. 04	13. 10	2. 07	2556. 24
2	马鞍山	3279. 2	54. 77	23. 71	12. 26	0. 00	5839. 41
总计	安徽	5935. 5	45. 42	19. 83	12. 64	0. 93	8395. 66

该品牌的指标结构的前三项指标中，虽然认知度稍低但指标间的结构还是能够对营销起一定的支撑作用的，主要问题在于忠诚度偏低了，消费者的偏好或重复购买行为不明显。黄山白茶在安徽省的指标结构，如图 5 -92所示。

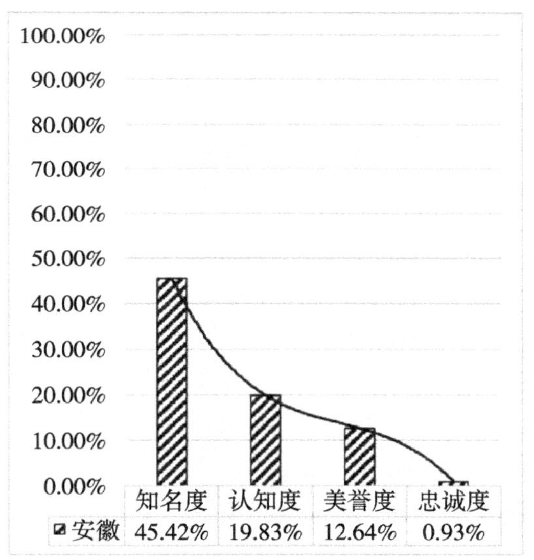

图 5 - 92　黄山白茶在安徽省的指标结构

3. 品牌质量分析

黄山白茶的信息质量比值为0. 432，略高于最优比值的上限0. 4，为质量发展状况优良的品牌，厂商的经营管理和品牌营销处于良好水平。从这一质量比指标可以看出该品牌质与量的发展是比较平衡的，基础指标中，虽然认知度偏低影响了品牌美誉度和忠诚度的进一步提升，但知名度和认知度所形成的量的积累和美誉度所形成的质的积累处于良好的比例关系，达成了较完美的平衡，其质量发展状况是健康的。黄山白茶的质量比计算，如表 5 – 143 所示。

表 5 – 143　黄山白茶的质量比计算

品牌	品牌信息基本量的贡献率	品牌信息质的贡献率	品牌信息质量比值
黄山白茶	69.67%	30.33%	0.432

4. 综合分析

从基础数据可以看出，黄山白茶在安徽省是一个具有较强省内影响力的大规模品牌，品牌发展质量处于优良水平，但品牌忠诚度偏低的问题比较突出，忠诚客户的培养是品牌运营者需要重点解决的问题。

六十四、霍山黄大茶

1. 品牌简介

霍山黄大茶，属黄茶，亦称皖西黄大茶，自明朝便已有记载。其叶大、梗长，黄色黄汤香高耐泡，饮之有消垢腻、去积滞之作用，具有抗辐射、提神清心、消暑等功效。其成品主要经过炒茶、初烘、堆积、烘焙等工序，为国家地理标志保护农产品。

2. 基础数据与指标结构分析

霍山黄大茶的总信息量是 2435.11 万比特，在省内属于中等规模的品牌。由于本次调研没有安排在品牌所在地进行，因此从安徽省各个城市获得的各项指标整体差距不明显，没有明显的地域特征，在安徽省一定范围内具有了品牌传播，具备了一定的影响力。

该品牌的知名度为 21.46%，在安徽省一定范围内具有了品牌传播，开始出现大范围的消费者认知，品牌对营销的作用已开始显现。从地区上看，各地的知名度指标相差不大，在合肥的知名度略高于马鞍山，其安徽省的影响力是比较均衡的。与知名度相比，该品牌的认知度指标处于比较合理的水平。一般来说，认知度达到知名度的 0.5 以上为理想，说明品牌在传播上具有有效传播的途径或容易被消费者认知的内容，其品牌传播是有效的。该品牌的认知度接近知名度的一半，在知晓品牌的消费者中有相当一部分对品牌的内涵是比较了解的，品牌传播的效率不错。

该品牌的安徽省美誉度为 10.98%，虽然绝对值并不高但是获得了较好的消费者口碑。从地区指标看，美誉度有一定的差异，在合肥的美誉度明显好于马鞍山地区，显然品牌在合肥投入的营销力量更大，营销效果更好，应是其目标市场之一。该品牌的美誉度与认知度的关系处于最佳状态，二者是数值接近为佳，这种情况下获得的美誉度是来自消费者对品牌认知后对品牌产品的深度体验，这样形成的自传播能力才会持久。该品牌的忠诚度略显偏低了，安徽省的数据平均为2.44%，在马鞍山甚至没有获得忠诚度数据，说明良好的口碑并没有转化成消费者的重复购买，在部分地区的消费者的消费偏好不明显。品牌在合肥获得了不错的忠诚度数据，可能与当地的消费者口碑较高有关，已经形成了一定数量的忠诚客户。霍山黄大茶在安徽调研的基础数据，如表5－144所示。

表5－144　霍山黄大茶在安徽调研的基础数据

序号	区域	代表城市级别人口数（万人）	知名度（%）	认知度（%）	美誉度（%）	忠诚度（%）	信息总量（万比特）
1	合肥	2656.3	25.70%	11.65%	17.27%	5.45%	1731.34
2	马鞍山	3279.2	18.02%	7.78%	5.88%	0.00%	703.77
总计	安徽	5935.5	21.46%	9.51%	10.98%	2.44%	2435.11

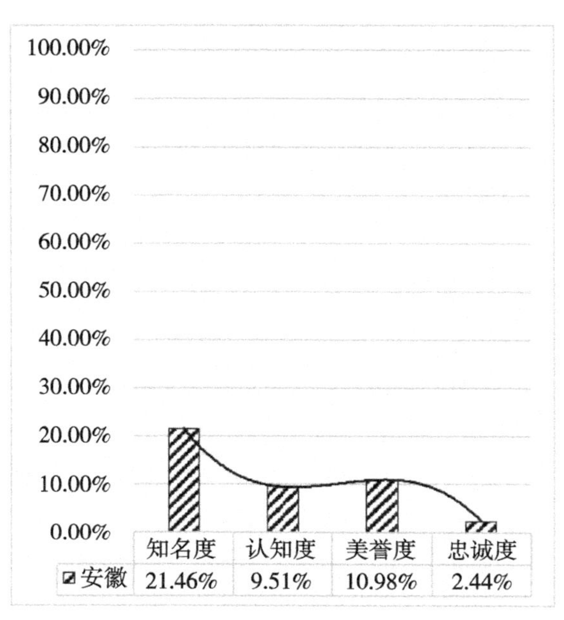

图5－93　霍山黄大茶在安徽省的指标结构

该品牌的指标结构接近最优结构，知名度较高，认知度接近知名度的一半，美誉度与认知度相近，整体来看前三者的结构关系是比较合理的，但品牌的忠诚度明显偏低了，消费者的重复购买率不足，品牌在营销中的作用并没有完全发挥出来。霍山黄大茶在安徽省的指标结构，如图5－93所示。

3. 品牌质量分析

霍山黄大茶的品牌质量比值为0.359，处于最优比值区间（0.3～0.4）。结合该品牌的各项基础指标，知名度与认知度、认知度与美誉度之间形成了良好的比例关系，三者所形成的品牌质与量的比重是十分合理的。显示品牌的质量发展优良，品牌运营者对品牌的管理和经营处于较高水平。霍山黄大茶的质量比计算，如表5－145所示。

表5－145　霍山黄大茶的质量比计算

品牌	品牌信息基本量的贡献率	品牌信息质的贡献率	品牌信息质量比值
霍山黄大茶	73.56%	26.44%	0.359

4. 综合分析

由上述分析可知，霍山黄大茶在安徽省是一个品牌质量优良的中等规模品牌，具备了一定的省内影响力。品牌的发展状况基本健康，指标间的比例关系是比较合理的，目前需要解决的主要是忠诚度过低的问题，在忠诚客户的培养上还需要下功夫。

六十五、岳西翠兰

1. 品牌简介

岳西翠兰，安徽省岳西县特产，中国国家地理标志产品。岳西翠兰外形芽叶相连，舒展成朵，色泽翠绿，形似兰花，香气清高持久，汤色浅绿明亮，滋味醇浓鲜爽，叶底嫩绿明亮。2013年12月，岳西翠兰成功获批“国家地理标志保护产品”。

2. 基础数据与指标结构分析

岳西翠兰的总信息量为2272.33万比特，属于省内中等规模的品牌。从各地的指标来看，有一定的差异性和地域特征，但品牌在安徽省具有了一定的影响力，是一个面向安徽省发展的品牌。

岳西翠兰的安徽省平均知名度为 19.14%，刚超过品牌获取知名度的第二个关键点 16.5%，已达到了知名品牌的标准，开始出现大范围的消费者认知，有相当一部分的消费者对产品和企业以及品牌内涵等信息具有较深的理解和认知。从各地的数据看，知名度在各地区表现出一定的地区差异：在合肥的知名度为 29.28%，明显高于马鞍山的 10.93%。品牌推广在省内的效果是不一致的，合肥应是品牌重点推广的市场之一。岳西翠兰的认知度指标明显偏低了，安徽省仅为 5.65%，其认知度仅为知名度的 0.29，低于理想比值的下限 0.5，说明其信息传播效率并不高或者传播的内容和途径有阻碍消费者认知的障碍，其知名度和认知度的比例是失衡的。

其美誉度的安徽省指标为 12.11%，获得了不错的消费者口碑，从地区上看，也有一定的差异，在合肥的美誉度明显高于马鞍山地区。在合肥，其产品和服务得到了相当一部分消费者的认可。如之前所述，合肥应是品牌重点市场之一，品牌在当地的营销策略应是有所偏重的。由于认知度偏低，美誉度与认知度的比例略显失衡，说明该品牌美誉度来自认知度的支撑较少，来自消费者对该品牌产品和服务的深度体验较少，品牌在营销中的作用并不明显。岳西翠兰获得了不错的忠诚度数据，全省平均为 4.16%，且在两地获得了相近的忠诚度，已经获得了相当一部分消费者的重复购买行为，省内的固定消费群体正在形成。岳西翠兰在安徽调研的基础数据，如表 5－146 所示。

表 5－146　岳西翠兰在安徽调研的基础数据

序号	区域	代表城市级别人口数（万人）	知名度（%）	认知度（%）	美誉度（%）	忠诚度（%）	信息总量（万比特）
1	合肥	2656.3	29.28	8.61	17.92	4.72	1872.80
2	马鞍山	3279.2	10.93	3.26	7.41	3.70	399.53
总计	安徽	5935.5	19.14	5.65	12.11	4.16	2272.33

从该品牌的安徽省指标结构中，品牌的认知度和忠诚度稍显偏低了，指标间的比例关系还不太协调。虽然获得了较好的美誉度，但来自认知度的支撑还较少。品牌的突出优点是获得了一定的消费者忠诚度，固定消费

群体正在形成。岳西翠兰在安徽省的指标结构，如图5－94所示。

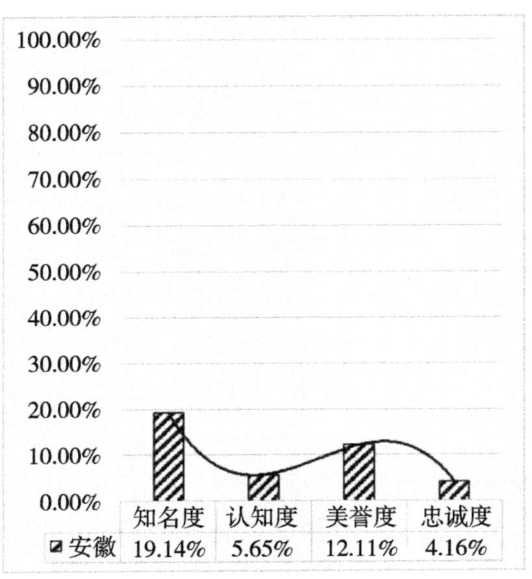

图5－94 岳西翠兰在安徽省的指标结构

3. 品牌质量分析

岳西翠兰信息质量比为0.556，略高于理想比值的上限0.4，品牌的发展质量处于优良水平，是一个依靠消费者口碑积累的优秀品牌。这一质量比值反映品牌量的积累略显不足，知名度和认知度数据略显偏低了，没有形成与口碑相符的品牌影响力。厂商应以继续扩大品牌影响为目的，开展多形式的品牌宣传活动，在提升品牌量的同时，适度提升品牌美誉度和忠诚度，使品牌质与量均衡发展。岳西翠兰的质量比计算，如表5－147所示。

表5－147 岳西翠兰的质量比计算

品牌	品牌信息基本量的贡献率	品牌信息质的贡献率	品牌信息质量比值
岳西翠兰	64.27%	35.73%	0.556

4. 综合分析

由上述分析可知，岳西翠兰是一个具有一定区域品牌特征的安徽省中等规模品牌，品牌的质量优良，发展状况基本健康，已经具备了一定的省内影响力。

六十六、安茶

1. 品牌简介

安茶，现为国家地理标志保护产品，产于黄山市祁门县。安茶为历史名茶，属黑茶类，是介于红茶、绿茶之间后期半发酵紧压的传统工艺名茶，用箬叶、竹篓包装，其外形紧结匀齐，色黑褐尚润，香气高长有槟榔香，汤色橙黄明亮，不仅是饮用佳品，而且具有很高的药用价值。创制于明末清初，产于祁门县西南芦溪、溶口一带；抗战期间停产，20 世纪 80 年代恢复生产。内销两广及香港地区，外销东南亚诸国，被誉为“圣茶”。2011 年 12 月，安茶制作技艺被列为第三批市级非遗名录；2014 年，安茶制作技艺被列为安徽省第四批省级非物质文化遗产名录。2014 年 1 月，安茶成功获批“国家地理标志保护产品”。2015 年，入选全国名特优新农产品目录。2016 年，安茶种植面积 15 万亩，产量 200 吨，产值 1500 万元。

2. 基础数据与指标结构分析

安茶的总信息量为 2213. 71 万比特，属于安徽省内的中等规模品牌。本次调研没有安排在品牌所在的黄山市进行，看不出品牌的省内区域特征，从调研地获得的各项数据来看，没有明显的差异，品牌形成了一定的规模，传播范围较广，是一个面向安徽省发展的品牌，具有一定的省内影响力。

该品牌的知名度为 16. 8%，超过品牌获取知名度的第二个关键点 16. 5%，在各地具备了一定的影响力，消费者对产品和企业具有较深的理解和认识，但消费者的认识和理解的程度并不高。该品牌的知名度数据在地区的差异不明显，在马鞍山的数据比合肥略高，除品牌所在地之外，品牌在省内的影响力差别不大，属于具有一定传播范围的品牌，但范围并不广。其认知度安徽省平均为 3. 68%，刚超过有效标准（2. 5%），在两个调研地区均刚超过有效标准，差距不大。与知名度相比，其认知度偏低了，仅为知名度的 0. 24，这说明其品牌传播的效果一般，效率不高，在传播的信息中，品牌的内涵并没有有效地传达给消费者，有相当一部分消费者对品牌内涵是不了解的。

该品牌的美誉度相对较高，安徽省平均达到了14.21%，而且在两个调研地区均获得了良好的消费者口碑，说明该品牌的产品和服务是不错的，获得了消费者的认可。其美誉度与认知度的比例并不协调，原因还是认知度过低了，说明该品牌的美誉度来自认知度的支撑部分还偏低，并不完全是来自消费者对其产品或服务的深度体验，而更多的是来自其他营销途径如促销获得，品牌在营销中的作用并不明显。该品牌的另一个显著问题是较好的口碑未能转换成消费者的重复购买，在调研地区没有获得品牌忠诚度的数据，意味着消费者的重复购买率低，消费偏好或习惯并未形成。安茶在安徽调研的基础数据，如表5－148所示。

表5－148　安茶在安徽调研的基础数据

序号	区域	代表城市级别人口数（万人）	知名度（%）	认知度（%）	美誉度（%）	忠诚度（%）	信息总量（万比特）
1	合肥	2656.3	13.55	2.89	13.79	0.00	744.26
2	马鞍山	3279.2	19.43	4.33	14.55	0.00	1469.45
总计	安徽	5935.5	16.80	3.68	14.21	0.00	2213.71

该品牌的指标结构中，主要问题在于认知度和忠诚度不高，以及认知度与知名度、美誉度与认知度、美誉度与忠诚度关系的失衡，品牌在营销

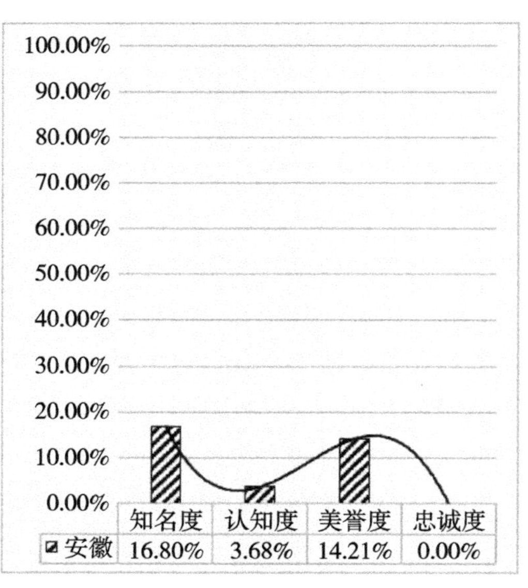

图5－95　安茶在安徽省的指标结构

中的作用是不明显的。该指标结构说明安茶进行过营销运作，具有一定的知名度，产品的质量较好，能够形成良好的消费者口碑，具有了一定的自传播能力，但由于品牌自身运作问题，品牌没有形成现实的消费者偏好。安茶在安徽省的指标结构，如图 5 – 95 所示。

3. 品牌质量分析

安茶信息质量比为0.919，高于理想比值的上限0.4，呈现出“质有余而量不足”的情况，但品牌的发展质量良好，有良好的消费者口碑的积累。从基础指标可以看出，品牌获得了相对较高的美誉度指标，而与之相比，知名度和认知度指标偏低了，量的积累是不足的。安茶的质量比计算，如表 5 – 149 所示。

表 5 – 149　安茶的质量比计算

品牌	品牌信息基本量的贡献率	品牌信息质的贡献率	品牌信息质量比值
安茶	52.12%	47.88%	0.919

4. 综合分析

由上述分析可知，安茶在安徽省内属于中等规模品牌，区域特征整体不明显，具有一定的省内影响力。品牌有良好口碑的积累，消费者对品牌的评价是不错的，但知名度和认知度水平总体不高，也使品牌呈现出较明显的“量亏”状态，品牌传播的力度和效率都应加强。

六十七、含眉绿茶

1. 品牌简介

含眉绿茶是安徽省马鞍山市含山县的特产，中国国家地理标志产品。安徽含眉生态茶叶有限公司的“含眉”牌绿茶，凭借独特的色、香、味、形、韵被评定为“安徽十大品牌名茶”。

马鞍山“含眉”绿茶生长于云雾缭绕、溪水环山而流的含山县清溪镇长山大垄，漫山遍野绿油油的千亩有机茶园，茶香沁人心脾。含眉绿茶形状微扁、紧秀挺直、叶面光滑、嫩绿鲜润，其特有的高氨低酚成分形成了含眉绿茶兰花香或栗香持久、鲜醇爽口的风味。2018 年 3 月，含眉绿茶成功获批“国家地理标志保护产品”。

2. 基础数据与指标结构分析

含眉绿茶的总信息量是714.14万比特，在安徽还属于小规模品牌。本次调研获得了品牌所在地马鞍山市的数据，但从数据可以看出，品牌在马鞍山的各项指标略高于合肥地区，品牌的地域特征并不明显，其在安徽省内的影响力还很小。

基础指标中，该品牌的各项指标都不太高，显示其发展规模还比较小，品牌的影响力还不强。知名度指标方面，安徽省平均为8.25%，超过5%的有效标准，品牌在安徽省范围内具有一定程度的传播，品牌开始对营销发挥一定的作用，但还不太明显。从地区层面看，各地的知名度都不太高，品牌所在地马鞍山的数据仅为10.95%，品牌在当地也仅属于具有小范围传播的品牌，其影响力主要局限于含山县，是一个县域品牌；而在合肥的知名度仅为4.91%，没有达到有效标准，品牌基本上没有影响力。品牌的认知度指标为3.74%，刚达到有效范围（2.5%以上），且认知度接近知名度的一半，在知名度不高的情况下获得这一数据，说明品牌的传播效率尚可，但在省内还属于极小范围内认知的品牌。

该品牌的美誉度指标安徽省平均为7.48%，绝对值也不高，而且在两个地区的美誉度都不突出，差异不明显，消费者的口碑一般。该品牌的忠诚度为0，在两个地区都没有获得忠诚度数据，显示品牌的固定消费群体还没有形成。含眉绿茶在安徽调研的基础数据，如表5－150所示。

表5－150　含眉绿茶在安徽调研的基础数据

序号	区域	代表城市级别人口数（万人）	知名度（%）	认知度（%）	美誉度（%）	忠诚度（%）	信息总量（万比特）
1	合肥	2656.3	4.91	2.47	4.76	0.00	133.51
2	马鞍山	3279.2	10.95	4.76	9.68	0.00	580.62
总计	安徽	5935.5	8.25	3.74	7.48	0.00	714.14

该品牌的安徽省指标中，各项指标均不高且指标间的比例关系也不协调，品牌的口碑一般，消费者的消费习惯并未形成，品牌在营销中的作用不明显。含眉绿茶在安徽省的指标结构，如图5－96所示。

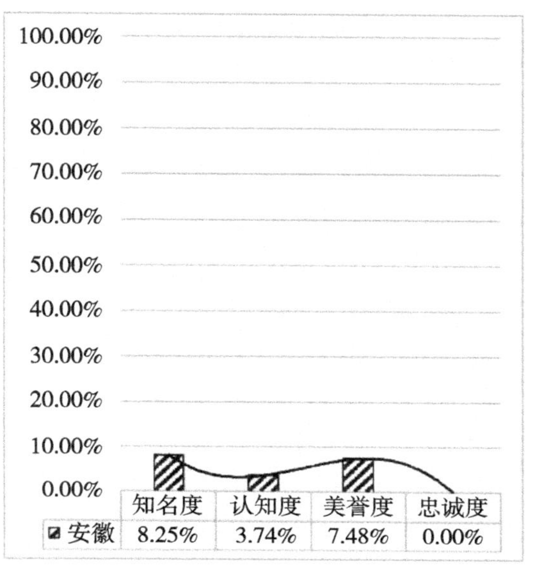

图 5－96　含眉绿茶在安徽省的指标结构

3. 品牌质量分析

含眉绿茶信息质量比为 0.246，质量处于良好水平，这一质量比值反映品牌虽然各项指标还不太高，质和量的发展都还不足，但获得的美誉度是略高于行业平均水平的，且与品牌的知名度和认知度水平是匹配的，各项指标还是达成了一个较好的平衡。含眉绿茶的质量比计算，如表 5－151 所示。

表 5－151　含眉绿茶的质量比计算

品牌	品牌信息基本量的贡献率	品牌信息质的贡献率	品牌信息质量比值
含眉绿茶	80.28%	19.72%	0.246

4. 综合分析

综上所述，含眉绿茶是一个安徽省内影响力较小的小规模品牌，品牌影响力可能还仅限于较小的地区，还是一个县域品牌。其各项基础指标较低，还需企业采取多渠道继续进行品牌推广活动，扩大品牌影响，并注重消费者口碑和忠诚客户的培养，如果措施得当，品牌还是具有较好的成长性的。

六十八、松萝茶

1. 品牌简介

松萝茶属绿茶类，为历史名茶，创于明初，产于黄山市休宁县休歙边界黄山余脉的松萝山。松萝茶的采制技术，早在四五百年前就已达到精湛娴熟的程度，它具有色绿、香高、味浓等特点。2012 年 1 月，原国家质检总局批准对松萝茶实施地理标志产品保护。

2. 基础数据与指标结构分析

松萝茶的总信息量为 640.88 万比特，属于省内的小规模品牌。基础指标中，各地区体现出一定的差异性，有一定的区域特征，其安徽省影响力还较小。

基础指标中，比较突出的优点是品牌获得了较高的美誉度，但其余指标均不高。知名度指标方面，安徽省平均为 4.83%，没有超过有效标准（5%），其安徽省知名度不高，影响力还很小，消费者对品牌的印象不深刻，可能与品牌的名称不易被消费者识别有关，其名称还仅仅停留在一个“商标”的层面，对营销的作用不大。从地区层面看，两地的知名度都不高，总体差距不大，在马鞍山的知名度数据甚至未达到有效标准，其安徽省的影响力还很小，属于小范围消费者知晓的品牌。认知度指标方面，安徽省仅为 1.97%，还很弱，而且两个地区的认知度都没有达到有效范围，这也是由于其知名度不高，并不具备大范围消费者认知的基础。广大消费者对于“松萝茶”所代表的含义是不清楚的。

在知名度和认知度较低的情况下，该品牌获得了较高的美誉度，安徽省达到了 18.7%，获得了相当一部分消费者的认可和喜爱。但观察其美誉度指标可以看出，在地区上是有比较明显的差异的，主要来自马鞍山美誉度的支撑，而且是在知名度和认知度较低的情况下获得的，与品牌本身的关系不大，更多的是通过其他途径如促销等获得。这种情况获得的口碑尚不足以形成品牌自传播的能力，也很难获得消费者的重复购买。该品牌的忠诚度数据为 0，良好的口碑并没有转化为消费者的忠诚，原因还是消费者对品牌的了解不充分，虽然厂商依靠促销等销售手段临时获得了消费者的好评和赞誉，但这种赞誉由于消费者缺乏对品牌内涵的了解并不会持久，也不会形成消费者的忠诚。松萝茶在安徽调研的基础数据，如表

5－152所示。

表5－152　松萝茶在安徽调研的基础数据

序号	区域	代表城市级别人口数（万人）	知名度（%）	认知度（%）	美誉度（%）	忠诚度（%）	信息总量（万比特）
1	合肥	2656.3	5.80	2.34	4.76	0.00	143.02
2	马鞍山	3279.2	4.05	1.66	30.00	0.00	497.86
总计	安徽	5935.5	4.83	1.97	18.70	0.00	640.88

该品牌的安徽省指标结构中，可以明显地看出美誉度相对较高而出现的指标间不协调的比例关系，虽然获得了一定的口碑但不是品牌本身带来的，也很难获得消费者忠诚。松萝茶在安徽省的指标结构，如图5－97所示。

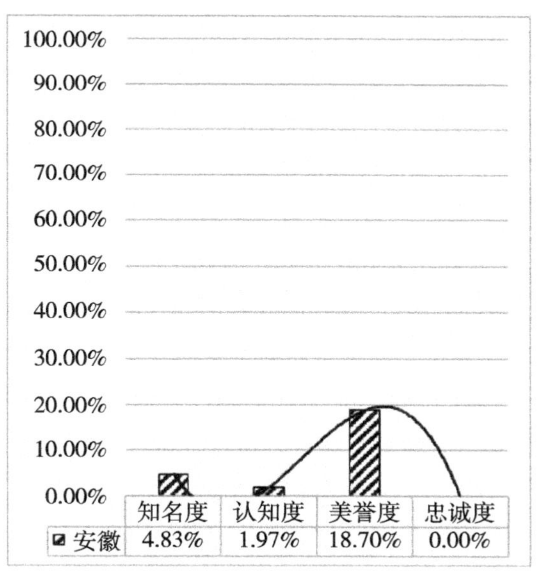

图5－97　松萝茶在安徽省的指标结构

3. 品牌质量分析

松萝茶信息质量比为1.062，表现出比较明显的“质有余而量不足”的状态。基础指标中，品牌的知名度和美誉度未达到有效标准，由此造成品牌信息基本量的积累不足，而其美誉度较高，远高于知名度和认知度的水平，品牌质的贡献在信息总量中的比重较大。这是形成这一质量比值的主要原因。松萝茶的质量比计算，如表 5－153 所示。

表 5－153　松萝茶的质量比计算

品牌	品牌信息基本量的贡献率	品牌信息质的贡献率	品牌信息质量比值
松萝茶	48.50%	51.50%	1.062

4. 综合分析

从品牌的各项基础指标可以看出，品牌在安徽省内的影响力还较小，属于小范围内知晓的小规模品牌。品牌的口碑虽然良好，但有非常明显的地区差异，这种差异形成的主要原因与品牌本身无关，尤其应注意的是在调研中并没有获得忠诚度数据，固定消费的群体还没有形成。

六十九、大方茶

1. 品牌简介

大方茶，安徽省歙县特产，中国国家地理标志产品。大方茶春芽萌发期一般在 3 月中、下旬；发芽密度大，育芽力特别强，芽叶短壮，白毫显露，叶绿色，抗寒性强，产量高。所制大方茶外形挺秀、扁平光滑、色泽墨绿，有熟板栗香，香郁持久，味甘醇爽口。2016 年 12 月，原国家质检总局批准对大方茶实施地理标志产品保护。

截至 2017 年年底，歙县茶园面积 26.7 万亩，三品茶园认证 26 万亩，占总面积 97.4%。其中无性系良种茶园 7.3 万亩，占总面积的 27.3%。2017 年，全县茶叶总产量 11 800 吨，一产产值 8.28 亿元，综合产值超过 30 亿元。歙县茶农 20 万人，人均茶叶收入超过 4000 元。歙县出口茶生产加工企业 20 余家，自营出口经营权企业 4 家。

2. 基础数据与指标结构分析

大方茶的总信息量为 450.07 万比特，在安徽属于小规模品牌。品牌的各项指标都还较低，省内的传播范围不大，消费者口碑也不高，其安徽省的影响力尚未形成。

知名度指标方面，安徽省平均为 7.69%，刚达到有效标准（5%），这一指标显示品牌的知名度是进行过品牌运作的，具有一定的传播范围，“大方茶”也正式由一个“商标”进入了“品牌”的序列，品牌对营销开始发挥一定的作用。从地区层面看，两个调研地的知名度都超过了有效标准，但都不太高，临近品牌所在地的马鞍山地区略高，符合品牌传播的特点。这一知名度显示品牌在安徽省的影响力还非常小，绝大部分消费者对品牌是不知晓的，可能与品牌的定位有关，也有可能是品牌的名称、商标等辨识度不高阻碍了消费者对品牌的知晓。认知度指标方面，安徽省平均为3.07%，刚达到有效标准（2.5%），有部分消费者对品牌内涵做了深入的了解。认知度是反映品牌信息传播深度的指标，只有超过2.5%才能认为消费者对于品牌信息有效了解，这也是形成品牌美誉度和忠诚度的基础。

品牌的美誉度指标也不高，安徽省平均仅为3.91%，而且在两个调研地区的美誉度都不高，差别不大，说明品牌在省内还没有形成消费者的口碑，品牌的营销效果并不理想。可能与在调研中没有发现品牌的目标客户有关。品牌的忠诚度为2.12%，与美誉度相比这一指标是基本合理的，在对品牌有好评的消费者中，部分是多次重复购买过品牌产品的忠诚客户，但忠诚度仅在马鞍山一地获得，其他地区的消费者的消费偏好不明显，固定消费人群还较小。大方茶在安徽调研的基础数据，如表5－154所示。

表5－154　大方茶在安徽调研的基础数据

序号	区域	代表城市级别人口数（万人）	知名度（%）	认知度（%）	美誉度（%）	忠诚度（%）	信息总量（万比特）
1	合肥	2656.3	5.84	2.30	4.00	0.00	149.05
2	马鞍山	3279.2	9.19	3.69	3.85	3.85	301.03
总计	安徽	5935.5	7.69	3.07	3.91	2.12	450.07

该品牌的各项指标均不高，品牌在安徽省的影响力还未形成，各项指标间的结构也未形成，因此品牌在营销中的作用并不明显。大方茶在安徽省的指标结构，如图5－98所示。

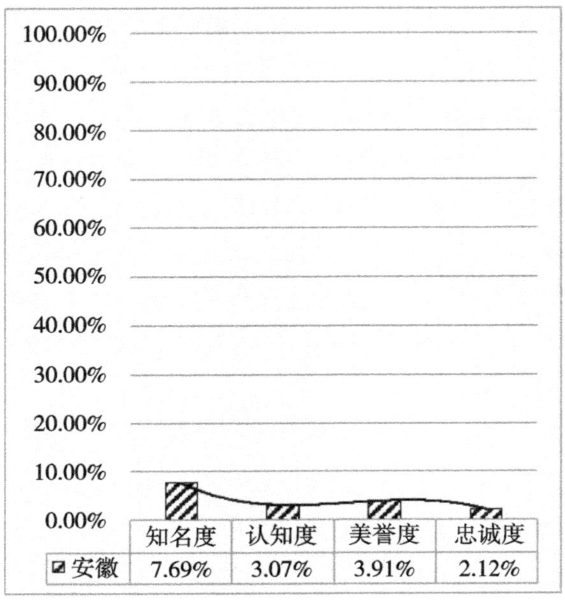

图 5－98　大方茶在安徽省的指标结构

3. 品牌质量分析

大方茶信息质量比为－0.129，略低于行业平均水平，品牌发展质量一般。品牌的各项指标数据都不高，发展不够充分，尤其是美誉度略低于行业的平均水平，这是形成这一质量比值的主要原因。因其多项指标偏低，品牌质和量的发展都未达到理想水平，这影响了品牌质量的进一步提升，品牌在宣传推广及消费者口碑的培养方面还应多下功夫。大方茶的质量比计算，如表 5－155 所示。

表 5－155　大方茶的质量比计算

品牌	品牌信息基本量的贡献率	品牌信息质的贡献率	品牌信息质量比值
大方茶	114.87%	－14.87%	－0.129

4. 综合分析

综上所述，大方茶在安徽省属于小规模品牌，品牌的发展还不充分，在安徽省的影响力还很有限。

七十、龙池香尖茶

1. 品牌简介

龙池香尖茶产于安徽省怀宁县。生产茶园坐落在植被繁茂、土壤肥沃、溪泉纵横，终年云雾笼罩，海拔400米上下的游览胜地龙池庵附近的双尖山周围。生态环境优越，且又采取传统的管理方式，以施农家肥、沤肥为主，茶树生长健壮，茶叶洁净，无污染，具有高山茶特有的香气，色泽翠绿，故取茶名龙池香尖。该茶属怀宁县绿茶中之珍品，近两年来在省市专家多次亲临现场指导、县农业部门的大力支持与帮助下，采制工艺得到进一步改进，新制品投放市场后深受广大消费者的欢迎。其品质特点是外形扁直，色泽翠绿显毫，汤色绿亮，清香持久有花香，滋味鲜醇爽口。2016年，原国家质检总局对龙池香尖正式实施地理标志保护。

2. 基础数据与指标结构分析

龙池香尖茶的总信息量为414.33万比特，属于省内的小规模品牌。安徽省各个城市的各项指标有一定的差异，但整体并不明显，品牌的各项基础指标均不高，其安徽省的影响力还未形成。

品牌的安徽省平均知名度为9.1%，超过了有效标准（5%），显然企业为了获取知名度而做了努力，品牌开始对营销发挥一定的作用，但作用有限，在安徽省属于小范围传播的品牌。品牌在合肥和马鞍山的知名度有一定的差距，在合肥仅为4.21%，没有达到有效标准，属于自然传播形成，其知名度在安徽省范围内还比较小。该品牌较低的知名度还不具备大范围的消费者认知的基础，因此其认知度也明显偏低了，安徽省仅为3.67%，刚超过有效的范围（2.5%以上），其品牌内涵向消费者的传递还不足。龙池香尖茶较低的知名度和认知度还不能成为美誉度和忠诚度成长的基础，而在调研中没有获得美誉度和忠诚度数据，消费者的口碑不佳，消费偏好和消费习惯并未形成。龙池香尖茶在安徽调研的基础数据，如表5－156所示。

表 5－156　龙池香尖茶在安徽调研的基础数据

序号	区域	代表城市级别人口数（万人）	知名度（%）	认知度（%）	美誉度（%）	忠诚度（%）	信息总量（万比特）
1	合肥	2656. 3	4. 21	1. 82	0. 00	0. 00	77. 72
2	马鞍山	3279. 2	13. 07	5. 17	0. 00	0. 00	336. 61
总计	安徽	5935. 5	9. 10	3. 67	0. 00	0. 00	414. 33

该品牌的安徽省指标中，各项指标均不高且指标间的结构并未形成，品牌的口碑不高，消费者的消费偏好不明显，品牌在营销中的作用几乎为零。龙池香尖茶在安徽省的指标结构，如图 5－99 所示。

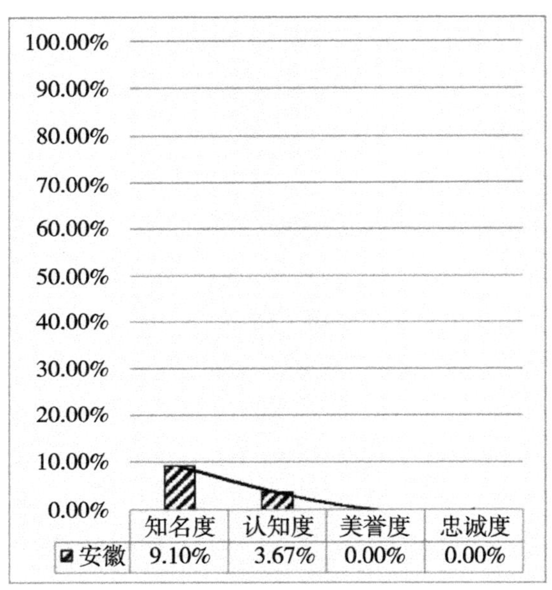

图 5－99　龙池香尖茶在安徽省的指标结构

3. 品牌质量分析

龙池香尖茶的信息质量比为－0. 353，品牌发展的质量不高，低于同行业所有品牌发展水平的均值。其质与量的发展是不均衡的，量的比重大，而由于没有获得美誉度数据，因此没有质的积累。这是需要引起品牌运营者注意的问题。龙池香尖茶的质量比计算，如表 5－157 所示。

表 5－157　龙池香尖茶的质量比计算

品牌	品牌信息基本量的贡献率	品牌信息质的贡献率	品牌信息质量比值
龙池香尖茶	154.50%	－54.50%	－0.353

4. 综合分析

从品牌的各项基础指标可以看出，品牌在安徽省属于仅在小范围内知晓的小规模品牌，传播范围不大，品牌的影响力还很小，主要问题在于在调研中没有获得美誉度和忠诚度数据，品牌未能达到同行业平均水平，品牌结构没有形成。

七十一、太平

1. 品牌简介

黄山六百里猴魁茶业股份有限公司成立于2000年，是安徽省农业产业化龙头企业和安徽省林业产业化龙头企业，注册资金3569万元。是一家集太平猴魁茶生产、加工和科研为一体，涉及茶叶研发、基地建设、茶旅特色游、茶文化传播等相关产业的现代化企业。公司以传承和发展太平猴魁为奋斗目标，全面提升太平猴魁的品牌竞争力。

公司拥有猴村、大坪、桃源三个太平猴魁自主产权生产基地万余亩，其中桃源基地为太平猴魁茶国家农业标准化示范区；建有优质柿大茶苗圃基地60亩；太平猴魁加工基地30亩，其中太平猴魁标准化、清洁化加工厂房及基地茶叶初制加工厂房万余平方米；设有北京分公司、合肥分公司、黄山六百里猴魁茶业文化发展有限公司、黄山易时代电子商务有限公司、茶产业博士后科研基地、太平猴魁（六百里）茶业研发中心、黄山太平猴魁博物馆、太平猴魁展示中心；全国加盟商近百家；企业通过了ISO9001、ISO14001、GB/T28001三体系认证；与安徽农业大学建立了技术研发合作关系。

2. 基础数据与指标结构分析

太平品牌的总信息量是2.2092亿比特，属于中等偏小规模品牌的标准。本次调研虽然没有安排在品牌所在地黄山进行，但有两个安徽城市合肥和马鞍山的调研数据为参考，从这两地的数据看，均高于全国其他地区的数据，说明品牌具有一定的地域特征，其在全国的影响力还不大。

该品牌的知名度为10.42%，品牌开始对营销发挥一定的作用，显然商家做过获取知名度的努力，但缺乏消费者知晓的基础，知晓范围并不广。从地区指标看，还具有比较明显的差异：马鞍山、呼伦贝尔和合肥地区较高，接近或超过了20%，而在其余大部分地区如吉林、成都等的知名度才刚接近5%的有效范围，品牌推广的效果并不理想。品牌的认知度也不高，全国平均仅为2.7%，刚超过有效的范围（2.5%），从地区上看各地的认知度水平还有限，马鞍山和合肥的消费者认知水平比较理想，但在吉林、长沙等大部分地区并没有达到有效范围。该品牌的知名度指标一般，还不具备大范围消费者知晓的基础，除安徽省外，大部分省份的消费者对品牌的内涵是不了解的。

该品牌获得了相对较高的美誉度指标，全国平均为10.49%，消费者的口碑较好。从地区上看，除南宁、成都在调研中没有获得美誉度数据外，在其他地区的美誉度指标比较平均且比较高，营销效果没有太大的区别。从认知度与美誉度的比例关系看，二者的比例是失衡的，认知度较低，说明该品牌美誉度来自消费者深度认知的可能性不大，而更多的是通过其他的营销途径获得，品牌本身在营销中的作用并不明显。该品牌的忠诚度为0.43%，绝对值偏低，消费者的消费偏好不明显，原因可能为消费者的认知度偏低，在对品牌缺乏深入了解、对品牌产品缺少深度体验的情况下，是很难形成较高的忠诚度的。也可能与在调研中没有发现品牌的忠诚客户有关。太平品牌的基础数据，如表5－158所示。

表5－158　太平品牌的基础数据

序号	调研城市	知名度（%）	认知度（%）	美誉度（%）	忠诚度（%）	品牌信息量估值（万比特）
1	长沙	5.48	0.86	8.33	0.00	642.49
2	合肥	19.62	7.27	13.25	2.41	5552.41
3	吉林	4.95	0.98	11.54	0.00	1157.52
4	厦门	4.52	1.06	14.29	0.00	1230.25
5	呼伦贝尔	23.63	4.85	14.14	1.01	7234.82
6	马鞍山	23.44	8.94	10.00	0.00	3412.93

续表

序号	调研城市	知名度（%）	认知度（%）	美誉度（%）	忠诚度（%）	品牌信息量估值（万比特）
7	赣州	4.44	0.55	12.50	0.00	1306.33
8	成都	4.93	0.72	0.00	0.00	872.35
9	南宁	4.74	0.55	0.00	0.00	683.13
总计	全国	10.42	2.70	10.49	0.43	22092.2247

在该品牌的全国指标结构中，可以比较明显地看出品牌的认知度和忠诚度指标偏低了，指标间的比例关系是失衡的，品牌在营销中没能发挥出太大的作用（如图5－100所示）。品牌所在地（以马鞍山的数据为参考）指标结构则接近次优品牌结构，认知度接近知名度的一半，美誉度略高于认知度，品牌对营销的作用明显高于全国平均水平，但调研获得的忠诚度数据为0，品牌还不能为厂商带来持续的收益。如图5－101所示。

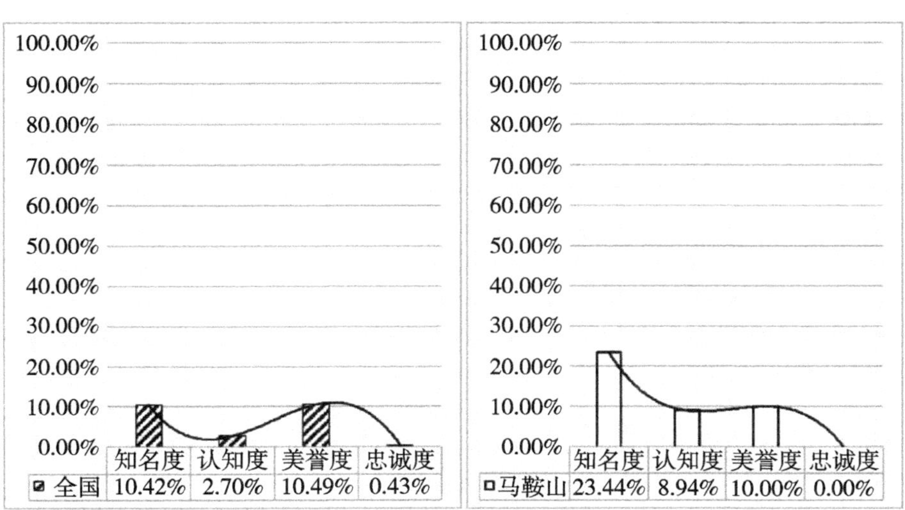

图5－100　太平品牌在全国的指标结构　图5－101　太平品牌在马鞍山的指标结构

3. 品牌质量分析

太平品牌质量比值为0.442，略高于最优比值的上限（0.4），意味着该品牌的质量发展水平处于优良状态，企业的经营管理水平是不错的。这一质量水平反映了该品牌质与量的发展是比较均衡的，原因是获得了相对较高的品牌美誉度，质的贡献是较大的。但品牌的知名度和认知度指标偏低了，这意味着品牌的良好口碑还仅限于小范围，并不利于品牌自传播能力的形成，这对品牌的长远发展是不利的。因此，从现阶段看，如何提升品牌的知名度和认知度，从而增强品牌的影响力，仍是厂商目前的首要任务。太平品牌的质量比计算，如表 5 - 159 所示。

表 5 - 159　太平品牌的质量比计算

品牌	品牌信息基本量的贡献率	品牌信息质的贡献率	品牌信息质量比值
太平	69. 33%	30. 67%	0. 442

4. 品牌信息的稳定性分析

太平品牌的稳定性指数为 3. 7，属于一般偏弱稳定性的品牌。从基础数据和质量比可以看出，该品牌的量不大，发展还不够充分，全国的影响力还较小，发展阶段应该是处于成长期，保持着较好的成长性。太平品牌的稳定性计算，如表 5 - 160 所示。

表 5 - 160　太平品牌的稳定性计算

品牌	N（E）函数值	品牌衰减系数	品牌信息的衰减速率	品牌稳定性指数
太平	19. 07	0. 0525	0. 037	3. 7025

5. 综合分析

综上所述，太平品牌是一个全国影响力还比较小的中等偏小规模品牌，品牌发展质量属于优良水平，获得了不错的消费者口碑，但知名度和认知度偏低了，没有形成对美誉度提升的支撑，需要企业继续加强品牌宣传活动，扩大品牌的影响，使消费者在对品牌有充分认知的基础上形成对品牌的赞誉。

七十二、天方

1. 品牌简介

天方茶业股份有限公司是安徽天方茶业（集团）有限公司转型投资设立，成立于 1997 年，公司总部坐落于皖南国际文化旅游示范区、中国天然氧吧——安徽省石台县矶滩乡大龙湾，主要从事茶叶全产业链品牌运营。公司现有职工400多人，注册资本1.02亿元，年生产加工能力为6000吨包装产品。拥有天方硒茶、雾里青高级绿茶、祁毫高级红茶、古黟黑茶、慢点茶食品五大系列600多种产品。

2. 基础数据与指标结构分析

天方品牌的总信息量为1.1812亿比特，属于小规模品牌。本次调研没有在品牌所在地池州进行，从安徽省内两个城市获得的调研数据看，与全国其他地区总体差距不大且均偏低，其在全国包括安徽省的影响力都还未形成，品牌的影响力可能还仅限于品牌所在地区。

知名度指标方面，全国平均为6.74%，刚超过有效标准（5%），品牌开始对营销发挥一定的作用，但还不大，在全国的影响力还很小。从地区层面看，各地的知名度都不高，最高的为省内的合肥地区，但也仅为7.09%，已属于品牌推广效果最好的地区；在大部分地区如南宁、成都、长沙等地的知名度都未达到有效标准，属于自然传播形成的，并非由品牌营销形成，基本上没有运作痕迹。从这一知名度指标看，品牌刚完成了“商标”向“品牌”的转化，其全国知晓的范围还很小。认知度指标方面，全国仅为1.42%，未达到有效标准（2.5%），而且在各地的指标都没有达到有效范围。认知度是反映品牌信息传播深度的指标，只有超过2.5%才能认为消费者对于品牌信息有效了解，这也是形成品牌美誉度和忠诚度的基础。品牌的美誉度指标也不高，全国平均为7.48%。从地区上看，差异还是比较明显的：合肥最高为16.67%，获得了良好的消费者口碑，品牌的营销效果最好，另外在吉林、厦门等地也超过了10%，而在长沙、成都、南宁等地区没有获得美誉度数据。在调研中虽然获得了2%的忠诚度，但仅来自厦门等少数地区的支撑，大多数地区的忠诚度为0，说明品牌的消费偏好不明显，还没有形成固定消费人群，可能与品牌的价格策略、销售渠道有关，也有可能与本次调研中未发现品牌的目标消费者有关。天方品牌的基础数据，如表5－161所示。

表 5－161　天方品牌的基础数据

序号	调研城市	知名度（%）	认知度（%）	美誉度（%）	忠诚度（%）	品牌信息量估值（万比特）
1	长沙	2.74	0.00	0.00	0.00	463.08
2	合肥	7.09	2.11	16.67	0.00	2034.45
3	吉林	5.33	1.28	10.71	3.57	1204.14
4	厦门	3.23	0.94	10.00	10.00	686.88
5	呼伦贝尔	6.96	1.68	8.70	1.09	4917.13
6	马鞍山	5.47	2.03	7.14	0.00	572.85
7	赣州	4.72	0.42	5.88	0.00	1169.52
8	成都	2.69	0.31	0.00	0.00	467.93
9	南宁	2.11	0.00	0.00	0.00	296.88
总计	全国	6.74	1.42	7.48	2.00	11812.8623

该品牌的各项指标均不高，品牌在全国的影响力还很小，各项指标间的结构也未形成，因此品牌在营销中的作用并不明显（如图 5－102 所示）。品牌所在地省份城市合肥的数据略高于全国平均水平，但并不突出，显示了品牌在安徽省内的影响力不足，各指标间的比例关系也是失衡的，品牌对营销的作用不大。如图 5－103 所示。

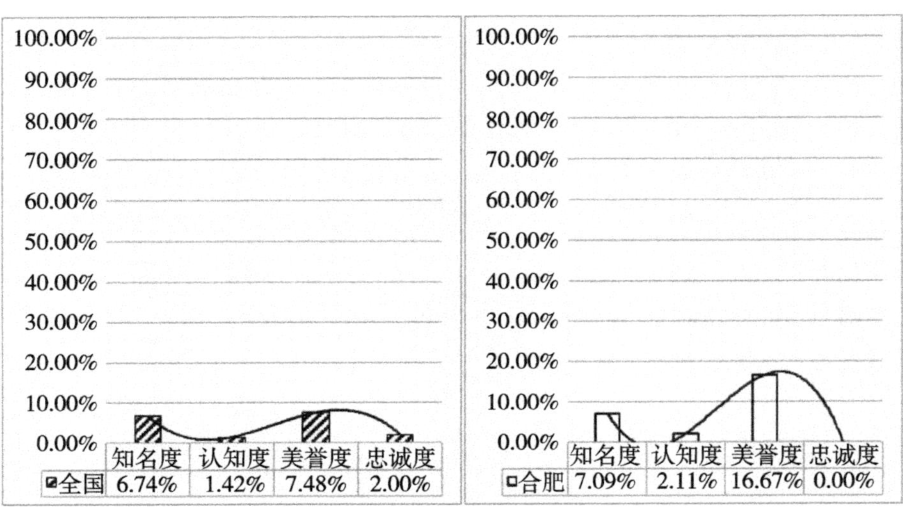

图 5－102　天方品牌在全国的指标结构　图 5－103　天方品牌在合肥的指标结构

3. 品牌质量分析

天方品牌信息质量比为0.251，质量处于优良水平，这一质量比值反映品牌的美誉度略高于行业平均水平，虽然品牌的各项数据均不高，但其质与量的发展是比较均衡的，企业的经营处于较好水平。天方品牌的质量比计算，如表5－162所示。

表5－162　天方品牌的质量比计算

品牌	品牌信息基本量的贡献率	品牌信息质的贡献率	品牌信息质量比值
天方	79.92%	20.08%	0.251

4. 品牌信息的稳定性分析

天方的品牌稳定指数为2.63，属于弱稳定性品牌，品牌信息的有效间隔期较短，品牌的维护成本较高，抵抗风险的能力很弱。结合品牌基础指标，品牌的知名度和认知度还很小，刚完成了“商标”向“品牌”的过渡，从其发展阶段来看还属于品牌起步阶段，其在全国的影响力还很弱，稳定性也未形成。天方品牌的稳定性计算，如表5－163所示。

表5－163　天方品牌的稳定性计算

品牌	N（E）函数值	品牌衰减系数	品牌信息的衰减速率	品牌稳定性指数
天方	26.73	0.0374	0.0263	2.6293

5. 综合分析

综上所述，天方是一个小规模品牌，其各项基础指标较低，全国影响力尚未形成，正处于品牌创牌阶段。品牌的口碑高于行业平均水平，其发展质量是良好的，还具有一定的成长性。

第六节　中医药行业品牌资源分析

七十三、寿春堂

1. 品牌简介

寿春堂是清末年间成立的一家以中药材为主营的百年医药老店，曾与北京同仁堂杭州胡庆余堂等著名药房齐名。中华人民共和国成立后，由于种种原因一直未启用“寿春堂”这个药号，直到20世纪90年代初期，合肥市政府为了塑造老字号医药品牌，在多方的大力支持下，恢复“寿春堂”药号。2006年12月，寿春堂成为中华老字号。

2. 基础数据与指标结构分析

寿春堂的总信息量是878.25万比特，在安徽省内属于小规模品牌。本次调研获得了品牌所在地合肥的数据，但从各项数据来看，合肥的数据稍高但并不突出，地区间的差异总体上不明显，是一个面向全省发展的品牌，但其省内的影响力较小。

该品牌的知名度为11.2%，品牌开始对营销发挥一定的作用，寿春堂作为中华老字号品牌，有历史流传的名声，在消费者中是具备一定知名度的，但知晓的范围并不广。从地区指标看，在各地均获得了有效的知名度，但有一定的差异：品牌所在地合肥的知名度为15.87%，高于马鞍山的7.42%，但在品牌所在地的知名度并不高，品牌推广的效果并不理想。品牌在安徽省属于具有一定范围传播的品牌，传播范围并不广，在大部分地区还不为人知。品牌的认知度也不高，安徽省平均仅为2.53%，刚超过有效的范围（2.5%），从地区上看各地的认知度水平还有限，这与该品牌的知名度指标一般有关，还不具备大范围消费者知晓的基础，大部分消费者对品牌的内涵是不了解的。

该品牌获得了相对较高的美誉度指标，安徽省平均为9.69%，消费者的口碑较好。从地区上看，合肥超过了15%，属于品牌口碑最佳的地区，品牌在该地扎根时间长，在长时间的经营下培养出了不错的消费者口碑，当地消费者对品牌是比较认可的；而在马鞍山的美誉度则一般。从认知度与美誉度的比例关系看，二者的比例是失衡的，认知度较低，说明该品牌美誉度来自消费者深度认知的可能性不大，而更多的是通过其他的营销途径获得，品牌本身在营销中的作用并不明显。该品牌的忠诚度达到4.26%，收获了不错的消费者的重复购买行为，忠诚客户开始形成，但由于消费者对品牌的认知度偏低，这一忠诚度数据并不稳固。寿春堂在安徽调研的基础数据，如表5－164所示。

表 5－164　寿春堂在安徽调研的基础数据

序号	区域	代表城市级别人口数（万人）	知名度（%）	认知度（%）	美誉度（%）	忠诚度（%）	信息总量（万比特）
1	合肥	2656.3	15.87	3.40	15.15	3.03	614.28
2	马鞍山	3279.2	7.42	1.82	5.26	5.26	263.97
总计	安徽	5935.5	11.20	2.53	9.69	4.26	878.25

在该品牌的安徽省指标结构中，各项指标均不高，而且大部分指标间的比例关系都是失衡的，由于品牌获得了相对不错的忠诚度数据，固定消费人群开始形成，品牌在营销中的作用开始呈现。寿春堂在安徽省的指标结构，如图 5－104 所示。

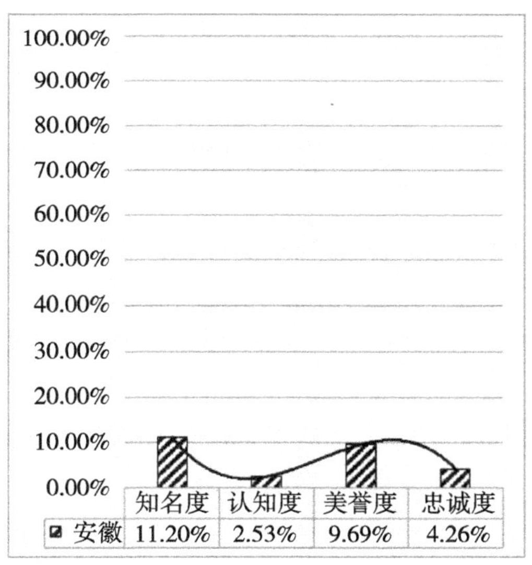

图 5－104　寿春堂在安徽省的指标结构

3. 品牌质量分析

寿春堂质量比值为 0.206，达到优良标准（0.2～0.3），意味着该品牌的质量发展水平高于同行业大部分品牌，企业的经营管理水平是不错的。这一质量水平反映了该品牌质与量的发展是比较均衡的，原因是获得了相对较高的品牌美誉度，质的贡献是较大的。但从整个行业来看，美誉度的绝对值并不突出，原因还是品牌的知名度和认知度较低了，美誉度提升的基础不足。寿春堂的质量比计算，如表 5－165 所示。

表 5－165　寿春堂的质量比计算

品牌	品牌信息基本量的贡献率	品牌信息质的贡献率	品牌信息质量比值
寿春堂	82.91%	17.09%	0.206

4. 综合分析

综上所述，寿春堂是一个安徽省内影响力还比较小的小规模品牌，品牌发展质量接近优良水平，获得了不错的消费者口碑，但知名度和认知度偏低了，没有形成对美誉度提升的支撑，需要企业继续加强品牌宣传活动，扩大品牌的影响，使消费者在对品牌充分认知的基础上形成对品牌的赞誉。

七十四、余良卿

1. 品牌简介

安徽安科余良卿药业有限公司是从事药品、医疗器械的研制、生产、销售的现代中药生产企业，所拥有的余良卿品牌诞生于1855年，距今已有160多年的历史，是商务部认定的首批中华老字号企业，现为安科生物的全资子公司，2014年“余良卿”号被评为安徽省著名商标。

“余良卿”号是安徽省著名的老字号中药企业，由于历代余良卿人秉承“扶贫惜弱，诚信济世”的宗旨，精心创业，使余良卿招牌历百余年而不衰，产品畅销于国内外。被誉为安徽“三珍”之一的传统产品“鲫鱼膏药”（现名余良卿膏药），因其独特优良的疗效而有“神仙铁拐李赐药方”的传说，在民间广为流传。其制作技艺已被列为非物质文化遗产。

2. 基础数据与指标结构分析

余良卿的总信息量为306.75万比特，在安徽省属于小规模品牌。品牌的各项指标都还较低，其安徽省影响力尚未形成。

知名度指标方面，安徽省平均仅为4.98%，没有达到有效标准（5%），品牌对营销还发挥不了作用，这一指标显示品牌的知名度基本上是由自然传播形成，无人为传播的痕迹。品牌虽然为中华老字号，但目前来看还仅是作为一个“商标”而存在，不具备“品牌”的意义。从地区层面看，各地的知名度都不高，合肥也仅刚达到有效标准，省内绝大部分消费者对品牌是不知晓的，影响范围还非常小，这可能与品牌的定位有关，也有可能是品牌的名称、商标等辨识度不高阻碍了消费者对品牌的知晓。

认知度指标方面，安徽省仅为1.08%，也未达到有效标准（2.5%），而且在两个地区的指标都没有达到有效范围，可能与品牌的知名度较低有关，消费者对品牌没有印象，对品牌的内涵更是无从知晓。认知度是反映品牌信息传播深度的指标，只有超过2.5%才能认为消费者对于品牌信息有效了解，这也是形成品牌美誉度和忠诚度的基础。

品牌的美誉度指标也不高，安徽省平均仅为3.44%，且表现出比较明显的地区差异，仅在合肥获得，而在马鞍山则没有获得美誉度数据。品牌的这一美誉度水平尚不足以形成品牌自传播的能力，也不足以形成消费者的忠诚度。品牌的忠诚度数据为0，说明品牌的消费偏好不明显，还没有形成固定消费人群，有可能与在本次调研中并未发现品牌的目标消费者有关。余良卿在安徽调研的基础数据，如表5－166所示。

表5－166　余良卿在安徽调研的基础数据

序号	区域	代表城市级别人口数（万人）	知名度（%）	认知度（%）	美誉度（%）	忠诚度（%）	信息总量（万比特）
1	合肥	2656.3	6.16	1.20	7.69	0.00	184.85
2	马鞍山	3279.2	4.02	0.98	0.00	0.00	121.90
总计	安徽	5935.5	4.98	1.08	3.44	0.00	306.75

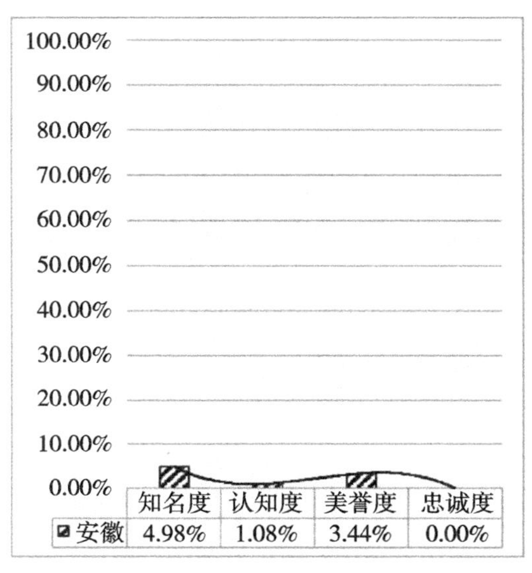

图5－105　余良卿在安徽省的指标结构

该品牌的各项指标均不高，品牌在安徽省的影响力还未形成，各项指标间的结构也未形成，品牌对营销的作用不明显。余良卿在安徽省的指标结构，如图 5 – 105 所示。

3. 品牌质量分析

余良卿信息质量比为 0.001，质量水平一般，刚刚达到行业的平均水平。品牌的各项指标数据都不高，发展也不够充分，品牌质与量的发展均呈不足状态。余良卿的质量比计算，如表 5 – 167 所示。

表 5 – 167　余良卿的质量比计算

品牌	品牌信息基本量的贡献率	品牌信息质的贡献率	品牌信息质量比值
余良卿	99.86%	0.14%	0.001

4. 综合分析

综上所述，余良卿在安徽省属于小规模品牌，品牌的各项指标都还很低，发展不充分，在安徽省的影响力还未形成。

七十五、吴鲁衡

1. 品牌简介

清雍正元年（1723 年），曾经享誉世界的罗经大师吴国柱，字鲁衡，于万安镇创办吴鲁衡罗经店，至今有近 300 年历史。吴氏祖孙世代传承着吴鲁衡品牌，制作的“吴鲁衡”牌罗盘系列产品以质量上乘、精密度高而畅销国内外，甚至远销新加波、日本、美国和台湾等国家和地区。老店罗盘选用徽州稀有虎骨木材料，采用祖传工艺经选料、车盘、分格、清盘、写盘、油货、安针七道工序手工制作而成，尤其是罗盘指针采用独有的天然磁石磁化，具有灵敏度高、永不退磁等性能。

2. 基础数据与指标结构分析

吴鲁衡的总信息量为 334.57 万比特，属于省内的小规模品牌。品牌的指标在安徽省各地总体差距不大，但品牌的各项指标都偏小，其安徽省影响力尚未形成。

知名度指标方面，安徽省平均仅为 3.02%，并没有达到有效标准（5%），这一知名度基本上来自营销过程中消费者对产品体验后而自然获取的知晓，在安徽省几乎没有影响力，甚至都不能成为营销使用的工具，还仅是一个“商标”而已。这可能与品牌产品的特性有关，并不是面向大众消费者，在消费者中的传播范围还非常小。从地区层面看，品牌在两地的知名度都不高，都未达到有效标准。认知度指标方面，安徽省仅为1.35%，很弱，而且在各地区的指标也都没有达到有效范围（2.5%以上）。认知度是反映品牌信息传播深度的指标，只有超过2.5%才能认为消费者对于品牌信息有效了解，这也是形成品牌美誉度和忠诚度的基础。品牌的知名度和认知度在各地的数据都不高，品牌推广效果不理想，品牌在安徽省的影响力并未形成。

品牌获得了相对较高的美誉度，安徽省平均达到了14.28%，获得了较好的消费者口碑，品牌虽然在消费者中并不知名，但购买品牌产品的消费者对产品的质量是非常认可的。从美誉度与认知度的关系看，美誉度远高于认知度，说明美誉度的获得并不是建立在消费者对品牌非常了解的基础上。这种口碑传播的范围和途径尚不足以形成品牌自传播的能力，也不足以获得消费者的重复购买，而品牌的忠诚度为0，说明在省内还没有形成消费者的消费偏好。吴鲁衡在安徽调研的基础数据，如表5－168所示。

表5－168　吴鲁衡在安徽调研的基础数据

序号	区域	代表城市级别人口数（万人）	知名度（%）	认知度（%）	美誉度（%）	忠诚度（%）	信息总量（万比特）
1	合肥	2656.3	3.37	1.56	14.29	0.00	168.02
2	马鞍山	3279.2	2.73	1.17	14.29	0.00	166.54
总计	安徽	5935.5	3.02	1.35	14.28	0.00	334.57

该品牌的安徽省指标结构中，各项指标均不高，知名度和认知度均未达到有效的范围，美誉度相对较高但不是来自认知度的支撑，而忠诚度也仅在少数地区获得，品牌的指标间的结构尚未形成，品牌对营销的作用几乎为零。吴鲁衡在安徽省的指标结构，如图5－106所示。

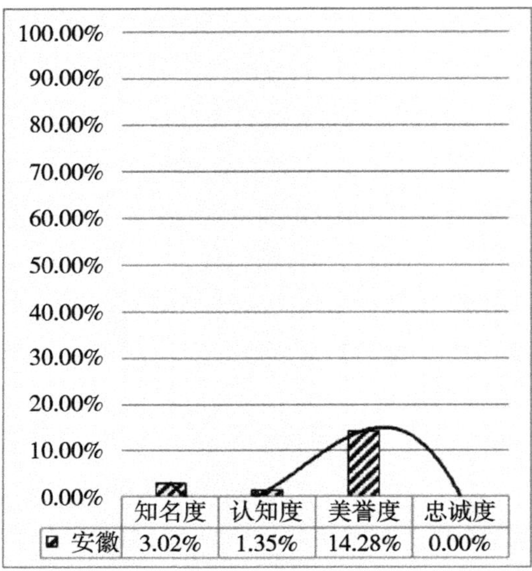

图 5－106　吴鲁衡在安徽省的指标结构

3. 品牌质量分析

吴鲁衡的信息质量比为 0. 791，略呈现出“质有余而量不足”的状态，但品牌的发展质量是优良的。从基础指标看，品牌的各项指标偏低，但却获得了相对较高的品牌美誉度，由此所形成的质在信息总量中的比重超过了基本量的比重，其知名度和认知度未达到有效标准，量的积累是不足的。由于品牌的知名度和认知度偏低，美誉度的获得基本上与品牌本身关系不大，因此这一质量发展比值并没有较高的实际参考意义。吴鲁衡的质量比计算，如表 5－169 所示。

表 5－169　吴鲁衡的质量比计算

品牌	品牌信息基本量的贡献率	品牌信息质的贡献率	品牌信息质量比值
吴鲁衡	55. 84%	44. 16%	0. 791

4. 综合分析

综上所述，从现有数据看吴鲁衡在安徽省是一个小规模品牌，其品牌传播的范围还很小，并不具备省内的影响力。虽然是中华老字号品牌，拥有悠久的历史，但从发展阶段来看，还基本上处于品牌起步阶段。

七十六、老余昌

1. 品牌简介

芜湖老余昌钟表眼镜公司始创于1911年，为中华老字号。历经百年发展，目前已有三家连锁店，总面积1000多平方米，现有员工近70人。现有高级验光、配镜专业技术人员18名，80%的员工经过专业系统的培训，是安徽省首家经国家工业产品生产许可证办公室审查取得眼镜验配的企业，也是首批取得医疗器械经营许可证的企业。

2. 基础数据与指标结构分析

老余昌的总信息量为266.66万比特，在省内还属于微小规模品牌。品牌的各项指标都还较低，其安徽省影响力尚未形成。本次调研没有安排在品牌所在地芜湖进行，从其他两个地区获得的数据看，都还比较弱，品牌的影响力应该仅限于芜湖地区。

知名度指标方面，安徽省平均仅为3.7%，没有达到有效标准（5%），品牌对营销还起不到作用，这一指标显示品牌的知名度基本上是由自然传播形成，无人为传播的痕迹。“老余昌”也仅仅是一个“商标”而已，还没有发展成真正意义上的“品牌”。从地区层面看，两地的知名度都未达到有效标准，显示品牌在安徽省的传播范围还非常小，并不具备影响力，绝大部分消费者对品牌是不知晓的，这可能与品牌的定位有关，也有可能是品牌的名称、商标等辨识度不高阻碍了消费者对品牌的知晓。认知度指标方面，安徽省仅为0.98%，也未达到有效标准（2.5%）。认知度是反映品牌信息传播深度的指标，只有超过2.5%才能认为消费者对于品牌信息有效了解，这也是形成品牌美誉度和忠诚度的基础。

品牌的美誉度指标也不高，安徽省平均为6.39%，且表现出比较明显的地区差异，在合肥达到了14.29%，获得了不错的消费者口碑，品牌的营销效果较好，但在马鞍山地区则没有获得美誉度数据。这说明品牌在小范围内具有良好的口碑，但这种好口碑传播的范围和途径尚不足以形成品牌自传播的能力，也不足以形成消费者的忠诚度。品牌的忠诚度数据为0，说明品牌的消费偏好不明显，还没有形成固定消费人群，可能与品牌的价格策略、销售渠道有关，也有可能在本次调研中并未发现品牌的目标消费者。老余昌在安徽调研的基础数据，如表5-170所示。

表 5－170　老余昌在安徽调研的基础数据

序号	区域	代表城市级别人口数（万人）	知名度（%）	认知度（%）	美誉度（%）	忠诚度（%）	信息总量（万比特）
1	合肥	2656.3	3.47	0.99	14.29	0.00	170.45
2	马鞍山	3279.2	3.88	0.98	0.00	0.00	96.21
总计	安徽	5935.5	3.70	0.98	6.39	0.00	266.66

该品牌的各项指标均不高，品牌在安徽省的影响力还未形成，各项指标间的结构也未形成，因此品牌在营销中的作用并不明显。老余昌在安徽省的指标结构，如图 5－107 所示。

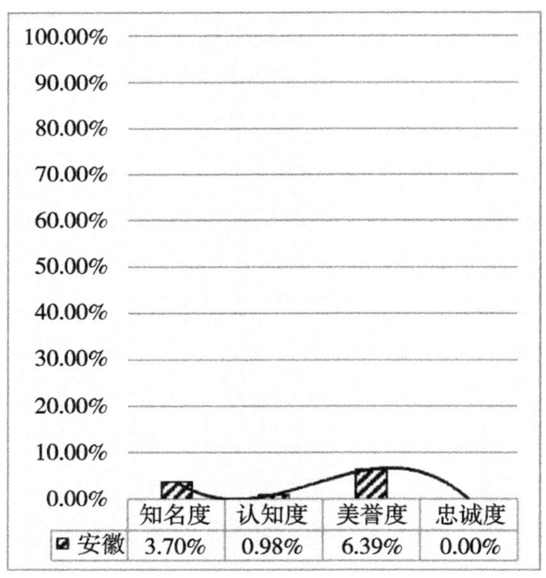

图 5－107　老余昌在安徽省的指标结构

3. 品牌质量分析

老余昌信息质量比为 0.179，处于良好水平，高于行业的平均水平。品牌虽然各项指标数据都不高，发展也不够充分，但其品牌质与量的发展是较均衡的。因其多项指标偏低未达到有效范围，这一质量比值的参考意义不大。老余昌的质量比计算，如表 5－171 所示。

表 5－171　老余昌的质量比计算

品牌	品牌信息基本量的贡献率	品牌信息质的贡献率	品牌信息质量比值
老余昌	84.83%	15.17%	0.179

4. 综合分析

综上所述，老余昌在省内属于一个微小规模品牌，品牌的发展还不充分，在安徽省的影响力还未形成。但品牌质量良好，应该还具有一定的成长性。

七十七、霍山石斛

1. 品牌简介

霍山石斛，俗称米斛，是兰科石斛属的草本植物，主产于大别山区的安徽省霍山县，中国国家地理标志产品。其茎直立，肉质，不分枝，具3～7节，淡黄绿色，有时带淡紫红色斑点，干后淡黄色。大多生长在云雾缭绕的悬崖峭壁的石缝间和参天古树上。霍山石斛能大幅度提高人体内SOD（延缓衰老的主要物质）水平，对经常熬夜、用脑，烟酒过度、体虚乏力的人群，经常饮用非常适宜。对人的健康有诸多益处。

2. 基础数据与指标结构分析

霍山石斛的总信息量是1.975亿比特，接近中等规模品牌的标准。本次调研获得了安徽省两个城市的数据，对比来看，合肥和马鞍山的数据明显高于全国其他地区，品牌具有比较明显的区域特征，是一个区域品牌，但其全国的影响力较小。

该品牌的知名度为10.48%，品牌开始对营销发挥一定的作用，显然商家做过获取知名度的努力，但缺乏消费者知晓的基础，知晓范围并不广。从地区指标看，差异比较明显：合肥和马鞍山的知名度都超过了30%且数据接近，品牌在安徽省内的影响力较大且比较均衡，属于具有较大范围省内传播的品牌，而其他地区的数据明显偏低了，在长沙、吉林、成都等地区的知名度都未达到有效标准（5%），知名度属于自然传播形成，品牌推广效果并不理想，或者并未进行过品牌的传播。品牌的认知度也不高，全国平均为5.2%，但已达到知名度的一半，属于传播效率较高的品牌。认知度也是在合肥和马鞍山地区较高，支撑起了全国的平均水平，其他地区的认知度水平有限。

该品牌获得了相对较高的美誉度指标，全国平均为10.89%，消费者的口碑较好。从地区上看，厦门地区超过20%，属于品牌口碑最优的地区，而其他地区的美誉度指标比较平均，营销效果没有太大的区别。从认知度与美誉度的比例关系看，二者的比例略显失衡，认知度较低，说明该品牌美誉度来自消费者深度认知的可能性不大，而更多的是通过其他的营销途径获得，品牌本身在营销中的作用并不明显。该品牌的忠诚度为1.16%，绝对值偏低，原因是美誉度指标还不够高，没有形成大范围的消费者的口碑，再加上消费者的认知度也不高，在对品牌缺乏深入了解、对品牌产品缺少深度体验的情况下，是很难形成较高的忠诚度的。霍山石斛品牌的基础数据，如表5－172所示。

表5－172　霍山石斛品牌的基础数据

序号	调研城市	知名度（%）	认知度（%）	美誉度（%）	忠诚度（%）	品牌信息量估值（万比特）
1	长沙	4.03	2.21	9.09	0.00	510.41
2	合肥	34.76	14.82	13.64	2.60	8803.99
3	吉林	1.18	0.72	0.00	0.00	244.22
4	厦门	7.26	4.40	21.88	6.25	1540.96
5	呼伦贝尔	4.19	4.19	10.53	0.00	909.61
6	马鞍山	32.51	12.80	11.96	0.00	4643.28
7	赣州	6.25	3.61	9.09	0.00	1658.55
8	成都	4.87	2.11	9.09	0.00	624.45
9	南宁	7.41	4.17	14.29	0.00	814.58
总计	全国	10.48	5.20	10.89	1.16	19750.0594

在该品牌的全国指标结构中，各项指标均不高，而且还具有比较明显的地区差异，品牌的大部分指标来自品牌所在省份安徽省内两个城市的支撑，品牌在省内的影响力和营销效果明显优于国内其他地区。霍山石斛品牌在全国的指标结构与在合肥的指标结构，如图5－108、图5－109所示。

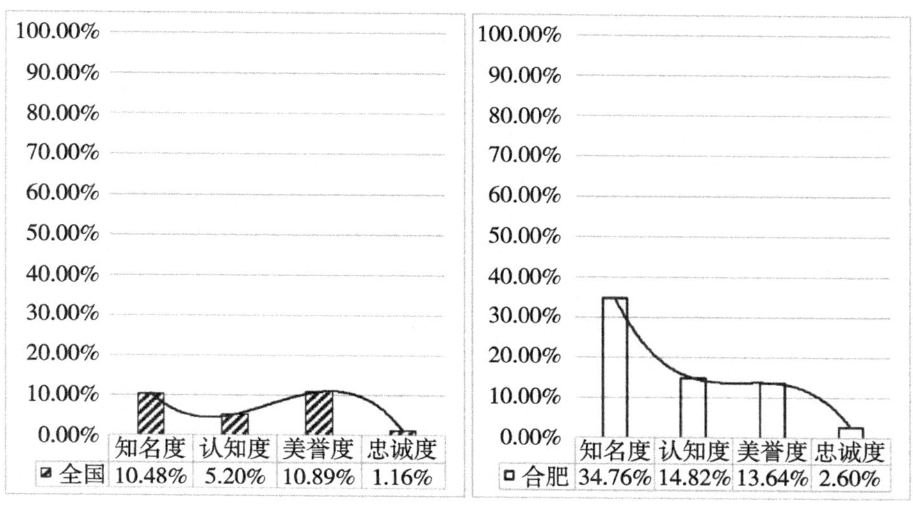

图5－108　霍山石斛品牌在全国的指标结构　图5－109　霍山石斛品牌在合肥的指标结构

3. 品牌质量分析

霍山石斛质量比值为0.211，达到优良标准，意味着该品牌的质量发展水平高于同行业大部分品牌，企业的经营管理水平是不错的。这一质量水平反映了该品牌质与量的发展是比较均衡的。但从整个行业来看，美誉度的绝对值并不突出，原因还是品牌的知名度和认知度相对较低了，美誉度提升的基础不足。霍山石斛品牌的质量比计算，如表5－173所示。

表5－173　霍山石斛品牌的质量比计算

品牌	品牌信息基本量的贡献率	品牌信息质的贡献率	品牌信息质量比值
霍山石斛	82.59%	17.41%	0.211

4. 综合分析

综上所述，霍山石斛是一个全国影响力还比较小的小规模品牌，品牌发展质量属于优良水平，获得了不错的消费者口碑，但知名度和认知度相对偏低了，没有形成对美誉度提升的支撑，需要企业继续加强品牌宣传活动，扩大品牌的影响，使消费者在对品牌充分认知的基础上形成对品牌的赞誉。

七十八、滁菊

1. 品牌简介

滁菊是菊目，菊科的植物。滁菊主要产于滁州，是菊花中花瓣最为紧密的一种。滁菊名列中国“四大药菊”之首，安徽省四大著名道地药材，可增强人体免疫功能。2002 年 11 月 8 日，安徽省滁州市滁菊特产被认定为“中国国家地理标志产品”。

2. 基础数据与指标结构分析

滁菊的总信息量为 1. 2549 亿比特，属于小规模品牌。本次调研没有安排在品牌所在地滁州进行，但从同属于安徽的合肥和马鞍山的数据看，在安徽省内的影响力高于全国其他地区，在地区上体现出一定的差异性，品牌具有一定的区域特征，其在全国的影响力还较小。

知名度指标方面，全国平均为 7. 88%，刚超过有效标准（5%），品牌开始对营销发挥一定的作用，在全国具有一定影响力，但还不大。从地区层面看，有一定的差异性，最高为临近品牌所在地的合肥市，达到了 20. 09%，另外在马鞍山的知名度尚可，品牌在安徽省内的传播范围是优于全国其他地区的，但差异并不明显；在其他地区的知名度都不太高，多数地区的知名度在有效标准（5%）上下，品牌的影响力还很小。认知度指标方面，全国平均为 3. 24%，刚达到有效范围（2. 5% 以上），有部分消费者对品牌内涵做了深入的了解。从认知度与知名度的关系看，认知度已接近知名度的一半，其品牌传播的效率是不错的。在美誉度指标方面，全国为 9. 87%，但表现出明显的地区差异，在厦门获得了超过 30% 的美誉度，另外在长沙、合肥、吉林等地的消费者口碑也很好，而在部分地区如赣州、成都、南宁等则没有获得美誉度的数据，这说明品牌在小范围内具有良好的口碑，但这种好口碑传播的范围和途径尚不足以形成品牌自传播的能力，更不足以形成固定消费者人群和重复购买行为，因此，品牌忠诚度也不会太高。该品牌的忠诚度虽然达到了 3. 35%，但主要来自吉林、合肥等少数地区的支撑，在大部分地区的忠诚度为 0，固定消费者人群还很少。滁菊品牌的基础数据，如表 5 – 174 所示。

表 5－174　滁菊品牌的基础数据

序号	调研城市	知名度（%）	认知度（%）	美誉度（%）	忠诚度（%）	品牌信息量估值（万比特）
1	长沙	5.86	3.15	18.75	0.00	736.44
2	合肥	20.09	2.91	12.36	3.37	3741.45
3	吉林	1.65	0.92	14.29	14.29	325.68
4	厦门	5.22	3.48	30.43	0.00	1059.25
5	呼伦贝尔	7.49	4.09	2.94	2.94	1671.17
6	马鞍山	14.84	2.43	4.76	0.00	1646.35
7	赣州	7.95	5.23	0.00	3.57	2293.50
8	成都	3.98	2.16	0.00	0.00	530.08
9	南宁	4.76	3.72	0.00	0.00	546.02
总计	全国	7.88	3.24	9.87	3.35	12549.942

该品牌的各项全国指标都偏低，品牌指标间的结构开始形成，品牌对营销的作用开始显现，但现阶段还不明显（如图 5－110 所示）。品牌所在省份城市合肥的指标稍优于全国平均水平，知名度虽然较高但认知度明显偏低了，虽然获得了不错的美誉度指标但由于认知度较低，与品牌的关系

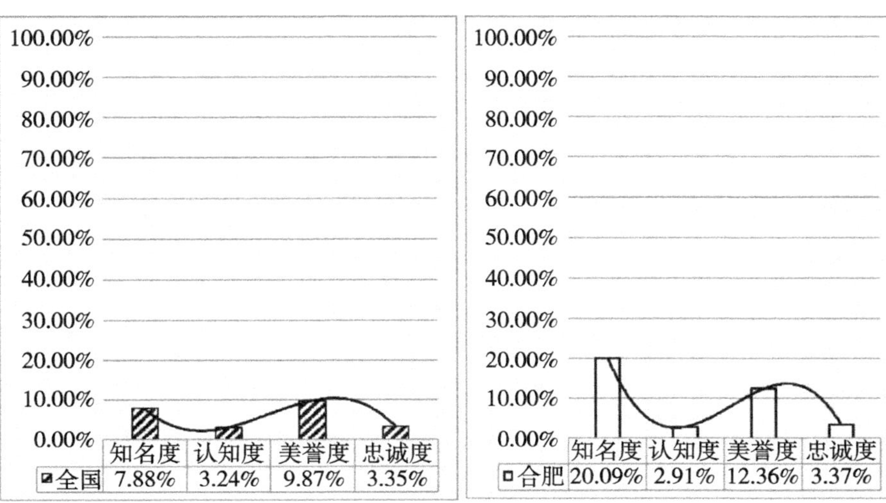

图 5－110　滁菊品牌在全国的指标结构　图 5－111　滁菊品牌在合肥的指标结构

不大，品牌对营销的作用并不明显。如图 5－111 所示。

3. 品牌质量分析

滁菊的信息质量比值为 0.085，略高于行业平均水平，有一定的口碑积累，其品牌管理和企业经营水平是不错的。基础指标中，品牌的各项指标均不高，虽然相对来说品牌的美誉度是较高的，但这一数据在同行业品牌中并不突出，品牌质的积累是不足的。可能与品牌知名度和认知度还没有达到合理水平有关，如果能在知名度和认知度水平提高的基础上使美誉度获得同步提升，品牌质量还有进一步提升的空间。滁菊品牌的质量比计算，如表 5－175 所示。

表 5－175　滁菊品牌的质量比计算

品牌	品牌信息基本量的贡献率	品牌信息质的贡献率	品牌信息质量比值
卓雅	92.15%	7.85%	0.085

4. 综合分析

综上所述，滁菊是一个全国影响力还很小的小规模品牌，品牌传播的范围较小。品牌的各项指标值偏低，质和量的积累还不够。

七十九、亳白芍

1. 品牌简介

亳白芍，安徽省亳州市特产，中国国家地理标志产品。亳白芍外观呈圆柱形，平直或稍弯曲，两端平截，长 5～18 厘米，直径 1.0～2.5 厘米，表面类白色或淡红棕色。质坚实不易折断；断面较平坦，类白色微带棕红色。2013 年 12 月，亳白芍成功获批“国家地理标志保护产品”。

截至 2017 年年底，亳白芍种植面积约 10 万亩，覆盖亳州市近 30 个乡镇。有 1200 亩亳白芍优质种苗繁育基地，6000 亩亳白芍核心区标准化种植基地。种植农户数 2 万余户，亳白芍平均亩产 2000 千克/亩（鲜品），示范区种植覆盖面积总产量 12 万吨。

2. 基础数据与指标结构分析

亳白芍的总信息量为 1.1055 亿比特，属于小规模品牌。品牌的各项指标在地区有一定的差异但并不明显，在安徽两个城市的各项数据并不突出，其全国影响力尚未形成，在安徽省内的影响力不强。

知名度指标方面，全国平均为6.3%，刚超过有效标准（5%），品牌开始对营销发挥一定的作用，但不大，在全国的影响力还很小。从地区层面看，各地的知名度都不太高，最高的为安徽省内的合肥地区，但也仅为12.3%，属于品牌推广效果最好的地区；在长沙、厦门、成都、南宁等多个城市的知名度都未达到有效标准，属于自然传播形成的，并非由品牌营销形成，基本上没有运作痕迹。认知度指标方面，全国平均为2.64%，刚达到有效标准（2.5%），但指标并不高，而且在大部分地区的指标都没有达到有效范围，全国大部分地区对品牌内涵是不了解的。品牌的美誉度指标也不高，全国平均为6%。从地区上看，差异还是比较明显的：吉林最高为19.23%，呼伦贝尔也达到了18.18%，获得了良好的消费者口碑，但两地均为品牌影响力较低的地区，知名度和认知度不足，说明品牌美誉度的获得与品牌本身的关系不大，更多地是通过与品牌无关的其他营销渠道获得；而在其余地区均没有超过10%，在长沙、厦门等地区没有获得美誉度数据，这说明品牌在小范围内具有良好的口碑，但这种好口碑传播的范围和途径尚不足以形成品牌自传播的能力，也不足以形成消费者的忠诚度。在调研中仅在吉林这一个地区获得了忠诚度数据，说明品牌的消费偏好不明显，还没有形成固定消费人群，可能与品牌的价格策略、销售渠道有关，也有可能在本次调研中并未发现品牌的目标消费者。亳白芍品牌的基础数据，如表5－176所示。

表5－176　亳白芍品牌的基础数据

序号	调研城市	知名度（%）	认知度（%）	美誉度（%）	忠诚度（%）	品牌信息量估值（万比特）
1	长沙	2.78	0.99	0.00	0.00	350.51
2	合肥	12.30	5.83	3.77	0.00	2580.62
3	吉林	4.82	1.92	19.23	3.85	964.22
4	厦门	1.40	0.90	0.00	0.00	291.17
5	呼伦贝尔	7.05	3.08	18.18	0.00	4545.13

续表

序号	调研城市	知名度（%）	认知度（%）	美誉度（%）	忠诚度（%）	品牌信息量估值（万比特）
6	马鞍山	10.38	4.52	6.67	0.00	1217.68
7	赣州	3.17	1.70	0.00	0.00	821.37
8	成都	1.37	0.67	0.00	0.00	173.77
9	南宁	1.06	0.79	0.00	0.00	110.65
总计	全国	6.30	2.64	6.00	0.53	11055.121

该品牌的各项指标均不高，品牌在全国的影响力还很小，各项指标间的结构也未形成，因此品牌在营销中的作用并不明显（如图 5－112 所示）。合肥的各项数据相对全国数据并不突出，指标间的结构也不明显，品牌在安徽省内的传播和营销效果并不理想。如图 5－113 所示。

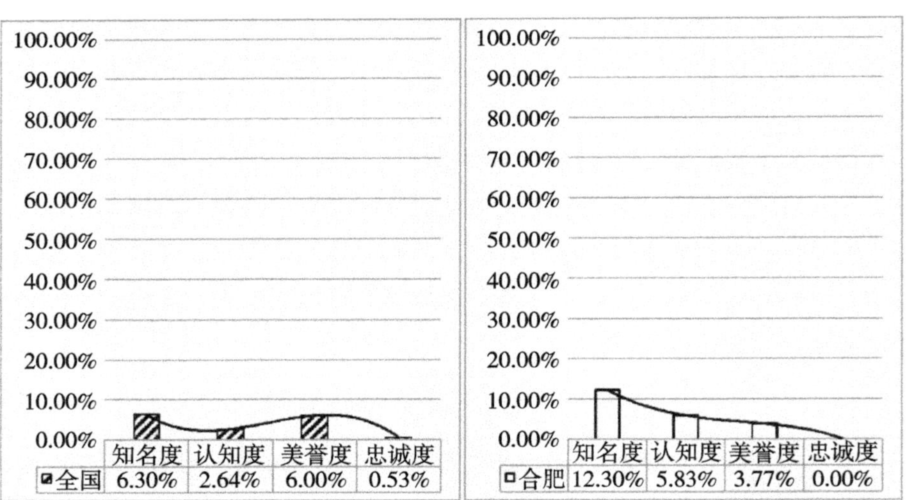

图 5－112　毫白芍品牌在全国的指标结构　图 5－113　毫白芍品牌在合肥的指标结构

3. 品牌质量分析

毫白芍信息质量比为 0.181，质量处于良好水平，这一质量比值反映品牌的美誉度略高于行业平均水平，虽然品牌的各项数据均不高，但其质与量的发展是比较均衡的，品牌的经营处于较好水平。由于品牌的指标值偏低，指标间的结构不明显，这一质量比值并不能真实地反映品牌的质量发展水平。亳白芍品牌的质量比计算，如表5－177所示。

表5－177　亳白芍品牌的质量比计算

品牌	品牌信息基本量的贡献率	品牌信息质的贡献率	品牌信息质量比值
亳白芍	84.67%	15.33%	0.181

4. 综合分析

综上所述，亳白芍是一个小规模品牌，其各项基础指标还较低，全国影响力尚未形成。品牌的口碑高于行业平均水平，其发展质量良好，具有一定的成长性。

八十、黄山贡菊

1. 品牌简介

黄山贡菊又称贡菊、徽州贡菊、徽菊，中国国家地理标志产品。是黄山市的传统名产，其与杭菊、滁菊、亳菊并称中国四大名菊。因在古代被作为贡品献给皇帝，故名“贡菊”。盛产于安徽省黄山市的广大地域。黄山贡菊主产区在黄山歙县金竹村一带，生长在得天独厚的自然生态环境中，品质优良，色、香、味、型集于一体，既有观赏价值，又有药用功能，被誉为药用和饮用之佳品，是黄山著名特产，驰名中外。

2. 基础数据与指标结构分析

黄山贡菊的总信息量为1.0371亿比特，在安徽省属于超大规模品牌。两个调研城市的各项指标接近均值，品牌的区域特征不明显，是一个具有大范围安徽省影响力的品牌。

该品牌具有很高的知名度，较高的认知度和美誉度，但忠诚度明显偏低了。该品牌在安徽省具有较高的知名度，调研数据平均达到了53.89%，具有充分的消费者认知和联想的基础，会产生自我传播现象，品牌已经成为非常理想的营销工具，给品牌经营业绩带来很大影响。从地区数据看，有一定的差距，马鞍山市达到了62.54%，已接近高知名度的标准（64%），几近家喻户晓，品牌的影响力非常大，而在合肥地区的知名度也达到了43.22%，知晓的范围也比较广。相比合肥市，马鞍山市距离品牌所在地黄山市更近，品牌的覆盖范围更广，这基本上符合品牌传播的特点。总的来看，该品牌在安徽省的影响力是比较均衡的，品牌推广的重点目标市场不明显，属于在安徽省具有大范围影响力的品牌。从其认知度指标看，安徽省平均为23.87%，有相当一部分消费者对品牌的内涵是比较了解的，从认知度和知名度的比值（0.44）看，稍低于理想比值下限（0.5），与其知名度相比，这一认知度指标还略显不足，但已属于品牌传播效率和效果较好的品牌。

该品牌获得了较高的美誉度，安徽省平均达到了16.58%，消费者的口碑良好，且美誉度在两个调研地都超过了14%且比较平均，差距不大，是安徽省策略一致的品牌，地区之间品牌营销策略差别不大。这一美誉度水平反映黄山贡菊的产品在安徽省各地获得了良好的口碑，会发生品牌的自传播效应。从美誉度与认知度关系看，美誉度略低于认知度，基本上符合二者间的理想关系，说明该品牌的美誉度来自消费者体验后的赞誉程度的支撑，对该产品的质量还是相当认可的，是一个依靠品牌的产品质量或服务获得自传播能力的品牌，有消费者的优良体验。但该品牌忠诚度明显过低了，美誉度和忠诚度的关系是二者接近最佳，但黄山贡菊基础指标中美誉度远高于忠诚度，良好的口碑向消费者重复购买的转化不充分，消费偏好或习惯不明显。黄山贡菊在安徽调研的基础数据，如表5－178所示。

表5－178　黄山贡菊在安徽调研的基础数据

序号	区域	代表城市级别人口数（万人）	知名度（%）	认知度（%）	美誉度（%）	忠诚度（%）	信息总量（万比特）
1	合肥	2656.3	43.22	18.81	18.92	3.24	3831.44
2	马鞍山	3279.2	62.54	27.97	14.69	1.69	6539.68
总计	安徽	5935.5	53.89	23.87	16.58	2.39	10371.12

该品牌的安徽省指标结构近似于次优结构，知名度很高，认知度不及知名度的一半，美誉度与认知度接近，前三项指标还是能够形成对营销的有效支撑作用的。主要问题在于忠诚度偏低，重复购买率不足，消费者消费偏好或消费习惯不明显，厂商为品牌获得较高的口碑付出了很大的努力，但品牌的口碑并没有在营销中得以充分地体现。黄山贡菊在安徽省的指标结构，如图5－114所示。

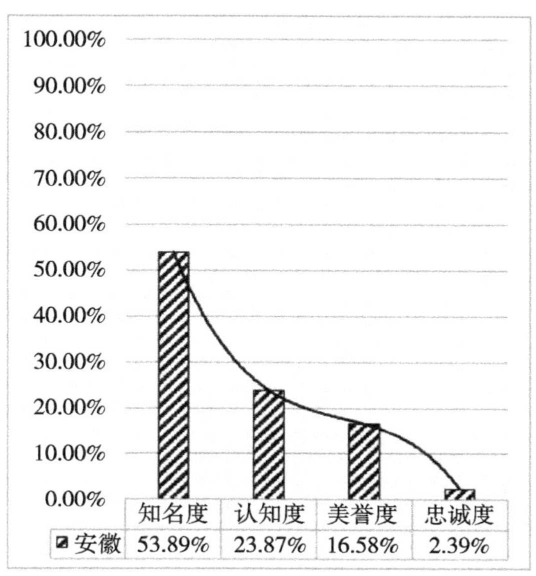

图 5－114 黄山贡菊在安徽省的指标结构

3. 品牌质量分析

黄山贡菊信息质量比值为 0. 607，这一质量比值说明品牌出现了“质有余而量不足”的状况。结合该品牌的各项基础指标，品牌已形成了较大规模的量，而品牌美誉度在行业中是十分突出的，由此所形成的质的比重在信息总量中也是较大的，两相比较，量略呈不足的状态，但品牌的发展质量是优良的。黄山贡菊的质量比计算，如表 5－179 所示。

表 5－179 黄山贡菊的质量比计算

品牌	品牌信息基本量的贡献率	品牌信息质的贡献率	品牌信息质量比值
黄山贡菊	62. 23%	37. 77%	0. 607

4. 综合分析

由上述综合分析，黄山贡菊是一个品牌质量优良的具有大范围安徽省内影响力的超大规模品牌。品牌在省内的传播范围较广，也获得了非常不错的消费者口碑，目前应该已经进入成熟期，发展状况健康，但需要厂商注意消费者重复购买率不足的问题。

八十一、霍山灵芝

1. 品牌简介

霍山灵芝，安徽省霍山县特产，中国国家地理标志产品。霍山灵芝子实体：菌盖厚度1.2～2.0厘米，菌盖直径10～13厘米，无菌褶，菌柄长度和粗度分别为10厘米至16厘米×1.0厘米至1.3厘米，菌盖硬度≥1600N。孢子粉：孢子粉呈淡褐色至黄褐色，卵形，5微米至11微米×7微米至9微米，内有油滴。理化指标为，子实体：多糖含量≥0.8%，三萜含量≥2.8%。孢子粉：多糖含量≥2.0%，三萜含量≥2.0%，蛋白质含量≥12%。2013年12月，原国家质检总局批准对“霍山灵芝”实施地理标志产品保护。截至2014年年底，霍山灵芝农种植灵芝面积已达10万多亩，年亩产收入达3万余元。

2. 基础数据与指标结构分析

霍山灵芝的总信息量是2081.76万比特，在安徽省属于中等规模品牌。在调研中从安徽省两个城市获得的各项指标整体差距不明显，没有明显的地域特征，在安徽省具备了一定的影响力。

该品牌的知名度为21.94%，超过品牌获取知名度的第二个关键点16.5%，已成为省内知名品牌，在安徽省一定范围内具有了品牌传播，开始出现大范围的消费者认知，品牌对营销的作用已开始显现。从地区上看，各地的知名度指标相差不大，在合肥的知名度为25.47%，略高于马鞍山的19.08%，其安徽省的影响力是比较均衡的。其认知度为9.68%，接近知名度的一半水平，接近理想范围，说明品牌在传播上具有有效传播的途径或容易被消费者认知的内容，其品牌内涵开始被相当一部分的消费者所知晓，品牌传播的效率是不错的。

该品牌的安徽省美誉度为9.85%，绝对值并不高但口碑是不错的。从地区指标看，合肥的美誉度高达17.43%，消费者的口碑良好，对品牌的赞誉水平较高；而马鞍山的口碑则非常一般，消费者对品牌的赞誉水平还很低。显然品牌在合肥投入的营销力量更大，营销效果更好，应是其目标市场之一。该品牌的美誉度与认知度数值接近，属于理想比值范围，美誉度主要来自消费者对品牌认知后对品牌产品的深度体验，品牌对营销的作用比较明显。但该品牌的忠诚度略显偏低了，安徽省的数据平均仅为

0.82%，在马鞍山甚至没有获得忠诚度数据，说明良好的口碑并没有转化成消费者的重复购买，在部分地区的消费者的消费偏好不明显。霍山灵芝在安徽调研的基础数据，如表5－180所示。

表5－180　霍山灵芝在安徽调研的基础数据

序号	区域	代表城市级别人口数（万人）	知名度（%）	认知度（%）	美誉度（%）	忠诚度（%）	信息总量（万比特）
1	合肥	2656.3	25.47	11.25	17.43	1.83	1292.25
2	马鞍山	3279.2	19.08	8.40	3.70	0.00	789.51
总计	安徽	5935.5	21.94	9.68	9.85	0.82	2081.76

该品牌的指标结构近似于次优结构，知名度较高，认知度接近知名度的一半，美誉度与认知度相近，整体来看前三者的结构关系是比较合理的，但品牌的忠诚度明显偏低了，消费者的重复购买率不足，品牌在营销中的作用并没有为厂商带来持续的收益和回报。霍山灵芝在安徽省的指标结构，如图5－115所示。

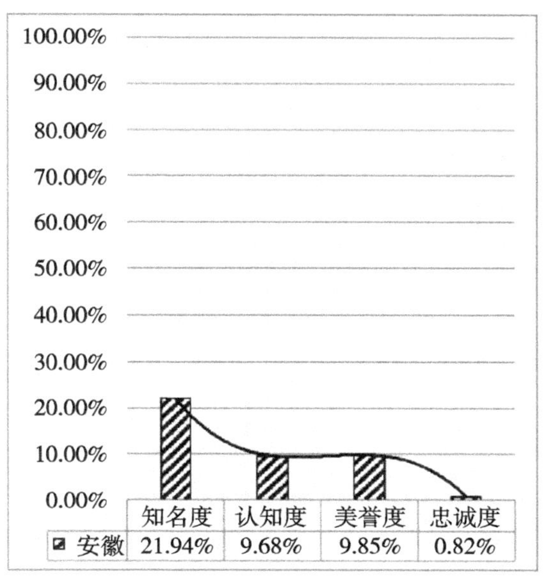

图5－115　霍山灵芝在安徽省的指标结构

3. 品牌质量分析

霍山灵芝的品牌质量比值为0.198，接近优良的水平范围（0.2～

0.3），其质量发展水平是良好的。结合该品牌的各项基础指标，知名度、认知度和美誉度之间的比例关系是合理的，但品牌口碑略显偏低了，其美誉度在行业中处于较高水平但还有提升的空间。如果品牌运营者通过品牌运作提升美誉度，则品牌质量比值能向最优区间（0.3～0.4）发展。霍山灵芝的质量比计算，如表5－181所示。

表5－181　霍山灵芝的质量比计算

品牌	品牌信息基本量的贡献率	品牌信息质的贡献率	品牌信息质量比值
霍山灵芝	83.44%	16.56%	0.198

4. 综合分析

由上述分析可知，霍山灵芝是一个品牌质量优良的安徽省中等规模品牌，品牌的区域特征不明显，具备了一定的安徽省内影响力。

八十二、九华黄精

1. 品牌简介

九华黄精为安徽省池州市青阳县九华山的特产，中国国家地理标志产品。其以天然黄精为原料，经过九蒸九晒，成品内赤外黄，味甘甜，素称“九制黄精”。陵阳镇所产黄精蜜饯，1929年获国家铜牌奖。青阳县高度重视九华黄精产业发展，将九华黄精列入“十三五”重点扶持的特色产业，出台加快发展九华黄精产业实施意见，并每年安排专项资金扶持九华黄精产业发展。目前，全县九华黄精种植面积3000余亩，组建了九华黄精产业化协会和九华黄精产业联合体，注册有“吴振东”“祥悦林”等黄精产品商标，开发了九制黄精、黄精酒等产品。

2. 基础数据与指标结构分析

九华黄精的总信息量是985.39万比特，属于省内的中等偏小规模品牌。安徽省两个调研城市的个别指标有一定的差异性，但整体不明显，品牌是一个面向安徽省发展的品牌，具有了一定的省内影响力。

该品牌的各项基础指标均略显不足，其安徽省知名度为12.31%，品牌开始对营销发挥一定的作用，显然商家做过获取知名度的努力，开展过品牌宣传的活动，但范围不大，还缺乏消费者知晓的基础，知晓范围并不广。从地区上看，在合肥和马鞍山的知名度总体差距不大，均属于拥有小范围品牌传播的地区，省内的影响力还不够强。品牌的认知度安徽省平均为5.21%，超过有效范围（2.5%）。从认知度与知名度的比例关系看，认知度稍显偏低了，未达到知名度的一半，品牌推广渠道或是推广内容存在消费者认知的障碍。该品牌的美誉度指标为8.67%，口碑并不突出。从地区指标看，美誉度有一定的差异，在合肥的美誉度明显好于马鞍山地区，显然品牌在合肥投入的营销力量更大，营销效果更好，应是其目标市场之一。该品牌的美誉度高于认知度，美誉度主要来自消费者对品牌认知后对品牌产品的深度体验。该品牌指标中的突出问题是品牌忠诚度为0，在两个调研城市都没有获得忠诚度数据，意味着省内的消费者没有形成明显的消费偏好或习惯，没有有效的重复购买率。九华黄精在安徽调研的基础数据，如表5－182所示。

表5－182 九华黄精在安徽调研的基础数据

序号	区域	代表城市级别人口数（万人）	知名度（%）	认知度（%）	美誉度（%）	忠诚度（%）	信息总量（万比特）
1	合肥	2656.3	13.55	5.89	15.52	0.00	569.59
2	马鞍山	3279.2	11.31	4.66	3.13	0.00	415.80
总计	安徽	5935.5	12.31	5.21	8.67	0.00	985.39

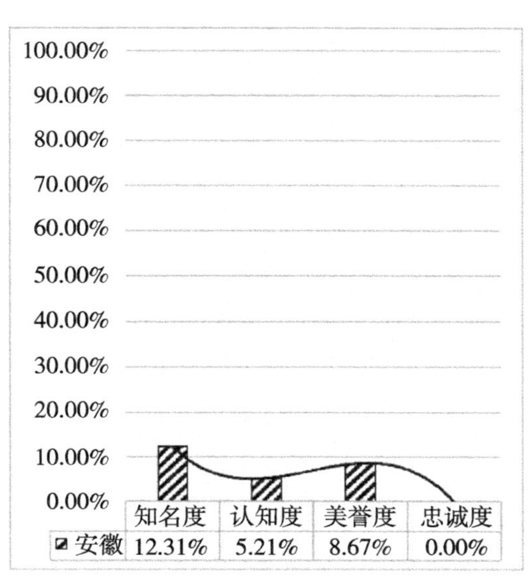

图5－116 九华黄精在安徽省的指标结构

该品牌的安徽省指标结构中，可以明显地看出品牌忠诚度偏低了，优点是前三项指标的比例关系是基本合理的，品牌对营销发挥了一定的促进作用。九华黄精在安徽省的指标结构，如图 5 – 116 所示。

3. 品牌质量分析

九华黄精的信息质量比为 0.145，处于优良水平，品牌发展质量是良好的，企业的经营管理和品牌营销也处于良好的状况。在基础指标中，品牌的美誉度指标还是略低了，在行业中并不突出，由此所形成的质的贡献在信息总量中的比重还不够。如果能够继续提高品牌美誉度，品牌发展质量还有进一步提升的空间。九华黄精的质量比计算，如表 5 – 183 所示。

表 5 – 183　九华黄精的质量比计算

品牌	品牌信息基本量的贡献率	品牌信息质的贡献率	品牌信息质量比值
九华黄精	87.36%	12.64%	0.145

4. 综合分析

综上所述，九华黄精是一个中等偏小规模的省内品牌，发展质量良好，开始形成安徽省的影响力。品牌指标间的比例关系在合理范围，发展状况基本健康，应该还具有一定的成长空间。

八十三、来安花红

1. 品牌简介

来安花红，安徽省滁州市来安县特产，中国国家地理标志产品。来安花红梨果扁球形，直径 2.5 ~ 4 厘米，表面黄色至深红色，有点状黄色皮孔。顶端凹而有竖起的残存萼片，底部深陷。气清香，味微甜、酸。小乔木。枝常上伸如灌木状，小枝疏生有绒毛。单叶互生，椭圆形或卵状椭圆形。来安花红小巧玲珑，形似苹果，色泽青黄红晕，外观艳美，皮薄肉脆，汁多渣少，酸甜爽口，香味浓郁，富含多种维生素和对人体有益的微量元素，有较高的营养价值，最宜鲜食，也可沏茶、泡酒，还可加工制作成果脯、罐头、罐装果汁饮料等。2016 年 12 月，原国家质检总局批准对来安花红实施地理标志产品保护。

2. 基础数据与指标结构分析

来安花红在安徽的总信息量为 602.1 万比特，在省内属于小规模品牌。

基础指标中，安徽省两个调研地区的指标差距不明显，其在安徽省的影响力是比较均衡的，但影响力还很小。

知名度指标方面，在安徽省获得的平均知名度为6.61%，刚超过有效标准（5%），这一指标显示品牌在省内刚完成从“商标”向“品牌”的转变，开始对营销发挥一定的作用，但还不太明显。从地区层面看，两个调研地区的知名度均刚超过有效标准且都不太高，品牌在安徽省内的传播范围不大，影响力一般。品牌的认知度指标也不高，安徽省平均为2.81%，刚达到有效标准（2.5%）。认知度是反映品牌信息传播深度的指标，只有超过2.5%才能认为消费者对于品牌信息有效了解，这也是形成品牌美誉度和忠诚度的基础。从认知度与知名度的关系看，认知度接近知名度的一半，基本上符合二者的理想关系，在如此低的知名度指标下获得这一认知度水平，说明品牌的传播效率尚可，有部分消费者开始主动去了解品牌的内涵。美誉度指标安徽省平均为11.62%，获得了不错的消费者口碑。但从美誉度与认知度的关系看，美誉度远高于认知度，这说明品牌美誉度的获得并不是来自认知度的支撑，不是建立在消费者对品牌产品购买后的深度体验上，与品牌本身的关系不大，这样获得的美誉度尚不足以形成品牌自传播的能力。品牌的忠诚度为3.73%，但仅在合肥一地获得，在马鞍山地区虽然美誉度较高但没有获得忠诚度数据，口碑向消费者重复购买的转化并不充分。来安花红在安徽调研的基础数据，如表5－184所示。

表5－184　来安花红在安徽调研的基础数据

序号	区域	代表城市级别人口数（万人）	知名度（%）	认知度（%）	美誉度（%）	忠诚度（%）	信息总量（万比特）
1	合肥	2656.3	5.61	2.55	8.33	8.33	199.11
2	马鞍山	3279.2	7.42	3.02	14.29	0.00	402.99
总计	安徽	5935.5	6.61	2.81	11.62	3.73	602.10

该品牌的安徽省指标结构中，除美誉度外其余各项指标值都比较小，品牌间的指标结构对品牌营销的作用并不明显，原因还是其知名度和认知度偏低了，即使获得了一定的美誉度和忠诚度也与品牌的关系不大。来安花红在安徽省的指标结构，如图5－117所示。

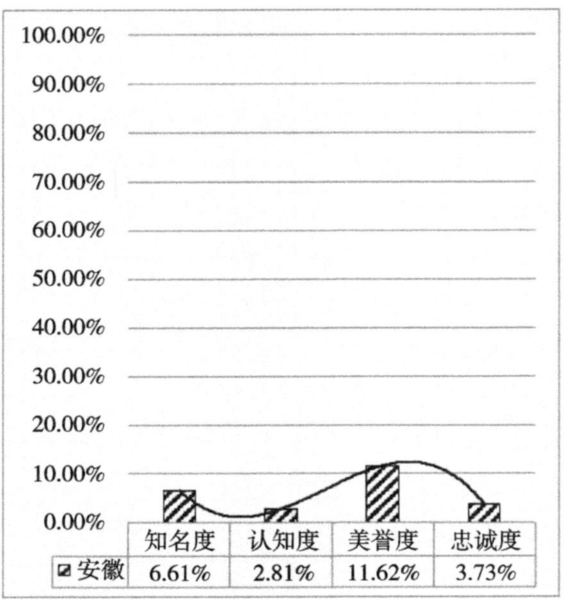

图 5－117　来安花红在安徽省的指标结构

3. 品牌质量分析

来安花红信息质量比值为 0. 367，处于质量比值的最优区间 0. 3～0. 4 内，显示品牌的经营和管理处于优良状态。这主要得益于其在各项指标中最高的美誉度，在消费者中是具有较好口碑的品牌，对其品牌形象的塑造大有裨益，其品牌质与量的发展是平衡的。但品牌的各项指标均还比较低，这一指标并不具备较大的参考意义，还需要企业继续扩大品牌在省内的影响，并继续提升品牌的口碑。来安花红的质量比计算，如表 5－185 所示。

表 5－185　来安花红的质量比计算

品牌	品牌信息基本量的贡献率	品牌信息质的贡献率	品牌信息质量比值
来安花红	73. 15%	26. 85%	0. 367

4. 综合分析

综上所述，来安花红在安徽省内是一个小规模品牌，品牌覆盖的范围不大，在安徽省内的影响力还很小，但品牌质量发展优良，还具有一定的成长性。

八十四、凤丹

1. 品牌简介

凤丹，安徽省铜陵市特产，中国国家地理标志产品。凤丹，又名铜陵牡丹、铜陵凤丹，属江南品种群，具有根粗、肉厚、粉足、木心细、亮星多、久贮不变质等特色，素与白芍、菊花、茯苓并称为安徽四大名药，亦是中国34种名贵药材之一。

铜陵凤丹栽培已有1600余年的历史。明代永乐年，铜陵牡丹栽培一直以药用为主。清代，凤凰山一带发展成为安徽省凤丹种植中心。1989年，铜陵牡丹被市民选定为市花。1992年，原农业部将铜陵确定为中国南方牡丹基地。

2. 基础数据与指标结构分析

凤丹在安徽省的总信息量为413.38万比特，在安徽属于小规模品牌。从省内调研数据看，品牌的各项指标值偏小，在两个地区的数据总体差别不大，没有特别明显的区域特征，其在安徽省内的影响力还很小。

该品牌的各项指标值均比较低，尤其是没有获得消费者的忠诚度，重复购买为0。其在安徽省内的知名度指标为4.18%，没有达到有效标准（5%），知名度基本上为自然传播形成，品牌对营销的作用还不明显。省内获得的知名度指标总体差别不大，马鞍山地区最高也仅为5.3%，在安徽省的传播范围还很小。其认知度指标很弱，省内平均为1.89%，两个调研地区的指标都没有达到有效标准（2.5%）。其较低的知名度指标并不具备大范围消费者认知的基础，省内大部分地区的消费者不但对品牌本身是陌生的，对品牌的内涵也基本上是不了解的。

其美誉度指标相对较高，但并不突出，平均仅为7.37%，获得了一定的消费者口碑，而在合肥调研中没有获得消费者对该品牌的赞誉，可能是由于对品牌不了解而缺乏消费者体验所致。这一美誉度指标尚不足以形成品牌在省内的自传播能力，更不足以形成固定消费者人群和重复购买行为，因此，品牌忠诚度也不会太高。该品牌的忠诚度为0，消费者的重复购买习惯并未形成，可能与品牌本身的特性有关。凤丹在安徽调研的基础数据，如表5－186所示。

表 5－186　凤丹在安徽调研的基础数据

序号	区域	代表城市级别人口数（万人）	知名度（%）	认知度（%）	美誉度（%）	忠诚度（%）	信息总量（万比特）
1	合肥	2656.3	2.80	1.44	0.00	0.00	69.43
2	马鞍山	3279.2	5.30	2.24	13.33	0.00	343.95
总计	安徽	5935.5	4.18	1.89	7.37	0.00	413.38

该品牌在安徽省内的各项指标都不高，品牌知名度和认知度都未达到有效标准，暂时看不出品牌在营销中的作用。凤丹在安徽省的指标结构，如图 5－118 所示。

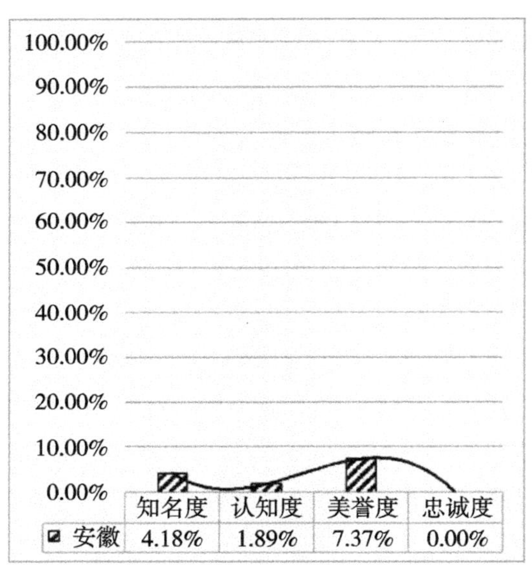

图 5－118　凤丹在安徽省的指标结构

3. 品牌质量分析

凤丹的信息质量比为 0.559，质量水平略高于 0.4 的最优比值上限。从基础指标看，虽然其美誉度的绝对值并不高，但是高于其知名度与认知度，由于知名度和认知度未达到有效标准，使美誉度所形成的质的量在信息总量中的比重偏大。品牌运营者亟须开展品牌宣传活动，扩大品牌的影响力。凤丹的质量比计算，如表 5－187 所示。

表 5-187 凤丹的质量比计算

品牌	品牌信息基本量的贡献率	品牌信息质的贡献率	品牌信息质量比值
凤丹	64.14%	35.86%	0.559

4. 综合分析

综上所述，从现有数据看凤丹是一个在安徽省内属于小规模的品牌，品牌在省内覆盖范围不大，影响力并未形成。品牌的发展质量优良，还具有一定的成长性，还需企业继续扩大品牌的宣传，提升品牌的影响力

第七节 农产品品牌资源分析

八十五、砀山酥梨

1. 品牌简介

砀山酥梨，安徽省砀山县特产，中国国家地理标志产品。砀山酥梨栽培历史悠久，是中国传统三大名梨之首。砀山酥梨已有千年历史，古时候作为贡梨上奉给朝廷。砀山酥梨以果大核小、黄亮形美、皮薄多汁、酥脆甘甜而驰名中外。砀山酥梨属白梨品系，是白梨和沙梨的天然杂交品种，9 月上中旬成熟。砀山酥梨的主要品种有：金盖酥、白皮酥、青皮酥和伏酥等当家品种。其果实近圆柱形，顶部平截稍宽，平均单果重 250 克，大者可达 1000 克以上。果肉洁白如玉，酥脆爽口，浓甜如蜜，更兼皮薄多汁、弹指即破、入口即酥、落地无渣等特点。

2014 年，砀山县拥有市级以上酥梨产业化龙头企业 32 家，年设计加工能力达 120 万吨，加工酥梨 60 万吨，营销收入超过 45 亿元，加工产值超过 35 亿元；产品销往美国、加拿大、新西兰等 20 多个国家，出口创汇逾 8000 万美元。梨花旅游节、酥梨采摘节两大节庆活动共接待游客 72.3 万人次，实现旅游总收入 1.27 亿元。

2. 基础数据与指标结构分析

砀山酥梨品牌的总信息量是 6.6764 亿比特，属于中等规模品牌的标准，在全国具有一定的影响力。从全国各个城市的各项指标对比来看，各地区数据体现出比较明显的差异，安徽省两个城市的数据接近且明显高于

全国其他地区，品牌体现出比较明显的地域特征，是一个具有一定全国影响力的区域品牌。

从全国指标看，该品牌的基础指标基本上处于正常范围之内，在全国一定范围内具有了较高的知名度，获得了一定的口碑，但忠诚度偏低，消费者的重复消费习惯并未形成。该品牌的知名度为 21.29%，具有消费者大范围知晓的基础，深度认知开始出现，表明品牌做过获取知名度的努力，品牌已开始对营销发挥一定作用。从各地区的数据看，有比较明显的差异：在合肥和马鞍山的知名度均超过了 60%，接近 64% 的高知名度标准，在安徽省内，大部分消费者对品牌是比较熟悉和了解的；其他地区的知名度均低于全国平均水平，但除了吉林外都超过了 5% 的有效标准，在大部分地区拥有了品牌传播，品牌开始具备全国的影响力。该品牌的认知度水平也较高，全国平均为 12.04%，超过知名度的一半水准，达到理想范围，说明厂商的品牌传播效率是不错的，在品牌传播中，品牌内涵较准确地传递给了消费者。

砀山酥梨品牌的全国美誉度为 11.93%，获得了不错的口碑，而且除个别城市外品牌在大部分地区均获得了超过 10% 的美誉度，虽然在品牌推广方面有重点市场之分，但在营销方面，实行的基本上是全国一致的策略。从美誉度与认知度的关系看，二者数值相近，比例属于理想范围，说明美誉度主要来自消费者对品牌产品和服务的深度体验，有对品牌内涵的深度理解，其品牌对营销的作用是比较明显的。该品牌的突出问题体现在忠诚度上，全国仅为 0.98%，在大部分地区甚至没有获得消费者忠诚，其美誉度与忠诚度的比例也是不协调的，相对较高的美誉度并未形成消费者的重复购买习惯。砀山酥梨品牌的基础数据，如表 5 - 188 所示。

表 5 - 188　砀山酥梨品牌的基础数据

序号	调研城市	知名度（%）	认知度（%）	美誉度（%）	忠诚度（%）	品牌信息量估值（万比特）
1	长沙	8.42	6.54	0.00	0.00	1291.61
2	合肥	60.72	25.95	23.05	3.35	29039.93
3	吉林	1.89	1.44	12.50	0.00	420.70

续表

序号	调研城市	知名度（%）	认知度（%）	美誉度（%）	忠诚度（%）	品牌信息量估值（万比特）
4	厦门	18.14	13.75	11.25	0.00	5901.59
5	呼伦贝尔	9.25	7.57	2.38	0.00	2279.00
6	马鞍山	60.78	24.11	22.67	4.07	16307.72
7	赣州	16.48	11.91	13.79	1.72	6507.72
8	成都	12.83	8.93	10.34	0.00	2199.77
9	南宁	17.46	12.39	12.12	0.00	2816.02
总计	全国	21.29	12.04	11.93	0.98	66764.068

该品牌的指标结构近似于次优结构，前三项指标形成了良好的比例关系，品牌收获了不错的消费者口碑，品牌对营销的作用比较明显，但由于品牌自身运作问题，没有形成现实的消费者偏好（如图5－119所示）。品牌所在省份城市合肥的各项指标明显优于全国平均水平，品牌的区域特征比较明显，指标结构则与全国结构近似，也属于次优结构，品牌对营销的作用非常明显，但问题也在于忠诚度偏低了，消费偏好不明显。如图5－120所示。

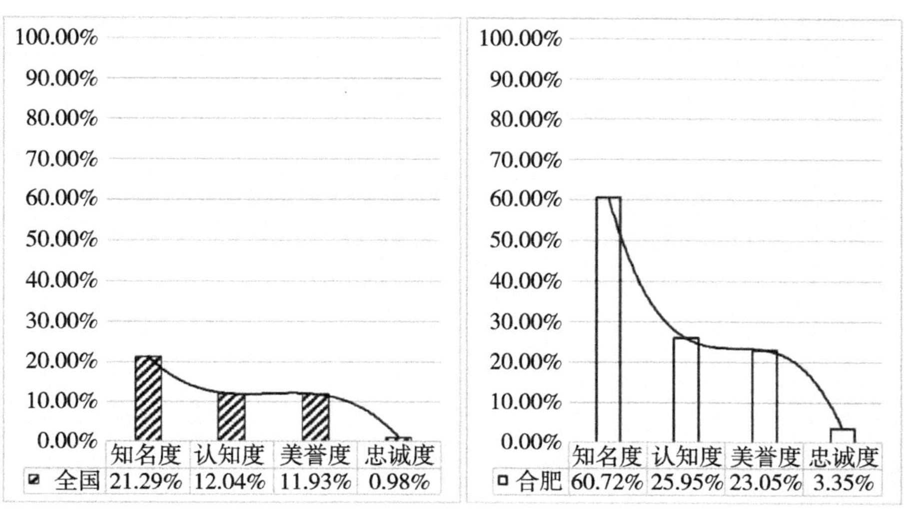

图5－119　砀山酥梨品牌在全国的指标结构　图5－120　砀山酥梨品牌在合肥的指标结构

3. 品牌质量分析

砀山酥梨品牌信息质量比为0.559，高于理想比值的上限0.4，略呈现出“质有余而量不足”的情况，但品牌的发展质量是良好的，是一个依靠消费者口碑积累的优秀品牌。这一质量比值反映品牌量的积累还不足，知名度和认知度数据还是略显偏低了，尤其是在安徽省外的影响力还不够，没有形成与口碑相符的品牌影响力。厂商应以继续扩大品牌影响为目的，开展多形式的品牌宣传活动，在提升品牌量的同时，适度提升品牌美誉度和忠诚度，使品牌质与量更加均衡发展。砀山酥梨品牌的质量比计算，如表5－189所示。

表5－189　砀山酥梨品牌的质量比计算

品牌	品牌信息基本量的贡献率	品牌信息质的贡献率	品牌信息质量比值
砀山酥梨	64.16%	35.84%	0.559

4. 品牌信息的稳定性分析

砀山酥梨的品牌稳定指数为4.2，属于一般稳定性品牌，品牌信息的有效间隔期较短，品牌的维护成本较高，抵抗风险的能力不够强。这一稳定水平结合质量比及基础指标反映了该品牌具有较高的影响力，但并不均匀，也没有相当的稳定性。品牌已经形成了较大规模的量，其发展应该是完成了成长后期向成熟前期的过渡，还具有良好的成长性。砀山酥梨品牌的稳定性计算，如表5－190所示。

表5－190　砀山酥梨品牌的稳定性计算

品牌	N（E）函数值	品牌衰减系数	品牌信息的衰减速率	品牌稳定性指数
砀山酥梨	16.76	0.0597	0.0423	4.225

5. 综合分析

由上述分析可知，砀山酥梨品牌是一个区域特征明显的中等规模品牌，已具备一定的全国影响力，目前完成了成长后期向成熟前期的过渡，品牌的质量优良，发展状况基本健康，还具有良好的成长性。虽获得了良好的消费者口碑，但消费者的购买习惯尚未形成。

八十六、宁国山核桃

1. 品牌简介

宁国山核桃，安徽省宁国市特产，中国国家地理标志产品。安徽省宁国市的山核桃久负盛名。宁国素称“中国山核桃之乡”，所产山核桃皮薄，核仁肥厚，含油量高。在2009年时，全市山核桃面积已达9300公顷，最高年产量3249吨。随着山核桃基地规模扩大，运销、加工业应运而生，初步形成山核桃加工、销售体系，加工产品有椒盐、五香、奶油、多味山核桃以及山核桃仁、山核桃油等系列产品，已形成超亿元的产业。2005年3月，宁国山核桃成功获批“国家地理标志保护产品”。

2. 基础数据与指标结构分析

宁国山核桃品牌的总信息量是6.5027亿比特，属于中等规模品牌。全国各个城市的各项指标有非常明显的差距，合肥和马鞍山的数据明显高于全国其他地区，品牌的区域特征非常明显，还是一个区域品牌，影响力主要来自安徽，在全国的影响力还较小。

该品牌的知名度为19.1%，在全国一定范围内具有品牌传播，开始出现大范围的消费者认知，品牌对营销的作用已比较明显。从地区上看，各地的知名度指标相差较大，合肥和马鞍山分别达到了66.12%和63.97%，超过或接近64%的高知名度标准，品牌在安徽被大多数的消费者所知晓；而在全国其他地区的传播则一般，在部分地区如吉林、成都的知名度未达到有效标准，属于自然传播形成，没有人为操作的痕迹。品牌的知名度指标说明其全国影响力是不均衡的，目前的影响力主要集中在安徽省内。与知名度相比，该品牌的认知度指标处于比较合理的水平。一般来说，认知度达到知名度的0.5以上为理想，说明品牌在传播上具有有效传播的途径或容易被消费者认知的内容，其品牌传播是有效的。该品牌的认知度平均达到10.4%，超过知名度的一半，在知晓品牌的消费者中有相当一部分对品牌的内涵是比较了解的。从地区上看，认知度主要来自合肥和马鞍山两地，但在大多数地区的认知度超过了2.5%的有效标准，其品牌传播的效率较高。

该品牌的全国美誉度为9.7%，获得了较好的消费者口碑。从地区指标看，同样差异比较明显，美誉度主要来自安徽省内城市合肥和马鞍山，均超过了20%，消费者的口碑良好，另外在吉林、厦门等地区的消费者口碑也不错，而在成都、南宁地区的消费者口碑为0。该品牌的美誉度与认知度的关系处于最佳状态，二者是数值接近为佳，这种情况下获得的美誉度是来自消费者对品牌认知后对品牌产品的深度体验，这样形成的自传播能力才会持久。但该品牌的忠诚度不高的问题比较突出，全国的数据平均为1.73%，在大部分地区虽然都获得了忠诚度数据但都不高，说明良好的口碑并没有转化成消费者的重复购买，消费者的消费偏好不明显。宁国山核桃品牌的基础数据，如表5－191所示。

表5－191　宁国山核桃品牌的基础数据

序号	调研城市	知名度（%）	认知度（%）	美誉度（%）	忠诚度（%）	品牌信息量估值（万比特）
1	长沙	9.13	4.03	5.00	0.00	1166.84
2	合肥	66.12	33.40	23.36	5.33	30623.26
3	吉林	4.95	3.35	11.54	3.85	1397.15
4	厦门	6.13	4.33	10.53	0.00	1683.60
5	呼伦贝尔	18.85	11.44	7.59	2.53	5359.47
6	马鞍山	63.97	34.05	21.52	3.16	21580.27
7	赣州	5.00	3.54	5.56	0.00	1255.23
8	成都	4.04	2.02	0.00	0.00	638.15
9	南宁	9.47	4.24	0.00	0.00	1323.12
总计	全国	19.10	10.40	9.70	1.73	65027.0835

该品牌的全国指标结构近似于次优结构，认知度超过知名度的一半，美誉度与认知度相近，整体来看前三者的结构关系是比较合理的，但品牌的忠诚度明显偏低了，消费者的重复购买率不足，品牌在营销中的作用并没有完全发挥出来（如图5－121所示）。合肥地区的指标则明显优于全国平均水平，指标结构则近似于逐次下降结构，知名度很高，认知度也非常理想，消费者的口碑也不错，虽然美誉度与忠诚度与前两项指标相比稍显偏低了，但整体来看，品牌对营销的作用还是非常明显的。如图5－122所示。

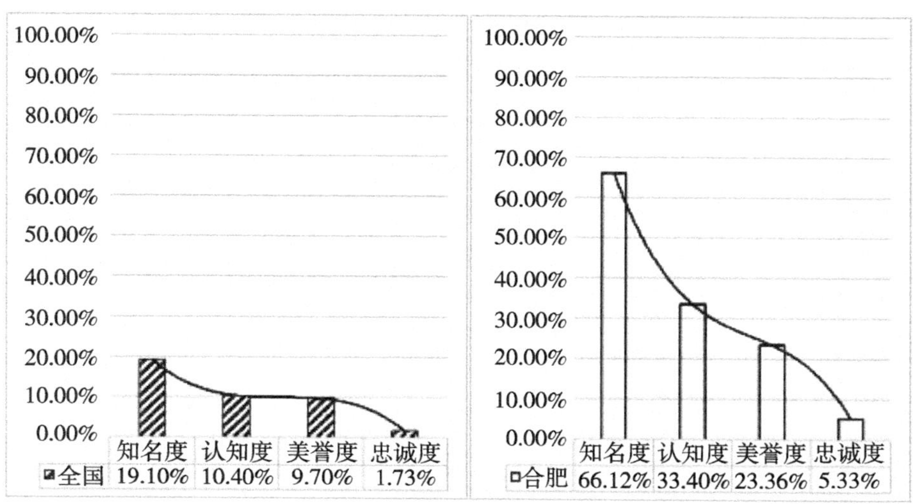

图5－121　宁国山核桃品牌在全国的指标结构　图5－122　宁国山核桃品牌在合肥的指标结构

3. 品牌质量分析

宁国山核桃的品牌质量比值为0.862，反映了品牌出现了一定的“质有余而量不足”的状况。结合该品牌的各项基础指标，其美誉度在行业中处于较高水平，而知名度与认知度所积累的量还不相匹配，尤其是在省外的知名度和认知度水平较低，品牌量的积累略显不足，需要企业继续扩大品牌宣传，提高传播的效率，增加品牌信息的量，使得品牌质与量均衡发展。宁国山核桃品牌的质量比计算，如表5－192所示。

表5－192　宁国山核桃品牌的质量比计算

品牌	品牌信息基本量的贡献率	品牌信息质的贡献率	品牌信息质量比值
宁国山核桃	53.72%	46.28%	0.862

4. 综合分析

由上述分析可知，宁国山核桃是一个典型的区域品牌，影响力主要在安徽省内，在国内其他地区的影响力还较小。

八十七、怀远石榴

1. 品牌简介

怀远石榴，安徽省怀远县特产，中国国家地理标志产品。怀远石榴栽培历史悠久，品质优异，久负盛名。据传从唐代已有栽培，到了清代怀远石榴已见诸正史。怀远石榴品质名列全国各大石榴产区之首，以其艳丽的色彩，端正的果形，晶莹剔透的籽粒，佳美的风味，赢得中外人士的好评。皮薄、粒大，味甘甜，百粒重，可食率，含糖量高，是其显著特点。玉师籽、红玛瑙核软可食，籽粒晶莹，若珍珠，似宝石，风味醇厚，清凉甘洌，可滋补身体，有益身心，堪称榴中珍品，曾作为贡品进贡皇宫。怀远石榴作为名特优产品，多次在全国农业展览馆参加展出，受到各界人士一致好评。怀远石榴曾远销东南亚、英国和罗马尼亚等国家和地区，也曾被苏联和保加利亚等国引种。

2. 基础数据与指标结构分析

怀远石榴的总信息量是 2. 5063 亿比特，属于中等偏小规模品牌。从全国各地区指标看，有比较明显的地区差异性，本次调研虽然没有在品牌所在地蚌埠市进行，但从安徽合肥和马鞍山市获得的数据看，均明显高于全国平均水平，品牌具有明显的区域特征，是一个典型的区域品牌，其全国的影响力还很小。

该品牌的知名度为 11. 7%，品牌开始对营销发挥一定的作用，显然商家做过获取知名度的努力，但缺乏消费者知晓的基础，知晓范围并不广。从地区上看，有明显的差异，合肥和马鞍山分别达到了 45. 15% 和 38. 87%，品牌在安徽省已经具备了较大的传播范围，知晓品牌的人群非常可观，在省内的影响力是不错的；而在省外地区，大部分地区如吉林、厦门、长沙、成都的知名度没有超过有效标准，品牌对当地消费者来说还是陌生的，影响力不大。这显示了品牌还具有比较明显的区域品牌的特征。品牌在大部分地区均获得了有效认知度（2. 5% 以上），但均不高，全国平均为 3. 24%，在知晓范围还不大的情况下获得这一认知度数据，说明品牌的传播效果是可以的，有相当一部分消费者对品牌内涵是了解的。

该品牌的美誉度指标全国平均为 12. 54%，获得了良好的消费者口碑。美誉度在各地区也表现出明显的差别：合肥、长沙、马鞍山、厦门等属于品牌营销效果比较理想的地区，美誉度达到了 15% 以上，获得了良好的消费者口碑，说明这些地区形成了一定的消费者群体，或者是营销力度更大，消费者口碑更好；而在吉林、南宁等地区出现了 0 美誉度的情况，可能与在当地调研没有发现品牌的目标消费者有关。该品牌的忠诚度为

1.41%，获得了一部分的忠诚客户群体，但忠诚度主要来自合肥、马鞍山、厦门等少数地区，这一指标数据并不具有代表性，从全国其他地区的数据看，多数地区为0，缺乏重复购买行为。怀远石榴品牌的基础数据，如表5－193所示。

表5－193　怀远石榴品牌的基础数据

序号	调研城市	知名度（%）	认知度（%）	美誉度（%）	忠诚度（%）	品牌信息量估值（万比特）
1	长沙	2.56	2.28	28.57	0.00	483.66
2	合肥	45.15	6.60	25.00	2.00	13572.20
3	吉林	0.94	0.71	0.00	0.00	192.49
4	厦门	3.17	2.43	28.57	7.14	992.64
5	呼伦贝尔	5.07	4.23	4.35	0.00	1071.64
6	马鞍山	38.87	5.60	15.45	2.73	5535.42
7	赣州	7.10	3.11	4.00	0.00	1791.78
8	成都	3.98	2.08	11.11	0.00	544.64
9	南宁	7.94	2.57	0.00	0.00	879.23
总计	全国	11.70	3.24	12.54	1.41	25063.708

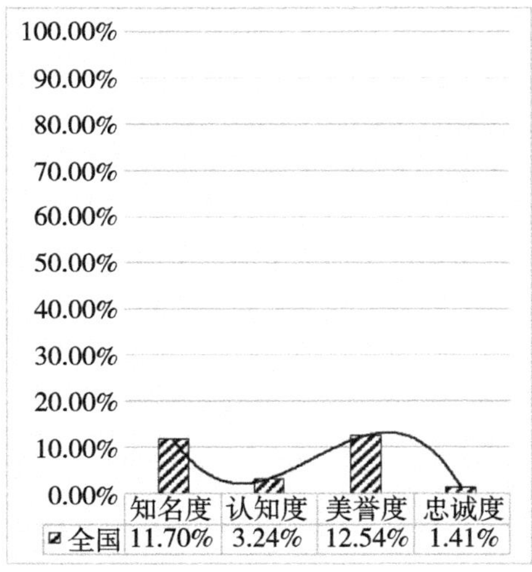

图5－123　怀远石榴品牌在全国的指标结构

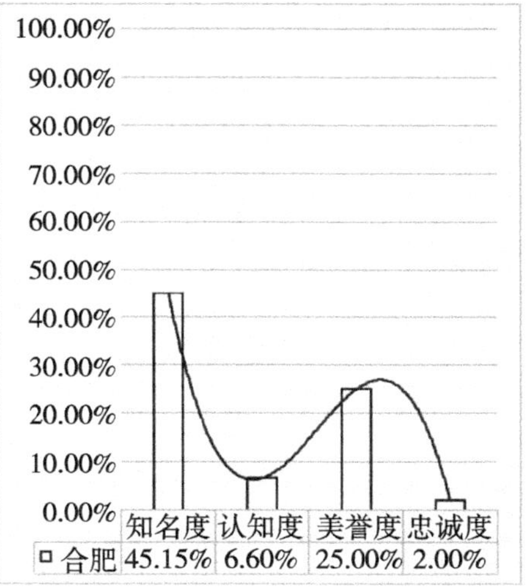

图5－124　怀远石榴品牌在合肥的指标结构

除美誉度外，该品牌的各项全国指标都不高，指标间的比例关系并不协调，品牌对营销的作用不明显（如图5－123所示）。品牌所在地（以合肥的数据为参考）的各项指标均优于全国平均水平，显示了品牌在安徽省内的影响力，是重点传播和发展的市场；各指标间的结构也不合理，知名度和美誉度较高而认知度和忠诚度明显偏低了，品牌对营销的作用优于全国平均水平但并不理想，忠诚客户群体也偏少。如图5－124所示。

3. 品牌质量分析

怀远石榴总体的信息质量比值为0.42，略高于最优比值的上限（0.4），质量比值属于优良水平，是一个注重口碑积累的品牌，其品牌管理和企业经营水平处于良好水平。当然，这与部分地区的美誉度指标较高，提升了总体指标有关。基础数据中，品牌知名度和认知度还没有达到合理水平，还有进一步提升的空间。怀远石榴品牌的质量比计算，如表5－194所示。

表5－194　怀远石榴品牌的质量比计算

品牌	品牌信息基本量的贡献率	品牌信息质的贡献率	品牌信息质量比值
怀远石榴	70.42%	29.58%	0.420

4. 综合分析

综上所述，怀远石榴是一个典型的区域品牌，品牌规模中等偏小，影响力还主要局限于安徽省内，并不具备全国的影响力。品牌的指标值偏小，发展还不够充分，但品牌口碑良好，形成了优良的质量比值，应该具有比较好的成长性。

八十八、三潭枇杷

1. 品牌简介

三潭枇杷，安徽省歙县特产，中国国家地理标志产品。三潭枇杷果形圆润，色泽艳丽；果面洁净，茸毛完整，光滑细腻；皮薄肉厚，甜酸适度；柔嫩多汁，细腻化渣，清香爽口。2015年10月，三潭枇杷成功获批“国家地理标志保护产品”。

2. 基础数据与指标结构分析

三潭枇杷的总信息量为 1.3556 亿比特，属于小规模品牌。从各地的调研数据可以看出，各项指标在各地有一定的差异但不明显，品牌在安徽城市获得的数据并不突出，品牌在大多数地区的各项数据均不高，其在全国的影响力还很小，在安徽省内的影响力也不强。

在知名度方面，全国仅为 6.33%，刚超过有效标准（5%），表明品牌的传播范围还比较小，全国范围的影响力尚未形成，品牌对营销起的作用也不大。从地区层面看，除了在安徽两个城市合肥和马鞍山的知名度超过 10% 外，在其他地区的知名度都不高，品牌在安徽有一定的传播范围但并不广，在全国其他地区的传播范围也不大，影响力还很小。其认知度指标很弱，全国仅 1.56%，并没有达到有效范围（2.5% 以上）；在各地区中，除合肥、马鞍山、呼伦贝尔外都没有达到有效范围。主要原因还是其知名度较低，品牌传播的范围不广，并不具备大范围的消费者认知的基础，其认知度与知名度在各地基本上呈现正相关关系。

三潭枇杷的消费者口碑一般，其美誉度指标全国平均为 6.11%。在地区上有一定的差异：在长沙、成都、南宁的美誉度为 0，消费者的口碑不理想，而在其他地区则获得了不错的美誉度数据，且数值比较接近。这说明品牌只在局部范围内具有良好的口碑，尚不足以形成品牌自传播的能力，对消费者重复购买行为的影响也有限。品牌仅在合肥和马鞍山地区获得了忠诚度的数据，在省外各地没有获得有效的消费者的重复购买数据。原因有可能与调研中没有发现品牌的目标消费者有关。三潭枇杷品牌的基础数据，如表 5 – 195 所示。

表 5 – 195　三潭枇杷品牌的基础数据

序号	调研城市	知名度（%）	认知度（%）	美誉度（%）	忠诚度（%）	品牌信息量估值（万比特）
1	长沙	7.76	0.72	0.00	0.00	1154.08
2	合肥	10.50	3.42	11.36	2.67	3167.97
3	吉林	4.00	1.25	14.29	0.00	1214.33
4	厦门	5.81	1.91	11.11	0.00	1518.85

续表

序号	调研城市	知名度（%）	认知度（%）	美誉度（%）	忠诚度（%）	品牌信息量估值（万比特）
5	呼伦贝尔	9.91	2.74	11.46	0.00	2805.55
6	马鞍山	13.50	4.88	10.14	2.00	1612.93
7	赣州	4.17	1.45	6.67	0.00	1033.56
8	成都	0.45	0.00	0.00	0.00	66.00
9	南宁	7.89	0.83	0.00	0.00	983.09
总计	全国	6.33	1.56	6.11	0.62	13556.23

该品牌的全国指标结构中，各项指标值都比较小，品牌间的指标结构对品牌营销的作用并不明显（如图5－125所示）。在临近品牌所在地的马鞍山地区的各项数据也仅略高于全国平均水平，并不突出，可见品牌的影响力范围还很窄；在马鞍山地区的各项数据的指标结构略优于全国平均水平，品牌开始对营销发挥一定的作用。如图5－126所示。

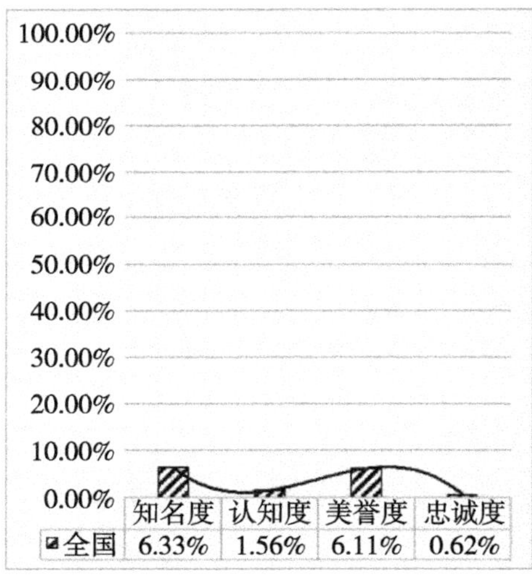

图5－125 三潭枇杷品牌在全国的指标结构

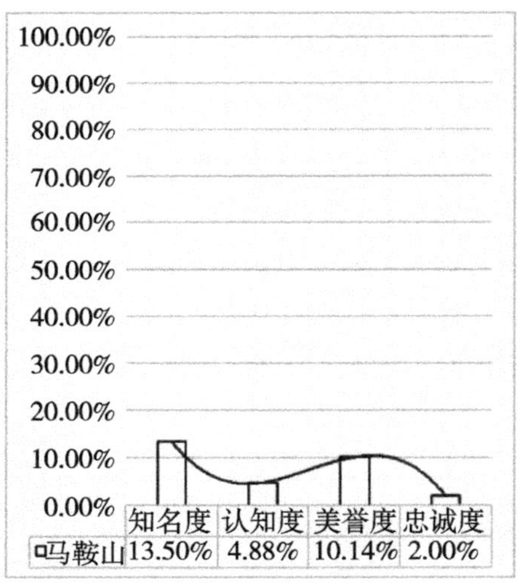

图5－126 三潭枇杷品牌在马鞍山的指标结构

3. 品牌质量分析

三潭枇杷信息质量比值为0.531，略高于最优区间的上限0.4，显示品牌呈现出一定的“质有余而量不足”的状况，但品牌的发展质量是优良的。这主要得益于其在各项指标中较高的美誉度，而知名度和认知度明显偏低了，品牌在省内省外的影响力均不足，略呈现出“量亏”的状态。品牌的各项指标均比较低，还需要企业继续扩大品牌影响，并继续提升品牌的口碑。三潭枇杷品牌的质量比计算，如表5－196所示。

表5－196　三潭枇杷品牌的质量比计算

品牌	品牌信息基本量的贡献率	品牌信息质的贡献率	品牌信息质量比值
三潭枇杷	65.32%	34.68%	0.531

4. 综合分析

综上所述，从现有数据看三潭枇杷是一个刚创牌的小规模品牌，品牌覆盖范围不大，全国影响力还未形成，但品牌的发展质量优良，还具有一定的成长性。建议企业继续加强品牌宣传，扩大品牌影响，并继续提升品牌的口碑。

八十九、西山焦枣

1. 品牌简介

西山焦枣，安徽省池州市特产，中国国家地理标志产品。其采用传统的制作工艺，先蒸后烘，反复多次，有利于维生素的保存。色如紫金，形如玛瑙，柔软鲜嫩，甘甜溢香，可谓色、形、质、味样样俱全，营养价值高于金丝琥珀枣和蜜枣。2015年8月，西山焦枣获“中国国家地理标志产品”。

2. 基础数据与指标结构分析

西山焦枣的总信息量为1.0168亿比特，属于小规模品牌。本次调研没有在品牌所在的池州地区进行，因此无法看出品牌的区域特征，但从各地的调研数据看，各项指标在各地差异不大但均比较小，在安徽省城市获得的数据与其他地区并无多大的差别，品牌在全国乃至在安徽省内的影响力都还很小，品牌的影响力可能仅局限于池州地区。

基础指标中，品牌的各项指标均不高，但获得了与美誉度相匹配的品牌忠诚度，显示品牌形成了一定的固定消费群体。其全国平均知名度为5.32%，刚超过有效标准（5%），表明品牌在全国较小范围具有了品牌传播，影响力还很小，品牌对营销起的作用也不大。从地区层面看，在各地区的差异并不明显，最高的合肥也仅8.2%，显示除品牌所在地外，其在各地的影响力是比较均衡的，属于小范围内知晓的品牌。品牌的认知度指标也不高，全国平均仅为3.25%，刚超过有效标准（2.5%），其在各地区的品牌认知度都较低，但大多数地区均超过了有效标准。在其知名度较低，品牌传播的范围不广，并不具备大范围的消费者认知基础的条件下，获得这一认知度水平显示其品牌内涵的传播是有一定效果的。但全国大部分的消费者对品牌及其内涵是不清楚的，并没有给消费者留下深刻的印象。

西山焦枣的美誉度指标全国平均为7.38%，获得了一定的消费者口碑，但并不突出。在各地的美誉度指标体现出一定的差异性，但除了在呼伦贝尔和南宁没有获得美誉度数据外，在大部分地区均获得了不错的美誉度指标，大部分地区对品牌产品是比较认可的。该品牌获得了2.38%的忠诚度，从美誉度与忠诚度的关系看，接近二者的理想关系，其品牌口碑向消费者的重复购买的转化是比较充分的；但从各地忠诚度指标看，有比较明显的差异，忠诚度仅来自合肥、吉林、厦门三个地区，在其他地区忠诚度为0，大部分地区没有形成固定的消费人群，因此这一忠诚度数据并不能真实地反映全国的平均水平。西山焦枣品牌的基础数据，如表5－197所示。

表5－197　西山焦枣品牌的基础数据

序号	调研城市	知名度（%）	认知度（%）	美誉度（%）	忠诚度（%）	品牌信息量估值（万比特）
1	长沙	6.11	4.54	14.29	0.00	1250.35
2	合肥	8.20	2.42	13.33	6.67	2167.97
3	吉林	4.86	3.94	7.69	3.85	1141.22
4	厦门	3.45	3.73	7.69	7.69	800.38
5	呼伦贝尔	4.45	2.27	0.00	0.00	1135.13
6	马鞍山	5.62	1.61	7.14	0.00	612.93
7	赣州	5.92	3.98	4.76	0.00	1533.4
8	成都	3.40	1.79	14.29	0.00	645.21
9	南宁	6.28	4.39	0.00	0.00	881.70
总计	全国	5.32	3.25	7.38	2.38	10168.2968

该品牌的全国指标结构中，各项指标值还比较小，指标间的结构关系刚形成，品牌对营销的作用还不明显（如图 5－127 所示）。合肥的各项指标相对全国平均水平并不突出，但因获得了相对较高的品牌美誉度和忠诚度，前三项指标形成的品牌指标结构能够在营销中发挥作用，并为企业带来了实际的收益。如图 5－128 所示。

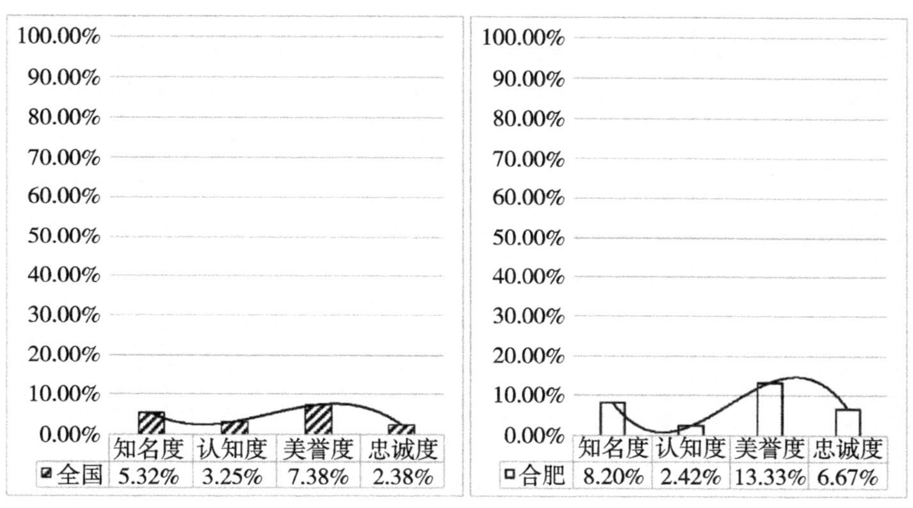

图 5－127　西山焦枣品牌在全国的指标结构　图 5－128　西山焦枣品牌在合肥的指标结构

3. 品牌质量分析

西山焦枣信息质量比值为 0.29，接近最优比值的下限（0.3），质量属于优良水平。虽然品牌的各项指标值偏低了，但在该品牌信息总量中，质与量的发展还是比较均衡的。但在今后的品牌运作中，如能使各项指标数据获得同步提升，则品牌质量比能向最优区间移动。西山焦枣品牌的质量比计算，如表 5－198 所示。

表 5－198　西山焦枣品牌的质量比计算

品牌	品牌信息基本量的贡献率	品牌信息质的贡献率	品牌信息质量比值
西山焦枣	77.52%	22.48%	0.290

4. 综合分析

综上所述，从现有数据看西山焦枣是一个处于起步阶段的小规模品牌，品牌覆盖范围不大，在全国和安徽省内的影响力都还很小，但品牌的发展质量优良，具有一定的成长性。建议继续扩大品牌的宣传，提升品牌的影响力，在提升品牌口碑的前提下继续开拓品牌的忠诚客户。

九十、天柱山瓜蒌籽

1. 品牌简介

天柱山瓜蒌籽，安徽省潜山县特产，中国国家地理标志产品。天柱山瓜蒌籽外观呈浅棕色或棕褐色，双边微凸，子粒饱满。采用传统工艺加工后，入口咸（甜），破壳后子仁鲜美，润脆可口，香、咸（甜）纯正，具备壳薄、仁肥、质脆、香浓、口感好的特色。2011 年 8 月，天柱山瓜蒌籽成功获批“国家地理标志保护产品”。

2. 基础数据与指标结构分析

天柱山瓜蒌籽的总信息量为 6269. 54 万比特，在安徽省属于大规模品牌。安徽省两个调研城市的各项指标接近均值，区域特征不明显，品牌在省内的传播范围较大，是一个面向安徽省发展的具有稳定省内影响力的品牌。

基础指标中，该品牌具有较高的知名度和美誉度，但认知度较低，忠诚度明显偏低了。其安徽省内知名度为 38. 85%，超过品牌获取知名度的第三个关键点 37. 5%，品牌在安徽省具有了非常稳定的影响力，品牌开始作为有效的营销工具对品牌的经营业绩产生积极的影响，这一知名度也说明品牌具备了良好的消费者知晓基础。从地区数据看，在合肥的知名度为 48. 34%，超过马鞍山的 31. 17%，显然品牌在省会的传播效果更好，影响力更高，在安徽省内已属于具有较大范围传播的品牌，省内影响力较大。与知名度相比，其认知度指标明显偏低了，安徽省平均仅为 5. 12%，其认知度与知名度之比为 0. 13，远低于 0. 5 的理想比值下限，消费者对品牌名称比较熟悉，但大部分对品牌的内涵是不了解的，其品牌传播的效率不高，效果一般。

该品牌的美誉度较高，安徽省平均达到了 17. 05%，获得了良好的消费者口碑，其在两个调研地区的美誉度比较平均，都达到了 15% 以上，获得了接近的营销效果，是个全省营销策略一致的品牌。这一美誉度水平极易发生品牌的自传播效应。从美誉度与认知度的关系看是失衡的，美誉度远高于认知度，说明该品牌的美誉度不是来自消费者的认知和对品牌产品的深度体验，而更多的是与品牌无关的其他渠道，这种情况下产生的美誉度不会形成持久的自传播效应。该品牌的忠诚度明显偏低了，安徽省平均仅为 2. 25%，其美誉度远高于忠诚度，品牌口碑向消费者重复购买的转换率很低，省内消费者的消费偏好不明显。天柱山瓜蒌籽在安徽调研的基础数据，如表 5 – 199 所示。

表 5 – 199　天柱山瓜蒌籽在安徽调研的基础数据

序号	区域	代表城市级别人口数（万人）	知名度（%）	认知度（%）	美誉度（%）	忠诚度（%）	信息总量（万比特）
1	合肥	2656. 3	48. 34	6. 02	18. 86	3. 43	3879. 26
2	马鞍山	3279. 2	31. 17	4. 39	15. 58	1. 30	2390. 29
总计	安徽	5935. 5	38. 85	5. 12	17. 05	2. 25	6269. 54

该品牌的安徽省指标结构可以看出，认知度稍低而忠诚度明显偏低了，各指标间的比例关系是不合理的，品牌营销效果一般，品牌对营销的作用并不明显。天柱山瓜蒌籽在安徽省的指标结构，如图 5 – 129 所示。

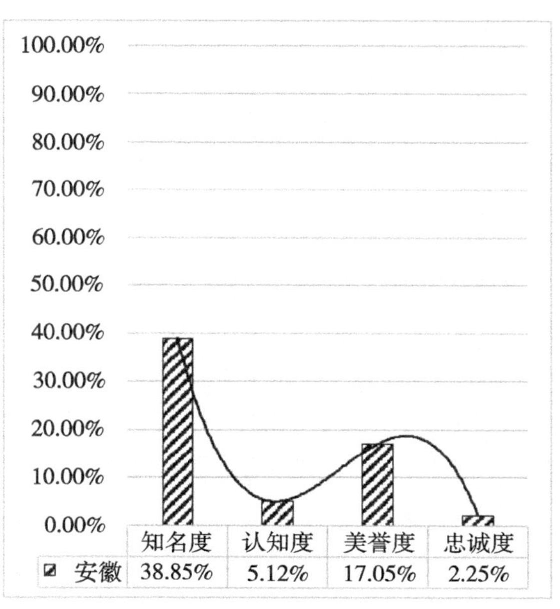

图 5 – 129　天柱山瓜蒌籽在安徽省的指标结构

3. 品牌质量分析

天柱山瓜蒌籽信息质量比值为1.276，呈现出比较明显的“质有余而量不足”的状况，但这一质量比值还是良好的，应该是一个依靠口碑传播成长起来的优秀品牌。结合该品牌的各项基础指标，该品牌量不足的主要原因可能还是在于没有形成与高美誉度相匹配的知名度和认知度，尤其是认知度稍显偏低了，这需要企业提高传播的效率，并多传播品牌内涵的内容，增加品牌信息的量，使得品牌质与量均衡发展，这样能使品牌质量比值向最优区间移动。天柱山瓜蒌籽的质量比计算，如表5－200所示。

表5－200　天柱山瓜蒌籽的质量比计算

品牌	品牌信息基本量的贡献率	品牌信息质的贡献率	品牌信息质量比值
天柱山瓜蒌籽	43.94%	56.06%	1.276

4. 综合分析

综上所述，天柱山瓜蒌籽属于安徽省内的大规模品牌。品牌的美誉度较高，口碑良好，发展质量处于较好的状态，但略呈现出“量亏”的状态，需要厂商继续扩大品牌知名度和认知度，形成与口碑相匹配的影响力。

九十一、舒城小兰花

1. 品牌简介

舒城小兰花，安徽省舒城县特产，中国国家地理标志产品。舒城小兰花，外形芽叶相连似兰草，条索细卷呈弯钩状，色泽翠绿匀润，毫锋显露；冲泡后如兰花开放，枝枝直立杯中，有特有的兰花清香，俗称“热气上冒一支香”；茶汤鲜爽持久，滋味甘醇，汤色嫩绿明净，叶底匀整成朵，呈嫩黄绿色。2016年12月，原国家质检总局批准对舒城小兰花实施地理标志产品保护。

2. 基础数据与指标结构分析

舒城小兰花的信息总量为5449.1万比特，在省内属于大规模品牌。安徽省各城市的各项指标体现出非常明显的地区差异性，虽然本次调研没有在品牌所在地六安进行，但在临近品牌所在地的合肥市获得的各项数据均远高于马鞍山地区，品牌的区域特征比较明显，虽然形成了一定的省内影响力，但影响力的范围并不广。

基础指标中，该品牌获得了较高的知名度，其品牌美誉度所形成的口碑也是不错的，但认知度指标一般，忠诚度明显偏低了。其知名度的安徽省平均值为26.3%，品牌具有了稳定的影响力，具有了良好的消费者知晓基础，开始出现深度的消费者认知，而且品牌对营销的作用逐渐增强。知名度在各地体现出明显的差异性：合肥最高达到了50.28%，而且在该地区还获得了较高的认知度指标，说明当地的消费者对品牌是比较熟悉的，对品牌的内涵也比较了解，除品牌所在地之外品牌在当地的影响力最大，有可能属于品牌进行重点推广的地区，在该地区有过较大规模的品牌宣传活动，给当地消费者留下了较为深刻的印象；而品牌在马鞍山的知名度刚超过5%的有效标准，传播范围不大，影响力还很小，也可能进行过品牌的宣传但效果并不理想，品牌给当地消费者的印象并不深刻。从品牌的指标结构关系来看，品牌的认知度指标稍显偏低了。虽然在安徽省形成了较高的知名度，具备了良好的认知度转化基础，但消费者对品牌内涵的认知还不够充分，其安徽省平均认知度只有8.05%，认知度与知名度的比值为0.31，低于理想范围下限（0.5），显示出品牌内涵并没有有效地传递给消费者，品牌传播的效率还需提高。

品牌的美誉度为16.83%，获得了良好的消费者口碑。从地区上看，合肥的美誉度较高超过了23.08%，高于马鞍山的11.76%，但差异并不明显，省内消费者对品牌的产品是比较认可的，品牌具备了基本的自传播能力和大规模营销的基础。从认知度与美誉度的关系看，美誉度高于认知度，基本上符合二者之间的理想比例关系，美誉度的获得有消费者对品牌产品的深度体验，但认知度的绝对值偏低了。舒城小兰花忠诚度偏低的问题比较突出，安徽省指标仅为0.49%，且在马鞍山没有获得忠诚度数据，良好的美誉度所形成的口碑没有转化成消费者的重复购买。说明品牌的既有消费者群体消费偏好不明显，对产品的重复购买率较低，这无法为企业带来应有的销售收入。舒城小兰花在安徽调研的基础数据，如表5－201所示。

表 5－201 舒城小兰花在安徽调研的基础数据

序号	区域	代表城市级别人口数（万人）	知名度（%）	认知度（%）	美誉度（%）	忠诚度（%）	信息总量（万比特）
1	合肥	2656.3	50.28	15.02	23.08	1.10	5137.49
2	马鞍山	3279.2	6.88	2.41	11.76	0.00	311.61
总计	安徽	5935.5	26.30	8.05	16.83	0.49	5449.10

该品牌的安徽省指标结构近似于次优品牌结构，认知度不及知名度的一半，美誉度高于认知度，前三项指标是能够对品牌营销起到一定的支撑作用的，但由于忠诚度偏低，消费者的消费偏好不明显，前三项指标的良好指标结构并不能为厂商带来切实的收益。舒城小兰花在安徽省的指标结构，如图 5－130 所示。

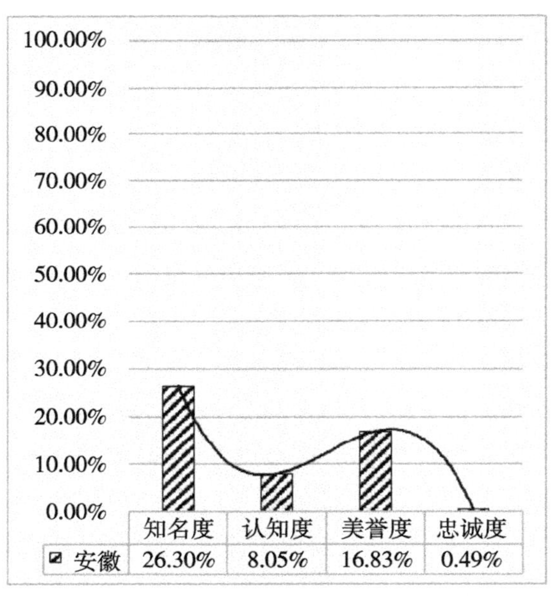

图 5－130 舒城小兰花在安徽省的指标结构

3. 品牌质量分析

舒城小兰花的信息质量比为 1.261，品牌发展质量良好但出现了较明显的“质有余而量不足”的状况。出现这一质量比值的原因是该品牌的美誉度高于行业平均水平，而与美誉度相比，其知名度与认知度稍显偏低了，信息总量中由知名度与认知度带来的基本量的贡献不足，量的发展还不够。需要企业提高品牌传播的效率，继续扩大品牌的知名度，尤其需要提升品牌的认知度，这样才能使品牌质与量均衡发展。舒城小兰花的质量比计算，如表5－202所示。

表5－202　舒城小兰花的质量比计算

品牌	品牌信息基本量的贡献率	品牌信息质的贡献率	品牌信息质量比值
舒城小兰花	44.24%	55.76%	1.261

4. 综合分析

综上所述，舒城小兰花为品牌质量良好的省内大规模品牌，品牌具备了一定的省内影响力，但地区上的差异比较明显，影响力还局限于小范围。品牌量的积累还不够，需要企业继续扩大品牌宣传，提高品牌传播的效率。

九十二、石臼湖螃蟹

1. 品牌简介

石臼湖螃蟹，安徽省当涂县特产，中国国家地理标志产品。石臼湖螃蟹突出特点是金脚红毛，体大肥美，每只小则三四两，大则六七两，时鲜而甘厚，肉嫩而不散。2010年12月，石臼湖螃蟹成功获批“国家地理标志保护产品”。

2. 基础数据与指标结构分析

石臼湖螃蟹的信息总量为4500.85万比特，在安徽省内属于大规模品牌。从安徽省两个调研城市获得的数据看，有非常明显的差异性，虽然品牌在安徽省已经形成了较强的影响力，但还是一个区域特征非常明显的品牌。

安徽省基础指标中，该品牌获得了较高的知名度和美誉度，但认知度和忠诚度指标一般。该品牌的安徽省知名度达到了36.61%，已经接近品牌获取知名度的第三个关键点37.5%，属于具有大范围消费者认知的品牌，在安徽省具有稳定的影响力，品牌知名度对认知度的转化基础较好，而且品牌对营销的作用在逐渐增强。其知名度在各地的分布体现出明显的差异：在马鞍山地区超过了60%，接近64%的高知名度标准，当地的消费者对品牌是非常熟悉的，影响力很大；而在合肥的知名度仅为6.35%，影响力一般。显然品牌的影响力在省内是不均衡的。与知名度相比，品牌的认知度指标明稍显偏低了。虽然在安徽省形成了较高的知名度，具备了良好的认知度转化基础，但消费者对品牌内涵的认知不够充分，其安徽省平均认知度仅为4.89%，认知度与知名度的比值为0.13，远低于理想范围下限（0.5），显示出品牌信息传播的效率较差，品牌信息内涵传播不足，省内消费者虽然对品牌比较熟悉，但对品牌内涵却了解不多。

石臼湖螃蟹的安徽省美誉度为15.95%，获得了良好的口碑，消费者对品牌的产品质量和服务是比较认可的。从地区看，有一定的差异，在合肥地区的知名度和认知度不高，却获得了21.74%的美誉度，显然品牌在当地的营销手段比较丰富，获得了良好的口碑，但与品牌本身的关系不大；在马鞍山的美誉度稍低，但基本上是来自品牌的影响，与合肥是完全不一致的。从认知度与美誉度的关系看，认知度明显偏低了，美誉度的获得不只来自消费者对品牌产品的深度体验，不是依靠品牌的产品质量或服务获得的。这种情况在合肥体现得尤为明显。其忠诚度指标也稍显偏低了，安徽省平均为3.41%。从地区看，虽然在两个地区都获得了忠诚度但都不高，其良好的美誉度所形成的口碑没有转化成消费者的重复购买，虽然厂商为品牌的口碑付出极大努力，投入很大，但无法在营销中获得相应的收益。石臼湖螃蟹在安徽调研的基础数据，如表5-203所示。

表5-203　石臼湖螃蟹在安徽调研的基础数据

序号	区域	代表城市级别人口数（万人）	知名度（%）	认知度（%）	美誉度（%）	忠诚度（%）	信息总量（万比特）
1	合肥	2656.3	6.35	1.02	21.74	4.35	519.33
2	马鞍山	3279.2	61.13	8.03	11.26	2.65	3981.52
总计	安徽	5935.5	36.61	4.89	15.95	3.41	4500.85

该品牌的安徽省指标结构中，可以明显地看出品牌认知度和忠诚度偏低了，虽然获得了较高的知名度，但消费者对品牌的了解还基本上停留在表面，只是做到了“闻其名”而已，更多的消费者是不“知其意”的。品牌的口碑虽然良好，但从指标结构可以看出，由于消费者对品牌缺乏认知，并不全部是发自内心地对品牌形成良好的赞誉，可能是在开展品牌活动时使消费者获得了一定的优惠而产生了对品牌好的评价，但这种赞誉并

不会持久，也不会成为主动重复消费的忠诚客户，这会使得品牌在营销中的作用不能完全发挥出来。石臼湖螃蟹在安徽省的指标结构，如图5－131所示。

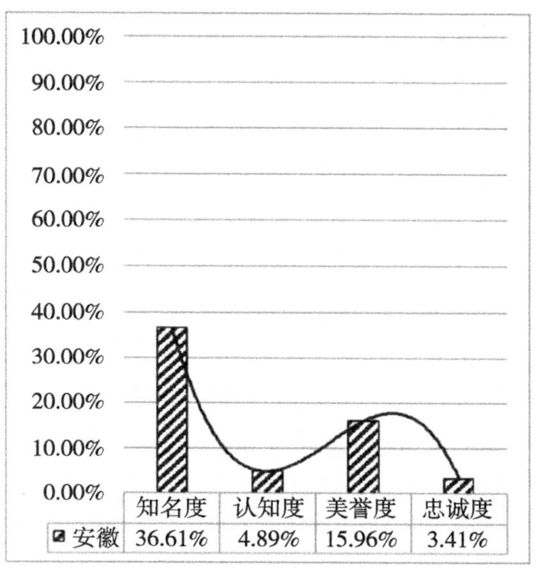

图5－131　石臼湖螃蟹在安徽省的指标结构

3. 品牌质量分析

石臼湖螃蟹的品牌质量比值为0.624，呈现出“质有余而量不足”的情况，但品牌是个注重消费者口碑培养的品牌，这一比值显示其质量发展是良好的。在品牌信息总量中，美誉度所形成的质的贡献是很高的，这得益于其在行业中高出同行许多的美誉度指标。其量不足的原因在于，相对于美誉度，品牌的知名度和认知度是不足的，尤其是认知度偏低了，量的积累还不够。厂商还需加大品牌的宣传，尤其是要注重品牌内涵的宣传，提高品牌的认知度迫在眉睫。石臼湖螃蟹的质量比计算，如表5－204所示。

表5－204　石臼湖螃蟹的质量比计算

品牌	品牌信息基本量的贡献率	品牌信息质的贡献率	品牌信息质量比值
石臼湖螃蟹	61.56%	38.44%	0.624

4. 综合分析

从基础数据可以看出，石臼湖螃蟹在安徽省是一个具有较强影响力的大规模品牌，已经形成了较大范围的传播并获得了相当不错的消费者口碑。品牌的发展质量总体是良好的，有良好声誉的积累，但出现了“量亏”的情况，主要原因在于认知度偏低了，需要厂商以提高品牌的认知度为目的，注重品牌内涵的宣传。

九十三、铜陵白姜

1. 品牌简介

铜陵白姜是安徽省铜陵市特产，中国国家地理标志产品。系铜陵“八宝”之一，多年生草本植物，一年生栽培作物。铜陵白姜经安徽省农科院园艺所科学鉴定，属白姜，排姜类型。鲜姜皮为白略呈黄色，姜块成佛手状，瓣粗肥厚。姜指饱满，色白鲜嫩汁多，味辣而不呛口，属多功能食用产品。铜陵白姜以块大皮薄、汁多渣少、肉质脆嫩、香味浓郁等特色而久负盛名。

2. 基础数据与指标结构分析

铜陵白姜的总信息量是3461.68万比特，在安徽省内属于中等偏大规模的品牌，在全省具有了一定的影响力。从安徽省两个城市的各项指标对比来看，差距不明显，品牌在省内没有明显的地域品牌特征。

从基础指标看，该品牌的各项指标基本上处于正常范围之内，在安徽省一定范围内具有了较高的知名度，获得了一定的口碑，但忠诚度偏低，消费者的重复消费习惯并未形成。该品牌的省内平均知名度为23.37%，具有了消费者大范围知晓的基础，深度认知开始出现，表明厂商做过获取知名度的努力，品牌已开始对营销发挥一定作用。从合肥和马鞍山的数据看，差距不明显，均接近均值，省内的影响力是比较均衡的，但品牌传播的范围并不大。该品牌的认知度水平较高，安徽省平均为12.82%，超过知名度的一半水准，达到理想范围，说明厂商的品牌传播效率是很高的，在品牌传播中品牌内涵较准确地传递给了消费者。

铜陵白姜的安徽省美誉度为14.85%，获得了不错的口碑，而且在合肥和马鞍山均获得了不错的美誉度，在品牌营销方面，其实行的基本上是与安徽省策略一致的方略。从其美誉度与认知度的关系看，二者的比例属于理想范围，美誉度略高于认知度，说明美誉度主要来自消费者对品牌产品和服务的深度体验，有对品牌内涵的深度理解，其品牌对营销的作用是比较明显的。该品牌的突出问题体现在忠诚度上，安徽省仅为1.88%，在马鞍山甚至没有获得消费者忠诚，其美誉度与忠诚度的比例也是不协调的，相对较高的美誉度并未形成消费者的重复购买习惯。铜陵白姜在安徽调研的基础数据，如表5－205所示。

表5－205　铜陵白姜在安徽调研的基础数据

序号	区域	代表城市级别人口数（万人）	知名度（%）	认知度（%）	美誉度（%）	忠诚度（%）	信息总量（万比特）
1	合肥	2656.3	26.24	13.84	18.95	4.21	2102.69
2	马鞍山	3279.2	21.05	12.00	11.54	0.00	1358.98
总计	安徽	5935.5	23.37	12.82	14.85	1.88	3461.68

该品牌的指标结构近似于最优结构，前三项指标形成了良好的比例关系，品牌收获了不错的消费者口碑，品牌对营销的作用比较明显，但由于品牌自身运作问题，品牌没有形成现实的消费者偏好。铜陵白姜在安徽省的指标结构，如图5－132所示。

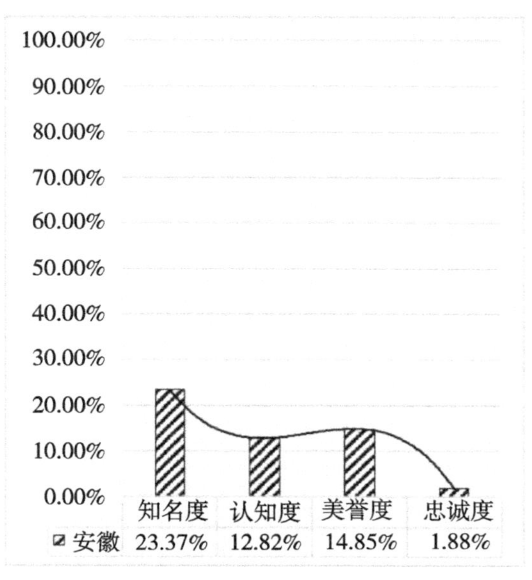

图5－132　铜陵白姜在安徽省的指标结构

3. 品牌质量分析

铜陵白姜信息质量比为0.692，高于理想比值的上限0.4，呈现出了“质有余而量不足”的情况，但品牌的发展质量是良好的，是一个依靠消费者口碑积累的优秀品牌。这一质量比值反映品牌量的积累略显不足，知名度和认知度数据还是略显偏低了，没有形成与口碑相符的品牌影响力。厂商应以继续扩大品牌影响为目的，开展多形式的品牌宣传活动，在提升品牌量的同时，适度提升品牌美誉度和忠诚度，使品牌质与量更加均衡发展。铜陵白姜的质量比计算，如表5－206所示。

表5－206　铜陵白姜的质量比计算

品牌	品牌信息基本量的贡献率	品牌信息质的贡献率	品牌信息质量比值
铜陵白姜	59.09%	40.91%	0.692

4. 综合分析

由上述分析可知，铜陵白姜在安徽省是一个中等偏大规模品牌，品牌的质量优良，发展状况基本健康，还具有良好的成长性。其获得了良好的消费者口碑，但消费者的购买习惯尚未形成。

九十四、和县黄金瓜

1. 品牌简介

和县黄金瓜，中国国家地理标志产品，产地范围为安徽省和县历阳镇、乌江镇、香泉镇、西埠镇、善厚镇共5个镇现辖行政区域。黄金瓜又名十棱黄金瓜，学术名称为伊丽莎白厚皮甜瓜，因色泽金黄而得名为黄金瓜。黄金瓜外形圆润，熟透了的瓜闻起来就有股怡人的果香，乳白色的果肉吃到嘴里更是甘甜多汁、齿颊留香。黄金瓜营养丰富，有益于的身体健康。

2. 基础数据与指标结构分析

和县黄金瓜在安徽的总信息量是3177.8万比特，在安徽省属于中等规模的品牌，在省内具有较大的影响力。但从安徽省两个城市的各项指标对比来看，数据体现出比较明显的差异，品牌在省内表现出一定地域品牌的特征。

从安徽省指标看，该品牌的基础指标基本上处于正常范围之内，在安徽省一定范围内具有了较高的知名度，获得了不错的口碑，但忠诚度偏低，消费者的重复消费习惯并未形成。该品牌在安徽的知名度为24.28%，具有消费者大范围知晓的基础，深度认知开始出现，表明厂商在省内做过获取知名度的努力，品牌已开始对营销发挥一定的作用。从两个地区的数据看，有比较明显的差异：在马鞍山获得了33.92%的知名度，品牌的影响力是不错的；而在合肥的知名度仅为12.38%，品牌的影响力一般。该品牌的认知度水平也较高，安徽省平均为10.79%，已接近知名度的一半水准，接近理想范围，说明品牌运营者在省内开展品牌传播的效率是不错的，在品牌传播中，品牌内涵较准确地传递给了消费者。

和县黄金瓜的安徽省平均美誉度为14.5%，获得了不错的口碑，而且两个调研城市的美誉度均较高，虽然在品牌推广方面有重点市场之分，但在营销方面，其实行的基本上是与安徽省策略一致的方略，省内消费者的口碑评价基本上是一致的。从其美誉度与认知度的关系看，二者的比例属于理想范围，美誉度略高于认知度，说明美誉度主要来自消费者对品牌产品和服务的深度体验，有对品牌内涵的深度理解，其品牌对营销的作用是比较明显的。该品牌的突出问题体现在忠诚度上，安徽省仅为0.58%，在合肥地区甚至没有获得消费者忠诚，其美誉度与忠诚度的比例也是不协调的，相对较高的美誉度并未形成消费者的重复购买习惯。和县黄金瓜在安徽调研的基础数据，如表5－207所示。

表5－207　和县黄金瓜在安徽调研的基础数据

序号	区域	代表城市级别人口数（万人）	知名度（%）	认知度（%）	美誉度（%）	忠诚度（%）	信息总量（万比特）
1	合肥	2656.3	12.38	5.89	16.98	0.00	660.55
2	马鞍山	3279.2	33.92	14.77	12.50	1.04	2517.26
总计	安徽	5935.5	24.28	10.79	14.50	0.58	3177.80

该品牌在安徽省的指标结构近似于次优结构，前三项指标形成了良好的比例关系，品牌收获了不错的消费者口碑，品牌对营销的作用比较明显，但由于品牌自身运作问题，品牌没有形成现实的消费者偏好。和县黄金瓜在安徽省的指标结构，如图5－133所示。

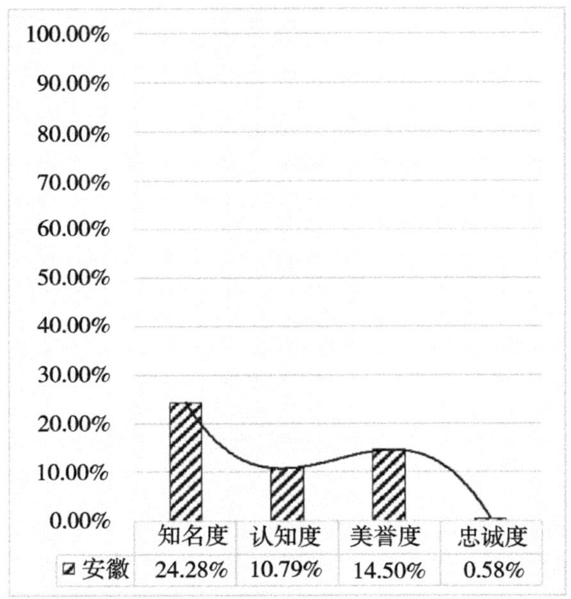

图 5－133　和县黄金瓜在安徽省的指标结构

3. 品牌质量分析

和县黄金瓜信息质量比为 0.422，略高于理想比值的上限 0.4，品牌的发展质量是优良的，是一个依靠消费者口碑积累的优秀品牌。这一质量比值反映品牌质与量的发展是比较均衡的，但品牌应该解决省内品牌传播效果不一致的问题，使省内的影响力更加均衡。因此，厂商应以继续扩大品牌影响为目的，开展多形式的品牌宣传活动，在提升品牌量的同时，适度提升品牌美誉度和忠诚度，使品牌质与量更加均衡发展。和县黄金瓜的质量比计算，如表 5－208 所示。

表 5－208　和县黄金瓜的质量比计算

品牌	品牌信息基本量的贡献率	品牌信息质的贡献率	品牌信息质量比值
和县黄金瓜	70.34%	29.66%	0.422

4. 综合分析

由上述分析可知，和县黄金瓜在安徽省是一个中等规模品牌，品牌的质量优良，发展状况基本健康，在省内还具有良好的成长性。虽然获得了良好的消费者口碑，但消费者的购买习惯尚未形成。

九十五、金寨猕猴桃

1. 品牌简介

金寨猕猴桃，安徽省六安市金寨县特产，中国国家地理标志产品。金寨猕猴桃主要有红阳、海沃德等适生品种，果肉黄色或翠绿色，沿果心有紫红色呈放射状分布，肉质细嫩，多汁，味甜酸适口。2014 年 12 月 24 日，原国家质检总局批准对金寨猕猴桃实施地理标志产品保护。

2. 基础数据与指标结构分析

金寨猕猴桃在安徽省的信息总量为 3160.35 万比特，在安徽省属于中等偏大规模品牌。在省内两个调研城市获得的各项指标差距不明显，品牌传播的范围较大，已具备一定的全省影响力。

基础指标中，该品牌获得了较高的知名度，其品牌认知度和美誉度所形成的口碑也是不错的，但忠诚度偏低了。其知名度的安徽省平均值为 23.92%，品牌在省内具有了稳定的影响力，具有了良好的消费者知晓基础，开始出现深度的消费者认知，而且品牌对营销的作用逐渐增强。知名度在两个调研地区的差距不明显，显示品牌在安徽省内的传播范围较大，影响力是比较均衡的。品牌的认知度指标为 10.27%，两个调研地区数据的差别也不大，消费者对品牌的认知水平是不错的，有相当一部分消费者对品牌的内涵是比较了解的。从品牌的指标结构关系来看，品牌的认知度指标接近知名度的一半，接近二者之间的理想比例关系，说明其品牌传播的效率是不错的，在这一知名度水平下，消费者对品牌内涵的认知是比较充分的。

品牌的美誉度为 14.95%，获得了良好的消费者口碑，两个调研地区的数据都超过了 10%，品牌获得了省内消费者良好的口碑，已具备了基本的自传播能力和大规模营销的基础。从认知度与美誉度的关系看，美誉度高于认知度，基本上符合二者之间的理想比例关系，美誉度的获得有消费者对品牌产品的深度体验。但金寨猕猴桃忠诚度偏低的问题比较突出，安徽省的指标仅为 0.89%，且在合肥没有获得忠诚度数据，良好的美誉度所形成的口碑没有转化成消费者的重复购买。说明品牌的既有消费者群体消费偏好不明显，对产品的重复购买率较低，这无法为企业带来应有的销售收入。金寨猕猴桃在安徽调研的基础数据，如表 5－209 所示。

表 5－209　金寨猕猴桃在安徽调研的基础数据

序号	区域	代表城市级别人口数（万人）	知名度（%）	认知度（%）	美誉度（%）	忠诚度（%）	信息总量（万比特）
1	合肥	2656.3	26.40	11.54	19.47	0.00	1826.00
2	马鞍山	3279.2	21.91	9.24	11.29	1.61	1334.35
总计	安徽	5935.5	23.92	10.27	14.95	0.89	3160.35

该品牌在安徽省的指标结构近似于次优品牌结构，认知度不及知名度的一半，美誉度略高于认知度，前三项指标是能够对品牌营销起一定的支撑作用的，但由于忠诚度偏低，消费者的消费偏好不明显，前三项指标的良好指标结构并不能为厂商带来切实的收益。金寨猕猴桃在安徽省的指标结构，如图 5－134 所示。

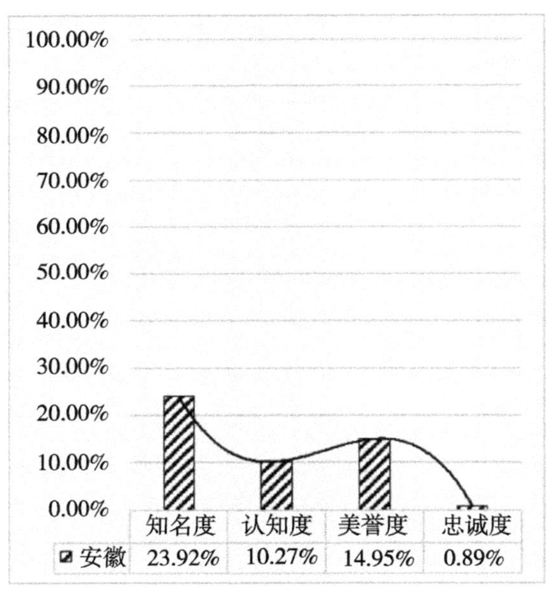

图 5－134　金寨猕猴桃在安徽省的指标结构

3. 品牌质量分析

金寨猕猴桃的信息质量比为 0.537，品牌发展质量良好但略呈现出“质有余而量不足”的状况。出现这一质量比值的原因是该品牌的美誉度远高于行业平均水平，而与美誉度相比，其知名度与认知度稍显偏低了，信息总量中由知名度与认知度带来的基本量的贡献不足，量的发展略显不足。需要企业提高品牌传播的效率，继续扩大品牌的知名度，尤其需要提升品牌的认知度，这样才能使品牌的质与量均衡发展。金寨猕猴桃的质量比计算，如表5－210所示。

表5－210　金寨猕猴桃的质量比计算

品牌	品牌信息基本量的贡献率	品牌信息质的贡献率	品牌信息质量比值
金寨猕猴桃	65.07%	34.93%	0.537

4. 综合分析

综上所述，金寨猕猴桃在安徽省属于发展质量良好的中等偏大规模品牌，已经具备一定的全省影响力。总体来看，品牌的发展质量基本健康，但需重点解决品牌忠诚度过低的问题，培养忠诚客户刻不容缓。

九十六、萧县葡萄

1. 品牌简介

萧县葡萄，安徽省萧县特产，中国国家地理标志产品。萧县葡萄品种繁多，主要有维多利亚、夏黑、醉金香、巨玫瑰、金皇后、龙眼、黑罕、佳利酿、北醇等100多个品种。其中“玫瑰香”葡萄果实圆满，紫里透红，宛如珊瑚玛瑙，并有穗大、粒饱、肉肥、多汁、甘甜、透明、清香、食后生津等特点。2018年3月，原国家质检总局批准对萧县葡萄实施地理标志产品保护。

2. 基础数据与指标结构分析

萧县葡萄的总信息量为3083.08万比特，属于安徽省内的中等规模品牌。从两地的调研数据来看，有比较明显的差异，在合肥获得的各项数据均高于马鞍山地区，品牌还具有一定的区域品牌特征，但在省内已经具有了一定的影响力，是一个面向全省发展的品牌。

萧县葡萄的知名度为23.86%，已达到了知名品牌的标准，随着品牌产品投入市场，在消费者中开始出现大范围的认知，有相当一部分的消费者对产品和企业以及品牌内涵等信息具有较深的理解和认知。从两调研地的数据看，在合肥达到了32.32%，远高于在马鞍山的17%，在安徽省内的影响力是不均衡的，品牌传播的范围还不够大。该品牌的认知度指标为12.51%，从地区上看也是合肥高于马鞍山，两地的认知度数据基本上与知名度呈正相关关系。从认知度与知名度的关系看，认知度超过了知名度的一半，说明其信息传播效率很高，在知晓品牌的消费者中有相当一部分对品牌的内涵是比较了解的。

该品牌的美誉度安徽省平均为8.58%，口碑并不高，从地区看美誉度数据也是不均衡的，合肥地区远高于马鞍山，消费者对品牌的评价并不一致，这一指标说明品牌信息还不具备自传播能力。从忠诚度指标看，明显偏低了，安徽省平均仅为0.38%，且仅在合肥获得，口碑向消费者忠诚度的转化不充分，消费者的多次重复购买率还比较低，固定消费人群没有形成。萧县葡萄在安徽调研的基础数据，如表5－211所示。

表5－211　萧县葡萄在安徽调研的基础数据

序号	区域	代表城市级别人口数（万人）	知名度（%）	认知度（%）	美誉度（%）	忠诚度（%）	信息总量（万比特）
1	合肥	2656.3	32.32	17.64	16.24	0.85	2461.19
2	马鞍山	3279.2	17.00	8.35	2.38	0.00	621.89
总计	安徽	5935.5	23.86	12.51	8.58	0.38	3083.08

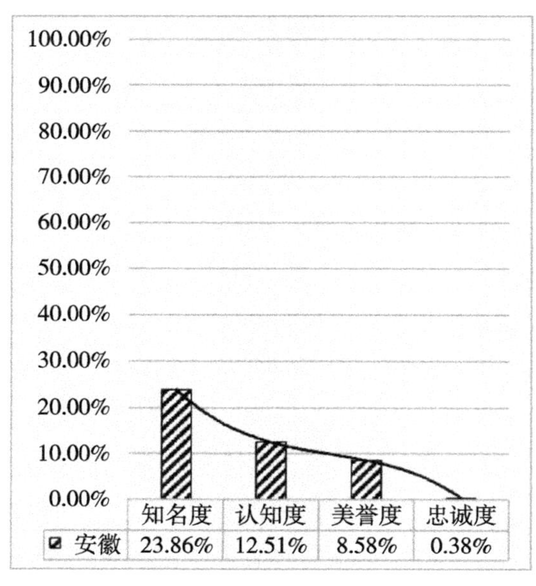

图5－135　萧县葡萄在安徽省的指标结构

该品牌的安徽省指标结构近似于次优品牌结构，认知度达到知名度的一半，美誉度与认知度接近，前三项指标显示了品牌对营销的作用开始显现，消费者由于对品牌的了解而开始购买品牌产品，对品牌也形成了一定的赞誉水平，但由于产品本身的原因，多次重复购买品牌产品的忠诚客户还相对较少，消费偏好不明显。萧县葡萄在安徽省的指标结构，如图5－135所示。

3. 品牌质量分析

萧县葡萄的信息质量比为0.439，略高于最优质量比值的上限（0.4），品牌的发展质量优良，显示企业的经营管理处于较高的水平。该品牌的各项基础指标中，知名度与认知度形成的品牌信息基本量与美誉度形成的品牌发展质的量是比较均衡的，品牌的影响力与口碑是相匹配的。但品牌的各项指标均稍显不足，需要企业继续提高品牌传播的力度，并多传播品牌内涵的内容，增加品牌信息的量，以此成为品牌美誉度和忠诚度提升的基础，使得品牌质与量均衡发展。萧县葡萄的质量比计算，如表5－212所示。

表5－212　萧县葡萄的质量比计算

品牌	品牌信息基本量的贡献率	品牌信息质的贡献率	品牌信息质量比值
萧县葡萄	69.50%	30.50%	0.439

4. 综合分析

综上所述，萧县葡萄在安徽省是一个质量优良的中等规模品牌，具有一定的安徽省内的影响力。品牌在安徽省各地都有品牌的传播，但地区的差异还是比较明显的，消费者知晓的范围并不广，需要企业继续提高品牌传播的力度，并多传播品牌内涵的内容，增加品牌信息的量，并以此成为品牌美誉度和忠诚度提升的基础。

九十七、明光绿豆

1. 品牌简介

明光绿豆简称为明绿，在明光市这样得天独厚的地理条件下生长的绿豆，具有色泽碧绿、粒大皮薄，汤清易烂、清香润口、营养丰富等特点，其品质为中国之冠，享有“绿色明珠”之美誉。明光市明东、石坝、涧溪、下庄、管店及横山等乡所产绿豆，颗粒大，色泽鲜，晶莹碧绿。自1920年起出口，年出口量达500万公斤左右。1976年试验出新品种，质量超过出口标准，被誉为特级明绿。2018年，“明光绿豆”申请地理标志登记。

2. 基础数据与指标结构分析

明光绿豆的总信息量为2858.5万比特，在安徽省属于中等规模品牌。调研地区的个别指标有一定的差异性，但总体并不明显，在省内的地域特征不明显，具备了一定的影响力。

品牌的安徽省平均知名度达到了22.45%，具有良好的消费者知晓基础，品牌在营销中的作用开始显现。从地区上看，在合肥的知名度为28.18%，超过马鞍山的17.81%，品牌在安徽具有了一定范围的传播，影响力总体差别不大，但还不被大部分的消费者所知晓。该品牌的认知度指标稍显偏低了，一般来说，认知度达到知名度的0.5以上为理想，而该品牌的认知度与知名度的比例为0.31，这在一定程度上说明了该品牌传播可能是一种硬传播形式，只能做到消费者对其品牌的知名，消费者对其品牌内涵的知晓情况并不理想，品牌传播的效率还需提高。

该品牌获得了在行业中较高的美誉度，安徽省平均为9.97%。从地区上看，差距比较明显，合肥达到了16.67%，而马鞍山仅有4.55%，在地域上的重点目标市场较明显，显然省会城市合肥是品牌的重点市场之一。从美誉度与认知度的比例关系看，美誉度略高于认知度，符合二者的理想关系，说明该品牌美誉度的获得是来自消费者对品牌的认知和对品牌产品的深度体验。该品牌的忠诚度不高的问题比较突出，安徽省的数据为2.19%，且仅在合肥一地获得，说明良好的口碑向消费者的重复购买的转化并不充分，品牌的忠诚客户群体还不大。明光绿豆在安徽调研的基础数据，如表5-213所示。

表5-213　明光绿豆在安徽调研的基础数据

序号	区域	代表城市级别人口数（万人）	知名度（%）	认知度（%）	美誉度（%）	忠诚度（%）	信息总量（万比特）
1	合肥	2656.3	28.18	8.61	16.67	4.90	2148.57
2	马鞍山	3279.2	17.81	5.58	4.55	0.00	709.93
总计	安徽	5935.5	22.45	6.94	9.97	2.19	2858.50

该品牌的安徽省指标结构近似于次优结构，认知度不及知名度的一半，美誉度略高于认知度，前三项指标对品牌营销是能起到一定作用的，但由于忠诚度偏低，消费者消费偏好或消费习惯不明显，品牌在营销中的作用还很小。明光绿豆在安徽省的指标结构，如图 5－136 所示。

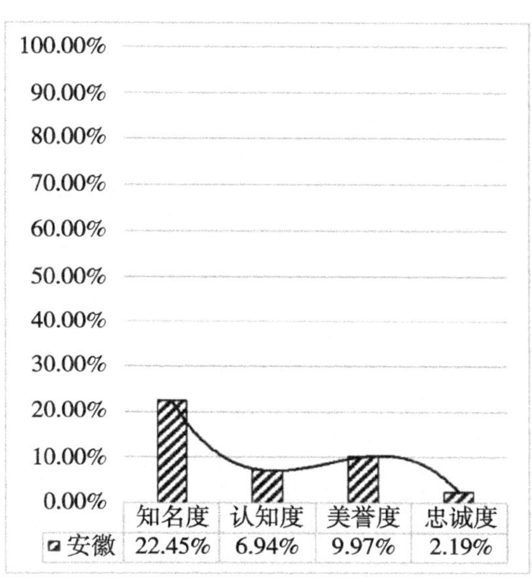

图 5－136　明光绿豆在安徽省的指标结构

3. 品牌质量分析

明光绿豆的品牌质量比值为 0.693，品牌发展质量良好但出现了“质有余而量不足”的状况。出现这一质量比值的原因是该品牌的美誉度高于行业平均水平，而与美誉度相比，其知名度与认知度稍显偏低了，信息总量中由知名度与认知度带来的基本量的贡献不足，量的发展还不够。需要企业提高品牌传播的效率，继续扩大品牌的知名度，尤其需要提升品牌的认知度，这样才能使品牌质与量均衡发展。明光绿豆的质量比计算，如表 5－214 所示。

表 5－214　明光绿豆的质量比计算

品牌	品牌信息基本量的贡献率	品牌信息质的贡献率	品牌信息质量比值
明光绿豆	59.08%	40.92%	0.693

4. 综合分析

由上述分析可知，明光绿豆在安徽省属于中等规模品牌，具有了一定的省内影响力，是一个品牌质量良好的品牌，还具有一定的成长性。

九十八、黄湖大闸蟹

1. 品牌简介

黄湖大闸蟹为安徽省宿松县特产，中国国家地理标志产品。黄湖大闸蟹体大腴肥，内嫩脆、味鲜，富含核黄素、维生素 A、蛋白质、脂肪、硫胺素、泥克酸、钙、磷、铁等人体所需的营养成分，质优价廉，倍受国内外蟹商和广大食客的青睐。1994 年占上海口岸出口量的 1/3，全国出口量的 1/5，畅销中国香港地区，以及日本、美国、东南亚等国家和地区，因独霸中国香港地区市场而得名。1997 年，经省级专家评定，被安徽省人民政府授予“安徽名牌农产品”称号。

2. 基础数据与指标结构分析

黄湖大闸蟹的总信息量为 2189. 24 万比特，在安徽省属于中等规模品牌。从两个调研地区的指标来看，有一定的差异性但并不明显，马鞍山的数据相比合肥总体稍高，品牌在省内的区域特征并不明显，是一个面向全省发展的省域品牌，具备了一定的省内影响力。

黄湖大闸蟹的安徽省平均知名度为 16. 67%，刚超过品牌获取知名度的第二个关键点 16. 5%，已达到知名品牌的标准，开始出现大范围的消费者认知，有相当一部分的省内消费者对产品和企业以及品牌内涵等信息具有较深的理解和认知。从两地的调研数据看，品牌的知名度在马鞍山略高，达到了 20. 14%，超过合肥的 12. 38%，差距并不明显，品牌在省内的传播范围还不大。黄湖大闸蟹的认知度指标省内平均为 6. 75%，接近知名度的一半，有相当一部分省内消费者对品牌的内涵是比较了解的，说明其品牌信息传播的效率较高，传播的内容较易被消费者识别。

其美誉度的安徽省指标为 12. 82%，获得了不错的消费者口碑。从地区上看，差距也不明显，在合肥和马鞍山均收获了较好的口碑，其产品和服务得到了相当一部分消费者的认可。从美誉度与认知度的关系看，比例略显失衡，说明该品牌美誉度来自认知度的支撑较少，来自消费者对该品牌产品和服务的深度体验较少，品牌在营销中的作用还不明显。黄湖大闸蟹的忠诚度为0，消费者的多次重复购买行为缺乏，消费者的口碑向重复购买的转化不足。黄湖大闸蟹在安徽调研的基础数据，如表5－215所示。

表5－215　黄湖大闸蟹在安徽调研的基础数据

序号	区域	代表城市级别人口数（万人）	知名（%）	认知度（%）	美誉度（%）	忠诚度（%）	信息总量（万比特）
1	合肥	2656.3	12.38	4.94	11.32	0.00	603.14
2	马鞍山	3279.2	20.14	8.22	14.04	0.00	1586.10
总计	安徽	5935.5	16.67	6.75	12.82	0.00	2189.24

从该品牌的安徽省指标结构中，明显地发现品牌忠诚度偏低的问题比较突出，虽然获得了较好的美誉度，但由于认知度偏低，口碑的形成与口碑的关系不大。由于品牌自身运作问题，品牌没有形成现实的消费者偏好。黄湖大闸蟹在安徽省的指标结构，如图5－137所示。

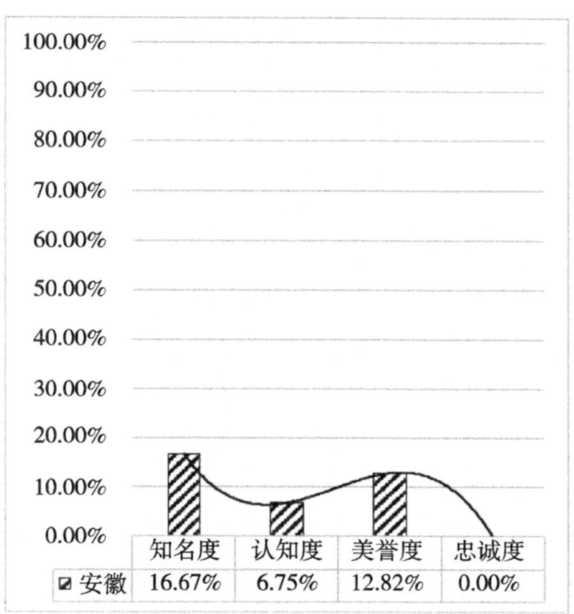

图5－137　黄湖大闸蟹在安徽省的指标结构

3. 品牌质量分析

黄湖大闸蟹信息质量比为0.754，高于理想比值的上限0.4，品牌的发展质量基本上处于优良水平，是一个依靠消费者口碑积累的优秀品牌。这一质量比值反映品牌量的积累是不足的，知名度和认知度数据还是偏低了，没有形成与口碑相符的品牌影响力。品牌运营者应以继续扩大品牌影响为目的，开展多形式的品牌宣传活动，在提升品牌量的同时，适度提升品牌的美誉度和忠诚度，使品牌质与量更加均衡发展。黄湖大闸蟹的质量比计算，如表 5－216 所示。

表 5－216　黄湖大闸蟹的质量比计算

品牌	品牌信息基本量的贡献率	品牌信息质的贡献率	品牌信息质量比值
黄湖大闸蟹	57.01%	42.99%	0.754

4. 综合分析

由上述分析可知，黄湖大闸蟹在安徽省内是一个中等规模品牌，品牌的质量优良，但知名度和认知度偏低了，影响力与品牌口碑不相匹配，使品牌呈现“量亏”的状态。发展状况基本健康，还具有良好的成长性。品牌运营者应以继续扩大品牌影响为目的，开展多形式的品牌宣传活动，在提升品牌量的同时，适度提升品牌美誉度和忠诚度，使品牌质与量更加均衡发展。

九十九、涡阳苔干

1. 品牌简介

涡阳苔干，安徽涡阳县特产，中国国家地理标志产品。涡阳苔干是一种由莴苣状的植物加工成的半干品条状蔬菜。具有色泽翠绿、响脆有声、味甘鲜美、爽口提神之特色，故以清新素雅著称于世。2006 年 9 月，涡阳苔干成功获批“国家地理标志保护产品”。

2. 基础数据与指标结构分析

涡阳苔干的总信息量为 1937.4 万比特，在安徽省属于中等规模品牌。从各地的指标来看，有一定的差异性和地域特征，但品牌在安徽省具有一定的影响力，是一个面向全省发展的品牌。

涡阳苔干的安徽省平均知名度为 15.8%，接近品牌获取知名度的第二个关键点 16.5%，接近知名品牌的标准，品牌开始出现大范围的消费者认知，有相当一部分的省内消费者对产品和企业以及品牌内涵等信息具有较深的理解和认知。从两调研地的数据看，有一定的差异，在合肥为21.82%，约为马鞍山10.93%的2倍，在合肥地区的品牌传播更好，但在省内还是属于小范围传播的品牌，在安徽省的影响有限。涡阳苔干的认知度指标为8.05%，超过了知名度的一半，说明其信息传播效率较高，传播的品牌内涵的内容比较准确地传递给了消费者，消费者对品牌的知晓程度逐步加深。

其美誉度的安徽省平均指标为12.94%，获得了不错的消费者口碑。从地区上看，差异不明显，在合肥和马鞍山地区均收获了较好的口碑，其产品和服务得到了相当一部分消费者的认可。其美誉度与认知度的比例处于合理范围，美誉度略高于认知度，说明该品牌美誉度主要来自认知度的支撑，主要来自消费者对该品牌产品和服务的深度体验，品牌在营销中的作用开始显现。涡阳苔干的忠诚度达到较高水平，全省平均为5.79%，获得了相当一部分消费者的重复购买，固定消费群体开始形成。涡阳苔干在安徽调研的基础数据，如表5-217所示。

表5-217　涡阳苔干在安徽调研的基础数据

序号	区域	代表城市级别人口数（万人）	知名度（%）	认知度（%）	美誉度（%）	忠诚度（%）	信息总量（万比特）
1	合肥	2656.3	21.82	11.81	15.19	3.80	1370.04
2	马鞍山	3279.2	10.93	5.01	11.11	7.41	567.36
总计	安徽	5935.5	15.80	8.05	12.94	5.79	1937.40

该品牌的安徽省指标结构接近次优结构，认知度达到知名度的一半，美誉度高于认知度，忠诚度稍偏低但也达到了较高水平，品牌的忠诚客户群体开始形成，品牌对营销起了明显的作用。涡阳苔干在安徽省的指标结构，如图5-138所示。

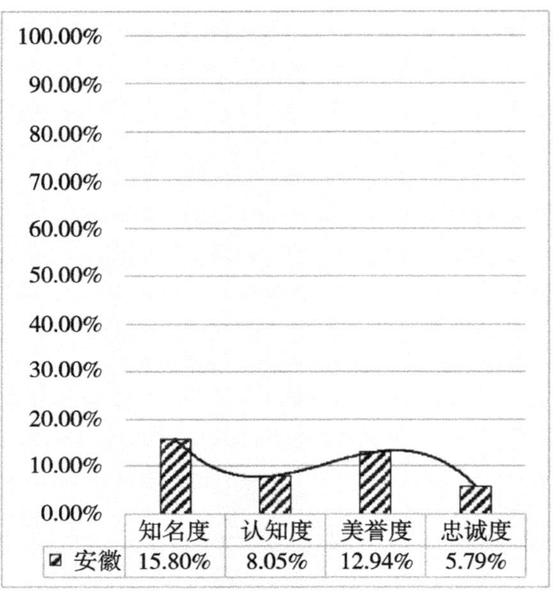

图 5－138　涡阳苔干在安徽省的指标结构

3. 品牌质量分析

涡阳苔干信息质量比为 0. 544，略高于理想比值的上限 0. 4，品牌的发展质量处于优良水平，是一个依靠消费者口碑积累的优秀品牌。这一质量比值反映品牌量的积累稍显不足，知名度和认知度数据还是略显偏低了，没有形成与口碑相符的品牌影响力。厂商应以继续扩大品牌影响为目的，开展多形式的品牌宣传活动，在提升品牌量的同时，适度提升品牌美誉度和忠诚度，使品牌质与量更加均衡发展。涡阳苔干的质量比计算，如表 5－218所示。

表 5－218　涡阳苔干的质量比计算

品牌	品牌信息基本量的贡献率	品牌信息质的贡献率	品牌信息质量比值
涡阳苔干	64. 79%	35. 21%	0. 544

4. 综合分析

由上述分析可知，涡阳苔干在安徽省是一个具有一定区域品牌特征的中等规模品牌，开始形成全省的影响力，品牌的质量优良，发展状况基本健康，具有良好的成长性。

一百、天华谷尖

1. 品牌简介

天华谷尖，安徽省太湖县特产，中国国家地理标志产品。天华谷尖形似稻谷，滋味鲜爽、醇厚，色泽翠绿，汤色碧绿，叶底匀整明亮。2015 年 12 月，原国家质检总局正式批准天华谷尖为地理标志保护产品。

2. 基础数据与指标结构分析

天华谷尖的总信息量为 1598.25 万比特，属于省内中等规模的品牌。品牌个别指标体现出比较明显的地区差异，有一定的区域品牌特征，其安徽省的影响力还比较小。

其知名度指标安徽省平均为 6.82%，刚超过有效标准（5%），开始形成一定范围的安徽省影响力，品牌开始对营销发挥一定的作用，但还不会太明显。这一指标说明厂商为获得知名度是付出了努力的，并非由自然形成，由此形成的知名度也使天华谷尖摆脱了“商标”的概念，正式进入到“品牌”的层次。从地区层面看，在合肥和马鞍山的知名度差异并不明显，且都偏小，属于小范围传播的品牌，影响力可能还仅局限于品牌所在地太湖县，有可能还是一个县域品牌。品牌的认知度指标也不高，全省平均为 3.08%，也是刚超过有效标准（2.5%），有部分消费者对品牌信息做了有效了解，但大部分消费者对其品牌内涵是不了解的，品牌传播的效率还需提高。可能与品牌的知名度不高，消费者对品牌并不熟悉有关，知名度并不具备大范围的消费者认知的基础。

品牌获得了很高的美誉度指标，安徽省平均为 24.04%，获得了良好的消费者口碑和好评。但从各地区的数据可以看出，美誉度差异是比较明显的，美誉度指标大多来自马鞍山这一地区数据的支撑，有可能是在调研中刚好发现了品牌的目标消费者，但这一数据是不具有代表性的，并不能真正地反映品牌的口碑。从美誉度和认知度的比例关系看，也是失衡的，美誉度并不是来自消费者对品牌深度认知后对品牌产品的深度体验。这种好口碑传播的范围和途径尚不足以形成品牌自传播的能力，更不足以形成固定消费者人群和重复购买行为，因此，品牌忠诚度也不会太高。品牌的忠诚度仅在合肥一个地区获得，在马鞍山虽然形成了很高的美誉度，但如之前分析，基本上是与品牌本身无关的，很难形成消费者的重复购买行为。天华谷尖在安徽调研的基础数据，如表 5－219 所示。

表 5－219　天华谷尖在安徽调研的基础数据

序号	区域	代表城市级别人口数（万人）	知名度（%）	认知度（%）	美誉度（%）	忠诚度（%）	信息总量（万比特）
1	合肥	2656.3	5.25	2.44	10.53	5.26	179.75
2	马鞍山	3279.2	8.10	3.60	35.00	0.00	1418.50
总计	安徽	5935.5	6.82	3.08	24.04	2.36	1598.25

该品牌的安徽省指标结构中，优点是获得了相对较高的品牌美誉度，但通过之前的分析，这一美誉度指标并不能真正代表品牌在安徽省的口碑情况，而且由于知名度和认知度的指标并不高，忠诚度偏低，因此还不足以形成指标间的结构，品牌在营销中的作用也不明显。天华谷尖在安徽省的指标结构，如图 5－139 所示。

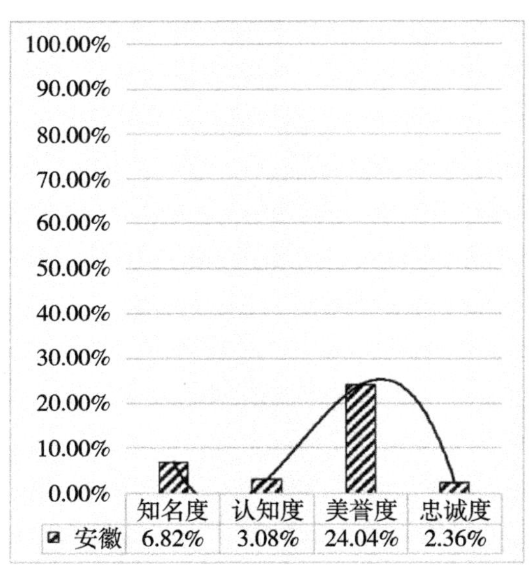

图 5－139　天华谷尖在安徽省的指标结构

3. 品牌质量分析

天华谷尖的信息质量比为 2.487，出现了非常明显的“质有余而量不足”的情况。在基础指标中，品牌获得了相对较高的美誉度指标，而由于知名度和认知度数据不高，由此美誉度所形成的质的贡献在信息总量中的比重是偏大的，导致品牌出现了“量亏”的情况。由于品牌仅在小范围内具有良好的口碑，因此这一质量比值并不能反映品牌的发展质量是良好的，而且表面上还出现了向小众化发展的趋势，这显然与厂商的意愿是相悖的。天华谷尖的质量比计算，如表 5 - 220 所示。

表 5 - 220　天华谷尖的质量比计算

品牌	品牌信息基本量的贡献率	品牌信息质的贡献率	品牌信息质量比值
天华谷尖	28.68%	71.32%	2.487

4. 综合分析

综上所述，天华谷尖虽然在安徽省达到了中等规模品牌的标准，但更多的是得益于其小范围内较高的美誉度所形成的质的贡献量，由此也导致了品牌出现“质有余而量不足”的情况。由于美誉度在各地是存在较大差异的，少数地区的良好口碑并不能代表安徽省的平均水平，这应该是厂商应引起重视的问题。

一百零一、岳西黑猪

1. 品牌简介

岳西黑猪产于安徽省安庆市岳西县，中国国家地理标志产品。属于袖珍型山地黑猪，生长周期 10 ~ 13 个月，外形毛黑浓密、短小精干、皮厚多褶，肉质具有鲜红细嫩、大理石纹明显、含水量少、肌间脂肪丰富、肉味鲜香筋道等显著质量特色，是畅销长三角的安徽名优特产。截至目前，岳西县共有各类规模的岳西黑猪养殖大户 340 户，家庭畜牧农场 15 个，畜牧专业合作社 17 个，年出栏岳西黑猪生猪 6 万头，年综合产值 1.8 亿元。

2. 基础数据与指标结构分析

岳西黑猪的总信息量为 1580.44 万比特，属于安徽省内的中等规模品牌。从各地的指标来看，有一定的地区差异，在合肥获得的数据均高于马鞍山地区，品牌具有一定的地区特征，在安徽省的影响力还不够高。

岳西黑猪的知名度为 16.15%，接近品牌获取知名度的第二个关键点

16.5%，接近知名品牌的标准，开始出现大范围的消费者认知，但消费者知晓的范围还不广。从各地的数据看，知名度有一定的差异：合肥为22.1%，为马鞍山地区11.34%的近2倍，其品牌传播效果在合肥地区更好，传播范围更广，但均属于小范围的品牌传播，品牌影响力还不大。岳西黑猪的认知度指标安徽省平均为7.35%，已接近知名度的一半，品牌传播的效率是不错的，在品牌信息传播中，品牌内涵的内容较准确地传递给了知晓品牌的消费者。

在基础指标中，美誉度的安徽省指标一般，为7.57%，消费者的口碑并不高，从地区指标看，出现了比较明显的差异。其美誉度的绝对值一般，但与认知度的比例是理想的，说明该品牌美誉度主要来自认知度的支撑，来自消费者对该品牌产品和服务的深度体验，品牌在营销中的作用开始显现。从地区上看，合肥的指标结构最好，品牌的消费者口碑不错，具备了品牌自传播能力，这也进一步说明合肥可能是品牌重点发展的市场。岳西黑猪的忠诚度安徽省平均仅为1.68%，且仅在合肥获得，消费者的重复购买行为缺乏，固定消费人群还很少。岳西黑猪在安徽调研的基础数据，如表5－221所示。

表5－221　岳西黑猪在安徽调研的基础数据

序号	区域	代表城市级别人口数（万人）	知名度（%）	认知度（%）	美誉度（%）	忠诚度（%）	信息总量（万比特）
1	合肥	2656.3	22.10	11.25	12.50	3.75	1191.13
2	马鞍山	3279.2	11.34	4.20	3.57	0.00	389.31
总计	安徽	5935.5	16.15	7.35	7.57	1.68	1580.44

该品牌的安徽省指标结构近似于次优结构，前三项指标间的结构是合理的，品牌对营销的作用开始显现。但认知度指标偏低影响了美誉度的成长，进而影响了消费者忠诚的形成，消费者的偏好不明显，重复购买习惯并未形成。岳西黑猪在安徽省的指标结构，如图5－140所示。

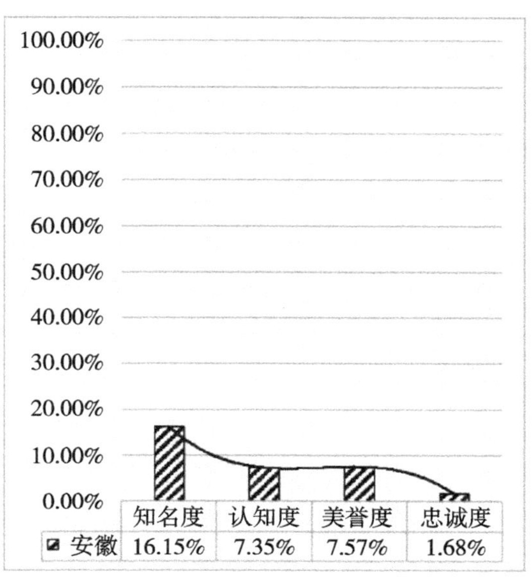

图 5－140 岳西黑猪在安徽省的指标结构

3. 品牌质量分析

岳西黑猪的信息质量比为 0. 256，接近最优区间的下限 0. 3，说明品牌发展质量是良好的，企业的经营管理和品牌营销也处于良好的状况，这主要得益于其各项指标间的比例关系是比较合理的。从这一质量比值看，如该品牌能进一步提升认知度和美誉度，品牌发展质量还有进一步提升的空间。岳西黑猪的质量比计算，如表 5－222 所示。

表 5－222 岳西黑猪的质量比计算

品牌	品牌信息基本量的贡献率	品牌信息质的贡献率	品牌信息质量比值
岳西黑猪	79. 63%	20. 37%	0. 256

4. 综合分析

综上所述，岳西黑猪在安徽省是一个有一定区域特征的中等规模品牌，具备了一定的省内影响力。品牌各项指标间的比例关系良好，且还有进一步提升的空间。由于品牌的忠诚度较低，还需要通过各种营销渠道和方式培养忠诚客户，培养消费者良好的购买习惯。

一百零二、女山湖大闸蟹

1. 品牌简介

女山湖大闸蟹盛产于安徽明光市女山湖一带，壳青肚白、金爪黄毛，体大肉肥，膏丰黄满，味道鲜美，为中国国际农业博览会名牌产品，每年的螃蟹产量达到4150吨。多年来，不仅为本市广大人民喜爱，也深受沪、宁、穗、港、澳、台等地人民的欢迎。2013年，女山湖大闸蟹被认定为“中国国家地理标志产品”。

2. 基础数据与指标结构分析

女山湖大闸蟹的总信息量为1427.88万比特，在安徽省属于中等规模品牌。品牌的指标在调研地区总体差距不明显，在省内没有体现出明显的区域品牌特征，但品牌的各项指标值偏低，其在安徽省的影响力还比较小。

其安徽省平均知名度为10.89%，超过有效标准（5%），开始形成一定范围的省内影响力，品牌开始对营销发挥一定的作用，但还不明显。这一指标说明品牌厂商为获得知名度是开展过品牌宣传活动的，并非由自然形成。从地区层面看，两个地区的知名度差别不大，在马鞍山为12.55%，略高于合肥的8.84%，均属于小范围传播的品牌。认知度指标方面，安徽省平均为2.88%，刚达到有效范围（2.5%）；在各调研地区的认知度均偏低，该品牌的这一认知度指标说明大部分消费者对品牌内涵是不了解的，品牌传播的效率还需提高。可能与品牌的知名度不高，消费者对品牌并不熟悉有关，知名度并不具备大范围的消费者认知的基础。

品牌获得了很高的美誉度指标，安徽省平均为15.52%，获得了良好的消费者口碑和好评。从合肥和马鞍山的数据可以看出，美誉度的差异不明显，省内消费者的口碑差距不大，其品牌营销策略基本上是一致的。从美誉度和认知度的比例关系看，明显失衡了，美誉度并不是来自消费者对品牌深度认知后对品牌产品的深度体验。这种好口碑传播的范围和途径尚不足以形成品牌自传播的能力，更不足以形成固定消费者人群和重复购买行为，因此，品牌忠诚度也不会太高。品牌忠诚度仅在合肥一个地区获得，品牌的固定消费人群还很少。女山湖大闸蟹在安徽调研的基础数据，如表5－223所示。

表5－223　女山湖大闸蟹在安徽调研的基础数据

序号	区域	代表城市级别人口数（万人）	知名度（%）	认知度（%）	美誉度（%）	忠诚度（%）	信息总量（万比特）
1	合肥	2656.3	8.84	2.21	18.75	3.13	632.31
2	马鞍山	3279.2	12.55	3.43	12.90	0.00	795.57
总计	安徽	5935.5	10.89	2.88	15.52	1.40	1427.88

该品牌的安徽省指标结构中，优点是获得了相对较高的品牌美誉度，但通过之前的分析，这一美誉度指标并不是来自消费者对品牌深度认知后对品牌产品购买所生成的赞誉，与品牌本身的关系不大，而且由于知名度和认知度的指标并不高，忠诚度偏低，因此还不足以形成指标间的结构，品牌在营销中的作用也不明显。女山湖大闸蟹在安徽省的指标结构，如图5－141所示。

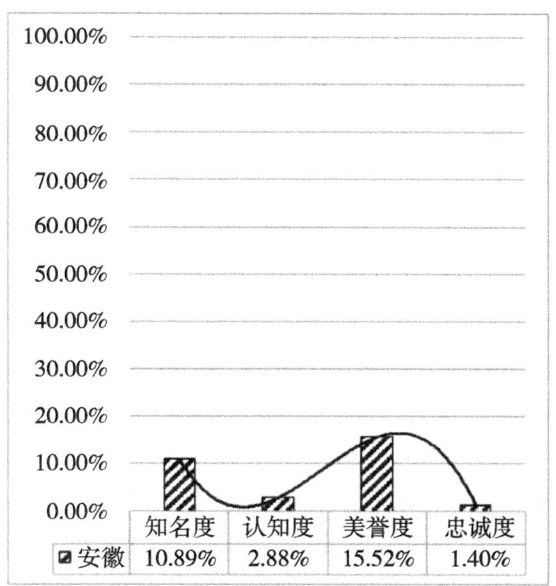

图5－141　女山湖大闸蟹在安徽省的指标结构

3. 品牌质量分析

女山湖大闸蟹的信息质量比为0.991，出现了“质有余而量不足”的情况。在基础指标中，品牌获得了相对较高的美誉度指标，而由于知名度和认知度数据不高，因此美誉度所形成的质的贡献在信息总量中的比重是偏大的，导致品牌出现了“量亏”的情况，由于美誉度来自与品牌无关的其他营销手段，因此这一质量比值并不能真实地反映品牌的质量发展状况。女山湖大闸蟹的质量比计算，如表 5－224 所示。

表 5－224　女山湖大闸蟹的质量比计算

品牌	品牌信息基本量的贡献率	品牌信息质的贡献率	品牌信息质量比值
女山湖大闸蟹	50.23%	49.77%	0.991

4. 综合分析

综上所述，女山湖大闸蟹在安徽省内是一个中等规模品牌，没有明显的区域特征。由于品牌更多的影响力来自美誉度所形成的质的贡献量，因此也导致了品牌出现“质有余而量不足”的情况，还需要品牌运营者加大品牌宣传力度，尤其是多宣传品牌内涵的内容，加深消费者认知。

一百零三、黄陂湖大闸蟹

1. 品牌简介

黄陂湖大闸蟹，安徽省庐江县黄陂湖特有优质水产品种。中国国家地理标志产品。黄陂湖大闸蟹是纯天然的绿色水产品，清咸丰年间曾作为皇室贡品敬献朝廷。素以“青壳背厚、白肚金爪、个大膏腴、黄满味美”而著称。黄陂湖大闸蟹蟹肉纤维长，肉质细腻鲜甜，营养丰富，风味独特。

2. 基础数据与指标结构分析

黄陂湖大闸蟹的总信息量是 1310.85 万比特，在安徽省内属于中等规模的品牌。从安徽省两个调研地区指标看，地区差异不明显，指标接近安徽省平均值，显示其在省内各地的影响力是比较均衡的，其影响力开始形成。

该品牌的省内知名度为 14.03%，接近品牌获取知名度的第二个关键点 16.5%，品牌开始对营销发挥一定的作用，显然商家做过获取知名度的努力，但缺乏消费者知晓的基础，知晓范围并不广。从地区上看，差异不明显，除品牌所在地外，省内的品牌传播范围差别不大，影响力比较平均，但影响力总体还是比较小的。该品牌的认知度水平一般，安徽省平均仅为5.54%，且仅为知名度的0.39，说明品牌内涵还不被大部分消费者所了解，品牌内涵信息在传播过程中没有准确地传递给消费者，这也与其品牌知名度并不高有关。

该品牌的美誉度指标一般，安徽省平均为8.46%，在地区上的差异还不明显，没有超过10%的地区，品牌在省内的营销效果一般，品牌自传播能力尚未形成。这可能与品牌缺乏消费者认知有关。在这种消费者对品牌并不熟悉，对品牌的产品又没有良好口碑的情况下，是很难获得消费者的重复购买的，因此品牌的消费者忠诚度也必然不会太高。品牌的安徽省忠诚度数据也仅为1.26%，且仅在马鞍山地区获得。黄陂湖大闸蟹在安徽调研的基础数据，如表5-225所示。

表5-225　黄陂湖大闸蟹在安徽调研的基础数据

序号	区域	代表城市级别人口数（万人）	知名度（%）	认知度（%）	美誉度（%）	忠诚度（%）	信息总量（万比特）
1	合肥	2656.3	12.15	4.53	7.69	0.00	463.77
2	马鞍山	3279.2	15.55	6.36	9.09	2.27	847.08
总计	安徽	5935.5	14.03	5.54	8.46	1.26	1310.85

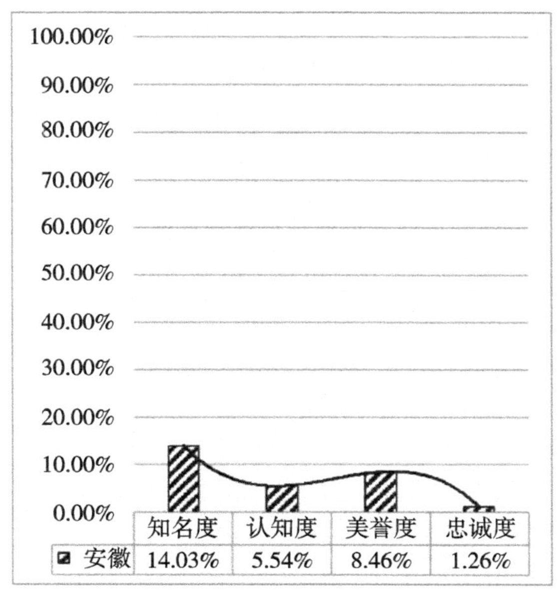

图5-142　黄陂湖大闸蟹在安徽省的指标结构

该品牌的安徽省指标结构中，各项指标间的结构关系刚刚形成，品牌对营销的作用还有限。突出问题在于品牌的忠诚度偏低，消费者消费偏好或消费习惯都未能形成。黄陂湖大闸蟹在安徽省的指标结构，如图 5－142 所示。

3. 品牌质量分析

黄陂湖大闸蟹的信息质量比为 0.304，处于最优比值的区间（0.3～0.4），品牌的质量发展处于优良状态。从基础指标看，品牌的各项指标虽然偏低，但美誉度所形成的质与知名度和认知度所形成的量是相匹配的，二者达成了较好的平衡。下一步需要企业通过多渠道开展品牌推广宣传活动，继续扩大品牌的影响，加深消费者印象，并多宣传品牌内涵的内容，以此为基础继续提升品牌的美誉度和忠诚度，这样能使品牌的质和量获得同步提升。黄陂湖大闸蟹的质量比计算，如表 5－226 所示。

表 5－226　黄陂湖大闸蟹的质量比计算

品牌	品牌信息基本量的贡献率	品牌信息质的贡献率	品牌信息质量比值
黄陂湖大闸蟹	76.68%	23.32%	0.304

4. 综合分析

由上述综合分析，黄陂湖大闸蟹在安徽省是一个品牌质与量发展比较均衡的中等规模品牌，其发展质量是优良的，品牌应该还保持着比较好的成长性。品牌的问题在于各项指标都不高，影响力不大，而且指标间的结构关系不明显，品牌对营销还起不到太大的作用，突出问题在于忠诚度还很弱，在各项指标的提升上厂商还有很长的路要走。

一百零四、岳西茭白

1. 品牌简介

岳西茭白，安徽省岳西县特产，该县是中国最大的无公害高山茭白基地。由于岳西的高山茭白色白味嫩、品质优良，在南京、合肥等长三角地区很受欢迎。2011 年被认定为“中国国家地理标志产品”。

2. 基础数据与指标结构分析

岳西茭白的总信息量是 1328.73 万比特，在安徽省属于中等偏小规模品牌，个别指标在安徽省调研城市体现出一定的差异性，但整体上不明显，品牌有一定的区域性特征，其安徽省影响力还较小。

该品牌的各项基础指标均略显不足。安徽省平均知名度为13.48%，品牌开始对营销发挥一定的作用，显然商家做过获取知名度的努力，但缺乏消费者知晓的基础，知晓范围并不广。从地区上看，在合肥的知名度略高于马鞍山地区，整体差异不明显，品牌在省内的推广传播范围不大，影响力还不强。品牌的认知度全省平均为6.19%，接近知名度的一半，品牌传播的效率较高，传播的品牌内涵内容比较容易被消费者识别，深度认知开始出现。该品牌的美誉度指标全国平均为8.62%，获得了一定的消费者口碑，在地区上有比较明显的差异，合肥地区达到了14.52%，口碑良好，营销比较成功，而马鞍山仅为3.85%，消费者体验并不好，其品牌营销策略在省内是不一致的。从美誉度与认知度的关系看，美誉度略高于认知度，符合二者的理想关系，说明该品牌的美誉度主要来自认知度的支撑，消费者在对其产品或服务进行深度体验后形成了对品牌的赞誉。但这一比例关系主要与在合肥的美誉度较高、拉伸了全省的平均水平有关。

该品牌指标中还有一个突出的问题则是品牌忠诚度偏低，在马鞍山甚至没有获得忠诚度，意味着省内消费者没有形成明显的消费偏好或习惯，重复购买率还很低。岳西茭白在安徽调研的基础数据，如表5-227所示。

表5-227 岳西茭白在安徽调研的基础数据

序号	区域	代表城市级别人口数（万人）	知名度（%）	认知度（%）	美誉度（%）	忠诚度（%）	信息总量（万比特）
1	合肥	2656.3	17.13	9.09	14.52	1.61	966.31
2	马鞍山	3279.2	10.53	3.84	3.85	0.00	362.42
总计	安徽	5935.5	13.48	6.19	8.62	0.72	1328.73

岳西茭白的指标结构中，突出特点是各项指标均不太高，品牌量的积累、质的积累均不够，品牌指标间的结构刚开始形成，在安徽省的影响力还较小。岳西茭白在安徽省的指标结构，如图5-143所示。

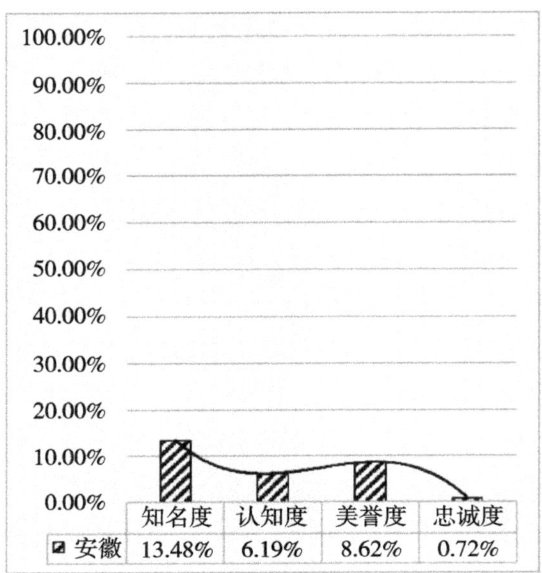

图 5－143　岳西茭白在安徽省的指标结构

3. 品牌质量分析

岳西茭白的信息质量比为 0.328，处于理想比值的区间（0.3～0.4），意味着该品牌的质量发展处于优良的水平。这一质量比值显示品牌知名度、认知度和美誉度之间的比例关系很均衡，品牌的影响力与消费者的口碑是相匹配的。岳西茭白的质量比计算，如表 5－228 所示。

表 5－228　岳西茭白的质量比计算

品牌	品牌信息基本量的贡献率	品牌信息质的贡献率	品牌信息质量比值
岳西茭白	75.29%	24.71%	0.328

4. 综合分析

由上述综合分析，该品牌是品牌质量水平优良的安徽省内中等偏小规模品牌，品牌质与量的积累均不够，在安徽省的影响力还较小。品牌指标在地区上体现出一定的差异，尤其是美誉度差距较大，忠诚度偏低的问题比较突出，需要品牌运营者重点加以解决。

一百零五、枞阳媒鸭

1. 品牌简介

枞阳媒鸭，安徽省枞阳县特产，中国国家地理标志产品。枞阳媒鸭体长 60 厘米左右，羽毛青白夹杂，嘴短尾长，脚小掌红。肉质细嫩，含水量少，皮下脂肪少，有光泽；肌肉色泽鲜红，肌内丰富，纹理明显。元末明初时，枞阳媒鸭已有养殖。当地渔民为了网捕更多的野生水禽，以驯养的野鸭为诱饵吸引猎物，而这种作为“媒介”的野鸭经过长期驯化，种群逐代扩大，形成了媒鸭独特的家禽资源，成为“媒鸭”名字的由来。

截至 2017 年年底，枞阳媒鸭合作社养殖规模 40 万只，年上市媒鸭超过 100 万只。外销媒鸭 100 万只，年饲养在 300 万只左右。腌制鸭蛋 6000 万枚以上，枞阳媒鸭产业年总产值超过 1 亿元。2018 年 3 月，枞阳媒鸭成功获批“国家地理标志保护产品”。

2. 基础数据与指标结构分析

枞阳媒鸭的总信息量为 1180.14 万比特，在安徽属于中等规模品牌。品牌个别指标有一定的地区差异，但总体不明显，是一个面向全省发展的品牌，但其在省内的影响力还比较小。

其在省内的平均知名度为 8.04%，超过了有效标准（5%），在安徽省内一定范围拥有了品牌传播，形成了一定的影响力，品牌开始对营销发挥一定的作用。这一指标说明品牌运营者为获得知名度是付出了一定努力的。从地区层面看，合肥和马鞍山的调研指标差距不明显，其在安徽的影响力是比较均衡的，地区差异不明显。认知度指标方面，安徽省平均为 3.7%，超过有效标准（2.5%），在两个调研地区均超过了有效标准，差别不大，省内有部分消费者对品牌的内涵是比较了解的。其认知度接近知名度的一半，说明品牌传播的效率不错。总体上看，品牌的知名度还不高，省内大部分消费者对品牌相关的信息是不熟悉的。

品牌的美誉度指标相对较高，安徽省平均达到了 14.64%，获得了良好的消费者口碑和好评，但美誉度在地区上体现出的差异比较明显：马鞍山达到了 21.74%，而合肥仅有 5.88%，品牌营销策略在省内体现出一定的差异。从美誉度和认知度的关系看，其比例关系是失衡的，美誉度并不是来自消费者对品牌深度认知后对品牌产品的深度体验。这种好口碑传播的范围和途径尚不足以形成品牌自传播的能力，更不足以形成固定消费者人群和重复购买行为，因此，品牌忠诚度也不会太高。品牌的忠诚度数据在调研中为0，固定消费人群还未形成。枞阳媒鸭在安徽调研的基础数据，如表5－229所示。

表5－229　枞阳媒鸭在安徽调研的基础数据

序号	区域	代表城市级别人口数（万人）	知名度（%）	认知度（%）	美誉度（%）	忠诚度（%）	信息总量（万比特）
1	合肥	2656.3	7.94	3.39	5.88	0.00	260.61
2	马鞍山	3279.2	8.13	3.96	21.74	0.00	919.53
总计	安徽	5935.5	8.04	3.70	14.64	0.00	1180.14

该品牌的安徽省指标结构中，优点是获得了相对较高的品牌美誉度，但由于知名度和认知度的指标并不高，忠诚度偏弱，因此还不足以形成指标间的结构，品牌在营销中的作用并不明显。枞阳媒鸭在安徽省的指标结构，如图5－144所示。

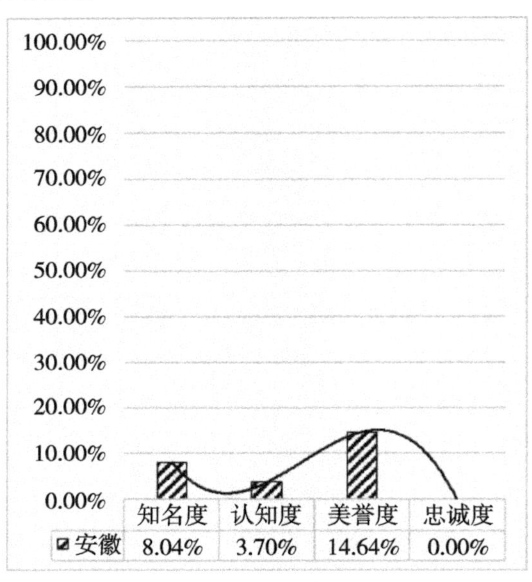

图5－144　枞阳媒鸭在安徽省的指标结构

3. 品牌质量分析

枞阳媒鸭信息质量比值为 1.175，反映了品牌出现了“质有余而量不足”的情况，品牌有一定消费者口碑的积累，消费者的口口相传所形成的口碑自传播的量在信息总量中的比重是较大的。在基础指标中，品牌的知名度和认知度与品牌口碑还不相匹配，品牌量的积累还不够。枞阳媒鸭的质量比计算，如表 5－230 所示。

表 5－230　枞阳媒鸭的质量比计算

品牌	品牌信息基本量的贡献率	品牌信息质的贡献率	品牌信息质量比值
枞阳媒鸭	45.97%	54.03%	1.175

4. 综合分析

枞阳媒鸭在安徽省内属于品牌发展质量较好的中等规模品牌，目前在安徽省的影响力较小，对品牌熟悉的消费者还不多，品牌传播的范围较窄，固定消费者群体规模还不大。建议品牌经营者进一步明确市场定位，调整营销渠道和策略，集中有限资源继续扩大品牌知名度和认知度，并在此基础上培养固定消费者群体，培养消费偏好。

一百零六、沱湖螃蟹

1. 品牌简介

沱湖螃蟹，安徽省五河县特产，中国国家地理标志产品。沱湖螃蟹青壳、白肚、金爪、褐螯，体色纯正，体格健壮有力。成蟹壳肉盈实，膏脂丰腴。蟹肉微甜、味鲜。蟹壳簿而脆，钙质含量高。所含蛋白质、脂肪、碳水化合物和维生素 A 等营养成分尤为丰富。2009 年 12 月，沱湖螃蟹成功获批“国家地理标志保护产品”。

2. 基础数据与指标结构分析

沱湖螃蟹的总信息量是 1098.46 万比特，在安徽省属于刚达到中等规模的品牌。从安徽省调研地区的指标看，差距不明显，品牌没有体现出明显的区域特征，其在安徽省的影响力开始形成。

该品牌的知名度为 10.76%，品牌开始对营销发挥一定的作用，显然商家做过获取知名度的努力，但缺乏消费者知晓的基础，知晓范围并不广。从调研地区看，合肥和马鞍山的知名度接近，重点传播的市场并不明显，省内的影响力比较均衡，但还属于小范围传播的品牌，大部分消费者对品牌是陌生的。品牌的认知度安徽省平均仅为2.27%，未达到有效标准（2.5%），大部分消费者对品牌的内涵是不了解的。这在合肥地区表现得尤为明显，在知晓品牌的消费者中，仅有非常少的人对品牌的内涵是了解的，显示品牌的传播效率并不高，没有将品牌内涵的内容有效地传递给知晓品牌的消费者。

该品牌的美誉度指标安徽省平均为14.21%，获得了良好的消费者口碑。美誉度在各地区的差别也不大，合肥为17.5%，马鞍山略低，达到了11.54%，在省内形成了一定的消费者群体。从认知度与美誉度的关系看，美誉度远高于认知度，说明美誉度的获得并不是来自消费者对品牌认知后对产品的深度体验，厂商通过采取与品牌无关的其他营销手段获得了消费者的口碑。该品牌的忠诚度为3.24%，获得了一部分的忠诚客户群体，但品牌口碑向消费者重复购买的转化并不充分。沱湖螃蟹在安徽调研的基础数据，如表5－231所示。

表5－231　沱湖螃蟹在安徽调研的基础数据

序号	区域	代表城市级别人口数（万人）	知名度（%）	认知度（%）	美誉度（%）	忠诚度（%）	信息总量（万比特）
1	合肥	2656.3	11.05	1.76	17.50	2.50	580.20
2	马鞍山	3279.2	10.53	2.68	11.54	3.85	518.26
总计	安徽	5935.5	10.76	2.27	14.21	3.24	1098.46

该品牌的指标结构中，认知度和忠诚度稍显偏低了，各指标间的比例关系并不协调，品牌对营销的作用不太明显。沱湖螃蟹在安徽省的指标结构，如图5－145所示。

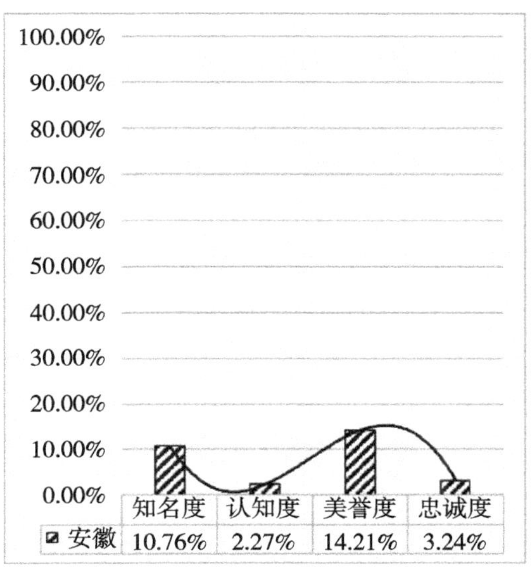

图 5－145　沱湖螃蟹在安徽省的指标结构

3. 品牌质量分析

沱湖螃蟹总体的信息质量比值为 0.588，表现出了“质有余而量不足”的情况，但这一质量比值是属于优良水平的，品牌是一个注重口碑积累的品牌，其品牌管理和企业经营处于良好水平。当然，这与美誉度指标较高，提升了总体指标有关。这一指标显示品牌量的积累是不足的，品牌知名度和认知度还没有达到合理水平，还有进一步提升的空间。沱湖螃蟹的质量比计算，如表 5－232 所示。

表 5－232　沱湖螃蟹的质量比计算

品牌	品牌信息基本量的贡献率	品牌信息质的贡献率	品牌信息质量比值
沱湖螃蟹	62.97%	37.03%	0.588

4. 综合分析

综上所述，沱湖螃蟹在安徽省是一个质量良好的中等规模品牌，其在安徽省的影响力开始形成。品牌量的积累还不够，由于质量比值良好，还具有比较好的成长性。

一百零七、潘集酥瓜

1. 品牌简介

潘集酥瓜，中国国家地理标志产品，是甜瓜的一种，又名“羊角酥”，产于安徽省淮南市潘集区。瓜呈羊角形，瓜皮白绿色，瓜肉绿色，瓜瓤桔红色，含汁液量大。酥瓜含糖量高，嫩瓜无苦味，果长 30 厘米，果粗 10 厘米，单瓜重 1 ~2 公斤，酥脆可口，清热解暑，是炎夏解暑之佳品。全区酥瓜种植面积已达 5000 多亩，建立了无公害标准化生产基地，还制定出台了淮南市无公害酥瓜栽培技术规程，并先后注册了南龙、田牛、金香等酥瓜品牌，酥瓜种植已成为潘集区农业产业结构调整的新亮点。潘集酥瓜在为市民带来口福的同时，也成为当地农民增收的重要途径。

2. 基础数据与指标结构分析

潘集酥瓜在安徽省的总信息量是 836. 92 万比特，在安徽省内属于小规模品牌。安徽省两个地区的调研指标表现出一定的地区差异性，但不明显，指标的值偏低，其在安徽省的影响力还较小。

基础指标中，除美誉度指标比较突出外其余指标均不高。知名度方面，省内平均为 8. 22%，品牌开始对营销发挥一定的作用，但还缺乏消费者知晓的基础，知晓范围并不广。从地区指标看，在两地均获得了超过 5% 的有效知名度，但都还不高，地区差异并不明显，其中在合肥的数据超过马鞍山，品牌在安徽的影响力整体是比较均衡的。品牌的认知度指标为 4. 26%，超过有效标准（2. 5%），从地区上看，两地的认知度与知名度基本上呈正相关关系，超过知名度的一半水平，显示品牌的传播效率较高，品牌推广的内容易识别，品牌的内涵准确地传达给了消费者。

该品牌获得了较高的美誉度，安徽省内达到了 15. 87%，消费者对其产品或服务是十分认可的。但美誉度在地区上出现了非常明显的差异性：马鞍山超过了 20%，而合肥仅有 6%，其省内营销策略从地域上说应该是不一致的，消费者的口碑评价不一。从认知度与美誉度的比例关系看，二者的比例是严重失衡的，认知度较低，说明该品牌美誉度来自消费者深度认知的可能性不大，而更多的是通过其他的营销途径获得，品牌本身在营销中的作用并不明显。这种情况下获得的美誉度即使形成了自传播能力，也不会持久，也不足以使品牌保持长久的消费者口碑从而获得忠诚客户，因此品牌的忠诚度也不会高。该品牌的忠诚度为0，没有获得有效的消费者的重复购买，良好的口碑没有转换成消费者的重复购买。省内各地的大部分消费者对品牌还是陌生的，缺乏深入了解，也难以形成持久的重复购买行为。潘集酥瓜在安徽调研的基础数据，如表5－233所示。

表5－233　潘集酥瓜在安徽调研的基础数据

序号	区域	代表城市级别人口数（万人）	知名度（%）	认知度（%）	美誉度（%）	忠诚度（%）	信息总量（万比特）
1	合肥	2656.3	11.88	6.02	6.98	0.00	457.88
2	马鞍山	3279.2	5.26	2.83	23.08	0.00	379.04
总计	安徽	5935.5	8.22	4.26	15.87	0.00	836.92

该品牌的安徽省指标结构中，美誉度较高，而知名度、认知度和忠诚度偏低，各指标间的比例关系是失衡的，品牌并没有在营销中发挥太大的作用，其高美誉度仅是在局部地区通过与品牌无关的其他营销渠道如促销活动等获得。潘集酥瓜在安徽省的指标结构，如图5－146所示。

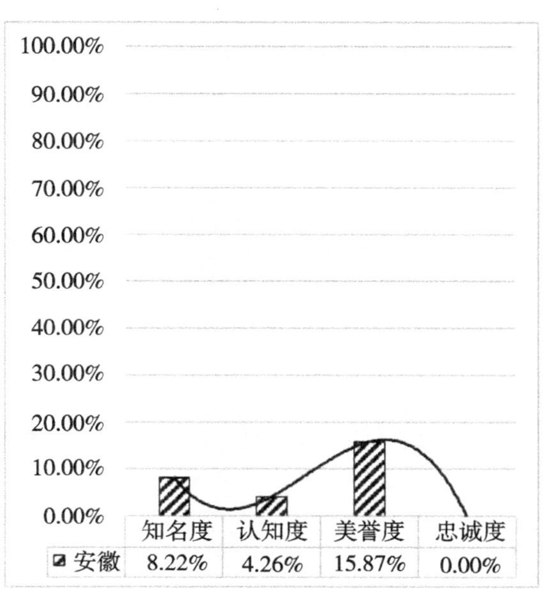

图5－146　潘集酥瓜在安徽省的指标结构

3. 品牌质量分析

潘集酥瓜的信息质量比为0.415，略高于最优比值的上限0.4，品牌发展质量属于优良水平。从这一质量比值看出，品牌质与量的发展是比较均衡的。但品牌的指标值偏低了，在安徽省内的影响力还不够强，需要企业通过多渠道开展品牌推广宣传活动，继续扩大品牌的知名度，加深消费者印象，并多宣传品牌内涵的内容，以此成为品牌美誉度和忠诚度成长的基础，这样才能使品牌质与量均衡发展。潘集酥瓜的质量比计算，如表5－234所示。

表5－234　潘集酥瓜的质量比计算

品牌	品牌信息基本量的贡献率	品牌信息质的贡献率	品牌信息质量比值
潘集酥瓜	70.66%	29.34%	0.415

4. 综合分析

由上述综合分析，潘集酥瓜是一个品牌质量良好的小规模品牌，其在安徽省的影响力还较小。品牌发展质量优良，应该还具有一定的成长性。

一百零八、塔山石榴

1. 品牌简介

塔山石榴，安徽省淮北市特产，中国国家地理标志产品。塔山石榴特点鲜明，主要是青皮、软籽，果皮青黄色，阳面红色或淡红色，皮薄；籽粒大，呈马齿状，红白色，核小而软；果汁多，甜味浓，品质上等。2012年8月，塔山石榴成功获批“国家地理标志保护产品”。

2. 基础数据与指标结构分析

塔山石榴在安徽省的总信息量为736.74万比特，在安徽省属于小规模品牌。基础指标中，除个别指标在个别地区比较突出外，两个调研城市的指标总体差距不大，是一个面向安徽省发展的品牌，但基础指标值不高，在安徽省内的影响力尚未形成。

知名度指标方面，安徽省平均为6.84%，刚达到有效标准（5%），省内的知名度不高，品牌开始对营销发挥一定的作用，但不大。这一指标值显示，品牌已经脱离了“商标”的概念，开始向真正的“品牌”转变。从地区层面看，两个地区的知名度都不高，总体差距不大，其在安徽省的影响力还很小。认知度指标方面，省内平均为3.07%，刚达到有效范围（2.5%以上），认知度接近知名度的一半，有部分省内消费者对品牌具备了较深的认知。在知名度和认知度较低的情况下，该品牌获得了较高的美誉度，省内平均达到了14.39%，获得了相当一部分消费者的认可和喜爱。但观察其美誉度指标可以看出，在地区上有一定的差异：在合肥超过了20%，而在马鞍山仅有7.14%。各地的美誉度均是在低认知度条件下获得的，与品牌本身的关系不大，更多的是通过其他途径如促销等获得；而通过非品牌途径获得的良好口碑尚不足以形成品牌自传播的能力。该品牌的忠诚度为1.49%，但仅在合肥获得，在马鞍山的忠诚度为0，口碑向消费者重复购买的转化不充分，原因还是品牌的知名度和认知度偏低了，消费者在对品牌不了解的情况下是很难出现重复购买行为的。塔山石榴在安徽调研的基础数据，如表5－235所示。

表5－235　塔山石榴在安徽调研的基础数据

序号	区域	代表城市级别人口数（万人）	知名度（%）	认知度（%）	美誉度（%）	忠诚度（%）	信息总量（万比特）
1	合肥	2656.3	8.29	3.16	23.33	3.33	493.58
2	马鞍山	3279.2	5.67	3.00	7.14	0.00	243.16
总计	安徽	5935.5	6.84	3.07	14.39	1.49	736.74

该品牌在安徽省的指标结构中，可以明显地看出美誉度相对较高而出现的指标间不协调的比例关系，虽然获得了一定的口碑，但不是品牌本身带来的，也很难获得消费者忠诚。塔山石榴在安徽省的指标结构，如图5－147所示。

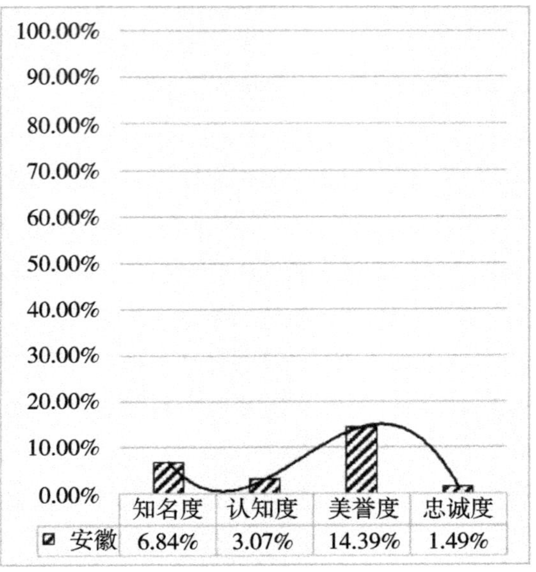

图 5－147 塔山石榴在安徽省的指标结构

3. 品牌质量分析

塔山石榴信息质量比值为 0.601，品牌发展质量良好但略呈现出“质有余而量不足”的状况。出现这一质量比值的原因是该品牌的美誉度高于行业平均水平，而与美誉度相比，其知名度与认知度稍显偏低了，信息总量中由知名度与认知度带来的基本量的贡献不足，量的发展还不够。需要品牌运营者提高品牌传播的效率，多开展品牌营销活动，继续扩大品牌的知名度和认知度水平，提升品牌在省内的影响力。塔山石榴的质量比计算，如表 5－236 所示。

表 5－236 塔山石榴的质量比计算

品牌	品牌信息基本量的贡献率	品牌信息质的贡献率	品牌信息质量比值
塔山石榴	62.46%	37.54%	0.601

4. 综合分析

综上所述，从现有数据看塔山石榴在安徽省是一个刚起步的小规模品牌，品牌覆盖范围不大，安徽省的影响力还很小。品牌的口碑优良，但也呈现出了“质有余而量不足”的状况，品牌需要增加量的比重，如果品牌宣传得当，还具有良好的成长性。

一百零九、大路口山芋

1. 品牌简介

大路口山芋，安徽省泗县特产，中国国家地理标志产品。大路口山芋在长期的栽培和自然选择下，形成了自己的产品特征，生产出的山芋呈纺锤形，块根完整，红皮白肉，口感香、甜、面，栗子味浓。2018 年 3 月，大路口山芋成功获批“国家地理标志保护产品”。

2. 基础数据与指标结构分析

泗县大路口山芋在安徽省的总信息量为 731.89 万比特，在安徽省属于小规模品牌。品牌的指标在安徽省各调研城市总体差距不大，各项指标都还较低，其省内的影响力尚未形成。

知名度指标方面，安徽省平均为 6.81%，刚达到有效标准（5%），品牌开始对营销发挥一定的作用，但不大，在安徽省的传播范围还很小。品牌刚在 2018 年获得“国家地理标志保护产品”称号，就品牌来说，还处于品牌初创阶段，刚完成从“商标”到“品牌”的过渡，因此知名度也不会太高。从地区层面看，两个调研城市的知名度都不太高，在合肥也仅为 10.22%，已属于品牌推广效果较好的地区；在马鞍山的知名度则未达到有效标准，属于自然传播形成的，品牌在当地还不具备影响力。品牌的认知度指标安徽省平均为 3.51%，超过了知名度的一半。品牌的知名度虽然并不高，但在这一知名度下获得的认知度是不错的，品牌传播的效率较高，品牌内涵的信息在传播中比较准确地传递给了消费者。

品牌的美誉度指标安徽省平均为 10.36%，品牌口碑不错，且在两个调研城市都获得了超过 10% 的美誉度，地区差别不大，品牌的营销效果在省内基本上是一致的。从美誉度与认知度的比例关系看，认知度稍显偏低了，美誉度的获得大部分来自与品牌无关的其他渠道如促销，这不利于品牌自传播能力及忠诚度的形成。在调研中仅合肥获得品牌的忠诚度数据，说明品牌的消费偏好不明显，在省内大部分地区还没有形成固定消费人群，可能与品牌的价格策略、销售渠道有关，也有可能与调研中未发现品牌的目标消费者有关。大路口山芋在安徽调研的基础数据，如表 5 - 237 所示。

表 5－237　大路口山芋在安徽调研的基础数据

序号	区域	代表城市级别人口数（万人）	知名度（%）	认知度（%）	美誉度（%）	忠诚度（%）	信息总量（万比特）
1	合肥	2656.3	10.22	5.39	10.81	2.70	514.65
2	马鞍山	3279.2	4.05	1.98	10.00	0.00	217.25
总计	安徽	5935.5	6.81	3.51	10.36	1.21	731.89

该品牌的各项指标均不高，知名度与认知度刚达到有效范围，品牌在安徽省的影响力还很小，忠诚度还很弱，各项指标间的结构也未形成，品牌在营销中的作用并不明显。大路口山芋在安徽省的指标结构，如图5－148所示。

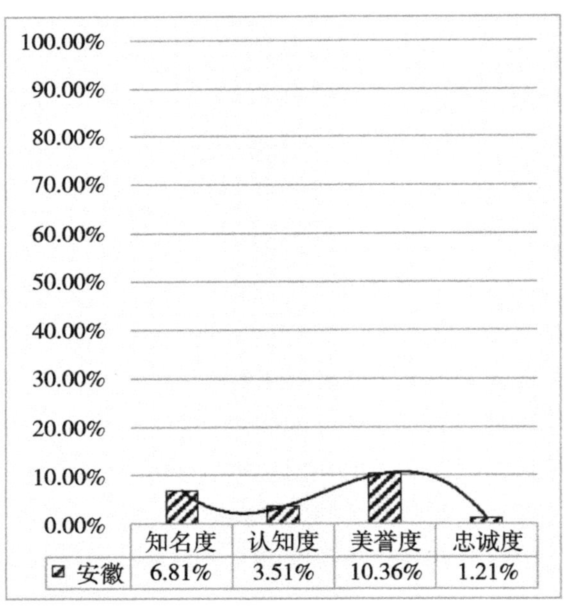

图 5－148　大路口山芋在安徽省的指标结构

3. 品牌质量分析

大路口山芋的信息质量比为0.582，略高于理想比值的上限（0.4）。从基础指标看，品牌的各项指标偏低，却获得了相对较高的品牌美誉度，有一定的消费者口碑的积累，而与美誉度相比，知名度和认知度明显偏低了，品牌量的积累是不足的。大路口山芋的质量比计算，如表5－238所示。

表5－238　大路口山芋的质量比计算

品牌	品牌信息基本量的贡献率	品牌信息质的贡献率	品牌信息质量比值
大路口山芋	63.23%	36.77%	0.582

4. 综合分析

综上所述，从现有数据看大路口山芋应是一个刚完成了“商标”向“品牌”转化的小规模品牌，品牌覆盖范围不大，在安徽省的影响力还很小。品牌需要增加量的积累，其良好的质量比值显示品牌还具有一定的成长性。

一百一十、白莲坡贡米

1. 品牌简介

白莲坡贡米产于怀远县白莲坡镇茆塘村一带。据传乾隆皇帝下江南，途经茆塘找郢一带，但见这里无垠稻田中簇簇白莲盛开，问一老者，知得此地乃“白莲坡”，盛产优质大米，色香味美，煮之能挑三层皮。便令取之做粥，尝之果然味美无比，龙颜大悦，御赐“白莲坡贡米”，作为进贡皇宫的御米。不仅被四川五粮液、浙江五芳斋粽子和三全凌汤圆等企业列入糯米原料生产基地，也通过当地企业的加工而走向全国。

白莲坡贡米含有丰富的蛋白质、脂肪、糖类、钙、磷、铁、维生素B1、维生素B2、烟酸及淀粉等，营养丰富。白莲坡贡米形体饱满，观之晶莹如玉，食用膨松香甜爽口。白莲坡贡米系列产品有粳米、糯米、籼米、香米等。该产品是“国家地理标志保护产品”，已被国家工商总局注册登记“白莲坡”牌。

2. 基础数据与指标结构分析

白莲坡贡米的总信息量为540.17万比特，在安徽省属于小规模品牌。品牌的各项指标在调研地区的差异不明显，但都还比较小，其安徽省内的影响力尚未形成。

知名度指标方面，安徽省平均为6.8%，刚超过有效标准（5%），品牌开始对营销发挥一定的作用，但不大，在安徽省的影响力还很小。从地区层面看，两个调研地的知名度都不高，均仅超过有效范围，品牌传播的范围还较小，省内大部分消费者对品牌是陌生的。认知度指标方面，安徽省平均仅为2.64%，刚达到有效标准（2.5%），品牌信息在传播过程中有部分消费者对于品牌内涵的信息做了有效了解，在这一知名度下获得这一认知度指标，显示品牌的传播效率尚可。品牌的美誉度指标也不高，安徽省平均为6.89%，美誉度指标一般。从地区上看，差异也不明显，马鞍山为9.09%，比合肥略高，但均不突出，品牌的营销效果在省内一般。品牌在调研中没有获得忠诚度数据，说明品牌的消费偏好不明显，还没有形成固定消费人群，可能与品牌的价格策略、销售渠道有关，也有可能在本次调研中并未发现品牌的目标消费者。白莲坡贡米在安徽调研的基础数据，如表5－239所示。

表5－239　白莲坡贡米在安徽调研的基础数据

序号	区域	代表城市级别人口数（万人）	知名度（%）	认知度（%）	美誉度（%）	忠诚度（%）	信息总量（万比特）
1	合肥	2656.3	5.61	2.11	4.17	0.00	158.04
2	马鞍山	3279.2	7.77	3.07	9.09	0.00	382.13
总计	安徽	5935.5	6.80	2.64	6.89	0.00	540.17

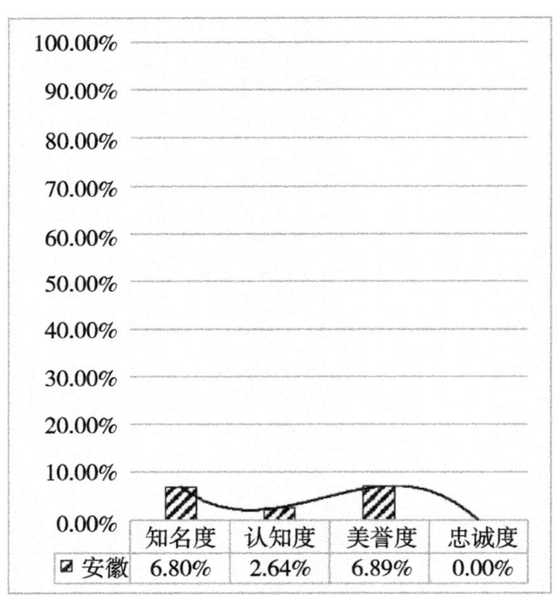

图5－149　白莲坡贡米在安徽省的指标结构

该品牌的各项指标均不高，品牌在安徽省的影响力还很小，各项指标间的结构也未形成，品牌在营销中的作用并不明显。白莲坡贡米在安徽省的指标结构，如图5－149所示。

3. 品牌质量分析

白莲坡贡米信息质量比为0.216，质量处于良好水平，这一质量比值反映品牌的美誉度略高于行业平均水平，虽然品牌的各项数据均不高，但其质与量的发展是比较均衡的，企业的经营处于较好水平。白莲坡贡米的质量比计算，如表5－240所示。

表5－240　白莲坡贡米的质量比计算

品牌	品牌信息基本量的贡献率	品牌信息质的贡献率	品牌信息质量比值
白莲坡贡米	82.23%	17.77%	0.216

4. 综合分析

综上所述，白莲坡贡米在安徽省内是一个小规模品牌，其各项基础指标还较低，省内的影响力尚未形成。品牌的口碑高于行业平均水平，其发展质量是良好的，还具有一定的成长性。

一百一十一、漫水河百合

1. 品牌简介

漫水河百合，安徽省霍山县漫水河镇特产，中国国家地理标志产品。漫水河百合2005年被安徽省农业委员会批准为绿色食品。漫水河百合色白、肉嫩、个大，纯天然，无污染，内含丰富的蛋白质、淀粉、果胶、维生素和微量生物碱。2011年，安徽省霍山县漫水河镇漫水河百合特产被认定为“中国国家地理标志产品”。

2. 基础数据与指标结构分析

漫水河百合的总信息量为457.58万比特，属于安徽省内的小规模品牌。基础指标中，除个别指标在个别地区比较突出外，安徽省各城市的指标总体差距不大，区域特征不明显，但品牌基础指标值还不高，安徽省影响力尚未形成。

知名度指标方面，安徽省平均为5.74%，刚超过有效标准（5%），安徽省知名度不高，品牌开始对营销发挥一定的作用，但不大。从地区层面看，各地的知名度都不高，总体差距不大，差异来自在合肥的知名度超过有效标准而马鞍山未达到有效标准，总体来看，品牌在安徽省的传播范围还很小，属于小范围消费者知晓的品牌，影响力不大。认知度指标方面，安徽省仅为2.14%，很弱，而且仅合肥的认知度达到有效范围（2.5%以上），但也不高。这也是由于其知名度不高，并不具备大范围消费者认知的基础，广大消费者不但对品牌是陌生的，对品牌内涵的认知也不理想。

在知名度和认知度较低的情况下，该品牌获得了相对较高的美誉度，安徽省平均达到了16.61%，获得了相当一部分消费者的认可和喜爱。但观察其美誉度指标可以看出，在地区上是有明显的差异的。美誉度主要来自马鞍山地区，但却是在认知度极低的情况下获得的，说明与品牌本身的关系不大，有可能厂商在这些地区采取了促销等与品牌本身无关的营销措施，在短期内获得了消费者的口碑和赞誉；而在合肥的美誉度并不高，说明其品牌口碑在各地是不一样的，品牌营销策略在地区上体现出差异性，这种在小范围内获得的良好口碑尚不足以形成品牌自传播的能力。该品牌的忠诚度为0，口碑向消费者重复购买的转化不充分，原因还是品牌的知名度和认知度偏低了，消费者在对品牌不了解的情况下是很难出现重复购买行为的。漫水河百合在安徽调研的基础数据，如表5－241所示。

表5－241　漫水河百合在安徽调研的基础数据

序号	区域	代表城市级别人口数（万人）	知名度（%）	认知度（%）	美誉度（%）	忠诚度（%）	信息总量（万比特）
1	合肥	2656.3	8.84	3.17	6.25	0.00	272.24
2	马鞍山	3279.2	3.24	1.30	25.00	0.00	185.35
总计	安徽	5935.5	5.74	2.14	16.61	0.00	457.58

该品牌的安徽省指标结构中，可以明显地看出美誉度相对较高而出现的指标间不协调的比例关系，虽然获得了一定的口碑但不是品牌本身带来的，也很难获得消费者忠诚。漫水河百合在安徽省的指标结构，如图5－150所示。

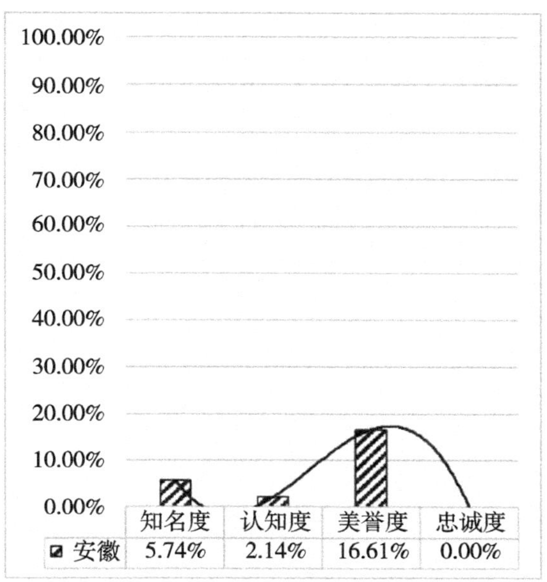

图 5－150 漫水河百合在安徽省的指标结构

3. 品牌质量分析

漫水河百合的信息质量比为 0.234，接近理想比值的下限 0.3，表面上看品牌的发展质量是良好的，企业的经营管理和品牌营销处于良好的状况。在基础指标中，品牌的知名度和认知度还较低，品牌量的发展不足，虽然获得了相对较高的美誉度指标，但在地区上的差异十分明显，在马鞍山的美誉度强行提升了美誉度的整体水平，但总的来看品牌质的积累还是不足的。因此，这一质量比值并不具备实际的参考意义。漫水河百合的质量比计算，如表 5－242 所示。

表 5－242 漫水河百合的质量比计算

品牌	品牌信息基本量的贡献率	品牌信息质的贡献率	品牌信息质量比值
漫水河百合	81.04%	18.96%	0.234

4. 综合分析

综上所述，漫水河百合是一个安徽省内的小规模品牌，传播范围较小，影响力还没有形成。品牌的美誉度指标虽然较高，也使品牌形成了良好的质量比值，但美誉度在各地是存在较大差异的，少数地区的良好口碑并不能代表安徽省的平均水平，品牌营销的效果在各地是不均衡的，这应该是厂商应引起重视的问题。

一百一十二、段园葡萄

1. 品牌简介

段园葡萄是安徽省淮北市杜集区段园镇的特产，2013 年被认定为“中国国家地理标志产品”。段园镇种植葡萄历史悠久，拥有巨峰、藤稔、京亚、乍娜等多个品种，面积已达 2 万余亩，年产葡萄 6000 万斤。

杜集区段园镇地处黄淮大平原，属典型的暖温带半湿润气候，日照充足，四季分明，地势平坦，自然条件优越，特别适宜林果种植。其中，大庄葡萄栽植已有 300 余年的历史，素有“大庄葡萄砀山梨”之说，整个葡萄基地占地 2 万余亩，是一个以千家万户为基础、国内集中连片规模最大的葡萄种植园区之一，在品种上、质量上、经济效益上闻名全国。果品汁多味甜，备受客商的青睐，葡萄种植成为段园镇的支柱产业。2002 年注册了“大庄”牌葡萄商标，先后获得安徽省名牌农产品、全国无公害生产基地和全国无公害农产品荣誉称号，并通过绿色食品检测，葡萄产品畅销上海、广东等全国 10 多个省市，成为段园镇、杜集区乃至淮北市农产品和旅游产品的一张金色名片。

2. 基础数据与指标结构分析

段园葡萄在安徽省的总信息量是 419.27 万比特，在安徽省属于小规模品牌。基础指标中，各项指标均不高，两个城市获得的数据差距并不明显，品牌没有明显的区域特征，其在安徽省内的影响力还未形成。

段园葡萄的安徽省平均知名度为 5.5%，刚超过有效标准（5%），品牌开始对营销发挥一定的作用，显然商家做过获取知名度的努力，但缺乏消费者知晓的基础，知晓范围并不广。从这一指标看，其在安徽省的影响力还很小，而且从两个调研地的指标看，知名度都不高，马鞍山仅为 6.36%，而在合肥未达到知名度的有效标准。品牌的知名度标准并不具备大范围消费者认知的基础，其认知度也较低，仅为 2.21%，并没有达到有效的范围（2.5% 以上），而两个地区也仅马鞍山达到了有效标准，品牌推广渠道或是推广内容存在消费者认知的障碍。低知名度和低认知度不会成为美誉度成长的基础，其品牌美誉度也不高，安徽省为 7.78%。品牌的忠诚度指标与美誉度指标接近，达到了 5.42%，符合二者的理想关系，在两地均获得了超过 5% 的忠诚度。虽然品牌在省内的影响力不大，但在现实的销售中却获得了相当一部分的忠诚客户，品牌对营销的作用开始显现。段园葡萄在安徽调研的基础数据，如表 5－243 所示。

表 5－243　段园葡萄在安徽调研的基础数据

序号	区域	代表城市级别人口数（万人）	知名度（%）	认知度（%）	美誉度（%）	忠诚度（%）	信息总量（万比特）
1	合肥	2656.3	4.44	1.59	10.53	5.26	163.11
2	马鞍山	3279.2	6.36	2.72	5.56	5.56	256.16
总计	安徽	5935.5	5.50	2.21	7.78	5.42	419.27

段园葡萄的安徽省指标结构中，各项指标均不高，说明品牌在安徽省的影响力还很小，优点是获得了不错的品牌忠诚度，品牌对营销的作用开始显现。段园葡萄在安徽省的指标结构，如图 5－151 所示。

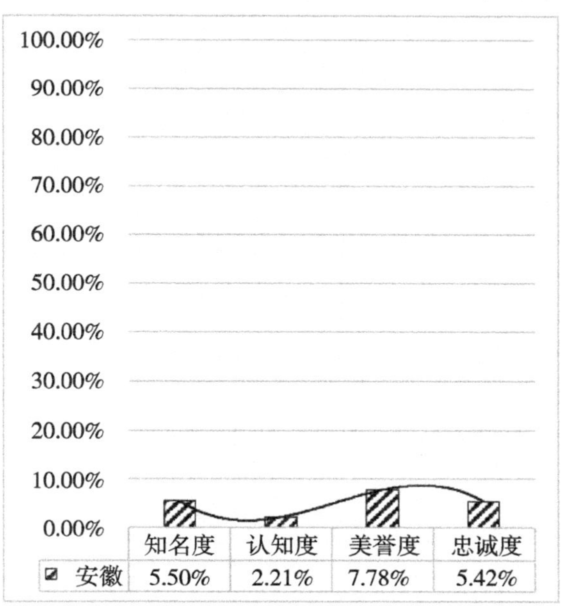

图 5－151　段园葡萄在安徽省的指标结构

3. 品牌质量分析

段园葡萄信息质量比为 0.167，品牌发展质量良好。从基础指标看，该品牌的各项指标均不高，但基本做到了质与量的均衡发展。如果能进一步提高美誉度，则品牌发展质量能向最优区间移动。段园葡萄的质量比计算，如表5－244所示。

表5－244　段园葡萄的质量比计算

品牌	品牌信息基本量的贡献率	品牌信息质的贡献率	品牌信息质量比值
段园葡萄	85.65%	14.35%	0.167

4. 综合分析

由上述分析可知，段园葡萄在安徽省内是一个品牌质量良好的小规模品牌，其各项基础指标都不高，安徽省的影响力并未形成。品牌在调研中获得了不错的忠诚度数据，获得了相当一部分省内消费者的重复购买，品牌对营销发挥了良好的促进作用。

一百一十三、李兴桔梗

1. 品牌简介

李兴桔梗，安徽省太和县特产，中国国家地理标志产品。李兴桔梗外观黄白色、光滑，呈圆柱形，横切面呈白色或黄白色，分叉少。香气浓郁，无渣爽口，苦味少。干品：具皮干品表面呈黄棕色，去皮后干品呈白色或淡黄白色，质实体重，硬而不易折断。具短芦头，味微甜后苦。2014年7月，原国家质检总局批准对李兴桔梗实施地理标志产品保护。

截至2016年年底，太和县桔梗市场年销售5000吨，全县桔梗常年种植稳定在20万亩左右，入驻20多家桔梗加工企业，产品主要为桔梗菜、脱水桔梗、桔梗片及中药制剂等10多种产品，远销日韩、欧美等国家和地区，年出口额超过千万美元。

2. 基础数据与指标结构分析

李兴桔梗的总信息量为244.33万比特，在安徽省属于微小规模品牌。品牌的指标在安徽省各地总体差距不大，仅个别指标有明显的区别，但品牌的各项指标都偏小，在安徽省内的影响力尚未形成。

知名度指标方面，安徽省平均仅为3.67%，并没有达到有效标准（5%），这一知名度基本上来自营销过程中消费者对产品体验后而自然获取的知晓，在安徽省几乎没有影响力，甚至都不能成为营销使用的工具，目前也仅仅是一个“商标”而已，并不是真正意义上的“品牌”。从地区层面看，在合肥和马鞍山的知名度都是属于自然传播形成的，并非由品牌营销形成，基本上没有人为运作痕迹。认知度指标方面，安徽省仅为1.46%，很弱，而且在各地区的指标也都没有达到有效范围（2.5%以上）。认知度是反映品牌信息传播深度的指标，只有超过2.5%才能认为消费者对于品牌信息有效了解，这也是形成品牌美誉度和忠诚度的基础。品牌的知名度和认知度在各地的数据都不高，品牌推广效果不理想，品牌在安徽省的影响力并未形成。

品牌获得了相对较高的美誉度，安徽省平均达到了9.94%，获得了较好的消费者口碑，但美誉度表现出明显的地区差异，美誉度主要来自合肥的支撑，而在马鞍山却没有获得美誉度的调研数据，这说明品牌仅在小范围内具有良好的口碑。这种口碑传播的范围和途径尚不足以形成品牌自传播的能力，也不足以获得消费者的重复购买，而品牌的忠诚度在调研中获取的数据为0，说明在安徽省还没有形成消费者的消费偏好。李兴桔梗在安徽调研的基础数据，如表5－245所示。

表5－245　李兴桔梗在安徽调研的基础数据

序号	区域	代表城市级别人口数（万人）	知名度（%）	认知度（%）	美誉度（%）	忠诚度（%）	信息总量（万比特）
1	合肥	2656.3	2.10	1.12	22.22	0.00	90.43
2	马鞍山	3279.2	4.95	1.74	0.00	0.00	153.91
总计	安徽	5935.5	3.67	1.46	9.94	0.00	244.33

该品牌的安徽省指标结构中，各项指标均不高，知名度和认知度均未达到有效的范围，美誉度相对较高但不是来自认知度的支撑，而忠诚度还无从谈起，品牌的指标间的结构尚未形成，品牌对营销几乎没有发挥作用。李兴桔梗在安徽省的指标结构，如图5－152所示。

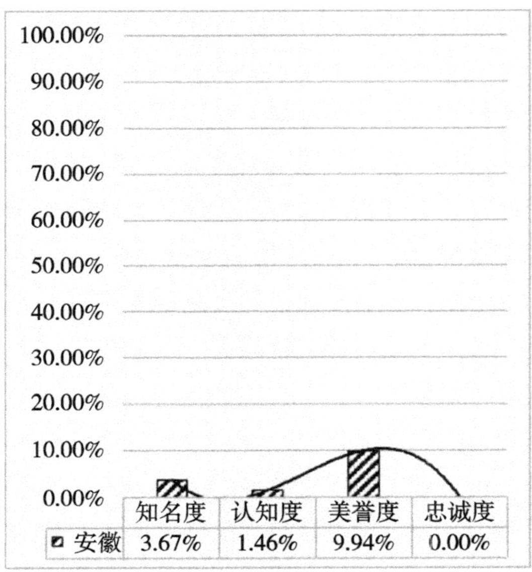

图 5－152 李兴桔梗在安徽省的指标结构

3. 品牌质量分析

李兴桔梗的信息质量比为 0.064，品牌发展质量一般。从基础指标看，品牌的各项指标偏低，知名度和认知度未达到有效标准，而美誉度在地区上也呈现出较大的差异，品牌质和量的发展均是不足的。李兴桔梗的质量比计算，如表 5－246 所示。

表 5－246 李兴桔梗的质量比计算

品牌	品牌信息基本量的贡献率	品牌信息质的贡献率	品牌信息质量比值
李兴桔梗	94.02%	5.98%	0.064

4. 综合分析

综上所述，从现有数据看李兴桔梗是一个质量一般的安徽省内微小规模品牌，其品牌传播的范围还较小，多项指标未达到有效标准，省内的影响力并未形成。

一百一十四、稼仙

1. 品牌简介

安徽省稼仙米业集团有限公司 2001 年 8 月由国有粮食工贸企业整合组

建立，2013 年 12 月 24 日在安徽股权托管交易中心正式挂牌上市，名称变更为安徽稼仙金佳粮集团股份有限公司，公司坐落在全国十大优势农产品水稻产业带上，是一家集粮食订单种植、加工销售、食品生产、生物农资、物流配送为一体的农业产业化国家重点龙头企业，“双百市场工程”大型农产品流通企业、全国放心粮油示范加工企业。注册资金 6000 万元，资产总额 3.19 亿元。公司自建有机优质水稻种植基地 20000 亩，发展百亩以上种粮大户 422 户，其中千亩以上种粮大户 9 户，全国种粮大户 2 户。签订粮食订单面积 58.2 万亩，订单农户涉及 17 万户。拥有年产 20 万吨优质精品大米加工生产线，年产 5000 吨无菌营养方便米饭和 6000 吨面条生产线；已建设现代标准化粮食仓储库 16 万立方米，常年储量 8 万吨以上；稼仙牌系列大米先后荣获中国绿色食品、中国名牌、中国十大金奖大米、安徽省名牌产品。稼仙商标荣获安徽省著名商标，2013 年被认定为中国驰名商标。

2. 基础数据与指标结构分析

稼仙品牌的总信息量为 9841 万比特，属于小规模品牌。品牌的指标在全国各地总体差距不大，在安徽省内两个城市合肥和马鞍山获得的数据与全国其他地区差别不大，品牌的各项指标都偏小，其全国影响力尚未形成，在安徽省内的影响力也不足。

知名度指标方面，全国平均为 4.39%，并没有达到有效标准（5%），这一知名度基本上来自营销过程中消费者对产品体验后而自然获取的知晓，在全国几乎没有影响力，甚至都不能成为营销使用的工具。从地区层面看，各地的知名度都不太高，最高的南宁也仅为 8.97%，而在其余城市包括安徽省的合肥和马鞍山的知名度都未达到有效标准，属于自然传播形成的，并非由品牌营销形成，基本上没有运作痕迹。认知度指标方面，全国仅为 0.99%，很弱，而且绝大部分地区的指标也都没有达到有效范围（2.5% 以上）。认知度是反映品牌信息传播深度的指标，只有超过 2.5% 才能认为消费者对于品牌信息有效了解，这也是形成品牌美誉度和忠诚度的基础。品牌的知名度和认知度都未达到有效范围，显示了稼仙目前还处于“商标”阶段，还未发展成真正意义上的“品牌”。

稼仙获得了相对较高的美誉度，全国平均达到了 10.97%，获得了较好的消费者口碑，但美誉度表现出明显的地区差异。在马鞍山、呼伦贝尔、合肥、长沙等大部分地区的美誉度较高，在少数地区如吉林、成都等则没有获得美誉度数据。在美誉度较高地区的品牌知名度和认知度几乎都未达到有效范围，说明美誉度与品牌本身的关系不大，消费者并非是在对品牌产品和服务进行深度体验后形成了对品牌的赞誉。这种口碑传播的范围和途径尚不足以形成品牌自传播的能力，也不足以获得消费者的重复购买，而品牌的忠诚度也仅在赣州一地获得调研数据，在大部分地区为0，说明在大部分地区还没有形成消费者的消费偏好。稼仙品牌的基础数据，如表5－247所示。

表5－247　稼仙品牌的基础数据

序号	调研城市	知名度（%）	认知度（%）	美誉度（%）	忠诚度（%）	品牌信息量估值（万比特）
1	长沙	2.74	0.19	16.67	0.00	548.21
2	合肥	1.69	0.43	14.29	0.00	439.72
3	吉林	0.99	0.12	0.00	0.00	238.97
4	厦门	2.76	0.82	10.00	0.00	656.04
5	呼伦贝尔	4.67	3.34	13.33	0.00	4459.55
6	马鞍山	2.33	0.43	33.33	0.00	965.86
7	赣州	3.26	0.77	8.33	8.33	862.08
8	成都	1.83	0.93	0.00	0.00	278.45
9	南宁	8.97	1.66	14.29	0.00	1392.67
总计	全国	4.39	0.99	10.97	1.38	9841.5483

该品牌的全国指标结构和品牌所在省份城市（以合肥的数据为参考）的指标差距不大，指标结构近似，知名度和认知度未达有效标准而都通过非品牌手段获得了相对较高的品牌美誉度，品牌指标间的结构尚未形成，品牌对营销的作用还很弱。稼仙品牌在全国的指标结构与在合肥的指标结构，如图5－153、图5－154所示。

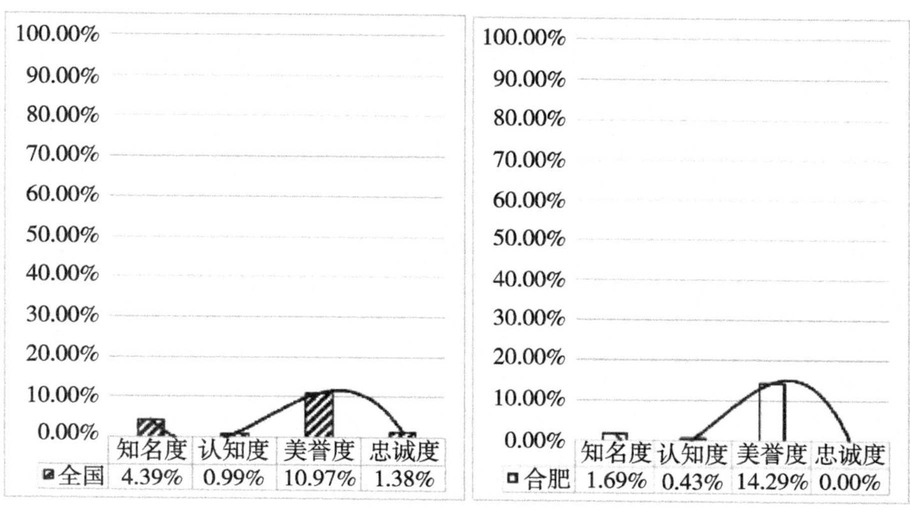

图 5－153　稼仙品牌在全国的指标结构　图 5－154　稼仙品牌在合肥的指标结构

3. 品牌质量分析

稼仙品牌的信息质量比为 0. 635，略呈现出“质有余而量不足”的状态，但品牌的发展质量是优良的。从基础指标看，品牌的各项指标偏低，却获得了相对较高的品牌美誉度，由此所形成的质在信息总量中的比重超过了基本量的比重，其知名度和认知度未达到有效标准，量的积累是不足的。稼仙品牌的质量比计算，如表 5－248 所示。

表 5－248　稼仙品牌的质量比计算

品牌	品牌信息基本量的贡献率	品牌信息质的贡献率	品牌信息质量比值
稼仙	61. 18%	38. 82%	0. 635

4. 品牌信息的稳定性分析

稼仙品牌的稳定性指数为 3. 88，属于一般偏弱稳定性的品牌。从基础数据和质量比可以看出，该品牌的量还很小，发展还不够充分，全国的影响力并未形成，发展阶段应该还是处于“商标”向“品牌”转化的阶段，稳定性尚未形成，从其良好的质量比值看，品牌还保持着一定的成长性。稼仙品牌的稳定性计算，如表 5－249 所示。

表 5－249　稼仙品牌的稳定性计算

品牌	N（E）函数值	品牌衰减系数	品牌信息的衰减速率	品牌稳定性指数
稼仙	18.23	0.0549	0.0388	3.8793

5. 综合分析

综上所述，从现有数据看稼仙品牌是一个质量发展优良的小规模品牌，其品牌传播的范围还较小，不但在全国，甚至在安徽省内的影响力都未形成。品牌的各项指标偏低，多项指标未达到有效范围，目前应该还处于“商标”向“品牌”过渡的阶段。

第八节　手工艺品牌资源分析

一百一十五、舒席

1. 品牌简介

舒席，安徽省潜山县特产，中国国家地理标志产品。舒席产品采用当地世代传承的制作技艺，经十几道工序制作而成，具有细薄柔滑、坚韧耐磨、吸水性强、凉爽消汗、不腐不蚀、折卷不断、携带方便等质量特色。品种有床席、枕席、挂席、榻榻米等。2018 年 3 月，舒席成功获批“国家地理标志保护产品”。

2. 基础数据与指标结构分析

舒席在安徽省的总信息量为 2790.05 万比特，在安徽省属于中等规模品牌。品牌的指标在地区上表现出比较明显的差异，具有区域品牌的特征，但在省内已经形成了一定的影响力。

其安徽省的平均知名度为 9.43%，超过有效标准（5%），开始形成一定范围的影响力，品牌开始对营销发挥一定的作用。这一指标说明品牌运营者为获得知名度付出了努力，通过开展品牌活动在省内获得了一定的知名度。从地区层面看，两个调研地的知名度指标有比较明显的差异：合肥为 16.57%，属于品牌推广效果较好的地区，而在马鞍山的知名度未达到有效标准（5%），属于自然传播形成的，并非由品牌营销形成，基本上没有运作痕迹。品牌在省内的影响力是不均衡的。认知度指标方面，安徽省平均为4.96%，达到知名度一半的水平，其品牌传播的效率是不错的，有相当一部分消费者对品牌内涵是比较熟悉的。

品牌的美誉度指标安徽省平均达到了19.56%，获得了良好的消费者口碑和好评，但美誉度在地区上体现出明显的差异：合肥达到了30%，而马鞍山为11.11%。总体而言，品牌在合肥获得的各项指标均明显高于马鞍山，对于品牌来说，显然省会城市是其重点目标市场。从美誉度和认知度的关系看，其比例关系也是失衡的，美誉度并不是来自消费者对品牌深度认知后对品牌产品的深度体验。这种好口碑传播的范围和途径尚不足以形成品牌自传播的能力，更不足以形成固定消费者人群和重复购买行为，因此，品牌忠诚度也不会太高；而品牌的忠诚度数据在调研中为0，包括合肥在内都没有发现品牌的固定消费人群。舒席在安徽调研的基础数据，如表5－250所示。

表5－250　舒席在安徽调研的基础数据

序号	区域	代表城市级别人口数（万人）	知名度（%）	认知度（%）	美誉度（%）	忠诚度（%）	信息总量（万比特）
1	合肥	2656.3	16.57	8.40	30.00	0.00	2581.06
2	马鞍山	3279.2	3.64	2.17	11.11	0.00	208.99
总计	安徽	5935.5	9.43	4.96	19.56	0.00	2790.05

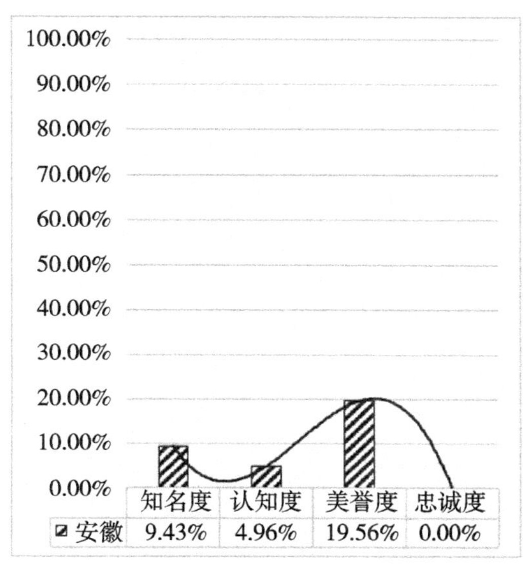

图5－155　舒席在安徽省的指标结构

该品牌的安徽省指标结构中，优点是获得了很高的品牌美誉度，但由于知名度和认知度的指标并不高，忠诚度为0，因此还不足以形成指标间的结构，品牌在营销中的作用还不明显。舒席在安徽省的指标结构，如图5－155所示。

3. 品牌质量分析

舒席信息质量比值为3.021，反映出品牌出现了非常明显的“质有余而量不足”的情况，品牌有一定消费者口碑的积累，消费者的口口相传所形成的口碑自传播的量在信息总量中的比重是较大的。在基础指标中，品牌的知名度和认知度与品牌口碑还不相匹配，品牌量的积累是十分不足的。舒席的质量比计算，如表5－251所示。

表5－251　舒席的质量比计算

品牌	品牌信息基本量的贡献率	品牌信息质的贡献率	品牌信息质量比值
舒席	24.87%	75.13%	3.021

4. 综合分析

舒席为品牌发展声誉较好，但明显偏向小众市场的中等规模品牌。品牌目前在安徽省内已经形成了一定的影响力，但是表现出一定的地区差异，对品牌熟悉的消费者还不多，品牌传播的范围较窄，固定消费者群体规模还不大。建议进一步明确市场定位，调整营销渠道和策略，集中有限资源继续扩大品牌知名度和认知度，并在此基础上培养固定消费者群体，培养消费偏好。

一百一十六、霍邱柳编

1. 品牌简介

霍邱柳编是安徽省霍邱县的传统柳编工艺品，历史悠久，起源于周朝，始兴于明代，再兴于清代。柳编的品种由传统工艺几十种的家庭日常用具发展到精编、细编、透花编、套色编、染色编、混合编（柳竹混、柳麻混、柳木混、柳草木混）等几十种编织技巧。年年翻新创样，样品达2000多个种类，不但继承了传统手工艺，而且还发扬光大，形成了独树一帜的柳编新型工艺技术。霍邱柳编被批准为“中国国家地理标志产品”，其传统工艺被列入第三批国家级非物质文化遗产名录。

2. 基础数据与指标结构分析

霍邱柳编在安徽省的总信息量为1719.48万比特，属于中等规模品牌。从品牌的各项指标来看，两个调研地区的各项指标差距不明显，其在安徽省各地区的影响力是比较均衡的，在省内开始具有一定的影响力。

该品牌的知名度为14.76%，在安徽具备了一定的传播范围，消费者对品牌产品和生产企业有了一定的理解和认识，但消费者的认识和理解的程度并不高。该品牌在合肥和马鞍山获得的知名度数据差距不明显，在合肥略高，此知名度显示品牌在省内的推广效果并未达到理想水平。其认知度安徽省平均为6.19%，在省内有相当一部分消费者对品牌的内涵是做过深入了解的。其认知度接近知名度的一半，说明其品牌传播的效率比较高，品牌在宣传中将品牌的内涵比较准确地传达给了消费者。

该品牌的美誉度相对较高，安徽省达到了10.98%，在两个调研地区均获得了良好的消费者口碑，说明该品牌的产品和服务是不错的，获得了消费者的认可。从其美誉度与认知度的比例关系看，美誉度略高于认知度，基本上符合二者的理想比例关系，品牌的美誉度主要来自认知度的支撑，有消费者对其产品或服务的深度体验，品牌对营销中的作用得到体现。

该品牌显著的问题是较好的口碑未能转换成消费者的重复购买，安徽省平均的忠诚度为1.21%，且在马鞍山地区没有录得品牌忠诚度的数据，意味着消费者的重复购买率低，消费偏好或习惯并未形成。可能商家在渠道、价格等方面营销运作出现了问题，未能契合消费者的利益诉求。霍邱柳编在安徽调研的基础数据，如表5－252所示。

表5－252　霍邱柳编在安徽调研的基础数据

序号	区域	代表城市级别人口数（万人）	知名度（%）	认知度（%）	美誉度（%）	忠诚度（%）	信息总量（万比特）
1	合肥	2656.3	17.29	7.31	10.81	2.70	918.27
2	马鞍山	3279.2	12.72	5.28	11.11	0.00	801.21
总计	安徽	5935.5	14.76	6.19	10.98	1.21	1719.48

该品牌的安徽省指标结构中，前三项指标形成了良好的比例关系，说

明霍邱柳编进行过营销运作，具有一定的知名度，产品的质量较好，能够形成良好的消费者口碑，具有了一定的自传播能力，但由于品牌自身运作问题，品牌没有形成现实的消费者偏好。霍邱柳编在安徽省的指标结构，如图5-156所示。

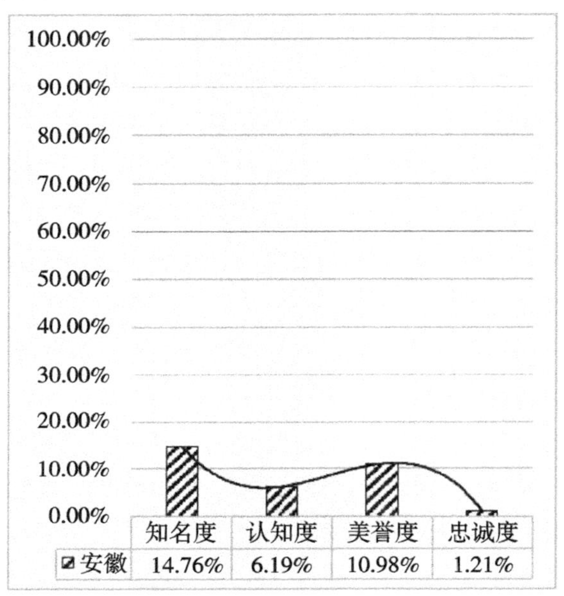

图5-156　霍邱柳编在安徽省的指标结构

3. 品牌质量分析

霍邱柳编的信息质量比为0.615，品牌发展质量良好但出现了“质有余而量不足”的状况。出现这一质量比值的原因是该品牌的美誉度高于行业平均水平，而与美誉度相比，其知名度与认知度稍显偏低了，信息总量中由知名度与认知度带来的基本量的贡献不足，量的发展还不够。需要企业提高品牌传播的效率，继续扩大品牌在省内的知名度，尤其需要提升品牌的认知度，这样才能使品牌质与量均衡发展。霍邱柳编的质量比计算，如表5-253所示。

表5-253　霍邱柳编的质量比计算

品牌	品牌信息基本量的贡献率	品牌信息质的贡献率	品牌信息质量比值
霍邱柳编	61.92%	38.08%	0.615

4. 综合分析

综上所述，从现有数据看霍邱柳编是一个在安徽省内质量发展优良的中等规模品牌，在全省形成了一定的影响力。品牌获得了良好的消费者口碑，但传播的范围还不广，目前应该还处于成长期内，在省内还是有较好的成长性的。

一百一十七、黄岗柳编

1. 品牌简介

黄岗柳编为安徽省阜南县名产，国家地理标志保护产品。阜南县黄冈柳编历史悠久，文化底蕴深厚，杞柳种植可上溯千年，编织历史亦达500多年。据文献所载，洪淮两岸有滩涂湿地，自然生长着大片喜湿之柳。柳制品之兴起缘于17世纪末。明末清初，柳编业兴旺。据明正德《颍州志》记载："淮濛盛产水荆（注：当时把杞柳称为水荆），采伐加工，洁白如玉，坚韧如藤。"

黄冈柳条柔软易弯、粗细匀称、色泽高雅，通过新颖的设计，可以编织成各种朴实自然、造型美观、轻便耐用的实用工艺品。其产品包括：柳条箱（包）、饭篮、菜篮（圆、椭圆）、笊篱、针线笸箩、炕席、苇箔等。柳编制品是中国民间广泛流传的手工艺品，"编筐、编篓，家家都有"。这是因为这种工艺的原料来源十分广泛。北方用于编筐编篓的主要原料有柳枝、柽柳枝、桑条、荆条、紫穗槐条等多种，在盐碱地和沼泽地都有出产。其中数阜南黄冈地区的柳编最为出名。

2. 基础数据与指标结构分析

黄岗柳编的总信息量为495.42万比特，在安徽省属于小规模品牌。基础指标中，两个调研地区获得的各项数据总体差别不大，品牌在安徽省内的影响力是比较均衡的，但各项指标都不高，在安徽省的影响力还很小。

知名度指标方面，在安徽省平均为6.69%，刚超过有效标准（5%），品牌开始对营销发挥一定的作用，在安徽省具有了一定范围的品牌传播，但不大。从地区层面看，两地的品牌推广效果均一般，在马鞍山的知名度高于合肥地区，在合肥的知名度低于有效标准，属于自然传播形成的，并非由品牌营销形成，基本上没有运作痕迹。认知度指标方面，安徽省平均为2.73%，刚达到有效范围（2.5%以上），说明有部分消费者对品牌内涵做了了解，其品牌传播的效率尚可。在美誉度指标方面，安徽省平均为4.53%，两地指标接近，消费者的口碑并无多大差别，但这一指标明显偏低了，口碑并不理想，这一美誉度指标尚不足以形成品牌自传播的能力，更不足以形成固定消费者人群和重复购买行为，因此，品牌忠诚度也不会太高。该品牌的忠诚度为0，重复购买率为0意味着固定消费者人群还未形成。品牌的这一美誉度和忠诚度指标反映品牌产品的购买人群并不大，也可能与在调研中没有发现品牌的目标消费者有关。黄岗柳编在安徽调研的基础数据，如表5－254所示。

表5－254　黄岗柳编在安徽调研的基础数据

序号	区域	代表城市级别人口数（万人）	知名度（%）	认知度（%）	美誉度（%）	忠诚度（%）	信息总量（万比特）
1	合肥	2656.3	4.91	1.68	4.76	0.00	158.76
2	马鞍山	3279.2	8.13	3.58	4.35	0.00	336.66
总计	安徽	5935.5	6.69	2.73	4.53	0.00	495.42

该品牌在安徽省的各项指标都不高，品牌传播范围还比较小，消费者的口碑也一般，而且没有获得消费者的重复购买，品牌指标间的结构是不

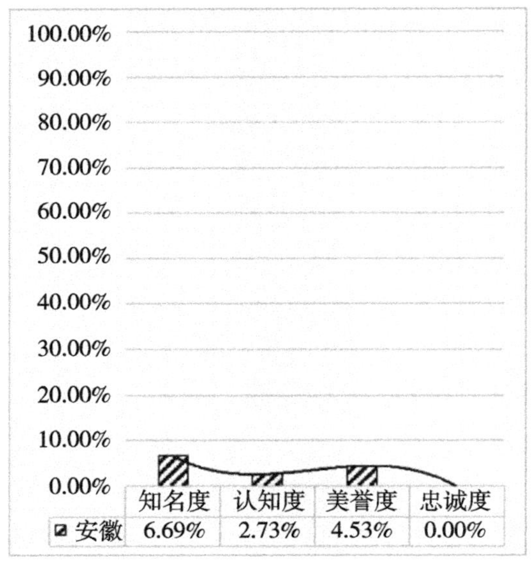

图5－157　黄岗柳编在安徽省的指标结构

明显的，因此品牌对营销还起不到明显的作用。黄岗柳编在安徽省的指标结构，如图 5 – 157 所示。

3. 品牌质量分析

黄岗柳编总体的信息质量比值为 0. 135，质量处于良好水平，有一定的口碑积累，其品牌管理和经营水平是不错的。基础指标中，品牌的各项指标均不高，品牌的美誉度在同行业中并不突出，品牌质的积累不足。可能与品牌知名度和认知度还没有达到合理水平有关，如果能在知名度和认知度水平提高的基础上使美誉度获得同步提升，品牌质量还有进一步提升的空间。黄岗柳编的质量比计算，如表 5 – 255 所示。

表 5 – 255　黄岗柳编的质量比计算

品牌	品牌信息基本量的贡献率	品牌信息质的贡献率	品牌信息质量比值
黄岗柳编	88. 12%	11. 88%	0. 135

4. 综合分析

综上所述，黄岗柳编是一个在安徽省影响力还很小的小规模品牌，品牌在省内的传播未达到理想水平。品牌的各项指标值偏低，质和量的积累都还不够，但由于质量比值良好，还具有一定的成长性。

一百一十八、万安罗盘

1. 品牌简介

万安罗盘，中国国家级非物质文化遗产，安徽省休宁县万安镇的汉族传统工艺品，中国国家地理标志产品。万安罗盘是广泛运用于天文、地理、军事、航海和占卜，以及居屋、墓葬选址的重要仪器，是古代汉族劳动人民的四大发明之一——指南针的沿续和发展，是在指南针的基础上发展而来的传统民俗工艺品。2013 年 12 月 31 日，原国家质检总局批准对万安罗盘实施地理标志产品保护。

2. 基础数据与指标结构分析

万安罗盘的总信息量为 342. 87 万比特，属于省内小规模品牌。品牌的各项指标都还较低，其安徽省影响力尚未形成。

知名度指标方面，安徽省平均仅为4.66%，没有达到有效标准（5%），品牌对营销还起不到作用，这一指标显示品牌的知名度基本上是由自然传播形成，无人为传播的痕迹。从地区层面看，各地的知名度都不高且都未达到有效标准，显示品牌在安徽省的影响力还非常小，绝大部分消费者对品牌是不知晓的，可能与品牌产品的特性有关，大部分消费者对罗盘是没有需求的，不会主动去了解与罗盘相关的品牌。认知度指标方面，安徽省仅为1.8%，也未达到有效标准（2.5%），而且在两个地区的指标都没有达到有效范围。品牌对广大消费者来说还是非常陌生的。

品牌的美誉度指标也属于中等水平，安徽省平均为7.4%，在马鞍山和合肥都没有获得较高的美誉度，口碑评价一般，品牌的营销效果并不理想。品牌在安徽虽然获得了2.8%的忠诚度，但仅在合肥一地获得，说明品牌的消费偏好不明显，固定消费人群还不大，可能与品牌的价格策略、销售渠道有关，也有可能在本次调研中并未发现品牌的目标消费者。万安罗盘在安徽调研的基础数据，如表5－256所示。

表5－256　万安罗盘在安徽调研的基础数据

序号	区域	代表城市级别人口数（万人）	知名度（%）	认知度（%）	美誉度（%）	忠诚度（%）	信息总量（万比特）
1	合肥	2656.3	4.42	1.56	6.25	6.25	133.61
2	马鞍山	3279.2	4.86	2.00	8.33	0.00	209.26
总计	安徽	5935.5	4.66	1.80	7.40	2.80	342.87

该品牌的各项指标均不高，品牌在安徽省的影响力还未形成，各项指标间的结构也未形成，因此品牌在营销中的作用并不明显。万安罗盘在安徽省的指标结构，如图5－158所示。

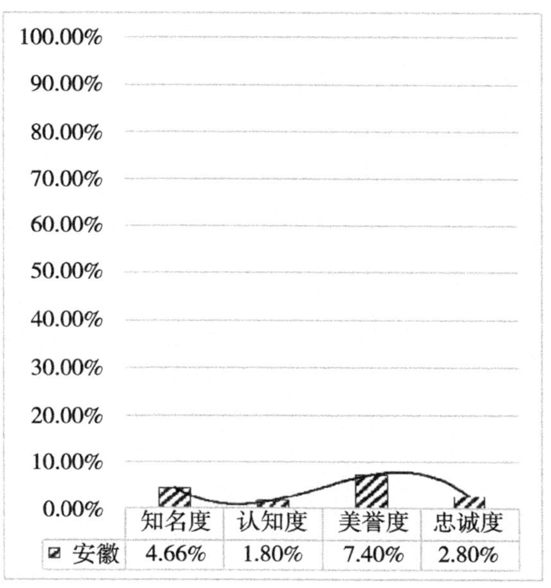

图 5－158　万安罗盘在安徽省的指标结构

3. 品牌质量分析

万安罗盘信息质量比为 0.172，处于良好水平，高于行业的平均水平。品牌虽然各项指标数据都不高，发展也不够充分，但其品牌质与量的发展是较均衡的。因其多项指标偏低，未达到有效范围，品牌目标还仅是一个“商标”的概念，这一质量比值的参考意义并不大。万安罗盘的质量比计算，如表 5－257 所示。

表 5－257　万安罗盘的质量比计算

品牌	品牌信息基本量的贡献率	品牌信息质的贡献率	品牌信息质量比值
万安罗盘	85.34%	14.66%	0.172

4. 综合分析

综上所述，万安罗盘在安徽省是一个小规模品牌，品牌的发展还不充分，在安徽省的影响力还未形成，目标正处于“商标”向“品牌”进行转变的阶段。

第九节　汽车行业品牌资源分析

一百一十九、奇瑞

1. 品牌简介

奇瑞汽车股份有限公司成立于1997年1月8日。公司成立20多年来，始终坚持自主创新，逐步建立起完整的技术和产品研发体系，产品出口海外80余个国家和地区，打造了艾瑞泽、瑞虎、QQ和风云等知名产品品牌。同时，旗下两家合资企业拥有观致、捷豹、路虎等品牌。截至目前，公司累计销量已超过600万辆，成为第一个乘用车销量突破600万辆的中国乘用车品牌汽车企业，其中，累计出口超过125万辆，连续14年保持中国乘用车出口第一位。

公司在芜湖、大连、鄂尔多斯、常熟以及在巴西、伊朗、委内瑞拉、俄罗斯等国共建有14个生产基地，公司现有资产792亿元。拥有专业研发人员超过5000人，其中拥有博士、硕士、海外归来人员等高层次人才1200多人。引进国外知名专家、管理人员300多人，国务院特殊津贴7人，国家友谊奖专家2人，以及多位安徽省黄山友谊奖获得者。

2. 基础数据与指标结构分析

奇瑞品牌的总信息量为8.723亿比特，属于大规模品牌。本次调研地区包括了安徽省的两个城市合肥和马鞍山，作为一个安徽的品牌，品牌在两个城市获得了高于全国其他地区城市的各项基础数据，尤其是在临近品牌所在地芜湖的马鞍山地区的数据比较突出，显示品牌还有一定的地区特征但不明显，是一个面向全国发展的品牌，已经具有较强的全国影响力。

基础指标中，该品牌的知名度较高，认知度尚可，但品牌美誉度一般，忠诚度明显偏低了。其全国知名度为37.58%，刚超过品牌获取知名度的第三个关键点37.5%，品牌在全国具有稳定的影响力，成为了有效的经营工具，能为品牌产品的营销提供较强的支撑。从地区上看，各地的知名度有一定的差异：安徽的两个城市合肥和马鞍山分别达到了56.62%和71.71%，接近及超过高知名度的标准（64%），作为一个安徽省品牌，其在省内的影响力明显优于其他地区，消费者对品牌是耳熟能详的；而在其他地区的知名度数据在30%左右，比较均衡，影响力远达不到在省内的水平。品牌的这一知名度数据具备了大范围消费者认知的基础，从认知度的全国指标看，平均达到12.76%，已属于具有较大范围认识水平的品牌，有相当一部分消费者对品牌的内涵是比较了解的，但从认知度与知名度的关系看，认知度仅为知名度的1/3，低于理想比值的下限（0.5），说明该品牌宣传推广的效果一般，品牌传播效率还需加强。

奇瑞品牌的美誉度为8.17%，美誉度指标一般，获得了一定的消费者口碑。在各地的美誉度指标相对比较平均，没有特别突出的地区，最高的城市来自安徽省内的合肥，但也仅为13.42%，属于消费者口碑最好的地区，品牌营销效果在地区上并无明显的差距，其营销策略应该是全国一致的。从美誉度与认知度的关系看，认知度高于美誉度，美誉度偏低了，消费者虽然对品牌比较了解，但并没有转化为现实的消费者购买。厂商为品牌宣传付出了努力和较高的成本，但获得的收益并不相匹配。从忠诚度指标看全国仅为0.69%，明显偏低了，美誉度向忠诚度的转化不充分，消费者的重复购买率与该品牌的口碑明显不匹配，品牌影响力在营销中的作用并没有完全发挥出来。忠诚度低并不意味着品牌产品的销量不好，仅反映多次重复消费的消费者人数偏少。忠诚度低也与汽车属于耐用品有关，重复消费的周期本来就偏长，也可能与本次调研中没有发现品牌的目标消费者和忠诚客户有关。奇瑞品牌的基础数据，如表5－258所示。

表5－258　奇瑞品牌的基础数据

序号	调研城市	知名度（%）	认知度（%）	美誉度（%）	忠诚度（%）	品牌信息量估值（万比特）
1	长沙	27.85	8.46	3.28	0.00	4549.68
2	合肥	56.62	20.92	13.42	1.73	20011.03
3	吉林	25.76	8.14	11.03	0.74	7037.09
4	厦门	30.00	10.71	2.15	1.08	8968.49
5	呼伦贝尔	45.35	13.60	13.16	0.53	15196.87
6	马鞍山	71.71	27.91	9.19	0.54	13967.88

续表

序号	调研城市	知名度（%）	认知度（%）	美誉度（%）	忠诚度（%）	品牌信息量估值（万比特）
7	赣州	30.56	10.48	7.27	0.00	9065.34
8	成都	30.49	9.78	5.88	1.47	4656.93
9	南宁	30.00	8.83	5.26	0.00	3777.35
总计	全国	37.58	12.76	8.17	0.69	87230.663

品牌的全国指标结构和品牌所在地（以马鞍山的数据为参考）的指标结构均近似于逐次下降结构，品牌所在地体现得尤为明显。品牌的突出特点是获得了较高的知名度，认知度也尚可，但美誉度指标一般，忠诚度明显偏低了，各指标是一个逐次下降的形态。这一结构显示厂商有过大规模的品牌宣传活动，加深了消费者的印象，消费者对品牌是比较了解的，但知晓品牌的消费者中购买品牌产品的人并不多，品牌口碑一般，忠诚客户群体还偏小，在一定程度上存在着“重广告，轻公关”的经营理念。奇瑞品牌在全国的指标结构与在马鞍山的指标结构，如图 5 - 159、图 5 - 160 所示。

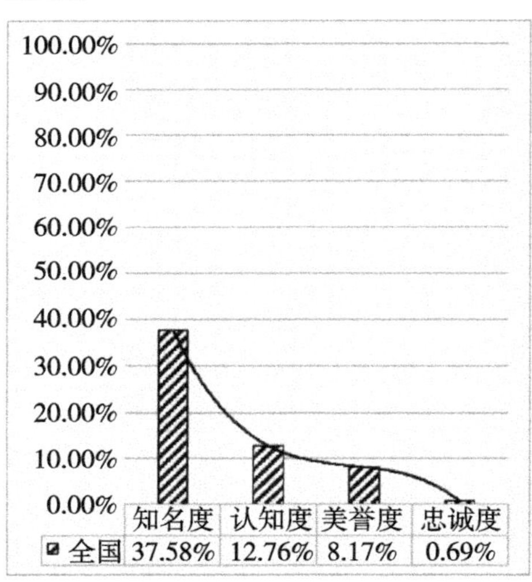

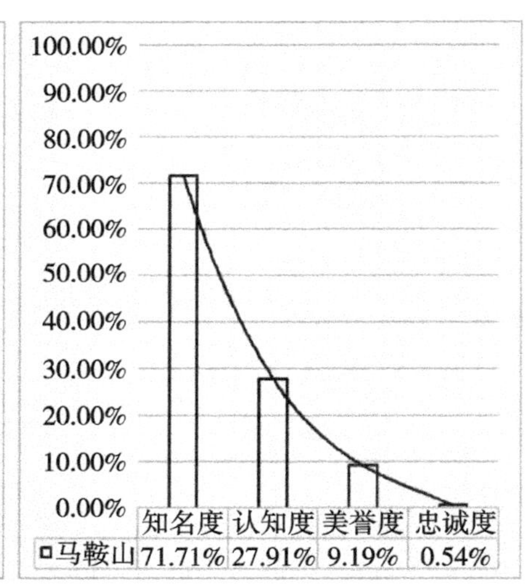

图 5 - 159　奇瑞品牌在全国的指标结构　图 5 - 160　奇瑞品牌在马鞍山的指标结构

3. 品牌质量分析

奇瑞品牌的信息质量比为 0.249，接近理想比值的下限 0.3，品牌发展质量是优良的，企业的经营管理和品牌营销也处于良好的状况。从基础指标看，该品牌是一个拥有一定知名度的品牌，应该有过品牌运作活动，但美誉度略显不足，尤其是美誉度低于认知度的水平，口碑与品牌的影响力不匹配，品牌质的积累是不够的。奇瑞品牌的质量比计算，如表 5 – 259 所示。

表 5 – 259 奇瑞品牌的质量比计算

品牌	品牌信息基本量的贡献率	品牌信息质的贡献率	品牌信息质量比值
奇瑞	80. 09%	19. 91%	0. 249

4. 综合分析

综上所述，奇瑞品牌是一个品牌质量优良的大规模全国性品牌，发展状况基本健康，但品牌美誉度不足，忠诚度偏低的问题比较突出，质的积累还不够，还需要厂商继续以提高品牌美誉度为目标，改进消费者对品牌产品和服务的体验，培养忠诚客户，让品牌名声能够为厂商带来切实的收益。

一百二十、江淮

1. 品牌简介

安徽江淮汽车集团股份有限公司（简称江淮汽车或 JAC），是一家集全系列商用车、乘用车及动力总成等研产销和服务于一体，先进节能汽车、新能源汽车、智能网联汽车并举的综合型汽车企业集团。公司现有主导产品包括：重、中、轻、微型卡车，多功能商用车、MPV、SUV、轿车、客车，专用底盘及变速箱、发动机、车桥等核心零部件。现拥有瑞风、江淮 iEV、帅铃、骏铃、康铃、格尔发、和悦、星锐、锐捷特等知名品牌。

江淮汽车拥有一支近 5000 人的高水平研发团队，坚持“安全、节能、环保、智能、舒适”的关键技术研发路线，已形成整车、核心动力总成、自动变速箱及软件系统等关键零部件研发、试验验证和标定开发等完整的正向研发体系。在节能减排技术、智能安全技术、噪音技术、轻量化技术、新能源技术、制造工艺技术等方面取得了全面突破，持续打造企业的核心竞争力。

截至2017年年底，江淮汽车累计拥有授权专利10 356件，其中发明专利授权1207件，成为国内首家专利过万件的车企。自2009年起共有9款自主研发的发动机荣获“中国心”十佳发动机。国家863计划重点项目6DCT自动变速箱，实现TCU上层软件开发完全自主，打破国际垄断。

2. 基础数据与指标结构分析

江淮品牌的总信息量为4.6861亿比特，属于中等规模品牌。从各地区基础指标看，品牌在所在地合肥获得的调研数据要明显高于全国其他城市，显示品牌在全国各地虽然具有了一定的影响力，但还具有比较明显的区域特征，是一个具有明显区域特征的全国性品牌。

品牌的全国平均知名度为20.79%，超过品牌获取知名度的第二个关键点16.5%，品牌开始出现大范围的消费者认知，对产品和企业以及品牌内涵等信息有相当一部分的消费者具有较深的理解和认知。品牌的知名度在地区上体现出比较明显的差异：品牌所在地合肥地区超过了55%，另外在安徽的另一城市马鞍山的知名度也较高，显示品牌在安徽的影响力是最大的，品牌宣传和营销效果也比较理想；而在全国其他地区则整体差距不大，影响力比较均衡但影响力还比较小。其全国平均认知度为7.86%，接近知名度的一半，显示有相当一部分消费者对品牌内涵是比较了解的，但从地区数据看，品牌认知度主要来自合肥与马鞍山两地数据的支撑，安徽的消费者对品牌是比较熟悉和了解的，但这并不能反映全国的真实平均水平。

该品牌的全国美誉度为5.77%，消费者的口碑并不突出。从地区数据看，也有较明显的差异，在部分地区甚至没有获得美誉度的数据，显示各地消费者在购买品牌产品后对品牌形成了较大差异的口碑。美誉度与认知度的理想关系是美誉度略高于认知度为好，但显然江淮品牌的美誉度指标偏低了。从其忠诚度指标看，也明显偏低了，全国仅为1.21%，表明消费者对该品牌产品的重复购买率不足，消费偏好不明显。江淮品牌的基础数据，如表5－260所示。

表 5－260　江淮品牌的基础数据

序号	调研城市	知名度（%）	认知度（%）	美誉度（%）	忠诚度（%）	品牌信息量估值（万比特）
1	长沙	15.07	4.88	9.09	0.00	2093.45
2	合肥	58.60	29.21	11.16	0.41	21686.63
3	吉林	5.16	1.08	0.00	3.85	1316.36
4	厦门	11.33	3.48	0.00	0.00	3088.07
5	呼伦贝尔	23.72	5.75	11.34	0.00	6055.20
6	马鞍山	38.76	17.21	7.00	3.00	5618.12
7	赣州	10.60	3.36	5.13	2.56	2791.47
8	成都	15.24	5.27	4.00	0.00	2254.55
9	南宁	18.59	4.76	6.90	0.00	1957.38
总计	全国	20.79	7.86	5.77	1.21	46861.233

该品牌的全国指标结构和品牌所在地的结构均近似于逐次下降结构，指标间的比例关系也不合理，品牌在营销中的作用并没有完全体现出来。品牌可能有过大规模的广告活动，依靠高密度、高强度的传播获得了较高的品牌知名度绝对值，对消费者有一定的影响力，但对消费者口碑和忠诚

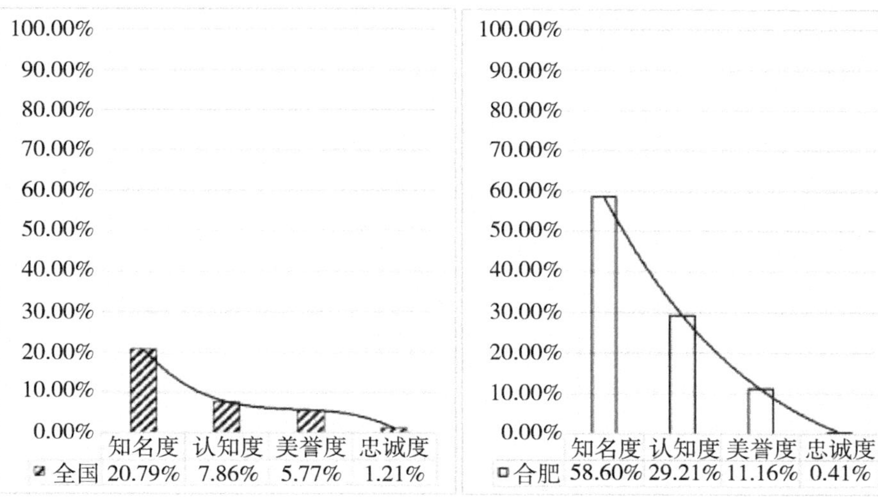

图 5－161　江淮品牌在全国的指标结构　　图 5－162　江淮品牌在合肥的指标结构

客户的培养没有引起足够的重视。江淮品牌在全国的指标结构与在合肥的指标结构，如图 5－161、图 5－162 所示。

3. 品牌质量分析

江淮品牌信息质量比为 0. 363，处于 0. 3～0. 4 的最优质量比值区间，属于质量优良的品牌。这一质量比值显示，品牌在消费者中形成了一定的影响力，具有一定的消费者口碑，品牌影响力和口碑是相匹配的，其质和量的发展达成了比较完美的平衡。江淮品牌的质量比计算，如表 5－261 所示。

表 5－261　江淮品牌的质量比计算

品牌	品牌信息基本量的贡献率	品牌信息质的贡献率	品牌信息质量比值
江淮	73. 35%	26. 65%	0. 363

4. 综合分析

由上述综合分析，该品牌是一个品牌质量优良的中等规模品牌，品牌面向全国发展，但具有明显的区域特征。建议厂商继续加大品牌宣传和推广的力度，防止品牌的自然衰减速率，并继续以提高美誉度为目标，增加品牌自我传播的能力。

一百二十一、安凯

1. 品牌简介

安徽安凯汽车股份有限公司（以下简称安凯股份公司）是专业生产全系列客车和汽车零部件的上市公司，职工 3500 余人，客车及底盘年综合生产能力 2 万辆。目前，安凯股份公司共有 4 个客车整车和 1 个汽车零部件生产基地，是国家创新型试点企业、国家火炬计划重点高新技术企业，拥有国家电动客车整车系统集成工程技术研究中心、国家级博士后科研工作站。

安凯客车产品覆盖各类公路客车、旅游客车、团体客车、景观车、公交客车、新能源商用车等，大中型客车同步、高中档客车并举。安凯客车采用全承载和半承载两条技术路线：全承载技术主要用于大型客车和新能源客车，全承载客车车身骨架采用 16M 矩形管，车身强度为一般客车的

3~6倍，质量比同级别车约轻8%，整车安全性高、质量轻、燃油经济性好；半承载技术主要用于中轻型客车，半承载客车依托江淮汽车专业底盘的技术优势，经济性、舒适性受到客户广泛称赞。

安凯客车是中国豪华客车的领导者和标杆，1993年，第一辆安凯豪华客车在成渝高速运营，填补了国内高档豪华客车的市场空白，开创了中国道路客运的新纪元。安凯股份公司依托全承载车身制造技术，率先与全球知名高校和一流零部件企业合作，成功开发出一系列纯电动、混合动力和新燃料客车，电动客车整车系统集成技术国内领先，电机、电控、轮毂电机驱动桥等拥有自主知识产权制造技术。目前，安凯客车是国内新能源客车产品线最全、新能源客车运营城市最多、纯电动客车单车运营里程最高的客车企业。

安凯股份公司面向全球开发适合各类客户需求的产品，凭借优良的产品品质和“敬客经营”理念，产品出口至英国、迪拜、沙特、南美等50多个发达国家和地区，在世界范围内赢得了较好的品牌美誉。

2. 基础数据与指标结构分析

安凯品牌的总信息量是3.451亿比特，属于中等偏小规模品牌，个别指标在全国各个城市体现出较明显的差异性，品牌在所在地获得的调研数据明显高于全国其他城市，还有较明显的区域性特征，其全国影响力还较小。

该品牌的各项基础指标均略显不足。全国平均知名度为12.79%，品牌开始对营销发挥一定的作用，显然商家做过获取知名度的努力，但缺乏消费者知晓的基础，知晓范围并不广。从地区上看，在各地的知名度差距较明显：品牌所在的合肥市知名度最高达到了50.94%，品牌的影响力较大，当地超过半数的消费者对品牌是比较熟悉的，而在全国多个城市的影响力没有超过5%的有效范围，如长沙、厦门、吉林、成都等，品牌基本上属于自然传播形成，没有人为传播的痕迹。品牌的认知度差距也较明显，虽然全国平均为5.46%，接近知名度的一半，接近与知名度的理想比值，但从各地的数据可以看出，品牌认知度主要来自所在地合肥的支撑，在当地获得了超过28%的认知度水平，但在其他地区的认知度均偏低了，这也与其并不高的知名度有关，还缺乏消费者深度认知的基础。该品牌的美誉度也不突出，全国平均为8.58%，各地的美誉度差距也比较明显。但品牌认知度与美誉度的关系是比较协调的，美誉度略高于认知度，说明该品牌的美誉度主要来自认知度的支撑，美誉度主要来自消费者对其产品或服务的深度体验形成的赞誉。

该品牌指标中还有一个突出的问题是品牌忠诚度偏低，在全国大部分地区甚至包括品牌所在地合肥都没有获得忠诚度，意味着在这些地区的消费者没有形成明显的消费偏好或习惯，没有有效的重复购买率。这可能与品牌产品的特性有关，安凯为主要生产客车的汽车公司，直接消费者人群本来就偏小，多次重复购买的消费者更是少之又少。安凯品牌的基础数据，如表 5－262 所示。

表 5－262　安凯品牌的基础数据

序号	调研城市	知名度（%）	认知度（%）	美誉度（%）	忠诚度（%）	品牌信息量估值（万比特）
1	长沙	3.47	0.70	10.00	0.00	444.74
2	合肥	50.94	28.46	15.74	0.00	22830.71
3	吉林	3.53	0.84	15.79	0.00	971.14
4	厦门	4.59	1.49	10.53	0.00	1015.85
5	呼伦贝尔	21.32	6.31	9.57	2.13	5107.98
6	马鞍山	13.91	5.08	2.70	0.00	1825.29
7	赣州	6.05	1.92	4.76	0.00	1553.34
8	成都	2.28	0.51	0.00	0.00	351.25
9	南宁	3.17	1.26	0.00	0.00	410.44
总计	全国	12.79	5.46	8.58	0.29	34510.735

安凯品牌的全国指标结构中，各项指标均不太高，指标结构刚刚形成且近似于次优结构，品牌是能对营销起一定作用的，但受限于产品的特性，重复消费的人群还很小（如图 5－163 所示）。品牌所在地合肥的指标结构则近似于逐次下降结构，各指标值逐次递减，显示出厂商一定程度的“重广告、轻公关”的特点，消费者对品牌比较熟悉和了解，但并没有转化为对品牌产品的购买，对品牌的赞誉相对较低且没有发现忠诚客户。如图 5－164 所示。

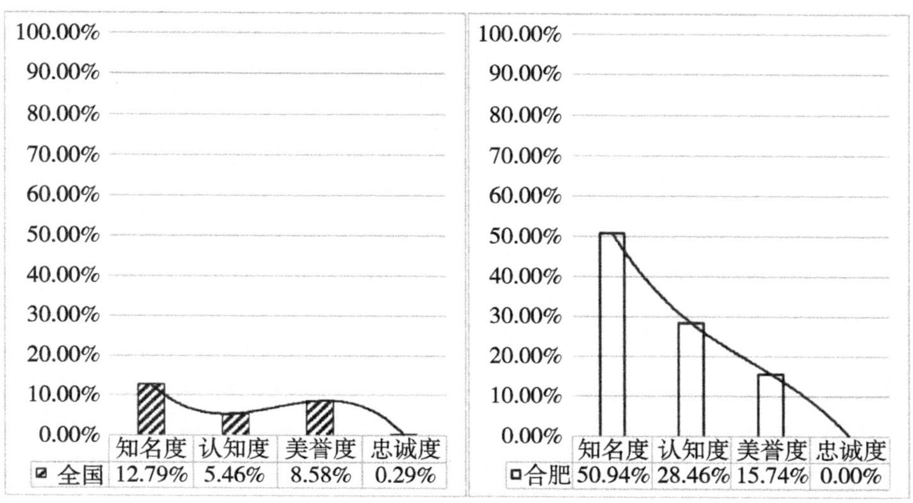

图 5 – 163　安凯品牌在全国的指标结构　图 5 – 164　安凯品牌在合肥的指标结构

3. 品牌质量分析

安凯品牌的信息质量比为 0.738，高于理想比值的上限 0.4，略呈现出“质有余而量不足”的状况，但品牌的质量发展还是处于优良水平的。基础指标中，品牌的知名度还不够高，尤其是认知度稍显偏低了，品牌量的发展还不够，品牌的影响力与消费者的口碑还不相匹配，需要企业继续加强品牌的宣传推广，扩大品牌的传播范围，并以此为基础提升品牌的美誉度，并培养品牌的忠诚客户。安凯品牌的质量比计算，如表 5 – 263 所示。

表 5 – 263　安凯品牌的质量比计算

品牌	品牌信息基本量的贡献率	品牌信息质的贡献率	品牌信息质量比值
安凯	57.52%	42.48%	0.738

4. 综合分析

由上述综合分析，该品牌是品牌质量水平优良的中等偏小规模品牌。品牌量的发展还不足，全国影响力较小，应该还是处于成长期内，具有较好的成长性。

第十节　其他品牌资源分析

一百二十二、方特

1. 品牌简介

方特品牌隶属于华强方特文化科技集团股份有限公司，是国内知名的大型文化科技集团，下辖50多家专业公司，荣获八届中国文化企业30强。华强方特是从主题乐园创意设计、研究开发、内容制作、施工建设到市场运营全产业链运营的企业，匠心铸造文化精品，用心讲好中国故事。据《2016年全球主题乐园调查报告》显示，华强方特主题乐园累计接待游客量位列全球第五。华强方特已在全国投入运营方特欢乐世界、方特梦幻王国、方特水上乐园、方特东方神画四大品牌20余个主题乐园，形成文化样板与示范效应，产生巨大社会效益，形成文化旅游支柱和特色文化旅游品牌；其中，芜湖方特旅游度假区荣膺国家5A级旅游景区。

芜湖市方特欢乐世界经营管理有限公司系方特投资发展有限公司的下属子公司，专门针对旅游与娱乐自主经营项目投资的专业公司，目前拥有员工1000多人。主要经营范围包括方特欢乐世界主题公园、商业物业及酒店等项目。芜湖方特旅游区目前有四座主题乐园：方特欢乐世界、方特梦幻王国、方特水上乐园和方特东方神画。四座公园交相辉映，各抒魅力，炫丽迷人，带你踏入东方梦幻乐园，体验世界科幻神奇。

2. 基础数据与指标结构分析

方特品牌的信息总量为7.0239亿比特，属于中等偏大规模品牌。从品牌在各地的各项指标看，有一定的地区差异，可能与所选择的调研地区有关，安徽两个城市所获得的数据明显高于全国其他地区。但该品牌在各地区均获得了不错的调研数据，是一个面向全国发展的品牌，具有了一定的全国影响力。

从地区数据看，本次调研虽然没有安排在品牌所在地芜湖进行，但在合肥和马鞍山地区获得的调研数据均明显高于全国其他地区，说明品牌在安徽的经营效果是非常理想的，是品牌重点发展的区域；而东北地区的吉林和呼伦贝尔的各项数据则相对偏低，说明品牌在这一地区的影响力还较小，营销效果也不太理想。该品牌的全国知名度为32.44%，属于具有较大范围消费者认知的品牌，具有稳定的影响力，品牌知名度对认知度的转化基础较好，而且品牌对营销的作用在逐渐增强。该品牌的认知度指标也达到了较高水平，全国平均为11.34%，虽然从与知名度的比例关系看认知度还不够，但超过知名度1/3的水平，达到可接受范围。这说明品牌的内涵在传播中比较准确地传达给了消费者，消费者对该品牌印象是比较深刻的，有对品牌的深度认知。

方特品牌的全国美誉度为11.61%，获得了不错的口碑，消费者对品牌所提供的服务是比较认可的。从地区看，各地的美誉度也有一定的差异，在知名度较低的地区美誉度也较低，而在品牌所在省份城市的美誉度均超过了20%，说明品牌的传播和营销在全国是有一定差异的，有重点区域的选择。从认知度与美誉度的关系看，二者的比值属于理想范围之内，美誉度略高于认知度，美誉度的获得来自消费者对品牌产品的深度体验，是依靠品牌的产品质量或服务获得的。这种情况下获得的美誉度非常有益于品牌自传播的发展。从忠诚度指标看，指标值明显偏低了，全国仅为1.31%。从地区看，虽然在大部分地区获得了忠诚度但都不高，其良好的美誉度所形成的口碑没有转化成消费者的重复购买，消费者的消费偏好不明显，重复消费习惯并未形成。方特品牌的基础数据，如表5－264所示。

表5－264　方特品牌的基础数据

序号	调研城市	知名度	认知度	美誉度	忠诚度	品牌信息量估值
		(%)	(%)	(%)	(%)	(万比特)
1	长沙	36.63	12.68	9.00	0.00	6046.08
2	合肥	65.65	24.54	24.91	4.63	20323.89
3	吉林	16.75	5.31	7.04	1.41	3830.17
4	厦门	39.91	13.55	13.07	2.84	10763.66
5	呼伦贝尔	7.95	3.18	5.56	0.00	1691.55
6	马鞍山	79.37	29.20	20.50	0.50	15184.95
7	赣州	21.25	6.82	12.00	0.00	5931.87
8	成都	27.43	9.47	6.45	1.61	4328.87

续表

序号	调研城市	知名度（%）	认知度（%）	美誉度（%）	忠诚度（%）	品牌信息量估值（万比特）
9	南宁	18.52	5.05	5.71	0.00	2138.34
总计	全国	32.44	11.34	11.61	1.31	70239.388

该品牌的全国指标结构近似于次优结构，认知度不及知名度的一半，美誉度高于认知度，前三项指标对品牌营销是能发挥一定作用的，但由于忠诚度偏低，消费者消费偏好或消费习惯都未能形成，品牌在营销中的作用并未发挥出来（如图5－165所示）。品牌所在地（以马鞍山的数据为参考）的结构中，可以看出除忠诚度外其余数据均明显高于全国平均水平，品牌在当地拥有极大的影响力，消费者不但对品牌非常熟悉，而且品牌评价也非常好，品牌对营销的作用明显高于全国平均水平，但可惜的是忠诚度偏低了，重复持续消费的群体还是偏小。如图5－166所示。

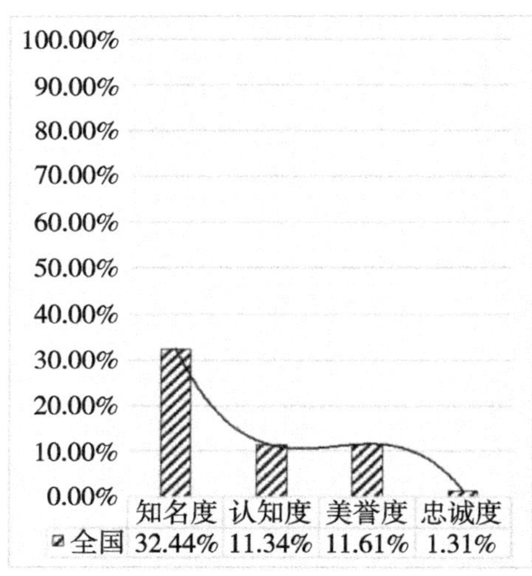

图5－165　方特品牌在全国的指标结构

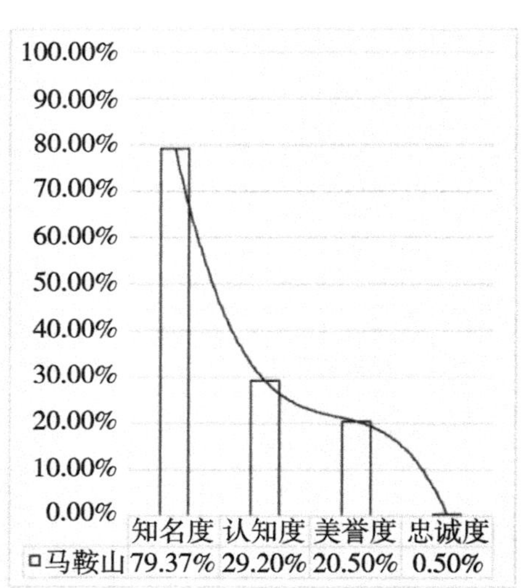

图5－166　方特品牌在马鞍山的指标结构

3. 品牌质量分析

方特品牌信息质量比为0.182，接近优良水平，品牌的发展质量是不错的。结合该品牌的各项基础指标，品牌质的发展略显偏低了，尤其从地区指标看，美誉度所体现出来的地区差距是比较明显的，除了在安徽城市的口碑较高外，在其他大部分城市的口碑一般，品牌质的发展还存在一定的缺陷，需要企业继续以提升品牌美誉度为目标，累积品牌口碑，培养忠诚客户，提升品牌质的发展水平。方特品牌的质量比计算，如表 5 – 265 所示。

表 5 – 265　方特品牌的质量比计算

品牌	品牌信息基本量的贡献率	品牌信息质的贡献率	品牌信息质量比值
方特	84.61%	15.39%	0.182

4. 综合分析

综上所述，从现有数据看方特是一个正在形成全国影响力的中等偏大规模品牌，品牌的发展质量良好，还保持着较好的成长空间。

一百二十三、百大

1. 品牌简介

合肥百货大楼集团股份有限公司（简称百大集团）前身系合肥市百货大楼，成立于 1959 年，1993 年改制为股份公司，1996 年合肥百货 A 股在深交所上市，是安徽省首家商业零售上市公司。上市以来，百大集团紧跟市场经济发展步伐，深化改革创新，加快规模拓展，提升质量效益，保持了持续、快速、健康发展。特别是近年来，公司大力推进转型升级、提质增效，从一家单体百货店发展成为安徽省规模最大的现代综合型商贸流通企业集团。目前公司拥有下属企业 65 家（其中 47 家子公司），拥有 24 家百货购物中心、172 家合家福超市、24 家百大电器、2 个大型农产品物流中心等 222 家连锁经营网点，品牌分销代理覆盖 5000 多个商店，连锁及批发分销机构遍布安徽 14 个地市，同时参股徽商银行、合肥科技农村商业银行等金融企业，拓展小贷业务、华融消费金融公司、第三方支付、合肥城市通卡等业务，涉足电子商务、跨境电商领域，形成了覆盖消费品连锁、农产品流通、金融类金融战略投资三大板块的多业态、全品类、全渠道以及线上与线下融合、内贸与外贸结合的产业体系。

2017 年，百大集团实现销售规模近 462 亿元，同比增长超过 10%，社会贡献额超过 20 亿元。在册职工近 10 000 人，在百大业务范围内就业的销售、保安、保洁、加工配送等各类人员近5万人。企业位居中国企业500强第343位，中国服务业500强第133位，安徽省服务业第1位；先后荣获全国文明单位，全国五一劳动奖章，全国守合同、重信用企业，全国精神文明单位，中国改革开放30周年功勋企业，全国商业服务业十佳企业，全国和谐商业企业，以及安徽省第三届政府质量奖、合肥市第二届政府质量奖、合肥市最具品牌价值影响力等众多省市荣誉称号。

2. 基础数据与指标结构分析

百大品牌的总信息量为4.7357亿比特，属于中等规模品牌。本次调研城市包括品牌所在的合肥，从合肥获得的各项数据看均明显高于全国其他地区，而在其他地区的数据则不高且比较平均，品牌具有非常明显的区域特征，是一个区域品牌，其在全国其他地区的影响力还很小。

该品牌的知名度为16.09%，接近品牌获取知名度的第二个关键点16.5%，在各地具备了一定的影响力，消费者对产品和企业具有较深的理解和认识，但消费者的认识和理解的程度不高。该品牌的知名度数据在地区上有非常明显的差异：品牌所在地合肥最高达到了84.91%，接近90%的极高知名度，知名度接近饱和状态，几乎达到了家喻户晓的地步，显示了品牌在该地区的影响力非常大，消费者对品牌耳熟能详；而在其他地区包括同属于安徽省的马鞍山的知名度则不高，在长沙、厦门等多个城市属于自然传播形成，基本上没有人为传播的痕迹。这说明品牌的影响地区主要集中在合肥地区，具有明显的区域特征。其认知度全国平均为7.78%，认知度与知名度在各地基本上呈现正相关关系。认知度接近知名度的一半水平，这说明其传播的效果是不错的，在知晓品牌的消费者中，有相当一部分对品牌内涵是比较了解的。但认知度主要来自合肥一地的支撑，高达49.78%，消费者的认知非常理想，但其他大部分地区未达到2.5%的有效标准，全国的认知水平是相当低的。

该品牌的美誉度相对较高，全国平均达到了12.49%，而且在大部分地区均获得了良好的消费者口碑，说明该品牌的产品和服务是不错的，获得了消费者的认可。其美誉度与认知度的比例并不协调，原因还是认知度过低了，说明该品牌的美誉度来自认知度的支撑部分还偏低，并不完全是来自消费者对其产品或服务的深度体验，而更多的是来自其他营销途径如促销获得，品牌在营销中的作用并不明显。

该品牌的另一个显著问题是较好的口碑未能转换成消费者的重复购买，在大部分调研地区没有录得品牌忠诚度的数据，意味着消费者的重复购买率低，消费偏好或习惯并未形成。这可能源于品牌缺乏知名度和认知度的支撑，或是商家在渠道、价格等方面营销运作出现了问题，未能契合消费者的利益诉求。百大品牌的基础数据，如表 5－266 所示。

表 5－266　百大品牌的基础数据

序号	调研城市	知名度（%）	认知度（%）	美誉度（%）	忠诚度（%）	品牌信息量估值（万比特）
1	长沙	2.08	0.20	0.00	0.00	258.18
2	合肥	84.91	49.78	23.06	1.94	38055.31
3	吉林	4.64	1.18	20.00	0.00	895.05
4	厦门	2.42	0.68	20.00	0.00	456.42
5	呼伦贝尔	7.69	2.82	6.41	0.00	4044.35
6	马鞍山	12.78	5.72	5.88	2.94	1540.31
7	赣州	6.05	1.38	9.52	0.00	1462.04
8	成都	2.74	0.50	16.67	0.00	309.89
9	南宁	3.17	0.93	0.00	0.00	336.24
总计	全国	16.09	7.78	12.49	0.44	47357.779

该品牌的指标结构中，主要问题在于认知度和忠诚度不高，以及认知度与知名度、美誉度与认知度、美誉度与忠诚度关系的失衡，品牌在营销中的作用是不明显的（如图 5－167 所示）。品牌所在地合肥的各项指标明显高于全国其他地区，但指标结构呈现逐次下降的状态，品牌在当地的知名度相当高，消费者的认知水平也非常理想，影响力是非常大的，但美誉度和忠诚度指标与之相比则偏低了，品牌口碑与品牌的影响力不相匹配，而且忠诚度过低的问题非常突出，消费偏好并不明显。总体来看，品牌在所在地对营销的作用非常明显。如图 5－168 所示。

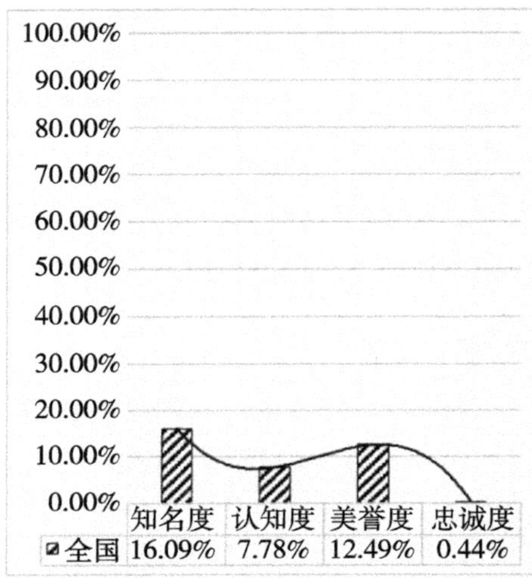

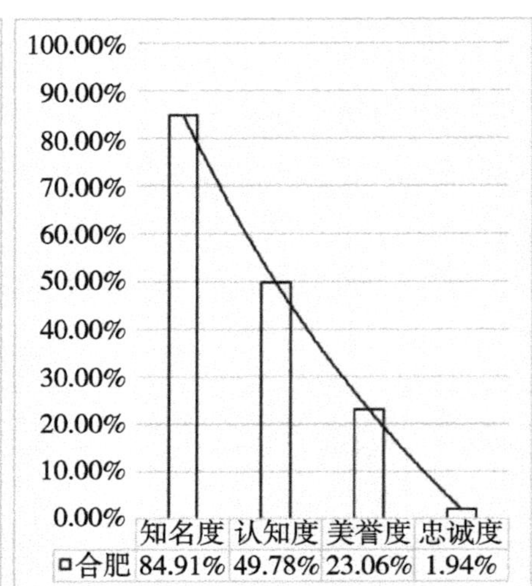

图 5－167　百大品牌在全国的指标结构　图 5－168　百大品牌在合肥的指标结构

3. 品牌质量分析

百大品牌信息质量比为 0. 76，高于理想比值的上限 0. 4，呈现出“质有余而量不足”的情况，但品牌的发展质量是良好的，有良好的消费者口碑的积累。从基础指标可以看出，品牌获得了相对较高的美誉度指标，而与之相比，知名度和认知度指标偏低了，尤其是在合肥之外的地区，品牌的知名度和认知度还很低，品牌量的积累是不足的。百大品牌的质量比计算，如表 5－267 所示。

表 5－267　百大品牌的质量比计算

品牌	品牌信息基本量的贡献率	品牌信息质的贡献率	品牌信息质量比值
百大	56. 82%	43. 18%	0. 760

4. 综合分析

由上述分析可知，百大品牌是一个区域特征非常明显的品牌，品牌的影响主要集中在品牌所在地的合肥地区，在其他地区的影响力不足，传播范围也不广，由此导致品牌出现了比较明显的“量亏”状况，品牌在所在地的影响力接近饱和状态，要想获得进一步的发展，必须要开拓所在地之外的市场。

一百二十四、金商都

1. 品牌简介

安徽金商都商贸有限责任公司坐落在安徽省六安市皖西路商业核心地段，建立于1998年10月1日，是由原六安市华侨友谊公司改制后于2004年4月30日注册成立的民营企业，并于2004年9月22日加盟合肥百货大楼集团股份有限公司。公司拥有安徽金商都商厦和三座超市，总营业面积18 000平方米，员工近1000人，经营品种近6万种。年销售额逾2亿元，年上缴税费700余万元，是六安市商贸零售业龙头企业。

2. 基础数据与指标结构分析

金商都品牌的总信息量是9767万比特，属于小规模品牌。本次调研没有安排在品牌所在地六安进行，因此看不出品牌的区域特征，但从同属于安徽的合肥和马鞍山的数据看，在安徽省内的影响力稍高于全国其他地区，但差距并不明显。从全国平均指标看，品牌的各项指标都还较低，其全国影响力还很小。

金商都的全国知名度为6.24%，刚超过有效标准（5%），品牌开始对营销发挥一定的作用，显然商家做过获取知名度的努力，但缺乏消费者知晓的基础，知晓范围并不广。从这一指标看，其全国的影响力还很小，而且从各地的指标看，各地的知名度都不高，最高的地区来自安徽省内的合肥，但也仅为13.08%，而吉林、长沙、赣州等多个地区均未达到知名度的有效标准。品牌的全国影响力并未形成，在安徽省内的影响力也不高。品牌的知名度标准并不具备大范围消费者认知的基础，其认知度也较低，仅为1.97%，并没有达到有效的范围（2.5%以上），而全国也仅合肥、呼伦贝尔和马鞍山等少数地区达到了有效标准，品牌推广渠道或是推广内容存在消费者认知的障碍，全国大部分地区的消费者对品牌是不了解的。低知名度和低认知度不会成为美誉度成长的基础，其品牌美誉度也不高，全国为7.17%，而且也表现出较大的地区差异性：成都、呼伦贝尔、马鞍山地区较高，都超过了15%，消费者认可度高，品牌营销效果最好，而其他地区较低，在长沙、吉林、赣州等大部分地区甚至没有获得美誉度。品牌的这一美誉度水平及分布情况几乎无法形成品牌的自传播能力，也无法为品牌带来足够的忠诚客户。品牌的忠诚度指标全国平均仅为0.67%，但仅来自合肥这一个地区的支撑，其他绝大多数地区的忠诚度为0，重复购买行为缺乏，并没有形成消费者的消费偏好。金商都品牌的基础数据，如表5－268所示。

表5－268　金商都品牌的基础数据

序号	调研城市	知名度（%）	认知度（%）	美誉度（%）	忠诚度（%）	品牌信息量估值（万比特）
1	长沙	2.74	0.37	0.00	0.00	341.38
2	合肥	13.08	6.30	9.26	5.56	2663.48
3	吉林	0.79	0.02	0.00	0.00	161.86
4	厦门	3.04	0.46	0.00	0.00	625.83
5	呼伦贝尔	5.16	3.37	16.13	0.00	3011.48
6	马鞍山	10.08	3.95	15.38	0.00	1078.32
7	赣州	1.09	0.34	0.00	0.00	271.55
8	成都	1.83	1.56	33.33	0.00	241.09
9	南宁	12.18	2.87	0.00	0.00	1372.41
总计	全国	6.24	1.97	7.17	0.67	9767.4086

金商都品牌的全国指标结构中，各项指标均不高，说明品牌在全国的

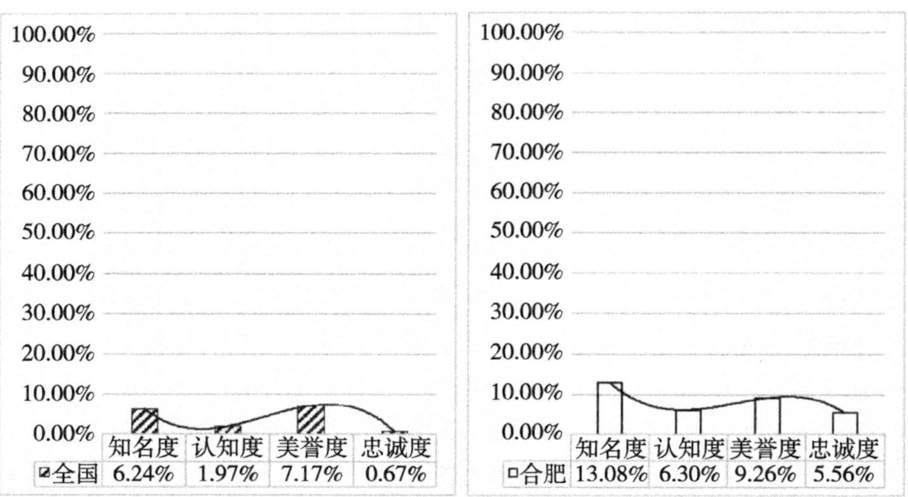

图5－169　金商都品牌在全国的指标结构　图5－170　金商都品牌在合肥的指标结构

影响力还很小，品牌对营销的作用还很弱（如图 5－169 所示）。品牌所在省份城市合肥的各项指标优于全国平均水平，但并不突出，而指标结构近似于最优结构，各指标形成了良好的结构关系，品牌对营销的作用非常明显。如图 5－170 所示。

3. 品牌质量分析

金商都品牌信息质量比为 0.108，品牌发展质量良好。从基础指标看，该品牌的各项指标均不高，但基本上做到了质与量的均衡发展。各项指标如果能获得同步提升，则品牌发展质量能向最优区间移动。金商都品牌的质量比计算，如表 5－269 所示。

表 5－269　金商都品牌的质量比计算

品牌	品牌信息基本量的贡献率	品牌信息质的贡献率	品牌信息质量比值
金商都	90.26%	9.74%	0.108

4. 综合分析

由上述分析可知，金商都品牌是一个品牌质量良好的小规模品牌，其各项基础指标均不高，还具有一定的区域品牌特征，其全国的影响力并未形成。

一百二十五、黄山卷烟

1. 品牌简介

黄山卷烟品牌系列产品是中式烤烟型卷烟产品，隶属于安徽中烟工业有限责任公司，前身为黄山卷烟总厂。黄山卷烟创牌于 1958 年，是安徽中烟工业公司蚌埠卷烟厂的代表品牌，1993 年推出特制黄山获得巨大成功后迅速发展，现拥有黄山万象、黄山中国风、黄山新视界、黄山新概念、黄山 50、黄山 1993、黄山硬多个品种，以及黄山皖烟系列和黄山迎客松系列等多个系列，“一品黄山，天高云淡”“中国香，中国味”“一山一世界”等广告语响遍大江南北。

经过半个世纪的发展，黄山卷烟品牌累积了深厚的品牌内涵，以独特的吸食口味风格赢得了市场的喜爱，产品行销全国 32 个省、市、自治区，市场覆盖率达到 97.36%。

2. 基础数据与指标结构分析

黄山卷烟品牌的信息总量为5.9983亿比特，属于中等规模品牌。品牌在全国各城市的各项调研指标体现出了比较明显的地区差异性，安徽省两个调研城市的各项数据均明显高于全国其他地区，但品牌在全国各调研城市均获得了有效的知名度数据，是一个地区差异明显的面向全国发展的品牌，已经具备了一定的全国影响力。

全国基础指标中，该品牌获得了较高的知名度、认知度和美誉度，但忠诚度偏低了。该品牌的全国知名度为28.32%，已具有较大范围的消费者知晓水平，品牌具有了稳定的影响力，品牌知名度对认知度的转化基础较好，而且品牌对营销的作用在逐渐增强。知名度在各地获得的数据差异比较明显：马鞍山和合肥地区的知名度均超过了70%，超过了64%的高知名度标准，在马鞍山更是接近极高知名度的水平，品牌在安徽省内的影响力非常大，几近家喻户晓；而在全国其他地区的知名度则比较平均，黄山卷烟作为全国著名的卷烟品牌，在全国还是被相当一部分消费者知晓的。该品牌的认知度指标也达到了较高水平，全国平均为10.27%，从认知度与知名度的比例关系看，已接近知名度一半的理想水平，说明品牌的内涵在传播中比较准确地传达给了消费者，有相当一部分消费者对品牌是比较熟悉和了解的，有对品牌的深度认知。

黄山卷烟品牌的全国美誉度为12.28%，获得了不错的口碑，消费者对品牌是比较认可的。从地区看，各地的美誉度体现出一定的差异但总体不明显，在各地均获得了不错的口碑，范围基本上在8%~20%，而相对来看，在合肥和马鞍山地区知名度、认知度和美誉度水平均比较突出，显示了该品牌所在的安徽地区是品牌主要传播和重点营销的区域，也获得了不错的效果。

从认知度与美誉度的关系看，二者的比值属于理想范围之内，美誉度略高于认知度，美誉度的获得来自消费者对品牌产品的深度体验，是依靠品牌的产品质量或服务获得的。这种情况下获得的美誉度非常有益于品牌自传播的发展。从忠诚度指标看，指标值稍显偏低了，全国平均为1.02%。

从地区看，仅在部分地区获得了忠诚度且都不高，其良好的美誉度所形成的口碑没有完全转化成消费者的重复购买。忠诚度体现的是消费者对一个品牌产品或服务的重复多次消费情况，这可能与国家禁止烟草品牌做广告宣传有关。黄山卷烟品牌的基础数据，如表5－270所示。

表5－270　黄山卷烟品牌的基础数据

序号	调研城市	知名度（%）	认知度（%）	美誉度（%）	忠诚度（%）	品牌信息量估值（万比特）
1	长沙	17.58	5.40	8.33	0.00	2412.82
2	合肥	72.02	24.31	20.70	2.23	21548.26
3	吉林	11.79	4.78	10.00	0.00	2600.92
4	厦门	21.84	10.04	11.93	1.83	5454.78
5	呼伦贝尔	6.14	2.71	8.51	0.00	1260.78
6	马鞍山	81.15	26.04	16.59	4.27	14292.02
7	赣州	23.86	9.47	13.10	1.19	7094.07
8	成都	15.93	5.50	5.56	0.00	2271.70
9	南宁	25.40	9.28	16.67	0.00	3048.38
总计	全国	28.32	10.27	12.28	1.02	59983.715

该品牌的全国指标结构近似于次优结构，认知度接近知名度的一半，美誉度略高于认知度，前三项指标对品牌营销构成了良好的支撑，但由于

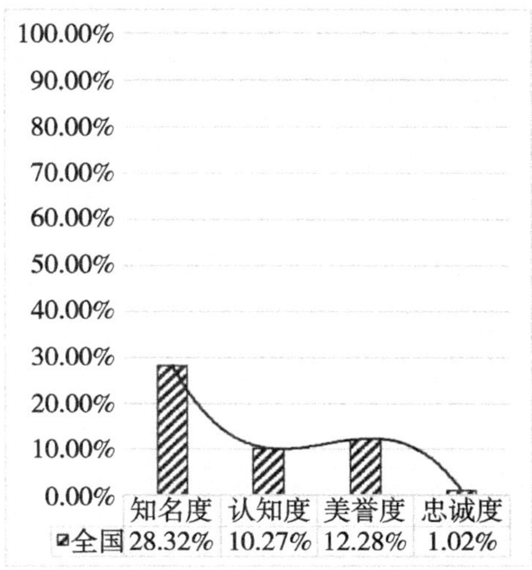

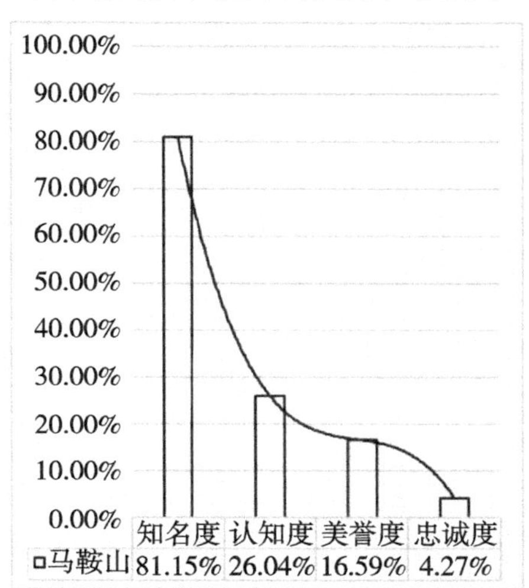

图5－171　黄山卷烟品牌在全国的指标结构　图5－172　黄山卷烟品牌在马鞍山的指标结构

忠诚度偏低，这种支撑作用并不明显，并没有为厂商带来应得的收益（如图5－171所示）。品牌所在地（以马鞍山的数据为参考）的指标结构则近似于逐次下降结构，知名度相当高，认知度也较高，二者均远高于全国平均水平，而美誉度和知名度仅略高于全国平均水平，说明品牌在当地的影响力很大，消费者对品牌耳熟能详，对品牌的认知情况也较好，但并没有形成与之相匹配的消费和体验，品牌名声较大，但厂商并没有获得与之相匹配的收益。如图5－172所示。

3. 品牌质量分析

黄山卷烟品牌信息质量比值为0.187，处于良好水平，品牌的发展质量是不错的，企业的经营管理处于较高的水平。结合该品牌的各项基础指标，品牌质的发展略显偏低了，尤其从品牌所在地的指标看，品牌的影响力主要依赖于消费者的知晓所形成的所谓“名声”，而不完全是由消费者对品牌产品和服务体验后所形成的“口碑”，品牌质的发展还存在一定的缺陷，需要企业继续以提升品牌美誉度为目标，累积品牌口碑，培养忠诚客户，提升品牌质的发展水平。黄山卷烟品牌的质量比计算，如表5－271所示。

表5－271　黄山卷烟品牌的质量比计算

品牌	品牌信息基本量的贡献率	品牌信息质的贡献率	品牌信息质量比值
黄山卷烟	84.23%	15.77%	0.187

4. 综合分析

由上述综合分析，黄山卷烟品牌是一个品牌质量发展良好的中等规模品牌，品牌还具有较为明显的区域特征，但已形成了很强的全国影响力。

一百二十六、天柱山

1. 品牌简介

安徽天柱山旅游发展有限公司于2003年成立，是一家由原天柱山国家森林公园、原天柱山风景名胜区管理委员会所属企业依法整合而成的永久性经营的国有独资企业。

安庆市潜山县西部的天柱山，又名潜山、皖山、皖公山（安徽省简称

"皖"，由此而来）、万岁山、万山等，为大别山山脉东延的一个组成部分（或称余脉）。一般指潜山县境内以其主峰天柱峰为中心的山地，有时也指其主峰。据1980年航空测定，主峰海拔为1488.4米，规划保护区面积为333平方千米，风景区面积为82.46平方千米，中心位置（天柱峰）地理坐标东经116°27′，北纬30°43′。天柱山因独特的自然景观，名列安徽省三大名山之一（黄山、九华山、天柱山）。早在汉武帝时就封为"南岳"，历代都有人文活动。中华人民共和国成立后开发为风景名胜区，景区于2011年获5A级旅游景区称号。2011年9月被联合国教科文组织正式批准成为世界地质公园。

2. 基础数据与指标结构分析

天柱山品牌的总信息量为3.557亿比特，属于中等规模品牌。从各地的指标来看，有比较明显的差异性和地域特征，但品牌在全国具有一定的影响力，是区域特征比较明显的全国性品牌。

天柱山品牌的全国平均知名度为18.14%，刚超过品牌获取知名度的第二个关键点16.5%，达到了知名品牌的标准，开始出现大范围的消费者认知，有相当一部分的消费者对产品和企业以及品牌内涵等信息具有较深的理解和认知。从各地的数据看，知名度在各地区表现出比较明显的地区差异：在合肥和马鞍山地区的知名度分别为58.33%和60.47%，均接近64%的高知名度标准，而认知度在两地的优势也比较明显，说明品牌在安徽省是被广大消费者熟知和了解的，品牌传播的效果良好，这也体现了品牌比较明显的区域特征；而在全国大部分地区的知名度刚超过5%的有效标准，相差不大，品牌的影响力还很有限。天柱山品牌的认知度指标明显偏低了，全国仅为5.98%，其认知度仅为知名度的不足1/3，说明其信息传播效率并不高或者传播的内容和途径有阻碍消费者认知的障碍，其知名度和认知度的比例是失衡的。

其美誉度的全国指标为11.57%，获得了不错的消费者口碑。从地区上看，也有比较明显的差异，其中合肥最高达到了23.67%，消费者对品牌的服务质量是非常认可的，而在个别地区如呼伦贝尔、赣州的美誉度指标则一般，在这些地区的其他指标也一般，由于消费者对品牌不熟悉，对品牌的产品和服务体验的群体相对较小，所形成的美誉度也不高，但在大部分地区其产品和服务是得到了相当一部分消费者的认可的。认知度偏低，美誉度与认知度的比例也是失衡的，说明该品牌美誉度来自认知度的支撑较少，来自消费者对该品牌产品和服务的深度体验较少，品牌在营销中的作用并不明显。天柱山品牌虽然获得了2.7%的忠诚度，但从地区指标看，忠诚度仅来自合肥、成都等少数忠诚度较高地区的支撑，而在其他地区的忠诚度均一般，少数地区的忠诚度并不能反映全国的真实平均水平，整体来看其忠诚客户群体还是偏低的，消费者的消费偏好并不明显。天柱山品牌的基础数据，如表5-272所示。

表5-272　天柱山品牌的基础数据

序号	调研城市	知名度（%）	认知度（%）	美誉度（%）	忠诚度（%）	品牌信息量估值（万比特）
1	长沙	10.48	4.03	12.50	0.00	1341.51
2	合肥	58.33	16.63	23.67	7.76	15283.71
3	吉林	5.05	1.75	14.81	0.00	980.68
4	厦门	11.14	5.88	11.90	4.76	2490.06
5	呼伦贝尔	7.13	1.10	3.13	0.00	1445.18
6	马鞍山	60.47	19.13	13.46	2.56	9532.23
7	赣州	12.11	4.73	6.98	0.00	3303.01
8	成都	4.37	2.02	11.11	11.11	539.55
9	南宁	6.28	2.25	8.33	0.00	654.49
总计	全国	18.14	5.98	11.57	2.70	35570.428

从该品牌的全国指标结构中，可以明显地发现品牌的认知度和忠诚度偏低了，指标间的比例关系不太协调，虽然获得了较好的美誉度，但由于认知度偏低，口碑的形成与口碑的关系不大（如图5-173所示）。品牌所在地（以合肥的数据为参考）的指标结构则近似于次优结构，指标间的结构关系明显优于全国平均水平，品牌在当地拥有很高的知名度，消费者的认知情况也比较好，而且形成了非常好的消费者口碑，获得了相当一部分忠诚客户，品牌对营销的作用非常明显。如图5-174所示。

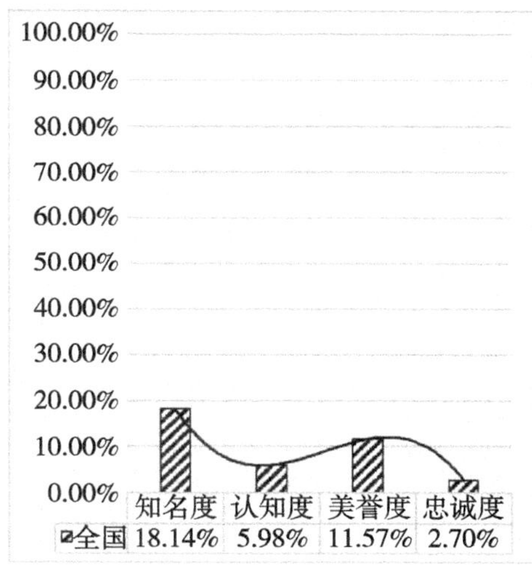

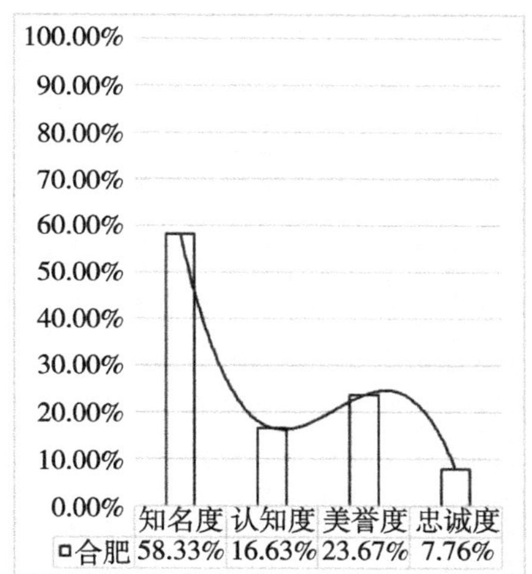

图5－173　天柱山品牌在全国的指标结构　图5－174　天柱山品牌在合肥的指标结构

3. 品牌质量分析

天柱山品牌信息质量比为0.232，品牌的发展质量处于优良水平，是一个依靠消费者口碑积累的优秀品牌。这一质量比值反映品牌质和量的发展是比较均衡的，知名度和认知度所形成的影响力与品牌的口碑是比较匹配的。厂商应以继续扩大品牌影响为目的，开展多形式的品牌宣传活动，在提升品牌量的同时，适度提升品牌美誉度和忠诚度，使品牌质与量更加均衡发展。天柱山品牌的质量比计算，如表5－273所示。

表5－273　天柱山品牌的质量比计算

品牌	品牌信息基本量的贡献率	品牌信息质的贡献率	品牌信息质量比值
天柱山	81.17%	18.83%	0.232

4. 综合分析

由上述分析可知，天柱山品牌是一个具有区域品牌特征的中等规模品牌，开始形成全国的影响力，品牌的发展质量优良，发展状况基本健康，具有比较良好的成长性。

一百二十七、马钢

1. 品牌简介

马钢是我国特大型钢铁联合企业，A＋H股上市公司，由安徽省政府授权经营，现有员工4.3万人，具备2000万吨钢配套生产规模，形成了钢铁产业、钢铁上下游关联产业和战略性新兴产业三大主导产业协同发展格局。2017年，马钢粗钢产量为1971万吨，资产总额为918亿元，实现营业收入797亿元，利润总额为56亿元。

马钢的前身是成立于1953年的马鞍山铁厂，1998年马钢总公司依法改制为马钢（集团）控股有限公司。在50多年的发展历程中，马钢为我国钢铁工业的发展做出了重要贡献：20世纪60年代，建成我国第一个车轮轮箍厂，填补了车轮轮箍国产化的空白。20世纪80年代，建成我国第一套高速线材轧机，成为我国线材高速轧制技术的摇篮。20世纪90年代，成为我国首批9家规范化股份制试点企业之一，享有中国钢铁第一股的美誉；1998年建成我国第一条H型钢生产线，填补了国内大H型钢产品的空白。

近年来，马钢坚持以发展为第一要务，以结构调整、创新驱动为主线，以令人瞩目的“马钢速度”完成了总投资400多亿元的两轮大规模结构调整，拥有世界先进的冷热轧薄板、彩涂板、镀锌板、H型钢、高速线材、高速棒材和车轮轮箍等生产线，长材、板带、轮轴三大系列产品全面升级换代，车轮、H型钢、冷镦钢、管线钢等产品拥有自主知识产权和核心技术，车轮和H型钢产品获得“中国名牌”称号，马钢商标被评为中国驰名商标，2016年马钢荣获全国质量奖。

2. 基础数据与指标结构分析

马钢品牌的总信息量为4.342亿比特，属于中等规模品牌。从各地的调研数据来看，品牌在所在地马鞍山获得的数据要明显高于全国其他地区，而在同处安徽的合肥地区获得的调研数据也比较突出，显示品牌具有明显的区域特征，还是一个区域品牌，其在全国的影响力还不大。

马钢品牌的全国平均知名度为17.05%，超过品牌获取知名度的第二个关键点16.5%，开始出现大范围的消费者认知，有相当一部分的消费者对产品和企业以及品牌内涵等信息具有较深的理解和认知。但从各地的数据看，知名度在各地区的分布有明显的差异：品牌所在地马鞍山的知名度接近90%，接近极高知名度的标准，知名度接近饱和状态，几近家喻户晓，马钢作为马鞍山的支柱企业，在当地具有非常大的影响力；而品牌在同处安徽省的合肥市也获得了43.55%的知名度，远高于全国平均水平，而在全国其他地区的知名度则不高，显示品牌的影响力主要集中在安徽地区。该品牌的认知度指标全国平均为6.03%，认知水平并不高，而且从地区上看除了马鞍山和合肥较高外，其余调研城市的数据均不高，各地的认知度数据基本上与知名度呈正相关关系，各地的认知度水平差距也是比较大的。从认知度与知名度的关系看，认知度偏低了，仅为知名度的1/3水平，说明其信息传播效率并不高或者传播的内容和途径有阻碍消费者认知的障碍，其知名度和认知度的比例是失衡的。

该品牌的美誉度全国平均为10.34%，获得了良好的消费者口碑，但从地区看美誉度数据也有明显的差距，而且大部分地区的美誉度是在较低的知名度和认知度情况下获得的，与品牌本身的关系不大。从忠诚度指标看，明显偏低了，全国平均仅为0.44%，良好的口碑向消费者忠诚度的转化不充分，消费者的多次重复购买率还比较低。这也与其品牌产品有关，马钢作为全国知名的钢铁品牌，其品牌产品主要面向企业而不是面向大众消费者，固定消费人群本来就偏小。马钢品牌的基础数据，如表5－274所示。

表5－274　马钢品牌的基础数据

序号	调研城市	知名度（%）	认知度（%）	美誉度（%）	忠诚度（%）	品牌信息量估值（万比特）
1	长沙	2.74	0.51	16.67	0.00	469.15
2	合肥	43.55	16.95	10.61	1.68	12559.18
3	吉林	1.18	0.22	0.00	0.00	294.06
4	厦门	5.52	1.60	0.00	0.00	1425.38
5	呼伦贝尔	18.34	4.55	14.67	1.33	5253.29
6	马鞍山	89.53	35.76	9.09	0.87	19657.40
7	赣州	4.35	1.18	18.75	0.00	1673.20
8	成都	4.27	1.63	14.29	0.00	691.31
9	南宁	11.54	3.23	11.11	0.00	1397.07
总计	全国	17.05	6.03	10.34	0.44	43420.03

该品牌的全国指标结构近似于次优品牌结构，认知度未到知名度的一

半，美誉度略高于认知度，前三项指标显示了品牌对营销的作用开始显现，消费者由于对品牌的了解而开始购买品牌产品，对品牌也形成了一定的赞誉水平，但由于产品本身的原因，多次重复购买品牌产品的忠诚客户还相对偏少，消费偏好不明显（如图5－175所示）。品牌所在地马鞍山的结构则是明显的逐次下降结构，品牌具有非常高的知名度和很高的认知度，但美誉度和忠诚度都不高，品牌在当地具有非常强大的影响力，但受限于产品特性，直接消费人群偏小，因此没有形成与品牌影响力成正比的消费者口碑和忠诚度。如图5－176所示。

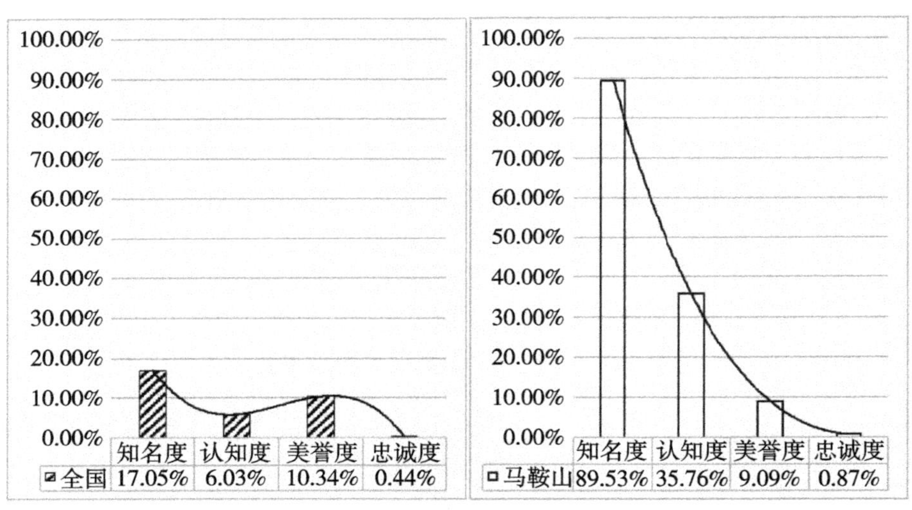

图5－175　马钢品牌在全国的指标结构　图5－176　马钢品牌在马鞍山的指标结构

3. 品牌质量分析

马钢品牌的信息质量比为0.615，略高于最优质量比值的上限（0.4），品牌的发展质量优良，显示企业的经营管理处于较高的水平。该品牌的各项基础指标中，美誉度在行业中处于较高水平，而与美誉度相比，品牌的知名度和认知度稍显不足，尤其是认知度稍显偏低了，需要企业继续提高品牌传播的力度，并多传播品牌内涵的内容，增加品牌信息的量，使得品牌质与量均衡发展。马钢品牌的质量比计算，如表5－275所示。

表 5－275　马钢品牌的质量比计算

品牌	品牌信息基本量的贡献率	品牌信息质的贡献率	品牌信息质量比值
马钢	61.90%	38.10%	0.615

4. 综合分析

综上所述，马钢是一个中等规模的品牌，品牌在全国的消费者知晓的范围还不大，品牌影响力主要集中于安徽省，具有非常明显的区域品牌特征，需要企业进一步提高品牌在安徽省外的大众知名度，扩大品牌的全国影响力。

一百二十八、灵璧石

1. 品牌简介

灵璧石，安徽省灵璧县特产，属于品类品牌，国家地理标志产品。灵璧石质地细腻温润，滑如凝脂，石纹褶皱缠结、肌理缜密，石表起伏跌宕、沟壑交错，造型粗犷峥嵘、气韵苍古。常见的石表纹理有胡桃纹、蜜枣纹、鸡爪纹、蟠螭纹、龟甲纹、璇玑纹等多种，有些纹理交相异构、窦穴委婉，富有韵律感。2010 年 9 月，灵璧石成功获批“国家地理标志保护产品”称号。截至 2015 年年底，灵璧县有大型展览 7 个，石馆 2000 多家，直接从事石材经营 1 万多人，相关产业从业人员 3 万人左右，灵璧石产业年产值超过 10 亿元。

2. 基础数据与指标结构分析

灵璧石的总信息量是 1.3523 亿比特，属于小规模品牌。虽然本次调研没有获得品牌所在地宿州市的数据，但从基础指标中全国各地区的数据可以看出，指标有一定的差异性，品牌在安徽省城市获得的数据高于全国平均水平，品牌具有一定的地域特征，其在全国影响力还未形成。

基础指标中，该品牌的各项指标都不太高，显示其发展规模还比较小，品牌的影响力还不强。品牌在安徽两个城市获得的数据高于全国平均水平，但也并不突出，显示在安徽省内拥有了一定的影响力，而在省外的影响力还不具备，品牌影响有可能主要集中于宿州地区。知名度指标方面，全国平均为 8.48%，刚超过 5% 的有效标准，品牌在全国范围内具有一定程度的传播，品牌开始对营销发挥一定的作用，但还不会太明显。从地区层面看，各地的知名度都不太高且体现出一定的地区差异：合肥和马鞍山地区分别为20.09%和17.67%，属于品牌传播效果最好的地区，但知名度并不突出；而在其他地区的知名度大多偏低了，在吉林、厦门、成都等地的知名度甚至没有达到有效标准，属于自然传播形成的，并非由品牌营销形成，基本上没有运作痕迹。品牌的认知度指标全国平均为2.64%，刚达到有效范围（2.5%以上）。品牌的这一认知度水平显示，随着品牌信息的传播，开始有部分消费者对品牌的内涵做深入的了解，但了解的深度不够，范围还不广。

该品牌的美誉度指标全国平均为10.09%，获得了一定的消费者口碑，在地区上表现出一定的地区差异性，在大部分地区获得了超过10%的美誉度，品牌的营销效果是不错的，但是在长沙、厦门等地则没有获得美誉度指标，有可能与调研中没有发现这些地区的品牌消费者有关。从各地的美誉度指标看，部分地区的美誉度是建立在较低知名度和认知度基础之上的，美誉度的获得基本上与品牌关系不大，尚不足以形成品牌自传播的能力，更不足以形成固定消费者人群和重复购买行为，因此，品牌忠诚度也不会太高。该品牌的忠诚度仅为0.16%，接近0，在绝大部分地区没有获得忠诚度数据。灵璧石品牌的基础数据，如表5－276所示。

表5－276　灵璧石品牌的基础数据

序号	调研城市	知名度（%）	认知度（%）	美誉度（%）	忠诚度（%）	品牌信息量估值（万比特）
1	长沙	4.57	1.72	0.00	0.00	594.65
2	合肥	20.09	2.68	20.45	0.00	3589.34
3	吉林	0.40	0.38	20.00	0.00	92.28
4	厦门	3.04	0.75	0.00	0.00	631.86
5	呼伦贝尔	10.00	4.44	10.98	1.22	4755.19
6	马鞍山	17.67	2.29	4.00	0.00	1947.82
7	赣州	1.63	1.01	16.67	0.00	370.38
8	成都	3.66	3.68	16.67	0.00	457.57
9	南宁	10.26	3.71	12.50	0.00	1084.89
总计	全国	8.48	2.64	10.09	0.16	13523.984

该品牌的全国指标中，各项指标均不高且指标间的比例关系不协调，品牌虽获得了不错的口碑，但消费者的消费习惯并未形成，品牌在营销中的作用不明显（如图5－177所示）。从合肥的数据可以看出，品牌在安徽省的影响力是高于全国其他地区的，但指标间的关系并不协调，品牌在省内的影响力和营销的效果并未达到预期水平。如图5－178所示。

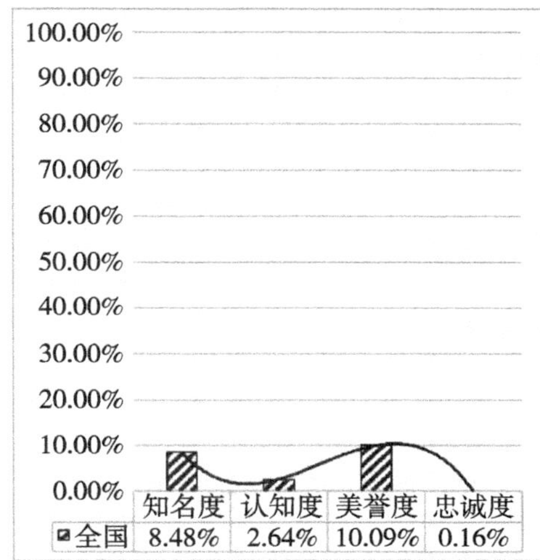

图5－177 灵璧石品牌在全国的指标结构

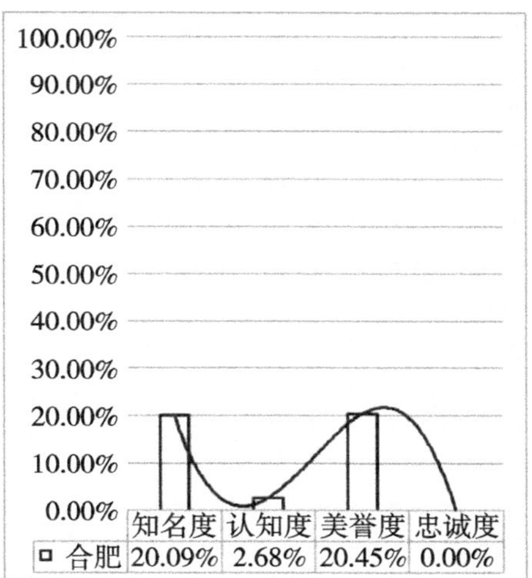

图5－178 灵璧石品牌在合肥的指标结构

3. 品牌质量分析

灵璧石信息质量比为0.106，达到良好的质量发展水平，这一质量比值反映品牌虽然各项指标还不太高，但获得的美誉度略高于行业平均水平，且与品牌的知名度和认知度水平是相匹配的。灵璧石品牌的质量比计算，如表5－277所示。

表5－277 灵璧石品牌的质量比计算

品牌	品牌信息基本量的贡献率	品牌信息质的贡献率	品牌信息质量比值
灵璧石	90.45%	9.55%	0.106

4. 综合分析

综上所述，灵璧石是一个具有区域特征的小规模品牌，其各项基础指标还较低，全国的影响力还未形成，还需企业采取多渠道继续进行品牌推广活动，扩大品牌影响，并注重消费者口碑和忠诚客户的培养，如果措施得当，品牌还具有较好的成长性。

一百二十九、铜冠

1. 品牌简介

铜冠品牌属于安徽铜冠机械股份有限公司，坐落于中国古铜都——铜陵市，是铜陵有色金属集团控股的国家高新技术企业。目前公司已形成以矿山井下无轨设备、矿山脱水环保设备和矿山冶炼大型非标设备三大系列为主导产品，并向煤炭、冶炼、露天开采等领域拓展的产业体系，是唯一具备同时生产制造凿岩、铲装、运输及服务四大系列矿山井下无轨设备的企业。

目前，公司年产各类装备制造设备 400 台套，矿冶非标设备 3500 吨。产品已进入江铜、云铜、新疆有色、山东黄金等国内大型矿山，以及甘肃、陕西、河北等矿产资源大省；涉及有色、黑色和非金属矿山领域。产品远销俄罗斯、乌克兰、哈萨克斯坦等国家。

2. 基础数据与指标结构分析

铜冠品牌的总信息量为 4759 万比特，属于微小规模品牌。品牌在各地的各项指标都还较低，地区差异不明显，品牌所在地（以合肥的数据为参考）的各项数据也不突出，其全国影响力尚未形成。

知名度指标方面，全国平均仅为 2.73%，没有达到有效标准（5%），品牌对营销还起不到作用，这一指标显示品牌的知名度基本上是由自然传播形成，无人为传播的痕迹。从地区层面看，各地的知名度都不高且都未达到有效标准，显示品牌在全国的影响力还非常小，绝大部分消费者对品牌是不知晓的。认知度指标方面，全国仅为 0.75%，也未达到有效标准（2.5%），而且在所有调研地区的指标都没有达到有效范围。这可能与品牌的产品特性有关，其产品并不是面向普通的大众消费者，绝大部分的消费者对品牌并不了解，也并没有购买过品牌的产品，而品牌的美誉度自然也不会太高。调研获得的全国平均美誉度仅为 3.9%，表现出比较明显的地区差异，在全国多个地区则没有获得美誉度数据。品牌的消费群体偏小，在调研中发现品牌的目标消费者和忠诚客户更是难上加难，而在调研中各地都没有获得品牌的忠诚度数据，说明品牌的消费偏好不明显，还没有形成固定消费人群。铜冠品牌的基础数据，如表 5－278 所示。

表 5－278 铜冠品牌的基础数据

序号	调研城市	知名度（%）	认知度（%）	美誉度（%）	忠诚度（%）	品牌信息量估值（万比特）
1	长沙	3.06	0.62	0.00	0.00	464.36
2	合肥	3.33	0.65	0.00	0.00	738.50
3	吉林	2.62	0.91	7.14	0.00	491.99
4	厦门	1.06	0.99	0.00	0.00	268.73
5	呼伦贝尔	4.01	0.82	0.00	0.00	995.52
6	马鞍山	1.94	0.57	20.00	0.00	329.80
7	赣州	3.10	1.07	9.09	0.00	773.56
8	成都	2.43	0.26	0.00	0.00	370.57
9	南宁	2.62	0.14	0.00	0.00	326.91
总计	全国	2.73	0.75	3.90	0.00	4759.93

该品牌的各项指标均不高，品牌所在地的各项数据也不突出，品牌在全国的影响力还未形成，各项指标间的结构也未形成，因此品牌还没有对营销发挥积极的作用。铜冠品牌在全国的指标结构与在合肥的指标结构，如图 5－179、图 5－180 所示。

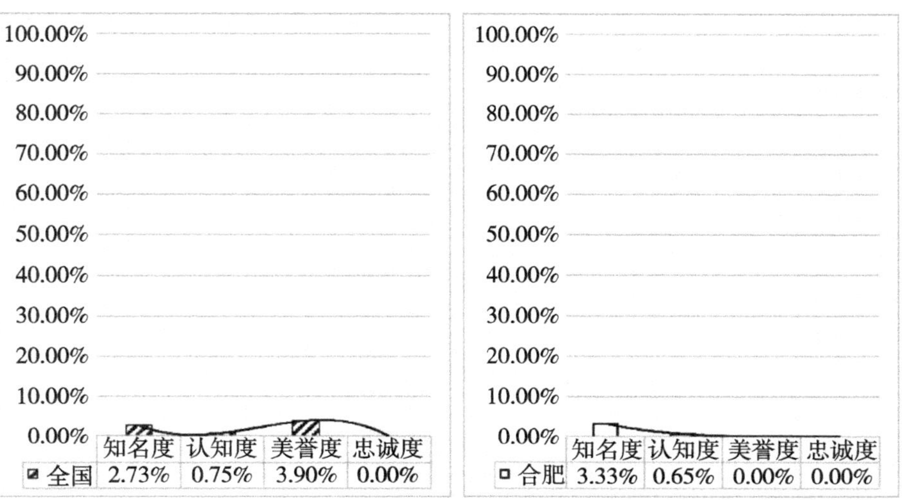

图 5－179 铜冠品牌在全国的指标结构　图 5－180 铜冠品牌在合肥的指标结构

3. 品牌质量分析

铜冠品牌信息质量比为0.287，从表面上看处于良好的水平，接近最优比值的下限（0.3）。但从基础指标看，品牌的各项指标几乎都没有达到有效标准，指标间的结构也并未形成，品牌对营销还没有发挥作用，因此在现阶段分析品牌的质量发展状况还为时过早。铜冠品牌的质量比计算，如表5－279所示。

表5－279　铜冠品牌的质量比计算

品牌	品牌信息基本量的贡献率	品牌信息质的贡献率	品牌信息质量比值
铜冠	77.71%	22.29%	0.287

4. 综合分析

综上所述，铜冠品牌是一个微小规模品牌，品牌的发展还不充分，在全国的影响力还未形成。从表面上看，品牌的发展质量良好，但受限于品牌的产品特性，厂商想扩大品牌的影响力还有很长的路要走。

结束语

《安徽省品牌资源调查报告（2018—2019）》在各参编单位的真诚协作下顺利完成，在双方共同努力下，报告体现出了学术性和应用性两个方面的价值。报告对安徽省的上百个品牌进行了全面分析，每个品牌的发展状况都在数据层面进行了剖析，有的给出了解决思路和经营建议，每个行业都进行了较为系统的总结和整理，最后形成的安徽省品牌整体发展状况分析，既有系统的分析，又有对发展趋势的前瞻预测，对于国内的广大连锁企业具有参考意义和价值。

本次调研基本上做到了真实可靠的数据来源，各个品牌的经营数据均为样本数据，详尽仔细地介绍了分析过程，未对任何一个数据做过调整和修改，属于横截面数据分析，没有时间序列的数据。

由于样本量有限、时间紧迫、工作量大等原因，有分析不到位的情况，敬请谅解。本次调研数据仅为各个品牌的质量现状分析，是对安徽省的品牌进行总体分析，如企业使用本报告的数据作为决策参考，请联系本报告版权所有者单位。本报告只负文责，不负有依据报告而做的决策产生的相关结果的责任，敬请谨慎使用。

课题组

2019 年 9 月